# A LEGITIMIDADE E OUTRAS QUESTÕES INTERNACIONAIS

Gelson Fonseca Jr.

# A Legitimidade e Outras Questões Internacionais

2ª Edição

PAZ E TERRA

CIP-Brasil Catalogação-Na-Fonte
(Sindicato Nacional dos Editores de Livros, RJ, Brasil)
Fonseca Jr., Gelson
A legitimidade e outras questões internacionais / Gelson Fonseca Jr.
São Paulo: Paz e Terra, 1998.
ISBN 85-219-0311-1

F744L

1. Relações internacionais. 2. Legitimidade. 3. Brasil – Relações exteriores. I. Título

98-1080 CDD-327
CDU-327

EDITORA PAZ E TERRA S/A
Rua do Triunfo, 177
Santa Efigênia, São Paulo, SP – CEP: 01212-010
Tel.: (011) 3337-8399

E-mail: vendas@pazeterra.com.br
Home Page: www.pazeterra.com.br

2004
Impresso no Brasil / *Printed in Brazil*

Para Cecília, João e Pedro

# ÍNDICE

Prefácio . . . . . . . . . . . . . . . . . . . . . . . . . . . . . 9

Apresentação . . . . . . . . . . . . . . . . . . . . . . . . . . 27

I

Teoria

A Questão da Ordem Internacional: comentários a partir das idéias de Hedley Bull . . . . . . . . . . . . . . . . . . . . . 33

Aspectos da Teoria de Relações Internacionais: Notas Didáticas . . . . . . . . . . . . . . . . . . . . . . . . . . . 95

II

Legitimidade

Legitimidade Internacional: uma aproximação didática 137

O Tema da Legitimidade e a Argumentação em Política Externa no Pós-Guerra Fria . . . . . . . . . . . . . . . . . . 171

III

Temas de Política Externa Brasileira

O Pensamento Brasileiro em Relações Internacionais: o tema da identidade nacional . . . . . . . . . . . . . . . . . . 251

Mundos Diversos, Argumentos Afins: aspectos doutrinários da política externa independente e do pragmatismo responsável . . . . . . . . . . . . . . . . . . . . . . . . . . . . . . . 293

Alguns Aspectos da Política Externa Brasileira Contemporânea . . . . . . . . . . . . . . . . . . . . . . . . . . . 353

# PREFÁCIO

Este livro de Gelson Fonseca Jr. é, simultaneamente, uma contribuição muito original à teoria das relações internacionais, que tem como eixo a complexa questão do papel da legitimidade na vida mundial, e uma sutil análise da lógica subjacente à política externa brasileira. No livro, conjugam-se o erudito domínio do campo de um *scholar* professor e o descortino do concreto, inerente à experiência da ação diplomática de um embaixador. Erudição e experiência se vêem enriquecidas pela garra da maestria reflexiva de um pensador. É por esta razão que *A legitimidade e outras questões internacionais* representa um marco na bibliografia brasileira, que suscita a melhor admiração.

O livro caracteriza-se por um superior travejamento do raciocínio que se articula nas suas três partes. Estas são como os três movimentos correlacionados de um grande concerto analítico, cuja coerência parece-me apropriado discutir neste prefácio.

## I

A primeira parte se abre com um ensaio sobre a ordem no plano internacional. Trata-se de tema básico, tanto para o estudioso quanto para o diplomata, tendo em vista que ao contrário do que ocorre no plano interno, no qual a ordem é o termo forte, no plano mundial, o que se vê com mais freqüência é a desordem, inerente à alternância guerra/paz. Gelson Fonseca Jr. inicia o seu percurso reflexivo discutindo o argumento realista e os seus pressupostos, calcados na inevitabilidade dos antagonismos entre estados soberanos. Daí a concepção de uma ordem precária, fruto de um jogo diplomático, lastreado em processos de generalizações do cálculo de interesses que indicam a possibilidade de autocontenção. Explora a seguir o argumento racionalista, tal como formulado por Martin Wight e Hedley Bull que, inspirados pela tradicão de Grócio, se contrapõem ao realismo. Este, como se sabe, tem a sua matriz na tradição intelectual de Maquiavel e Hobbes, que alimenta a reflexão de Morgenthau e Kissinger.

Para os racionalistas, o antagonismo não é o traço exclusivo da convivência internacional. A cooperação é possível, vale em si, leva à criação de organizações internacionais que exprimem o potencial de sociabilidade presente na vida internacional, Por isso, a ordem, no plano mundial, não é apenas uma ordem diplomática, fruto dos equilíbrios momentâneos da distribuição individual e desigual do poder entre os estados, calibrados pela inteligência astuciosa e esquiva do cálculo de interesses da "razão de estado". É um processo que comporta a perspectiva construtiva da criação de instituições exemplificada na existência e nas atividades de múltiplas organizações internacionais. Estas têm a capacidade de ir superando o onipresente risco de anomia no plano mundial, pois a variável institucional é configuradora de uma efetiva domesticação do poder ao ensejar a condução dos conflitos.

Realistas e racionalistas, em função dos seus pressupostos, oferecem distintas e relevantes leituras da realidade internacional. São, no entanto, observa o Autor, construções fechadas, que não dão conta da realidade internacional, na sua inteireza. Esta, em função de sua complexidade ontológica, não é plenamente apreensível com base nas premissas realistas e racionalistas. É por este motivo que Gelson Fonseca Jr. — diria eu ao modo da leitura que fez Hannah Arendt de Kant — diante da verificação de que os "universais" dos realistas e racionalistas são fugidios, afasta-se de um juízo determinante sobre a realidade. Propõe-se fazer no correr do seu livro um juízo reflexivo que busca extrair das particularidades das situações e das conjunturas a sua validade geral. É por isso que o seu livro tem envergadura filosófica — na linha de Martin Wight, que considerava a teoria das relações internacionais próxima do estudo da filosofia política. Esta dimensão não se perde em abstrações pois o que guia o juízo reflexivo de Gelson Fonseca Jr. é o sentido do concreto do diplomata. Com efeito, para ele, e nisto está presente a perspectiva organizadora de uma visão brasileira, a maior fragilidade dos dois modelos "deriva do fato de seus mecanismos de correção não serem suficientemente abrangentes para lidar com os problemas de uma sociedade internacional globalizada e desigual".

O texto subseqüente sobre aspectos da teoria das relações internacionais dá seqüência à reflexão do Autor. Trata-se, pelas suas intenções didáticas, de um mapa do universo da transmissão do saber destinado, inicialmente, aos seus alunos do Instituto Rio Branco. Na elaboração do mapa, o Autor, como professor, responsável pela formação profissional de sucessivas gerações que ingressaram nos quadros do Itamaraty, explica qual é o campo de sua disciplina e seus métodos e a relação desta com disciplinas afins, como por exemplo o direito, a economia, a filosofia, a ciência política, a história, a ética. Ao mesmo tempo o Autor, como diplomata, esclarece o papel implícito ou explícito da teoria em distintas posições da política externa brasileira — por exemplo, o recurso ao instrumento ético e jurídico tal como apresentados por Rui Barbosa em Haia; utilizados por Rio Branco na negociação das fronteiras nacionais; arguidos nas décadas de 60 e 70 nas propostas de reforma do sistema econômico internacional. Explica ele, no entanto, inspirado nos estudos de Maria Regina Soares de Lima, que dada a inserção muito diferenciada do Brasil no sistema internacional, nenhum feixe analítico desvenda os diversos matizes das nossas posições. Daí a importância da sensibilidade do analista e o papel, para reiterar o que já disse, do juízo reflexivo, atento às especificidades.

Ortega y Gasset observou que a perspectiva não deforma, mas sim organiza o conhecimento da realidade. Esta avaliação epistemológica de Ortega é muito pertinente para realçar o alcance do Capítulo II. Com efeito, sua originalidade reside na abrangente organização do mapa do conhecimento com vistas a propiciar o juízo reflexivo do tipo arendtiano, indispensável seja para o observador-professor, seja para o ator-diplomata das relações internacionais situado e inserido no Brasil.

Neste Capítulo II, Gelson Fonseca Jr. coerentemente dá continuidade às questões colocadas no Capítulo I sobre a ordem internacional. Vale-se das dicotomias, à maneira, diria eu, do estilo de análise de Bobbio, para aprofundar o entendimento da posição realista e racionalista. Explora assim a dicotomia "mutabilidade/imutabilidade" para discutir o poder e a sua natureza; a dicotomia "otimismo/pessimismo" para perceber o sentido de direção da mudança; a dicotomia "competitividade/comunidade" para examinar a interação conflito-cooperação; e a dicotomia "elitismo/democracia". Esta ajuda a explicar o clássico papel da gestão da ordem mundial atribuído às grandes potências, com base no pressuposto de estar o poder associado à responsabilidade, e permite apontar que na perspectiva dos que não são grande potências a ordem por elas construída é além de precária e instável, ameaçadora e injusta. O realismo tem afinidades com os pólos imutabilidade, pessimismo, competitividade e elitismo das dicotomias, examinadas pelo Autor Em contraposição, o racionalismo tem uma proximidade com os pólos mutabilidade, otimismo, comunidade e democracia das dicotomias estudadas pelo Autor.

Gelson Fonseca Jr. tem inequívoca preferência axiológica pelos racionalistas, uma preferência que, no entanto, é epistemologicamente temperada pelo peso do argumento realista. Como superar, indaga ele, as "distorções" de uma ordem internacional concebida no diapasão realista como "encontros de poder", com base na metáfora clássica de "balança de poder"?

Quais são hoje os possíveis articuladores de uma ordem de outro tipo? Qual o papel de forças modeladoras como o mercado; de novos atores como as organizações não-governamentais; de novos temas como direitos humanos e meio ambiente? Em síntese existe, neste contexto, um papel efetivo para valores como a justiça e a legitimidade contribuírem para a construção de uma ordem mundial? Esta pergunta-chave é o arremate da primeira parte do livro.

## II

A Parte II busca dar resposta às questões suscitadas na Parte I, ou seja, como superar as insuficiências teóricas do realismo no trato da interação conflito/cooperação na vida mundial e como aprofundar a visão do racionalismo, para nela incorporar os valores de justiça na tessitura da ordem internacional. Esta Parte II, voltada para a função da legitimidade no sistema internacional, é o eixo teórico do livro. Representa o segundo movimento do grande concerto analítico de Gelson Fonseca Jr.

Para os realistas, ao modo de Morgenthau, a legitimidade não tem papel relevante na construção da ordem mundial, cujo dado básico é o poder dos estados soberanos. O poder, sem mais, seria, para apropriar-me de uma frase de sir Lewis Namier, a verdadeira música da vida internacional e as idéias e valores, inclusive a justiça e a legitimidade, são "*a mere libretto, often of very inferior quality*".

No Capítulo III, o Autor ensaia sua primeira aproximação ao tema da legitimidade internacional para mostrar por que não é *a mere libretto*. Aponta como pode ser heurística a transposição do plano interno para o externo do conceito de legitimidade. Indica a relevância do argumento da legitimidade no trato da mudança no sistema internacional. Explica a impossibilidade de desidratar o argumento da legitimidade do sentido da justiça, como revela a tradição jusnaturalista representada no plano internacional por Grócio, matriz intelectual dos racionalistas, em especial de Hedley Bull.

O Capítulo III antecipa temas básicos que serão desenvolvidos no Capítulo IV — o capítulo central do livro. Entre eles, destaco: argumento e poder; a capacidade do argumento do poder ter uma abrangência generalizadora que o habilita a ir além da subjetividade solipsista de um estado soberano e interessar aos demais protagonistas da vida mundial; a relação entre os argumentos e os valores prevalecentes num dado momento histórico. Assim, por exemplo, esclarece o Autor, como a reivindicação dos países em desenvolvimento — na qual o Brasil atuou com destaque — em prol de uma nova e mais justa ordem econômica internacional, não se inseriu na agenda diplomática dos anos 60 e 70, apenas em função das brechas do poder abertas pela bipolaridade Leste/Oeste que ensejou, politicamente, a polaridade Norte/Sul. Viabilizou-se porque estava em consonância com as idéias do keynesianismo econômico; era aceitável pela importância que se atribuía ao planejamento socialista como caminho para o desenvolvimento; tinha apoio intelectual nas propostas de transformação social como a *Great Society* de inspiração rooseveltiana de Lyndon Johnson e era compatível com as aspirações da social-democracia européia.

Este exemplo é esclarecedor do papel que tem a legitimidade para o entendimento do comportamento dos estados no mundo contemporâneo. Como mostra Gelson Fonseca Jr. no plano internacional, — à semelhança, diga-se de passagem, do que indica Quentin Skinner, para o plano interno, no seu recente *Liberty before Liberalism* (1998) — o campo do possível, em política, regra geral, está circunscrito ao seu potencial de legitimação. Este potencial não é ilimitado. Está na dependência do espectro de ações que podem ser plausivelmente sustentadas por valores e princípios culturalmente vigentes. Assim, mesmo quando valores e princípios não operam como motivos mas apenas como racionalizações de comportamentos, são informadores e delimitadores das linhas de ação que podem ser perseguidas. Por isso não se explicam as diretrizes de políticas externas dos estados, num dado momento histórico, se não se articula o tema da legitimidade, e os valores que a sustentam, naquele mesmo momento histórico. A "legitimidade", conseqüentemente, "condiciona o espaço das proposições da ação diplomática". Esta é a grande categoria que o Autor antecipa no Capítulo III e vai elaborar, admiravelmente, no Capítulo IV.

O Capítulo IV se abre indicando como, no plano internacional, os valores informadores da legitimidade não são estáticos mas mudam, e esta mudança modifica o argumento político. No plano internacional, o primeiro problema do tema da legitimidade não é o das modalidades dos "tipos ideais" do exercício do poder, à maneira da análise de Max Weber, que usualmente são as referências iniciais da discussão no âmbito interno do Estado. É o critério que legitima a participação de um ator no sistema internacional, como apontou com argúcia e erudição Martin Wight, cujas idéias (assim como as de Thomas M. Franck) são um dos relevantes pontos-de-partida de Gelson Fonseca Jr. Neste sentido, o consenso fundamental constitutivo do sistema internacional interestatal, tal como se configurou a partir da Idade Moderna, é o reconhecimento recíproco das soberanias, inicialmente fundamentadas em razões dinásticas e depois lastreadas no povo (soberania popular) ou na nação (soberania nacional).

Este consenso fundamental do sistema internacional a ele confere alguma estabilidade, com base nas regras que dele derivam: não intervenção e *pacta sunt servanda*, como fundamento do Direito Internacional Público. Esta estabilidade, no entanto, é precária, dado o paradoxo de uma ordem anárquica que é fruto de uma tensão recorrente entre a "subjetividade" das soberanias e a "objetividade" de uma razão mais abrangente da comunidade internacional. Daí, como diria Miguel Reale, uma dialética de mútua implicação e polaridade, entre a vocação da universalidade do tema da legitimidade e os jogos anárquicos e seletivos do poder unilateral dos estados no plano internacional.

Neste Capítulo IV, Gelson Fonseca Jr. explora com sutileza e argúcia os desdobramentos desta dialética. Aponta as formas de legitimidade construída contra o outro, nas situações de conflito, e as construídas com o outro, nas situações de cooperação, seja no âmbito de instituições, seja fora delas. Lida com as assimetrias do poder, mas esclarece que, mesmo para as grandes potências, o que podem diplomaticamente propor tem um parâmetro nos valores de um determinado tempo histórico que circunscreve o que o poder diz. Indica, assim, o alcance do liame entre o mundo da política e o mundo da cultura, e registra, neste contexto, a complexidade que emerge da presença de atores transnacionais, como empresas e organizações não-governamentais, e da movimentação da opinião pública e das idéias em distintas sociedades civis. Registra, com pertinência, que se num mundo interdependente existe sensibilidade universal em relação aos fluxos — por exemplo, de bens, serviços e recursos financeiros — a vulnerabilidade é diferenciada, o que enseja perspectivas diferentes de como, mesmo no âmbito de instituições — como por exemplo o FMI ou a OMC — legitimamente administrar o conflito e a cooperação no sistema internacional. Em síntese, se o Autor sabe e afirma que a estabilidade e a justiça são os pilares, com vocação de universalidade, do tema da legitimidade, reconhece, igualmente, que o sentido e o significado da estabilidade e da justiça não são unívocos e se prestam ao jogo anárquico e seletivo do poder.

Esta abrangente análise, instrumentada pelo domínio que, como *scholar*, tem o Autor da bibliografia no campo das relações internacionais, encontra um fio condutor na sua experiência profissional, o que mostra como pode ser fecunda a interação entre teoria e prática e o "parar para pensar" o que se está fazendo. Com efeito, Gelson Fonseca Jr. como diplomata, sabedor do que é, para um brasileiro, a negociação bilateral e multilateral, conhece a importância crítica da agenda diplomática. O que entra ou não entra na agenda de discussão e de negociação é o indispensável passo prévio, definidor da latitude da defesa dos interesses de um país. É assim que, a partir da reflexão heurística lastreada na experiência do concreto, sobre o significado da agenda, vai ele operacionalizar o tema da legitimidade como o espaço das proposições.

Na sua análise, para tratar da mudança, Gelson Fonseca Jr. discute inicialmente o tema da legitimidade na vigência da bipolaridade EUA/URSS. Rememora como propiciou, com o confronto ideológico, um argumento construído pelo poder de gestão das duas superpotências, que buscaram organizar o funcionamento do sistema internacional, exclusivamente, em torno da polaridade Leste/Oeste. Explicita também como as brechas abertas pela guerra fria deram espaço para o argumento da legitimidade, de cunho racionalista, dos países não-hegemônicos. Este se articulou institucionalmente em itens da agenda diplomática multilateral, como por exemplo: autodeterminação e descolonização; autonomia diplomática (movimento dos não-alinhados); desarmamento nuclear (a segurança de poucos, baseada na dissuasão nuclear é uma ameaça a todos); desenvolvimento e subdesenvolvimento como fundamento da aspiração de justiça da polaridade Norte/Sul (Grupo dos 77) e da identidade própria do Terceiro Mundo; democratização dos processos decisórios internacionais. Há um componente ético relevante na construção racionalista do argumento de legitimidade dos não-hegemônicos neste período que a ele conferia uma *vis atractiva* de *soft power*. Com efeito, como aponta San Tiago Dantas, que se destacou pelo brilho e pela inteligência com a qual conduziu o Itamaraty e formulou conceitualmente a política externa independente — "ter a seu favor a legitimidade representa um extraordinário reforço de poder em qualquer conflito de interesses que se possa apresentar".

A queda do muro de Berlim e o fim da guerra fria mudaram o paradigma de funcionamento do sistema internacional estruturado em torno de polaridades definidas Leste/Oeste, Norte/Sul. Emergiu assim um mundo de polaridades ainda indefinidas que está sendo modelado pelas forças centrípetas da globalização e as centrífugas da fragmentação. Neste mundo em que vivemos, diluíram-se os conflitos de concepção a respeito de como organizar a ordem mundial. Em função desta diluição da "querela das legitimidades" perdeu força de convencimento o argumento de legitimidade dos não-hegemônicos e, conseqüentemente, diminuiu, como diria San Tiago Dantas, o reforço do poder que representava para os países que o articulavam no cenário internacional — entre eles o Brasil. Estreitou-se, desta maneira, — e esta é a conclusão de Gelson Fonseca Jr. — o espaço de proposição pois, no âmbito das organizações internacionais, os poderosos recuperaram a iniciativa, num processo de deslegitimação da prévia visão do Terceiro Mundo.

Daí a pergunta: como alargar, na presente conjuntura, para países como o Brasil, este espaço de proposição, tendo em vista que em função dos valores prevalecentes, o campo da legitimidade na agenda diplomática contemporânea gira basicamente em torno de democracia, direitos humanos, problemas humanitários, tutela do meio ambiente, liberdade econômica, criação de condições de competitividade, combate ao narcotráfico e ao crime organizado, solução multilateral de crises regionais?

Gelson Fonseca Jr. reconhece e aceita — e eu com ele — a universalidade do campo da legitimidade tal como está definido. Pondera, no entanto, que valores com aspiração de universalidade não se traduzem automática e linearmente em políticas e que existem problemas na relação entre valores universais e situações diferenciadas Neste contexto, que é representativo de um desafio tanto teórico quanto prático, explora, de maneira iluminadora, como o alargamento do espaço de proposições para o Brasil não transita pelo "argumento do contra", ou seja, pela sublevação dos particularismos inerentes à lógica da fragmentação. Passa ou pela qualificada interpretação do universal ou sobre a discussão das exceções plausíveis, no tempo e no espaço, ao universal. A dialética da interpretação ou da exceção em cada situação e contexto tem a guiá-la, na proposta de Gelson Fonseca Jr., a idéia reguladora da justa inclusão crescente de todos, na comunidade internacional, encarada como condição da realizabilidade histórica da razão abrangente do universal.

Permito-me pontuar a reflexão do Autor, com base na minha própria experiência na condução do Itamaraty em 1992. No início da década de 90, não era possível recusar, no campo da legitimidade, a prioridade do tema do meio ambiente em função da superior importância atribuída ao desenvolvimento, como num certo sentido fez o Terceiro Mundo na época das polaridades definidas, na Conferência de Estocolmo (1972). Era necessário afirmá-lo sem diminuir a urgência a ser conferida ao desenvolvimento — tema recorrente explícito da política externa brasileira desde a Revolução de 30 — no espaço das proposições da agenda diplomática. Foi assim que na grande Conferência da ONU de 1992, realizada no Rio de Janeiro, cujo âmbito temático era meio ambiente e desenvolvimento, consagrou-se, com apoio do Brasil como país sede do evento, o conceito do desenvolvimento sustentável. Este conceito, ao incorporar sob o signo da cooperação e não do conflito os dois temas, deu à interpretação do universal uma abrangência legitimadora, do maior interesse para os países em desenvolvimento. Nesta mesma Conferência do Rio também trabalhou-se a modulação do universal, através do jogo das exceções, legitimadoras das especificidades. Assim, o Princípio 7 da Declaração do Rio, ao afirmar o espírito de parceria global, para a conservação, proteção e restauração da saúde e da integridade do ecossistema terrestre, assevera que os estados têm "responsabilidades comuns". Estas, porém, são "diferenciadas", tendo em vista tanto as pressões exercidas pelas sociedades dos países desenvolvidos sobre o meio ambiente global quanto as tecnologias e recursos financeiros que controlam.

É neste linha de raciocínio, argutamente exemplificado no Capítulo IV, que o Autor situa a lógica da legitimidade e o seu papel no espaço da proposição, mostrando que esta lógica vai além do valor estabilidade, cuja dimensão prudencial para a ordem mundial os realistas reconhecem. Enseja, numa perspectiva racionalista da ordem mundial, uma dimensão positiva do aperfeiçoamento do sistema internacional que se exprime em idéias, instituições e comportamentos, à medida que for diminuindo a exclusão e "mais" valores sejam realizáveis por "mais" estados.

## III

O Autor conclui o Capítulo IV da Parte II de seu livro apontando: "Compreender a lógica é só um passo — e não necessariamente o fundamental — para a melhor opção política". Daí a relevância da Parte III. Com efeito, tendo realçado na Parte I que a ordem mundial não é o fruto exclusivo do realismo do poder pois tem importantes componentes de racionalismo institucional; tendo igualmente verificado, na Parte II, que o tema da legitimidade é uma importante comprovação das conclusões da Parte I e indicado, na seqüência, que o tema da legitimidade, na perspectiva diplomática brasileira, é o de desvendar o espaço de proposições para afirmar a nossa especificidade, cabe a pergunta: qual é a nossa especificidade? É para esta questão, que trata da tensão dialética de implicação e mútua polaridade, entre a "subjetividade" da soberania e a "objetividade" da comunidade internacional, que se volta a Parte III. Esta corresponde ao último movimento do grande concerto analítico de Gelson Fonseca Jr.

A abertura da Parte III, coerentemente, é o capítulo que cuida do tema da identidade nacional, no pensamento brasileiro em relações internacionais de 1950 a 1995. O tema da identidade coletiva é lógica e ontologicamente complexo. Representa um esforço de organizar um conjunto de predicados que permite dizer o que é um país e uma sociedade, apontando quais são as características que o diferenciam dos demais. Assumir uma identidade coletiva, como aponta Michelangelo Bovero, pressupõe uma relação entre estes predicados e uma idéia do bem e do interesse comum.

No plano teórico, para um *scholar* professor, esta relação é tudo menos simples. Basta lembrar que ela transita preliminarmente por uma discussão da alteridade, da diferença, e da igualdade com todas as suas implicações filosóficas, sociológicas, políticas e econômicas. Para um diplomata — que é a outra vertente de Gelson Fonseca Jr. — este tema não é uma abstração teórica. É um problema prático do cotidiano, pois a atividade fundamental da ação diplomática consiste na representação dos interesses do país no plano internacional. Assim, identificar estes interesses e a sua especificidade, diferenciando-a dos interesses dos demais estados nas múltiplas interações que ocorrem no sistema internacional é um exercício diário de representação da identidade coletiva do Brasil. Esta representação, dada a forma aberta pela qual hoje se faz política externa, não é implícita. Sustenta-se, como aponta o Autor, em procedimentos explicativos e vive também de atitudes simbólicas que buscam exprimir a globalidade dos interesses nacionais. Por este motivo a política externa acaba tendo por referência uma doutrina de ação, cujo conteúdo é uma idéia, mais ou menos precisa, de como realizar o bem comum da coletividade nacional.

Como se elaborou esta doutrina em nosso país; quais foram as suas modificações e alternâncias no período 1950-1995? Gelson Fonseca Jr. explica que se é certo que a interação diplomática tem uma dinâmica própria, nutre-se, *inter alia*, do econômico, do jurídico e do social. Passa assim em revista a contribuição ao tema da identidade nacional dos grandes nomes das ciências sociais como por exemplo Gilberto Freyre, Sérgio Buarque de Hollanda, Caio Prado Jr., Roberto Simonsen, Celso Furtado; de historiadores que refletiram sobre as relações internacionais a partir da História brasileira, como José Honório Rodrigues; do marxismo em geral e do que propõe sobre o imperialismo; de teorias como a da dependência de Fernando Henrique Cardoso ou da visão de geopolítica tal como formulada por Golbery do Couto e Silva que dão chaves para a compreensão do interesse nacional. Realça como estes modos de pensar são insuficientes para entender o processo diplomático e o seu espaço próprio de autonomia, e dá assim o devido destaque às instituições acadêmicas, as Revistas e aos pesquisadores que o investigaram como por exemplo Maria Regina Soares de Lima, Monica Hirst, Marcelo Abreu, Gerson Moura. Sublinha a importância do pensamento nacionalista; do seu papel e visão na superação do subdesenvolvimento (a nação incompleta que pode se completar por vontade própria) e do seu conseqüente impacto na asserção internacional da identidade coletiva brasileira. Neste contexto dá o merecido crédito a Hélio Jaguaribe que no seu livro de 1958, *O nacionalismo na atualidade brasileira*, ofereceu no mundo acadêmico a mais abrangente e profunda análise do que seria, no período, o interesse nacional a nortear uma doutrina de política externa. Realça, com propriedade, que Araújo Castro, sendo diplomata e no âmbito do Itamaraty, deu características individuais a uma doutrina de política externa, que influenciou por longo período o próprio discurso oficial.

É neste amplo horizonte — e tendo em conta o discurso diplomático brasileiro no qual está presente mais em surdina do que explicitamente a produção acadêmica — que Gelson Fonseca Jr. elabora um esboço dos traços configuradores dos modos pelos quais, durante a guerra fria, a especificidade da pluralidade brasileira — a de uma terra de contrastes, para evocar Roger Bastide — se articulou em matéria de política externa. Entre elas a referência — que oscila na ênfase — ao Ocidente; a autonomia que, em função da inserção geográfica do Brasil nas Américas, tem como medida um maior ou menor alinhamento em relação às posições dos EUA; o interesse em relações propiciadoras de autonomia, como foi o caso da aproximação com o Terceiro Mundo; o jogo centro-periferia na polaridade Norte/Sul; as características do Brasil como potência média que na polaridade Leste/Oeste explorou oportunidades de criação de poder; as modalidades de uma integração controlada na economia mundial, na linha de um liberalismo qualificado que, na lógica do processo de substituição de importação, associava mercado e intervencionismo estatal.

O Autor conclui este capítulo suscitando a questão de como, hoje, afirmar a identidade nacional, num mundo assinalado pela globalização e caracterizado por polaridades indefinidas que mudaram o paradigma de funcionamento do sistema internacional, no campo da segurança, da economia e dos valores. Oferece, também, algumas indicações preliminares que serão retomadas no capítulo conclusivo do livro, e por isso mesmo discutidas mais adiante.

O Capítulo subseqüente é uma modelar análise comparativa entre a política externa independente dos governos Jânio Quadros e João Goulart e o pragmatismo responsável do governo Geisel, que dá sutil e preciso conteúdo histórico aos temas e conceitos discutidos no capítulo anterior em torno da identidade nacional do Brasil no plano internacional. Os argumentos da política externa independente e do pragmatismo responsável no que diz respeito ao espaço de proposições são afins em função de uma percepção assemelhada da identidade nacional, mas não idênticos pois os contextos internos e externos são distintos. É, com efeito, apreciável a diferença entre o Brasil do início da década de 60 e o Brasil de 1974-1978, em matéria de crescimento econômico. Politicamente, o Brasil do início dos anos 60 é uma democracia populista; o Brasil de 1974 é um regime autoritário. Independência, para Jânio Quadros, era mais independência em relação ao mundo, e para ele a política externa foi um ativo político. Não o foi para João Goulart, no plano interno, pois a política externa foi um dos ingredientes que contribuiu para a sua desestabilização, em função de intensa internalização ideológica do conflito Leste/Oeste. Para Geisel a independência era também, em função de sua política interna de abertura, uma independência em relação à doutrina de segurança nacional. A autonomia na década de 60 em relação aos EUA colocou-se com o tema da Cuba revolucionária de Fidel Castro, o que não poderia ocorrer no pragmatismo responsável de um regime militar. Na década de 1970, a autonomia expressou-se no acordo nuclear com a Alemanha e na denúncia do acordo militar com os EUA — denúncia instigada pelo contencioso do desrespeito interno aos direitos humanos. Na década de 1970, as relações do Brasil com os países desenvolvidos são muito mais diferenciadas do que na década de 1960, e o contencioso mais amplo, abrangendo, por exemplo, subsídios, direitos compensatórios, importação de material sensível. No plano internacional, na década de 1970, a polaridade Norte/Sul cresceu em importância, também em função da crise do petróleo, e articulou-se nas complexas negociações multilaterais sobre o Direito do Mar, sobre o sistema geral de preferências, sobre ciência e tecnologia. Em síntese, como se vê de alguns dos muitos pontos, ponderados pelo Autor e acima elencados, este capítulo é um excelente exemplo de que tanto o juízo retrospectivo do historiador das relações internacionais quanto o juízo prospectivo do *policy maker*, objeto do capítulo final, não constituem juízos determinantes, mas sim, na linha de Hannah Arendt, juízos reflexivos, sensíveis ao geral que se pode extrair da especificidade das situações concretas.

O Capítulo final discute aspectos da política externa contemporânea no Brasil. Retoma a pluralidade do Brasil como um dos componentes da identidade nacional de um país de contrastes, realçando que estes contrastes, por vezes dolorosos como é o caso das desigualdades sociais, não são estáticos. Estão em movimento dinâmico, como se verifica nas transformações ocorridas nos últimos 40 anos no plano demográfico, no da urbanização, no da industrialização e na política. Por este motivo, o primeiro problema na identificação diplomática do interesse nacional reside na decodificação, pela política externa, da própria complexidade interna do País, numa conjuntura internacional que por obra da globalização esgarça a diferença entre o "interno" e o "externo".

O Autor discute como o comportamento e o estilo diplomático brasileiro vem lidando no tempo com esta complexidade. Realça a tradicional competência do Itamaraty na "desdramatização" da política externa e como isto, ao circunscrever os conflitos, tem sido construtivo para a cooperação, em especial com os nossos muitos países vizinhos. O exemplo mais recente é o Mercosul, criado e impulsionado por um superior patamar de entendimento entre a Argentina e o Brasil. Sublinha a capacidade da diplomacia brasileira em expandir e diversificar os laços que nos unem ao mundo e como isto também constitui um acervo sempre renovado de capital diplomático. Pondera como a diplomacia brasileira dosa com propriedade o pragmatismo da eficiência e idealismo dos valores, e como isto nos tem dado um papel na "articulação de consensos".

O consenso, no processo decisório internacional, como se sabe, não consagra apenas "correlação de forças" pois se, de um lado, protege os grandes de maiorias multilaterais destituídas de poder real, dá a estas maiorias a oportunidade de inserir na agenda temas de seu interesse. Esta "articulação de consensos" pauta a ação diplomática brasileira e, como observa o

Autor, mais recentemente teve papel construtivo na Conferência do Rio de 92 sobre Meio Ambiente e Desenvolvimento, na Conferência de Viena de 93 sobre Direitos Humanos e na conclusão da Rodada Uruguai que levou, em 1995, à criação da Organização Mundial do Comércio. Isto tudo contribui para dar um lastro de legitimidade à ação internacional do Brasil, representando um ativo de credibilidade que permite trabalhar, de maneira construtiva, o espaço das proposições de uma ordem mundial, de feitio racional.

No período das polaridades definidas, estes traços que procuravam lidar com a complexidade interna e externa de um país com muitas faces para o mundo traduziram-se numa proposta de construir a identidade nacional — a nossa diferença — através da autonomia pela distância. Tratava-se, na época, de uma opção viável para um país continental, relativamente fechado sobre si mesmo, que não tinha na sua agenda internacional componentes de conflito e rivalidade que peculiarizaram a política externa de outras potências médias, de escala continental, como a Índia e a China.

No período atual das polaridades indefinidas, as mudanças ocorridas no paradigma do funcionamento do sistema internacional tornaram obsoleta esta opção. Com efeito a diluição entre o "interno" e o "externo" intensificada pela globalização, de um lado, e a redefinição do campo da legitimidade, de outro, indicam que só podemos alargar o espaço das proposições articulando a autonomia pela participação. Esta pode, sem rupturas dramáticas, sob o signo da cooperação, lastrear-se no nosso estilo diplomático. É só pela participação, conclui o Autor, que podemos afirmar, para retomar o que ele diz na Parte II, a nossa especificidade, modulando a interpretação do universal e discutindo as exceções plausíveis no tempo e no espaço, ao universal.

## IV

Para encerrar este prefácio num tom mais pessoal, lembraria, inspirado por Aristóteles, que a amizade, para mencionar alguns dos seus traços, tem como base a confiança, a igualdade de estima recíproca e as afinidades. Esta "filia" tão necessária à vida, que me liga há tantos anos a Gelson Fonseca Jr., tem feito dele o meu interlocutor por excelência dos grandes temas da teoria das relações internacionais e de política exterior do Brasil. Daí a constância do nosso diálogo, do qual, inclusive, resultaram alguns artigos em co-autoria.

O meu texto de 1988, publicado em 1989 sobre "Direito e Legitimidade no Sistema Internacional", que Gelson neste livro discute — assim como tantos outros — com uma generosidade excessiva que me toca e desvanece, foi dedicado a ele, inspirado pela importância que atribuo ao nosso diálogo. Na dedicatória, lembrava que o meu texto de 1988 foi instigado pela primeira versão, publicada em 1987, do primeiro capítulo deste livro. O nosso diálogo, além de constante, tem sido tanto teórico quanto *policy oriented*. Foi o que ocorreu em 1992, quando me coube conduzir o Itamaraty, e mais recentemente, a partir de 1995, quando assumi a responsabilidade de ser o Embaixador, Representante Permanente do Brasil junto aos organismos internacionais sediados em Genebra.

Este prefácio é assim uma expressão da "filia" de como, em conjunto, há mais de 15 anos, temos, ininterruptamente, discutido e procurado esclarecer os temas de interesse comum. Se é certo que em relação a ele, parafraseando o Pe. Antonio Vieira, não posso deixar de molhar a minha pena nas cores do meu afeto, creio que sou, pelas razões expostas neste prefácio, objetivo, ao afirmar que o seu livro — que é o livro de um intelectual de primeira plana, representa um marco fundador na bibliografia brasileira sobre a matéria. Para recorrer a uma metáfora musical, de que me tenho valido ocasionalmente, diria, em conclusão, que *A legitimidade e outras questões internacionais* é um grande concerto analítico que entoa, nos seus três movimentos, a melodia da especificidade internacional do Brasil em harmonia dialógica com a melhor e mais refinada teoria.

*Celso Lafer*
*Genebra, junho de 1998*

# APRESENTAÇÃO

Os ensaios aqui reunidos nasceram das aulas que tenho dado, ao longo dos últimos 15 anos, no curso de Teoria de Relações Internacionais, no Instituto Rio Branco. Atendem, assim, a necessidades didáticas. Não correspondem, porém, a todo o curso; tratam somente de alguns temas que, por uma razão ou outra, foram desenvolvidos de forma escrita. Os ensaios não se pretendem inovadores. Retomam questões correntes, tentam organizá-las de forma sucinta e, muitas vezes, deixam em aberto as perguntas feitas inicialmente. O objetivo foi sugerir aos alunos um caminho para "pensar" temas internacionais, algo que lhes será necessário quando se defrontarem com problemas diplomáticos concretos ao longo da carreira. Não procuram, portanto, justificar essa ou aquela conduta diplomática brasileira, salvo no caso dos textos finais, voltados para a aplicação da teoria a determinadas circunstâncias históricas. Também não seriam textos acadêmicos "plenos", já que lhes falta, aqui e ali, a pesquisa ampla que tais textos supõem.

Os dois textos iniciais — "Notas sobre a Ordem Internacional" e "Aspectos da Teoria de Relações Internacionais" — constituem parte da introdução ao curso. Discutem, de um lado, o que seria a natureza do sistema internacional e, de outro, o marco em que se propõem as respostas teóricas aos problemas centrais da ordem internacional. Nestes ensaios, presta-se tributo à escola inglesa de relações internacionais, liderada por Martin Wight e Hedley Bull. A escola procura organizar propostas gerais sobre o sistema internacional, tanto descritivas quanto normativas, e, assim, indaga sobre a possibilidade de ordem entre Estados, a natureza do poder e da autoridade, o papel das normas e instituições, as causas da guerra, a importância da desigualdade etc.[1] Metodologicamente, busca seu ponto de apoio nas reflexões dos clássicos, especialmente Hobbes, Grotius e Kant, e funda o seu argumento na análise histórica. Por que a escola inglesa? Por duas razões fundamentais. Em primeiro lugar, creio que oferece o melhor caminho para compreender o que seriam as dinâmicas fundamentais do sistema internacional, exatamente pela abrangência das indagações e a consistência de sua base metodológica que permite, justamente, apreender a complexidade de um sistema que é em essência contraditório, assumindo, às vezes, no mesmo movimento, conflito e cooperação. Por outro lado, em momentos de transição como o que vivemos, com o fim do mundo bipolar da Guerra Fria, são as questões gerais que afloram naturalmente: a resposta ao "para onde vamos", se para um mundo de mais paz ou não, de mais desigualdade ou não, depende das idéias que tenhamos sobre o "que é o sistema internacional". Em suma, tanto porque serve para introduzir as principais questões da teoria das relações internacionais, quanto porque tem virtudes evidentes para ajudar a compreender o momento histórico que vivemos, a escola inglesa é um bom ponto de partida para quem se interessa por questões diplomáticas nos dias de hoje.

Os dois ensaios sobre legitimidade abordam a importância das idéias no mundo da política internacional. O tema não é dos mais freqüentes nos livros-texto sobre relações internacionais, normalmente mais preocupados com a dinâmica do poder do que com a força das idéias. É bem verdade que a tendência está mudando, como atestam os livros *Ideas and Foreign Policy,* editado por Judith Goldstein e Robert Keohane, *The Return of Culture and Identity in IR Theory,* editado por Yosef Lapid e Friedrich Kratochwil.[2] Do ângulo da reflexão brasileira, vale discutir o tema porque as condições de participação de países em desenvolvimento no sistema internacional podem ser episodicamente obtidas por vantagens de poder, mas sistematicamente pelas oportunidades abertas pela legitimidade de suas posições. De qualquer maneira, a análise da legitimidade em relações internacionais é especialmente complexa; descobrir seus fundamentos e as possibilidades de atuação que propicia não são exercícios simples. Mas, para a política externa de países em desenvolvimento, é um exercício fundamental.

Os três textos finais — "O Pensamento Brasileiro em Relações Internacionais", "Mundos Diversos, Argumentos Afins" "Aspectos da Política Externa Brasileira Contemporânea" e — voltam-se para questões brasileiras. O primeiro, como se verá, procura retomar o tema da "identidade nacional", clássico nas Ciências Sociais, e procura examinar de que maneira a reflexão sobre relações internacionais o tratou. Suas indicações são preliminares, mais um esboço de pesquisa do que palavra final. No segundo, "Mundos Diversos, Argumentos Afins", faz-se uma comparação entre a política externa independente, lançada por Jânio Quadros e continuada por João Goulart, e o "pragmatismo responsável", de Geisel. O significado de "autonomia diplomática" nos dois momentos é o centro da reflexão, e isso se explica pela importância decisiva que o tema da autonomia tem para as diplomacias de países em desenvolvimento. Finalmente, em "Aspectos da Política Externa", o esforço não é de uma apresentação sistemática da diplomacia brasileira, mas o de levantar alguns aspectos que caracterizariam alguns de seus movimentos fundamentais e, neste passo, alguns dos temas teóricos são retomados em dimensão prática.

São muitos os colegas a quem quero agradecer as leituras críticas desses vários ensaios. Devo, em primeiro lugar, aos meus alunos do Rio Branco o estímulo para escrevê-los. Imagino que, em poucas situações de sala de aula, professores encontrem alunos tão atentos, tão interessados, e, ao mesmo tempo, tão atilados em sua capacidade de desafiar intelectualmente, como os que têm passado pelo Rio Branco. Também têm sido interlocutores fundamentais os meus assistentes na cadeira de Relações Internacionais, Georges Lamazière, Marcos Galvão, Ademar Seabra da Cruz, Gisela Padovan, Mauricio Lyrio e Paula Alves de Sousa. Luis Fernando Panelli Cesar, José Estanislau Amaral de Souza, Julio Bitelli e José Humberto Brito Cruz também foram leitores sempre exigentes de alguns desses textos. Agradeço o diálogo constante com Leilah Landim que certamente ampliou minhas perspectivas sobre o que é legitimidade na democracia.

O diálogo com Celso Lafer, mestre de todos nós e amigo, tem sido permanente estímulo intelectual. As contribuições de

Monica Hirst e Maria Regina Soares de Lima para o estudo das relações internacionais no Brasil são fundamentais e, ao longo desses anos, muito me beneficiei do diálogo com elas. Andrew Hurrell, um analista, sempre criativo da política externa brasileira, fez uma leitura rigorosa dos ensaios sobre legitimidade e a ele, como a José Humberto Brito Cruz, Marcos Galvão, Monica Hirst e Celso Lafer, devo correções fundamentais.

São muitos os colegas diplomatas a quem devo ora algumas das idéias, aqui retomadas, ora algumas interpretações, mas sempre o estímulo de refletir. Aliás, refletir — e agir — com espírito público tem sido a experiência dos diplomatas com quem trabalhei e a quem devo um sinal de respeito e gratidão, como Araujo Castro, Expedito Resende, Italo Zappa, Rubens Ricupero, Paulo Tarso Flecha de Lima, Ronaldo Sardenberg, Bernardo Pericas, Luis Felipe Lampreia, Sebastião do Rego Barros, Luiz Felipe Seixas Correa e Marcos Azambuja. São alguns entre os muitos excelentes colegas que tenho encontrado ao longo da carreira.

Ao tentar o meu primeiro trabalho acadêmico, uma tese de mestrado sobre a teoria da dependência, apresentada na Universidade de Georgetown, em 1976, pude ter com o Professor Fernando Henrique Cardoso, uma conversa esclarecedora e generosa. Hoje, ao trabalhar diretamente com o Presidente Fernando Henrique, continuo a desfrutar de suas lições e de sua singular capacidade para entender os matizes da realidade social.

Finalmente, uma palavra de apreço e de agradecimento a Fernando Gasparian e a Christine Rohrig pelo estímulo para publicar este livro.

## Notas

1. Hurrell A., "The Academic Study of International Relations", texto preparado para o I Congresso Brasileiro de Relações Internacionais — Brasília, 24-26 de março de 1998.

2. Lapid Y., e Kratochwil Friedrich, (eds.), *The Return of Culture and Identity in IR Theory*. Londres, Lynn Rienner, 1996. Goldstein J., e Keohane R., (eds.). *Ideas & Foreign Policy*. Ithaca, Cornell University Press, 1993.

# I
# Teoria

# A QUESTÃO DA ORDEM INTERNACIONAL: COMENTÁRIOS A PARTIR DAS IDÉIAS DE HEDLEY BULL[1]

O objetivo deste ensaio é propor uma introdução didática à questão da ordem no sistema internacional. Tomar-se-á, como aponto de apoio, a reflexão que Hedley Bull faz sobre o tema com vista a reconstruir o que seriam "modelos ideais" de ordem internacional moderna, ou seja, aquela que se organiza em torno de Estados soberanos. Acreditamos que a questão da ordem é uma porta de entrada das mais ricas para a compreensão de alguns problemas básicos da vida internacional, sobretudo a das lógicas que os Estados podem adotar em "sociedades anárquicas".

Antes de chegar a Bull, vamos chamar atenção para alguns fatos da história contemporânea e, assim, definir a "problemática" com base na qual o tema da ordem pode ser articulado analiticamente.

No pensamento clássico, as características permanentes do sistema internacional e suas "regularidades" são discutidas a partir da dicotomia guerra-paz, que define situações extremas. De fato, a guerra é a expressão violenta, portanto, a última, dos modos de conflito, e a paz, o ideal a que se alcançaria com a prevalência de padrões irreversíveis e abrangentes de cooperação. Na verdade, a dicotomia esconde um *continuum* complexo. Não haverá, na História, momentos de conflito absoluto ou paz perfeita. Mesmo quando o conflito impera, como ocorreu durante as Guerras Mundiais, algum ingrediente de cooperação existirá se lembrarmos a formação de alianças ou mesmo a obediência, precária, é verdade, a algumas normas do direito internacional, como o respeito aos neutros e às populações civis. Durante a Guerra

Fria, a disputa ideológica não impediu que as superpotências assinassem tratados que restringiam a proliferação nuclear.

Assim, passando a situações históricas recentes, quem analisasse o período da Guerra Fria poderia levantar claramente expressões de conflito, com alcance e intensidade variados, como: a) a persistência das disputas entre as superpotências, que levou a uma acumulação extraordinária de armamentos de altíssimo poder de destruição; b) a dificuldade de superação de crises regionais — algumas expressas efetivamente em guerra, como no Oriente Médio — e a fragilidade dos instrumentos multilaterais para o encaminhamento de soluções pacíficas dos conflitos internacionais; c) as formas crescentemente agressivas das disputas econômicas, a crise da dívida, os processos de pauperização em algumas regiões do planeta; d) a existência de situações de clamorosa injustiça, como a da discriminação racial, mesmo diante dos mais veementes esforços da comunidade internacional para debelá-las. E, ao mesmo tempo, perceberia que: e) não houve guerras de alcance mundial nos últimos 50 anos; f) apesar de violações, certos princípios de organização do sistema internacional mantiveram-se e foram mais respeitados do que transgredidos; g) instituições básicas para o convívio internacional, como a diplomacia e os organismos multilaterais, especialmente os técnicos, subsistiram e garantiram medidas expressivas de diálogo e de cooperação entre as nações. A ONU, que é o símbolo máximo da cooperação internacional, terá sido inoperante em alguns conflitos centrais do período, como o do Vietnã, mas, ao mesmo tempo, serviu para facilitar o processo de descolonização e, de suas reuniões, nasceram vários textos de direito internacional. Mesmo insatisfeito com o episódio, nenhum país propôs a extinção das Nações Unidas.

Se olharmos para o panorama atual, pós-Guerra Fria, os mesmos contrastes poderiam ser observados. De um momento quase eufórico, logo nos primeiros anos da década de 1990, quando a comunidade internacional enfrentou o problema da Guerra do Golfo, em que alguns imaginaram que estávamos perto de constituir uma "quase polícia" internacional, com alto grau de legitimidade e razoável eficácia, passamos logo depois para as decepções com a dificuldade de lidar com os desafios da recomposição das nacionalidades na ex-Iugoslávia. Apesar de exigirem leitura menos simplista do que tiveram, é sintomático da ambigüidade fundamental do sistema internacional o sucesso que alcançaram simultaneamente o artigo de Fukuyama, anunciando o "fim da História", com a perspectiva da vitória da democracia e do mercado, e o de Huntington, indicando, em tom pessimista, que a Guerra Fria seria substituída por conflitos de outra natureza, já que, com o esmaecimento das ideologias, as disputas seriam entre civilizações e, portanto, menos manejáveis diplomaticamente[2]. Conhecemos as interpretações contraditórias do fenômeno da globalização: para uns, afirmação do triunfo de um capitalismo que, pouco a pouco, levará a uma superação gradual da desigualdade; enquanto, para outros, a confirmação de padrões de iniqüidade, que, deixados sem controle, só se aprofundariam.

Diante desses fatos e de suas interpretações, que conclusões tirar sobre os fundamentos do sistema internacional? A primeira linha de reflexão poderia sugerir que, no *continuum* que vai da violência à cooperação, algum dos lados prevalece e a indagação levaria a: seria a cooperação sempre episódica e o conflito, a regra? Ou, ao contrário, a guerra é a exceção, o "defeito" do sistema? Em que condições a cooperação emerge? Que tipo de "ordem" resulta desse incessante contraste conflito-cooperação no sistema internacional? O que se vê é o máximo de ordem alcançável numa estrutura constituída por soberanos? Ou é o mínimo de ordem, que pode, portanto, ser aperfeiçoada? O que favorece e o que impede o aperfeiçoamento da ordem?

Essas indagações não são novas e, na verdade, em expressões variadas, vêm aparecendo desde os primeiros momentos da formação da moderna sociedade de Estados. Talvez valha ainda uma vez retomá-las porque, como vivemos, em nossos dias, um processo de transição de um mundo bipolar, dominado pelo conflito ideológico, para algo que ainda não conhecemos plenamente, aquelas questões fundamentais voltam a interessar e se tornam freqüentes. O que significam as transformações contemporâneas? A perspectiva é de que a cooperação se amplie, se torne vitoriosa? Que conflitos o sistema enseja? Não vamos, neste ensaio, tentar resolver essas indagações. O procedimento será outro; o de sugerir, voltando aos clássicos, de que maneira se podem pensar modelos básicos para entender o internacional e, talvez, indiretamente, dizer algo sobre o sistema internacional contemporâneo.

Nesse sentido, para simplificar e iniciar uma discussão, dir-se-ia que a questão da ordem admitiria, hoje, duas interpretações paradigmáticas.

Na primeira, a noção de ordem é minimalista e não vai além da preservação dos Estados. A lógica de preservação, de natureza egoísta, explica a dificuldade que a comunidade internacional tem de juntar esforços para lidar com situações de conflito, da Somália à Bósnia, do Congo à Ruanda. No plano econômico, as indicações de agravamento da desigualdade ou as crises financeiras também apontam para os limites da cooperação internacional. A ordem não se identifica com soluções compartilhadas de crises regionais, com o desarmamento, com o consenso para o encaminhamento das crises econômicas, com a prevalência das soluções pacíficas etc., e sim com a mera persistência de Estados. Nesse sentido, é sintomática, por exemplo, a posição defendida por alguns analistas que advertem sobre os riscos de um desarmamento que, se mal conduzido, pode afetar a ordem — ou um aspecto fundamental da ordem — que é o equilíbrio de forças militares[3]. Assim, em um ambiente essencialmente hobbesiano, o que garante a ordem são os desdobramentos das realidades de poder. De uma certa maneira, o argumento aplicar-se-ia ao universo do mercado já que as regras ou a falta delas dependeria do interesse dos hegemônicos que, agora, preferem, p. ex., regras abrangentes para o comércio e restritas para as finanças porque, assim, encontram instrumentos para confirmar a sua hegemonia. Por sua vez, o regionalismo pode significar a construção de "fortalezas" econômicas que se preparam para lutas encarniçadas por vantagens estratégicas. Em suma, para alguns, a ordem possível identificar-se-ia com modelos de hegemonia, o que necessariamente quer dizer "desordem" para outros.

Se acentuamos outros aspectos da realidade contemporânea, o diagnóstico seria radicalmente diverso. Os sinais de cooperação são numerosos e podem multiplicar-se e ganhar existência. No plano político, os organismos multilaterais, apesar de dificuldades episódicas, afirmam-se progressivamente como fontes privilegiadas de legitimidade e as formas unilaterais de afirmação de poder são contidas; os esforços por desarmamento se ampliam e, nas crises regionais, as possibilidades de entendimento entre as potências são mais freqüentes. A defesa dos direitos humanos ganha fundamentos mais sólidos, da mesma forma que se fortalecem as medidas sobre questões ambientais. No plano econômico, a constituição da OMC é um fator decisivo para organizar o comércio internacional. A globalização poderá significar que os recursos do capital, agora mais abundante, se distribuiriam de forma mais abrangente e facilitariam estratégicas bem-concebidas de desenvolvimento. O progresso do regionalismo econômico é um elemento que "espalha" geograficamente instituições econômicas que, em alguns casos, desenham bases novas de supranacionalidade. A soma desses elementos leva, sem dúvida, a uma concepção mais ampla do que seria a ordem internacional possível.

Essas visões contraditórias sobre a "qualidade" ou a "quantidade" da ordem no sistema internacional dependem naturalmente de uma definição prévia sobre o que seja ordem. Mas é possível alcançar, com objetividade, um conceito de ordem internacional?

Umas das melhores e mais profundas reflexões sobre o tema é a do professor de Oxford, Hedley Bull, morto prematuramente em 1986. Para quem lida com o tema, seus escritos, especialmente o *The Anarchical Society*, são ponto de partida necessário. Na sua definição de ordem, diz: *"By order in social life, I mean a pattern of human activity that sustains elementary, primary or universal goals such as ... life, truth and property"*[4]. Ou seja: ao se organizarem, os grupos sociais criam normas, práticas e processos que buscarão assegurar proteção contra a violência (especialmente a que resulte em morte), o cumprimento dos entendimentos e acordos de estabilidade das posses de tal sorte que não sejam submetidos a desafios constantes e sem limites. No plano internacional, essas três dimensões corresponderiam à doutrina da guerra justa, limitadora da violência, à regra do *pacta sunt servanda* e, no caso da garantia da posse, ao reconhecimento mútuo das soberanias. Quando essas normas, práticas e processos forem bem-sucedidos, há alguma medida de ordem[5]. Vincent lembra que, para Bull,

> *It was not possible precisely to specify the extent to which these purposes needed to be provided for if social order*

*were to obtain, but their achievement in some degree was elementary, primary and universal. It was elementary because such achievement was constitutive of society; it was primary in that other goals pressuposed their achievement; and it was* universal *because no society was to be found that did not allow for their achievement.*[6]

Bull tenta, portanto, dar uma medida de objetividade à noção de ordem por meio de um movimento de redução e precisão do que seriam os objetivos sociais que fundam a ordem. Ainda que não se pudesse explicitar antecipadamente a sua extensão, a essencialidade dos interesses/valores a serem preservados seria de tal forma clara que garantiria a transformação da noção de ordem de um instrumento de avaliação subjetiva em um instrumento analítico e crítico.

É bom o caminho apontado por Bull? A reação imediata é de ceticismo, já que, numa primeira aproximação, parece impossível expurgar da noção de ordem as conotações de valor. Mesmo quando se fala das exigências mínimas para que exista ordem, é sempre possível a controvérsia. Tome-se a questão da proteção contra a violência como um sinal necessário da ordem. Quando é possível afirmar que as instituições conseguiram a ordem? Quando não existe mais qualquer atentado criminoso contra indivíduos? Quando existe uma margem tolerável de atentados? A estatística policial "resolve" a medida da ordem ou será alguma sensação subjetiva de segurança individual? Se nos afastamos dos casos de desordem que beiram ao caos, a tendência é de as formas de ordem, pela própria precariedade da sociedade dos homens, serem necessariamente imperfeitas, o que impõe as avaliações valorativas, sobretudo em casos de fronteiras tênues, como o do sistema internacional.

Sempre haverá, segundo a perspectiva teórica ou ideológica, variações sobre a fórmula de avaliar o momento em que se alcança a proteção do essencial e se configura uma situação de ordem. Essa conclusão vale ainda com mais força em relação ao sistema internacional, em que cada Estado pode, em tese, propor uma avaliação diferente para o problema. Vale comentar uma anotação de Bull, quando admite como mínimo de ordem a existência de instituições que garantam "o objetivo de manter a independência e a soberania dos Estados." Ao interpretar o seu alcance, ele não exclui a possibilidade de, em casos individuais, haver repartição, absorção de Estados, extinção de outros etc. Do ponto de vista das potências, que não estão, em tese, ameaçadas por possibilidades de extinção (admita-se que a ameaça nuclear esteja sob controle), é perfeitamente possível aceitar que as instituições hoje vigentes no sistema internacional são adequadas ao cumprimento daquele objetivo de preservação; portanto, existe ordem. Mas essa posição dá margem a qualificações e críticas. Algum analista dirá, por exemplo, que, para a maioria dos países, a soberania é uma ficção jurídica e a inserção dependente no sistema capitalista internacional mostra que as instituições não são suficientes para garantir autonomia plena, o controle soberano sobre o próprio destino. E o argumento concluirá: ou a soberania não é um dos valores efetivamente protegidos pela ordem ou a ordem é fortemente imperfeita, ou só alguns dela desfrutam. Pode haver ordem que trate seletivamente dos Estados que a integram? Outra qualificação possível: em certos países, podem ocorrer modificações significativas em determinadas linhas de ação governamental, induzidas pelo sistema internacional, o que levaria à pergunta: preservou-se a soberania, a política adotada corresponde ao que "preferiria" aquela nação? Como determinar, em casos específicos, a partir da noção de autodeterminação, da idéia da soberania popular, o que o "soberano" quer? Ou seja: se argumentamos com a preservação do Estado como circunscrita ao território, esquecemos que este é somente um dos componentes do Estado. Nesse caso, o objetivo proposto por Bull não estaria sendo atingido e, mesmo em sua concepção minimalista, não haveria ordem[7].

Essas observações servem para mostrar que o conceito de ordem, como tantos outros em política, embute inevitavelmente uma carga valorativa. Isso inabilita o conceito para fundar análises, joga-o de maneira inevitável no domínio das utilizações e manipulações ideológicas? A tentativa de Bull é frustrada? O tema é complexo e o que se tentará fazer aqui é, de forma simples, levantar questões em torno do conceito da ordem[8].

O interesse e a utilidade do estudo derivam, fundamentalmente, das possibilidades de articular uma referência analítica para o trabalho crítico.

A noção de ordem tem, no mundo da política interna, excepcional força crítica. A passagem da "ordem" à "não-ordem", no direito público brasileiro, permite a intervenção federal nos estados. Os casos estão prescritos na Constituição que define, portanto, em moldes legais, a "desordem". Assim, manipulada com maior ou menor grau de subjetividade, a importância da noção de ordem, como instrumento político, é decisiva. É evidente que não existe transposição perfeita dos mesmos efeitos políticos para a cena internacional, sobretudo porque nada existe que, nas relações entre Estados, seja símile perfeito da Constituição nacional, normalmente resultado de amplo consenso social. Mas, ainda assim, a noção de ordem terá um papel similar uma vez que, quando se identificam politicamente sinais de perturbação — por exemplo, conflitos, intervenções externas ou, do ângulo da ordem hegemônica, na década de 1950, nas Américas, a ameaça comunista —, iniciam-se os movimentos dos mecanismos políticos de que dispõe o sistema internacional, da ação diplomática à decisão do Conselho de Segurança e às contra-intervenções, que sempre buscam se legitimar em uma noção qualquer de "desordem". A noção de "desordem" varia historicamente e podemos notar que se amplia significativamente no pós-Guerra Fria, ganhando, em alguns casos, apoio consensual da comunidade internacional, como na aprovação pela ONU da ação militar contra o Iraque.

A força crítica da idéia de ordem estará sempre ligada ao que representa historicamente e ao que vale como argumento lógico no debate. É exatamente por isso que interessa retomar, como faz Bull, a reflexão clássica sobre o tema, justamente para compor o quadro do pensamento crítico sobre a vida internacional moderna. A análise da ordem remete simultaneamente ao universo do que "existe" e do que é "possível".

## O problema da ordem internacional nos clássicos

O debate sobre a ordem interna pode, em tese, alcançar um razoável grau de precisão porque: a) no âmbito nacional, é sempre maior o grau de homogeneidade de valores e, portanto, é mais fácil chegar ao consenso sobre o que significariam "interesses básicos" do que no sistema internacional (embora, como aponta Kissinger, um tanto nostálgico do século XIX europeu, há momentos, em circunstâncias geográficas bem-definidas, em que, também no sistema internacional, chega-se a um grau razoável de consenso em torno de valores básicos e instituições)[9]; b) a noção de ordem está próxima à de autoridade e, desde sempre, quando se discutem modelos de ordem, a preocupação é saber que autoridade "organiza a ordem". Ao longo da História, sucedem-se os "produtores de ordem", os filósofos platônicos, empreendedores burgueses, as dinastias, a maioria democrática, o líder carismático, o partido revolucionário etc. Em qualquer caso, determinado arranjo social, econômico e político servirá para promover determinado modelo de propriedade, determinado modelo de contrato, determinado modelo de defesa contra a violência. Existe, assim, uma ligação entre a compreensão política do que são os valores essenciais e as formas mínimas de sua organização. É exatamente por isso que a noção de ordem pode desempenhar, sempre e com eficiência crítica, um papel nas articulações ideológicas e teóricas no plano interno.

A ausência de instituições uniformizadoras de valores e de uma autoridade comum dá o sentido específico à indagação sobre a ordem internacional: como se desenha a ordem sem autoridade, como se articulam regras de convivência social num meio anárquico?

Bull refaz as perspectivas teóricas que, a partir do século XVII, foram propostas para resolver essas questões e indica como nasce historicamente o problema. Aceitando que o processo de formação do Estado nacional na Europa é complexo e obedece a ritmos e modelos diferentes, é possível propor uma generalização: o Estado nasce no momento em que a ordem feudal se torna frágil. Caracteriza-se um verdadeiro vazio político de onde surgirá, em sua feição moderna, o Estado. No quadro medieval, os grupos sociais em conflito buscavam em uma autoridade superior, de cunho religioso, os preceitos e as normas que dirimem as dúvidas sobre direitos, apontam o que é justo e legal, portanto, definem padrões de ordem. É a ausência dessa autoridade superior, seja sob a forma institucional da Igreja, seja sob a forma jurídico-moral do direito natural, que marca o início da vida moderna do Estado. Gierke apresenta com clareza a transição ao referir:

> *The State was no longer derived from the divinely ordained harmony of the universal whole; it was no longer explained as a partial whole which was derived from, and preserved by, the existence of the greater; it was simply explained by itself. The starting point of speculation ceased to be general humanity; it became the individual and self-sufficient sovereign State; and this individual State was regarded as based on a union of individuals in obedience to the dictates of Natural Law, to form a society armed with supreme power.*[10]

Os Estados-órfãos são colocados lado a lado, em condição de igualdade jurídica e, com isso, deixa de existir a alternativa de que uma autoridade, legal ou moral, os ordene. "A igualdade repele a ordem nascida das imposições hierárquicas". Ou, ainda quando existam, ao lado da igualdade jurídica, formas de desigualdades, como as derivadas de diferenciais de poder, não é fácil utilizá-las para instaurar a ordem. Por causa da soberania, a hegemonia não se converte em modelo hierárquico, institucionalizado, de imposição. Haverá formas de dominação, mas as passagens entre o jurídico e o político, entre a lei e o poder, são ambíguas no sistema internacional.

Como ordenar soberanos? Num mundo sem pretores, a primeira reação é inevitável: cada um que lute por sua preservação. Não haveria outra garantia para que o Estado continuasse, a não ser as que nascem de instrumentos construídos individual, egoisticamente. Não é por acaso que as duas marcas caracterizadoras do momento da passagem para a Idade Moderna são, de um lado, a desvinculação entre ética e política, que Maquiavel opera em *O príncipe* e, de outro, a doutrina da soberania, desenvolvida por Bodin. Westphalia é a consagração convencional da nova realidade, que supõe, justamente, a ausência das orientações e determinações supra-políticas e a ausência de hierarquias[11].

Nesse novo universo, sem hierarquia, a questão da ordem gera problemas teóricos complexos, inclusive porque, à diferença dos processos nacionais, o fim lógico não pode ser simplesmente a construção do Leviatã supranacional. Se fosse, os Estados perderiam a sua qualidade essencial, a soberania, e a ordem não seria mais a ordem de um mundo de Estados, mas algo qualitativamente diferente.

A construção da ordem deixa de ser uma questão de autoridade e passa a envolver condutas de autocontenção, quando se trata de soberanos. O que pode motivar, porém, um Estado forte a não se apropriar do território de um Estado fraco, se não existe uma autoridade que tenha força bastante para puni-lo caso desrespeite a soberania alheia? E, ainda: como é possível sequer conceber que se chegue a esse conjunto de regras de limitação? Por que e como a soberania é uma barreira à invasão?

É justamente o paradoxo da ordem entre soberanos, ou, na expressão feliz de Bull, da "sociedade na anarquia", que as tradições clássicas vão procurar resolver. Fazem isso de suas formas paradigmáticas: ou os Estados controlam-se mutuamente por meio de mecanismos de balança de poder ou, os Estados se autocontêm porque, em seu interesse, discernem motivos para tecer instituições internacionais. Na primeira versão, a "realista", é a própria dinâmica dos jogos de poder que impõe limites ao crescimento incontido e interminável dos mais fortes, já que os fracos se unem para impedir a expansão e, com isso, se preservam como Estados; a ordem tem significação mínima e não vai além da manutenção dos Estados como tais. Na segunda, "racionalista", admite-se que os Estados têm a possibilidade de escolher a cooperação e a ordem nasce de formas de ação conjunta, que desembocam em regras estáveis, disciplinadoras do uso da soberania. Haverá uma terceira solução, "radical" ou "revolucionária", que supera o problema ao propor um modelo de ordem em que desaparecem os soberanos. Incluirá desde as soluções federalistas européias até, em certa medida, a proposta marxista de um comunismo que eliminaria os Estados e traria a paz mundial. É evidentemente o paradigma que cria os mais agudos instrumentos de crítica ao sistema de Estados, embora, pelo seu feitio utópico, será examinado de forma mais sucinta neste ensaio, quando explorarmos a sua versão moderna, basicamente expressa em instituições que proclamam a defesa de valores universais, válidos em si mesmos, além da sociedade de Estados.[12]

## O argumento realista

Ao examinar a história das relações internacionais e determinar conseqüentemente a situação de fato, a partir da qual construirá o seu argumento sobre a ordem, o realista faz uma constatação básica — o antagonismo entre Estados é natural e, portanto, inescapável. Treitschke exprime o que seria o núcleo do pensamento realista ao dizer que a "a grandeza da História reside no conflito perpétuo entre nações e é simplesmente insensato o desejo de supressão da rivalidade"[13]. Toda construção realista apoiar-se-á nessa constatação; a natureza antagônica terá de ser levada em conta, e de maneira decisiva, em qualquer processo internacional, inclusive e sobretudo o da construção da ordem.

Mas, por que o conflito? A lógica realista articula-se com base em dois elementos: o primeiro é estrutural e tem a ver com o próprio fato de os atores internacionais serem soberanos[14]; o segundo é processual e vai desvendar, em algum aspecto da constituição do Estado, as origens do caráter aquisitivo ou expansionista que leva ao conflito de "todos contra todos". A caracterização da origem dessa atitude do Estado leva, como veremos, a modalidades diferentes da escola realista.

Não existe, no sistema de Estado, a possibilidade de que qualquer autoridade, física ou moral, fique acima do Estado. O sistema internacional, constituído de soberanos, não pode prever mecanismos, à semelhança dos que venham a inibir, preventiva ou punitivamente, as tendências expansionistas dos atores que o compõem. As forças éticas ou religiosas seriam fracas para conter a vontade de poder num universo leigo. Ao direito falta, num mundo de soberanos, um foco institucional, supra-soberanos, que seja capaz de controlar o comportamento dos Estados, impor-lhes sanções, de acordo com algum padrão consensualmente estabelecido. Em contrapartida, existe, em tese, a possibilidade efetiva de se imaginar a perfeita autonomia na medida em que, em suas formulações iniciais, o conceito de soberania estava ligado à idéia de auto-suficiência, com as conotações mercantilistas que envolvem os primeiros momentos do Estado nacional[15]. Wight também sublinha que o interesse fundamental do Estado, na perspectiva realista, é a liberdade de ação.[16]

O segundo elemento-chave é o expansionismo imanente dos Estados. O Estado é um ator social que tende a se expandir e, daí, o conflito inevitável. Cria-se, assim, uma situação de ameaça permanente para os Estados: estão sempre à mercê da disposição expansionista do outro, o que exigirá, como resposta, que vivam permanentemente a contrabater a expansão, seja por meios defensivos, seja por formas diferentes de expansão. O jogo no sistema é soma-zero: o que o Estado A ganha, o Estado B perde. A equação é de cristalina clareza se lembramos que o realista clássico está pensando sobretudo em disputas sobre territórios. A força da orientação expansionista é de tal ordem que, nos primeiros momentos da formação do Estado, as utopias sobre o convívio internacional a incorporam e aceitam que a harmonia é alcançável somente pela realização do império universal.

O argumento realista sustenta-se nesses dois elementos: "expansionismo" e "soberania". Os dois combinados — e é essencial que se combinem — dão origem à compreensão do sistema de Estado como uma situação de puro conflito. Senão, vejamos. Se o expansionismo fosse inato ao Estado, mas houvesse uma autoridade superior, moral, jurídica ou política, poderia ser sistematicamente contido. O processo internacional teria, como pivô da ordem, algum foco institucional de autoridade, uma espécie de Leviatã mundial (veremos adiante por que, para os realistas, do estado da natureza entre Estados não decorrem as mesmas conseqüências do que existe entre indivíduos). Em contrapartida, a soberania, em si mesma, não seria ameaçadora, caso não fossem os Estados contaminados pelo vírus da aquisição e da expansão. Não existe nenhuma exigência lógica de que indivíduos iguais ou grupos sociais iguais (ou de constituição similar) entrem necessariamente em conflito. Há que se atribuir, como fizeram os contratualistas, especialmente Hobbes, determinadas características psicológicas ou ligadas à própria dinâmica dos grupos para que se entenda por que os indivíduos ou grupos vão ter encontros necessariamente conflitivos.

Embora alguns autores tendam a separar as duas dimensões, é fundamental, para que o argumento realista se articule, que se somem a dimensão expansionista e a dimensão anárquica. Dessa combinação, nasce o conflito necessário entre os Estados, interminável e recorrente, justamente pela impossibilidade de um salto institucional que crie uma autoridade supra-soberanos, e pela impossibilidade de matar o germe aquisitivo do Estado e, conseqüentemente, conseguir uma modificação profunda de suas características. Na visão realista, não cabe o reformismo institucional sob a forma de arranjos que apelem à ética ou ao direito, e nem é aceitável uma psicanálise coletiva que "dome" os instintos agressivos da formação estatal.

Nessa situação, não resta ao Estado senão construir, solitariamente ou por intermédio de alianças, os mecanismos de sua autopreservação, que vão ser a matéria-prima da reflexão realista ao longo das diversas etapas da construção, consolidação e fortalecimento do Estado moderno.

Estabelecido o marco em que se coloca o argumento realista, restaria desenvolver, ainda que muito esquematicamente, algumas de suas implicações analíticas, o que se faz por meio de uma seqüência de perguntas, e a primeira será: por que os Estados são expansionistas?

Passa-se, aqui, da constatação do expansionismo — que é situação de fato a partir da qual o realista pensa — para o exame das razões do expansionismo. Haveria, esquematicamente, três explicações: a) a natureza humana é guiada pela paixão do poder, pelo *animus dominandi* e, ao se constituir o Estado, fica o corpo político impregnado dos mesmos instintos que tem o indivíduo; daí ser aquisitivo o comportamento político, correspondendo à busca de mais poder o reflexo político do que é a "essência" do homem; b) a natureza do Estado determina o expansionismo; o governante é, por definição, alguém que exerce funções despóticas e, assim, tende naturalmente a promover ameaças externas para assegurar a preservação do poder interno; c) a natureza do sistema internacional determina a situação do conflito permanente, já que a ausência de um soberano supranacional gera uma estrutura de convivência que exige de cada Estado a preparação permanente para enfrentar ameaças à sua integridade, o que, gerando respostas em cadeia, torna a aquisição de poder o caminho necessário para o comportamento governamental[17].

Nessas explicações, o que é marcante é a irreversibilidade. É perfeitamente possível trabalhar nos níveis propostos com explicações expansionistas que tenham, contudo, uma diferença básica: o expansionismo teria um fim. Por exemplo: o Estado, na teoria marxista do imperialismo, é também expansionista, mas quando o capitalismo monopolista for superado pelo socialismo, o Estado desaparece. No caso das hipóteses "autenticamente" realistas, o instituto de dominação, a tendência despótica dos governos e o feitio anárquico do sistema internacional são dados imutáveis e, portanto, qualquer tentativa de ordem no sistema não pode descartá-los. Ou melhor: a ordem só se constrói sobre a argamassa expansionista. Como se demonstra a hipótese expansionista? Há várias maneiras, desde as que recorrem à Antropologia até as que simplesmente, ao olhar para o sistema internacional ou para qualquer sistema de soberanos (como o das cidades gregas ou da Itália renascentista), constatam que o que garante — quando garante — a preservação das unidades são as forças armadas.[18] Para dar exemplo mais concreto: num debate sobre a ausência de conflito grave nos últimos 150 anos entre o Brasil e a Argentina, o racionalismo defenderá a tese da solidez do entendimento diplomático, lembrando que sempre se encontrou um ponto de equilíbrio que superou as divergências naturais entre os dois países, enquanto o realista dirá simplesmente que a ausência de conflito deveu-se, em última instância, a um equilíbrio de poder que tem impedido as vantagens da vitória militar.

Diante desse quadro, encontra o argumento realista um problema delicado: por que preservar o Estado? Os indivíduos, enquanto tais, não podem ser modificados e, ainda que o Estado se dissolva, não terminariam os conflitos, já que o instinto continua. Porém, extinto o Estado, a guerra, a forma mais brutal de conflitos, se extinguiria. E, é claro, à medida que o Estado seja modificado, seria conseqüentemente alterada a estrutura do sistema internacional que, como se viu, também é vista como causa de conflito. Por que não admitir a hipótese de que vale a pena extinguir a sociedade de Estados soberanos? Ou, pelo menos, continuar com os Estados mas sem soberania, atribuível a um Leviatã mundial? Por que não lutar para a sua superação, criando mecanismos que eliminassem a anarquia? Já que o Estado é uma instituição artificial, representa uma, entre outras, escolha humana para organizar politicamente os grupos sociais? Ou posto de outro modo: quais são as vantagens da preservação do Estado?

A discussão é complexa e toca em questões fundamentais da reflexão política. Esquematicamente, teríamos: a) o Estado seria uma solução natural e, portanto, necessária, para a organização dos grupos humanos; o "contrato" que, à feição de Hobbes, cria o Estado constitui a melhor alternativa para garantir a própria sobrevivência da humanidade; e, se em contato com outros Estados, o resultado é o conflito constante, nada há que fazer, salvo armar-se para enfrentá-lo. Para os contratualistas, existiria uma diferença essencial entre os indivíduos e Estados que impede a transferência do argumento da criação do Leviatã para o plano internacional: como indivíduos, em estado da natureza, todos são vulneráveis a todos, mesmo o mais forte em relação ao mais fraco, pois o anão pode ferir o gigante enquanto este dorme; daí, sem o Estado, a segurança será sempre precária. Como o Estado é composto de muitos indivíduos e alguns podem se especializar em segurança, não existe a necessidade de nenhuma criação supranacional para, depois de um segundo movimento de alienação da liberdade, garantir-lhe a segurança[19]; b) num desenvolvimento da linha do Estado como instrumento de garantia de valores, como o da segurança, é o Estado — e não outra organização — que encarnará, por exemplo, os valores culturais de uma nação, justificando-se, assim, ser preservado; e aí dá-se um salto importante e fundamental para entender os clássicos do realismo; se o Estado garante a realização de valores, além de dar condições de segurança, todos os Estados — ou pelo menos aqueles Estados "importantes" culturalmente — devem ser preservados.[20] Vale recorrer a uma citação de Treitschke:

> *In a single State the whole range of culture could never be full spanned; no single people could unite the virtues of demo-*

*cracy and aristocracy. All nations, like all individuals, have their limitations, but it is exactly in the abundance of these limited qualities that the genius of mankind is exhibited.*[21]

(a defesa da diversidade nacional, que efetivamente agrega uma nova dimensão de valor no quadro do argumento realista, tem várias conseqüências, e uma delas é a de identificar nas tentativas de dominação imperial — porque tem objetivos uniformizadores — um inimigo que deve ser combatido sem hesitação)[22]; c) finalmente, ter-se-ia a justificação do Estado, que parte das considerações da estrutura do sistema internacional: porque se constitui historicamente no quadro do conjunto de soberanos, o Estado passa a se justificar como uma das peças que garante a segurança mínima da população que ele abriga (justificação é próxima, mas diferente da que oferecem os contratualistas; para estes, o Estado nasce de necessidades dos indivíduos que o compõem; enquanto, para os estruturalistas, a origem é a própria dinâmica internacional; existiria uma cadeia de criação de Estados que surge com a formação do primeiro Estado e que exige que se componha um segundo para a proteção das ameaças do primeiro, e assim por diante)[23].

É bem sabido que a justificação do Estado, especialmente o resumido na letra b) pode atingir excessos, com a identificação do que é próprio de um Estado com o necessário para todos os Estados. Está aí a origem das ideologias dos processos de tentativa hegemônica que, como se disse, são o vírus básico da ordem internacional para o realista[24].

A questão da preservação do Estado liga-se naturalmente a uma outra, que é a de que instrumentos podem e devem ser usados para que tal fim seja obtido. Como sabemos, as teorias realistas sublinham naturalmente a análise dos instrumentos de ação propostos pela escola. E, como são instrumentos de poder, nesse passo da lógica realista, surgem as dificuldades próprias à criação de uma ordem, qualquer ordem. Num mundo de conflito, o Estado precisa ter poder para sobreviver no embate constante que marca as suas relações com os outros. Como a História é dinâmica, instrumentos e meios de poder devem ser permanentemente aperfeiçoados para que a "ameaça constante" que o sistema engendra e renova seja bloqueada e o Estado consiga preservar-se. O bloqueio (por A) da ameaça atual pode criar, para quem ameaça (B), uma nova ameaça. E assim as ameaças se tornam em espiral interminável[25]. Daí, aliás, o fato de a preocupação com a avaliação e a mensuração do poder ser um traço distintivo do paradigma (de Tucídides, que introduzia a narração de cada batalha com uma avaliação do poder dos contendores, até os livros-texto contemporâneos, como o de Morgenthau, que se preocupam em desenhar uma lista dos fatores de poder)[26].

Anotando que têm múltiplas dimensões, das militares às psicológicas, que podem ser diretos, como a pressão política, e indiretos, como a propaganda, que podem ser ostensivos e clandestinos, como a espionagem, que tem variadas expressões históricas, podemos passar, neste ensaio, à margem da questão dos instrumentos de poder e referir logo o problema conceitual básico, que é o da "utilização do poder". Retome-se o argumento realista: se a preservação do Estado é um objetivo legítimo e inescusável, se os Estados contam basicamente com suas próprias forças para a luta pela preservação, se, em vista do expansionismo imanente, os instrumentos necessários para a defesa do Estado são os que o poder oferece, se, conseqüentemente, a sobrevivência no sistema internacional está sempre em causa, a "hipótese necessária é a de que nada deve limitar a utilização do poder, quando se trata de defender o Estado". A preservação do Estado é um valor que garante a possibilidade de realização de todos os outros valores e, portanto, ganha a força de um verdadeiro imperativo ético. Ou melhor: cria-se uma ética própria, conceitualmente diferente da que decorre das normas e exigências da ética individual e que se fundaria, na expressão de Weber, em responsabilidade. No resumo de Bobbio,

> O universo da moral e da política move-se no âmbito de dois sistemas éticos diferentes e até mesmo contrapostos (...) O que conta para o primeiro é a pureza de intenções e a coerência da ação com a intenção; para o segundo o que importa é a certeza e a fecundidade dos resultados (...) a moral (da política) é a moral pela qual devemos fazer tudo o que está ao nosso alcance para realizar o fim a que nos propusemos, pois sabemos, desde o início, que seremos julgados com base no sucesso[27].

Vamos a um exemplo recente. Durante o governo Nixon, Kissinger usou com habilidade a diferença entre modos éticos quando, ao se articular a *détente* com a URSS, dizia que, à margem da convicção democrática e da defesa dos direitos da pessoa humana, os EUA deveriam entrar em entendimento com a superpotência "inimiga" pelas exigências da lógica de confrontação: mais estabilidade significaria melhores condições para a própria sobrevivência do Estado norte-americano. Ou seja, a "primeira responsabilidade" do Estado americano é a sobrevivência e é a partir desse valor que se articulam "realisticamente" as demais orientações de política externa. A acomodação com o "inimigo" é decorrência natural de uma situação de empate de poder, em que a confrontação leva a uma dupla derrota. O mesmo vale para as modificações na doutrina socialista que, desde Stalin, começa a admitir, com o "socialismo em um só país", restrições ao expansionismo original e ideologicamente motivado do marxismo. Seria interessante contrapor a atitude de Nixon com a de Reagan, esta mais beligerante (a URSS como o império do mal) e, derivada, se aceitarmos a lógica realista, de vantagens de poder, acumuladas pelos EUA com o avanço tecnológico e a deslegitimação crescente do socialismo.

De que maneira repercutem essas proposições sobre os dois elementos mais característicos do processo de convivência internacional, a guerra e o tratado?

Na perspectiva realista, a guerra é um direito soberano do Estado, uma "contingência normal" do jogo do poder, que deve ser examinada essencialmente do ângulo de sua oportunidade. É o primeiro dever do príncipe estar preparado para empreendê-la, justamente porque é o recurso de que dispõe quando está diante de ameaças à integridade de seus domínios e, se tiver ambições de expansionismo, o instrumento para realizá-lo.[28] A decorrência de colocação é, em primeiro lugar, a de desvincular a guerra de qualquer conotação de pecado, de desumanidade. Está, afinal, na natureza das coisas.

Uma segunda implicação é a de afastar considerações legais e de justiça do fenômeno da guerra. De fato, num choque entre entidades soberanas, em que exercitam direito elementar, "não existe um que seja mais justo do que o outro". Não existem guerras justas porque não existem critérios, éticos ou jurídicos, que possam controlar, limitar ou mesmo avaliar uma decisão soberana. Bull explora com clareza a questão num artigo do *Diplomatic Investigations*, em que contrapõe Grotius a Oppenheim e mostra que, para os grotianos, o tratamento da guerra é essencialmente eticizante[29]. Já para os realistas, a guerra é uma questão de oportunidade e estar preparado para ela, uma necessidade. Para o país expansionista, a guerra é um instrumento na estratégia da expansão; para o país ameaçado, é a solução natural de defesa, já que não valeria a contenção que a norma jurídica ou, como atualmente, que o organismo internacional incorpora. Na crueza da "razão" ateniense no diálogo de Mélios, os argumentos éticos e as idéias que procuram conter a força são sonho[30]. Porque implica a sobrevivência do Estado, ainda que resposta a instintos básicos, a guerra paradoxalmente exige a mais rigorosa e fria das análises, já que é um exercício arriscado e incerto. O risco deve tornar a guerra e as outras formas de aquisição do poder um exercício controlado. Nem sempre mais poder é a melhor estratégia para obter o fim último da estratégia realista, a segurança nacional.

É esse paradoxo, central ao realismo, que Aron analisa com clareza ao apontar as dificuldades que a "maximização do poder", com vista à "maximização da segurança", pode provocar:

> ... a maximização dos recursos não leva necessariamente à maximização da segurança. Na Europa tradicional, nenhum Estado podia aumentar a riqueza, a população ou os efetivos militares sem suscitar o temor e o ciúme dos outros Estados, provocando a reação de uma coalizão hostil. Em cada sistema, existe um *optimum* de forças, que, se for ultrapassado, provocará uma inversão dialética. Um aumento de força, por parte de uma unidade, leva ao seu enfraquecimento relativo, devido aos aliados que se transferem para uma posição de neutralidade e aos neutros que se passam para o campo adversário[31].

É muito importante fixar a tese de Aron: o expansionismo, que pode até ter origens "instintivas", não é uma força incontrolável, sem direção outra que uma satisfação primária que pode ser autodestruidora. O instinto é parte de uma construção política, em que inevitavelmente entram outras forças, domesticadoras e racionalizadoras do instinto. Não tem sentido outro; aliás, o esforço dos realistas — que se veja, por exemplo, os textos críticos de um Morgenthau, de um Aron, de um Kissinger — que o de dar "boa direção" à política externa das potências, para que ajustem, com segurança e prudência, recursos e objetivos.

Passemos, agora, a examinar como o realismo trata as obrigações jurídicas no sistema internacional. O que vale a norma de uma convenção no argumento realista?

Por tudo que se disse até aqui, a resposta não é inesperada. As necessidades da "razão de Estado" como pivô do comportamento internacional colocam a obrigação de cumprir tratados, obrigação que faz a essência do direito internacional, em posição subordinada às necessidades e objetivos de poder. A palavra empenhada será ou não cumprida em função do custo da oportunidade do cumprimento. O elemento de cálculo é que decide no cumprimento da norma, e não o fato de que existe a obrigação convencional.. Diz Treitschke que *"every state has the undoubted right to declare war at its pleasure, and is consequently entitled to repudiate treaties"*[32]. Assim, quem pode o mais, pode o menos: quem pode a guerra pode repudiar tratados. E continua: *"All law is grounded upon the mutual give-and-take and that is useless to hold up phrases and doctrines of vaguely general humanity for the edification of the countries concerned"*.[33] A crítica aqui é aos que procuram justificar os fundamentos da obrigação jurídica no sistema internacional com doutrinas gerais, como a da existência de uma lei natural. É irrealista imaginar que, no mundo de soberanos, preceitos gerais que se revelem por processos intelectuais possam modelar o comportamento dos Estados. A lei internacional pode existir, aceitam os realistas, mas só enquanto for expressão, epifenômeno, do jogo político. A lei está condicionada às variações de poder, subsiste enquanto interessa a quem tem poder. As expressões mais claras do fenômeno são evidentemente recolhidas nos tratados de paz, que selam o fim da guerra: o Congresso de Viena, as negociações de Versalhes em 1918-1919, a série de conferências que culmina na Carta da ONU são exemplos perfeitos desse movimento de consagração jurídica de processos políticos anteriores. Da mesma forma, a revisão de Viena e Versalhes seguiu de perto as variações de poder na Europa.

Não será possível pensar em processos menos evidentes de transformação do jogo do poder e modificação de quadros jurídicos. Ou melhor, situações em que as diferenças de poder ao longo da História não se baseiam e se revelam em vitórias militares. A consagração da regra de não-intervenção do sistema interamericano culmina um longo processo político de afirmação latino-americana contra comportamentos hegemônicos dos EUA; da mesma forma, é possível entender a transformação das regras do direito do mar como um reflexo da presença política dos países em desenvolvimento no cenário internacional.

É importante sublinhar — e aqui, de novo, emerge o elemento racional, calculista — que a quebra de tratados, em especial os que criam alianças, deve ser regulada por critérios frios, bem-calibrados. Não são bons os tratados que se sustentam só na ideologia, só na compatibilidade de idéias e que sofrem exatamente porque não estão sedimentados e apoiados por interesses concretos, efetivos.

O cálculo frio que preconiza o realismo vai comportar a mais ampla e variada gama de atitudes: em certas ocasiões, a linha correta de ação será a guerra; em outras, a aliança e a cooperação. O realismo pode aconselhar a participação ativa nos negócios da vizinhança ou a abstenção cuidadosa.[34] Decidirá o melhor caminho a perspectiva do êxito: vence a idéia que prometer mais ganhos com menor custo, não aquela que for mais eqüitativa, mais justa ou mais humana. A racionalidade não é de fins, é de meios. O imperativo das habilidades comanda, não o categórico. Parte-se sempre da necessidade de se preservar o Estado. A partir daí, qualquer ação é válida. Corta-se, porém, o expansionismo sem limites justamente porque a preservação do Estado é um esforço que deve ser regulado com frieza: é um bem de extraordinária importância para ficar submetido às paixões.

As definições dos objetivos do comportamento internacional do Estado vão encontrar conceitos em que a marca da racionalidade é transparente. A evolução da idéia da "razão de Estado", como mostra o estudo histórico de suas origens por Meinecke, obedece em parte a um processo de objetivação: ou seja, desprende-se paulatinamente da figura do soberano para encarnar-se em traços do Estado. Despersonaliza-se, passa a referir a qualidades concretas de uma realidade que, antes de mais nada, é geográfica. Com isso, a ação externa do Estado adquire condições de constância, de firmeza, constitui uma espécie de *noyau dur*, a partir do qual o estadista age. A razão — e não sua subjetividade — comanda o estadista, dá-lhe as pautas de comportamento, justamente porque está ligada ao que é permanente, o Estado e a nação. Percurso similar tem a noção de "interesse" que, na análise de Hirshmann, nasce justamente como um "dominador das paixões" em política, um fator que exige do estadista o cálculo, a frieza quando age em nome do Estado[35].

Insinuou-se que, recompondo o que seria a "pura lógica" do realismo, o expansionismo inicial, que começa a armação do argumento, encontra seu limite na necessidade de cálculo. Para preservar-se, o Estado se autocontém, passa a agir não movido pela paixão, mas por regras supostamente objetivas. Quais as conseqüências do "sentido de oportunidade" do realismo para a articulação da ordem internacional? Dadas as premissas realistas, como vislumbra a escola a articulação das regras que "contêm" o comportamento dos Estados? Ordem e soberania serão incompatíveis conceitualmente? A ordem se reduz ao modesto movimento do oportunismo?

Na resposta, a primeira idéia é a de que o expansionismo não é absoluto. O expansionismo que atropela os limites do direito, as práticas de força, as atitudes traiçoeiras tem um custo político às vezes alto e, conseqüentemente, escolher tais caminhos pode levar, afinal, ao enfraquecimento do Estado. Criaria um clima adverso, engajaria os vizinhos em alianças, determinaria o isolamento do Estado expansionista, de tal sorte que as vantagens de poder seriam, a longo prazo, diluídas. A observação de Hermacrotes é esclarecedora quando diz preferir que os atenienses ataquem a Sicília com forças formidáveis porque assim se uniriam as cidades da ilha e a invasão poderia ser derrotada[36].

O cálculo e a racionalidade derivam justamente do fato de o Estado não viver isolado no sistema internacional. O Estado só tem as características que tem porque está imerso num universo de soberanos, que se reconhecem mutuamente, embora tenham capacidade desigual de ação, derivada da diferença de poder. Essa dupla dinâmica — a da igualdade formal que autoriza o objetivo da preservação e a desigualdade real que obriga à vigilância em relação à ameaça potencial — estará nas raízes das possibilidades de uma ordem realista. Dá os seus limites e as suas possibilidades. De fato, podemos admitir que a visão da ordem no sistema internacional para os realistas nasce, então, de "processos de generalização do cálculo". Cada Estado individualmente "calcula" a melhor equação de sobrevivência a partir de condições comuns, historicamente dadas. À medida que ocorra a generalização do cálculo, que todos calculem com os mesmos padrões, é possível imaginar que o conflito poderia ser evitado em várias circunstâncias (se há cálculos comuns, antecipam-se as atitudes autodestrutivas, desbalanceadas). O cálculo convida a que se alcance equações "razoáveis" de equilíbrio, e a balança de poder regeria o sistema internacional. O cálculo coletivo, de todos os participantes do sistema, deve terminar numa espécie de equilíbrio, em que todos se preservem, independentes e soberanos[37].

Delineia-se, assim, a noção de ordem para o realismo. Ordem supõe o funcionamento da balança de poder, quase se identifica com a balança, na medida em que é a balança que garante o próprio nascimento das instituições internacionais, seja o direito, seja a diplomacia. A ordem nasce necessariamente dentro da lógica do poder, obediente às premissas do comportamento intrinsecamente egoísta do Estado. Vale aprofundar a tese. Em definição minimalista, ordem se identifica com a mera preservação do Estado como unidade territorial e unidade política no âmbito de um sistema de Estados. Haveria desordem à medida que se caracterizasse fluidez territorial, que as desintegrações territoriais ocorressem com freqüência alta e de forma descontrolada. Por esses padrões, a desintegração territorial, como a que ocorreu na União Soviética, estaria no marco da ordem, o que não é o caso da ex-Iugoslávia. Uma vez definida a soberania, para que se conseguisse, no sistema, o objetivo mínimo da ordem, os Estados teriam de dispor de uma quantidade X de poder próprio necessário à autodefesa. A desigualdade não seria em si mesma uma limitação já que, ao poder nacional original, poder-se-ia agregar a possibilidade que cada Estado buscasse, no sistema, recursos complementares de poder (alianças), adequados ao enfrentamento de ameaças de Estado expansionista ou, na terminologia de Morgenthau, imperialistas. Ou seja, os recursos complementares de poder devem estar disponíveis com facilidade, o que supõe um quadro internacional em que as alianças não tenham cunho ideológico, nem sejam permanentes.

Chega-se, assim, a duas premissas da boa ordem no realismo: a da flexibilidade das alianças (o que faz com que se aceite e como funcional, a desigualdade dos Estados) e, em segundo lugar, a comunhão de uma racionalidade instrumental, já que o recurso ao cálculo, para que seja efetivo, deve supor que todos os atores aceitem a mesma gama de noções sobre o que significa poder político. Do ponto de vista realista, sejam quais forem as ideologias de governo, o sistema de soberanos imporá o realismo político como norma de comportamento. Haverá desigualdades de poder conjunturais, já que, estruturalmente, a equalização de poder é possibilidade permanente do sistema, ao menos para os países líderes. Como diz Gentz, citado por Bull,

> *the original inequality of the parties in such union* [balança do poder]... *is not an accidental, circumstance, much less a causal evil, but in a certain degree to be considered as the previous conditon of the foundation of the whole system*[38].

As modalidades de autolimitação nascem da própria dinâmica do sistema. A ordem realista supõe que, no sistema internacional, convivem vários atores, desiguais em tamanho, mas todos voltados para a acumulação de poder. O poder é limitado no sistema e, para consegui-lo, é necessário cálculo, frieza. Limitar a paixão do engrandecimento pela fria racionalidade é absolutamente necessário num mundo de rivais. A patologia, que é o expansionismo pelo expansionismo, pela glória ou pela idéia, para lembrar a classificação de Aron, desencadeia os mecanismos de balança de poder, de reequilíbrio, que permitem que, da união dos fracos, nasçam meios de dobrar o forte[39]. A lógica realista repele as formas de cooperação e as leis gerais como valores em si. A guerra não é intrinsecamente imoral, como querem os pacifistas, e pode ser mesmo funcional nas ocasiões em que permite a reabilitação do sistema, ameaçado pelo imperialismo.

Em suma, a preservação do Estado é um valor importante para a humanidade, e o sistema internacional, cumpridas certas regras de equilíbrio "naturais", permite que o objetivo se realize: o Estado A, se tiver X poder e capacidade de articular alianças diplomáticas, tem sempre a possibilidade de continuar como Estado. A ordem realista corresponderá, assim, a uma seqüência interminável de ordens provisórias, em que a estabilidade não exclui nem a tensão nem o conflito. A ordem realista é uma ordem tensa em que se exige do estadista, de um lado, capacidade de atenção permanente às variações na distribuição de poder entre os Estados e, de outro, bases militares adequadas. É a ordem do auto-interesse, do conflito. Uma ordem que responde a uma visão cíclica do movimento histórico, em que o progresso se dá somente nas formas de expressão de uma essência imutável do homem e do Estado, que é conflitiva.

## A ordem racionalista

Os grotianos, ou racionalistas, refletem sobre o mesmo cenário de tensão e conflito que caracteriza a evolução do mundo ocidental nos últimos 400 anos. Mas vêem-no com olhos diferentes dos olhos realistas. Questionam a inevitabilidade dos conflitos e das guerras e procuram descobrir pontos de convergência entre os Estados, a partir dos quais instituições e regras de comportamento estáveis foram fundadas. O problema filosófico central da escola é propor maneiras de articular, no sistema internacional, instituições que superem o estado de natureza hobbesiano, sem que a soberania seja diminuída, estabelecendo-se formas de contenção, internas ou externas, para o comportamento dos Estados. Sem perder a condição de soberanos — até reforçando-a — indagam-se quando e por que Estados têm, em determinadas circunstâncias, interesse em cooperar e estabelecer regras limitadoras do seu comportamento. Numa palavra, procuram os grotianos identificar fontes de uma autoridade que estabeleça a ordem sem a necessidade de que se funde o Estado supranacional. Nas palavras de Bull:

> *The Grotian prescription for international conduct is that all states, in their dealings with one another, are bound by rules and institutions of the society they form. As against the view of the Hobbesians, states in the Grotian view are bound not only by rules of prudence and expediency but also by imperatives of morality and law*[40].

Duas seriam, portanto, as características centrais do modelo grotiano: em primeiro lugar, o antagonismo não é traço exclusivo da convivência internacional já que, historicamente, coexiste com momentos "reais" de cooperação e comportamento referido a marcos institucionais (ou seja, momento em que a cooperação vale em si e não é fruto de equilíbrios momentâneos de poder ou da astúcia); e, em segundo lugar — aqui se revela o traço otimista da escola —, caso fossem levados às últimas conseqüências os fatores que induzem ao comportamento cooperativo, estariam estabelecidas as condições para o desenho institucional da "paz perpétua"[41].

Em sua concepção dos processos de cooperação tratam os grotianos de alterar o argumento realista, mudando as suas premissas. Como se dá a metamorfose? A equação realista, em sua forma básica, combina soberania e expansionismo. Os grotianos vão criticá-la[42]. O requisito da soberania permanece intocado. O ator fundamental do mundo grotiano é o Estado e não entidades que se coloquem acima do Estado. Será, todavia, alterada — de forma drástica — a premissa expansionista. Para os grotianos, o Estado não está contaminado por nenhum vírus expansionista. Alguns Estados podem, em momentos patológicos, agir com intenções aquisitivas, agressivas, mas isso não é uma necessidade comportamental. Se, em determinados Estados e dentro de determinadas circunstâncias, a agressividade aflora, não quer isso dizer que não seja atenuável ou mesmo eliminável, de tal sorte que outros comportamentos, tipicamente cooperativos, emerjam.

Para os grotianos, o sistema internacional é, em sua essência, "objeto de transformação". É "aperfeiçoável". Porque os seus componentes essenciais — o homem, o Estado e a mecânica de interações — são mutáveis. Assim:

a) a natureza humana não é movida exclusivamente por instintos de dominação; ao contrário, os instintos "originais" são bons, positivos, caminham na linha da sociabilidade e, se for permitido que prevaleçam, haverá condições de paz entre as nações;

b) há regimes políticos, como o democrático, que induzem a um comportamento internacional eminentemente pacífico;

c) como, no quadro do sistema de interações entre Estados, quanto mais intenso for o comércio, que favorece, na perspectiva liberal, igualmente a todos os Estados, mais devem ser evitados os conflitos que interrompem fluxos econômicos entre Estados[43].

Para os grotianos, o Estado não se liga ao sistema internacional exclusivamente pela teia de preocupações com segurança. Ou melhor: a questão da segurança é fundamental mas, diante de outras formas de presença — como a econômica, a jurídica, a dos valores — a própria mecânica da segurança pode ser modificada. As interações internacionais podem gerar modos reais de cooperação. Por exemplo: adotada a teoria liberal, parente próxima do racionalismo, o comércio internacional poderia trazer distribuição ideal de benefícios em escala global, como resultante das vantagens comparativas, se todos os atores da comunidade internacional eliminassem, ao mesmo tempo, entraves alfandegários. A vantagem individual, em forma de acréscimos de riqueza, nasce de esquema cooperativo irrestrito e amplo, que supõe participação universal (e outros fatores, como uma distribuição relativamente equilibrada das riquezas a intercambiar). Argumento similar, em que uma determinada condição alcançada simultaneamente por todos os Estados garante a "domesticação" do estado da natureza, pode ser aplicado a outros campos: a implantação democrática, a vitória da racionalidade sobre as paixões ou, no diapasão wilsoniano, a autodeterminação dos povos, a eliminação da diplomacia secreta, a aceitação dos códigos que compõem a lei internacional etc., são caminhos para a paz. A preferência por uma ou outra solução depende das diferentes perspectivas ideológicas ou doutrinárias que, em regra, estão condicionadas a modulações do próprio desenvolvimento do Estado e do sistema internacional. A identificação da expansão do *free trade* com as fundações da paz permanente é simultânea ao processo de afirmação da burguesia na Inglaterra. Um segundo exemplo: é sintomático que, à medida que se consolida o Estado nacional e nos aproximamos do final do século XX, abandonam-se, na Europa, os projetos de corte federativo e tomam corpo as soluções para a paz que se assentem diretamente na vontade do Estado (os tratados de arbitragem e codificação do direito internacional). As Conferências de Haia dão o tom do período[44].

Em suma, apostando na capacidade de transformação do Estado e do sistema de Estados, em um verdadeiro aperfeiçoamento civilizatório, o pensador grotiano escapa do dilema imposto ao realista. De fato, no argumento realista, a situação de *guerra de todos contra todos* que caracteriza o sistema internacional, está presa à natureza das coisas e, daí, é inescapável ou exige reformas tão radicais que simplesmente não são plausíveis ou alterariam a própria natureza do sistema internacional. Já a postura grotiana vê a realidade com olhos que traduzem as esperanças iluministas no progresso do homem e das regras e instituições que ele cria na convivência social. O propósito de transformação é nítido em uma das mais puras expressões da escola, a que se sustenta na lei natural que, como apontou Gierke,

> *... it also directed in its efforts and results, not to the purpose of scientific explanation of the past, but to that of the exposition and justification of a new future which was to be called into existence*[45].

Nesse ponto, delineadas as linhas gerais da argumentação grotiana, vale retomar, com a devida adaptação, alguns dos temas tocados quando se tratou do realismo: as razões da preservação do Estado, o instrumental da cooperação e a natureza da ordem internacional resultante da prevalência da cooperação sobre o conflito.

A preservação do Estado é um tema problemático para o realista, mas não o será para o grotiano. Por quê? Para o realista, ou mais precisamente, para alguns realistas, as origens do Estado se confundem com as origens da guerra. A guerra é um fenômeno social que supõe Estados organizados. Ora, para preservar o Estado será, então, necessário atribuir-lhe um altíssimo valor que supere os males que a sua existência acarreta para a vida humana. Daí, como se viu, a atitude de alguns realistas que chegam a uma espécie de exaltação do Estado, e, no limite, das "virtudes" da guerra. Ou seja: o Estado é tão "necessário" que mesmo o que faz de "aparentemente" negativo, como a guerra, tem efeitos positivos, por alguma razão astuciosa. Já para o argumento grotiano, o Estado não é bom ou mal em si e o paralelismo entre Estado e a ocorrência de guerras é coisa histórica e, como tal, poderá ser superada. Nessa linha de raciocínio, a preservação do Estado não é propriamente um problema. O Estado é uma instituição social, voltada para a solução de certos problemas, como o da organização de padrões ordenados de convivência e, à medida que se engaje "corretamente" no sistema internacional, produzirá vantagens adicionais para a sua população[46].

Um corolário a explorar é tecido por Wight e estabelece que, na defesa do Estado, os grotianos, à semelhança dos realistas, também se oporão a qualquer forma de império universal. Vale lembrar o texto de Wight:

> *Formal international theory has traditionally resisted the case for a world state. At the very out set, Vitoria unconsciously took over Dante's conception of* universalis civilitas humani generis *and strengthened it into an affirmation that mankind constitutes a legal community, but he repudiated the Dantean corolary of universal empire. Grotius and Pufendorf did the same, with the argument that a world empire would be too large to be efficient. For Kant as for Gibbon the division of mankind into many states is the guarantee of freedom not only for the states themselves, through the balance of power, but for individuals also, for whom it means the possibility of foreign asylum*[47].

É curioso como se combinam, na defesa do Estado, argumentos que dizem respeito a valores tão díspares como a eficiência administrativa e a defesa e garantia da liberdade. Diferentemente dos realistas, a defesa de certa visão do valor da cultura nacional — conseqüentemente, de uma espécie de racionalismo agressivo — não freqüenta os arraiais grotianos, muito preocupados sempre em evitar as perigosas contaminações das paixões humanas no desenho de seu projeto de paz.

Definidas as vantagens na preservação do Estado, podemos agora entrar na análise do segundo momento do argumento grotiano e procurar definir quais seriam os instrumentos de cooperação entre os Estados e quais as bases para definir regras e instituições de interesse comum.

Nos capítulos iniciais do *Anarchical Society,* Bull faz uma curta e bem-elaborada análise da evolução histórica da perspectiva grotiana, que pode ser retomada agora para situar a questão da cooperação. Ele distingue, na evolução da escola, três momentos fundamentais, regulados pela matriz ideológica predominante: a) o da "sociedade internacional cristã" (séculos XVI e XVII); b) o da "sociedade européia internacional" (séculos XVIII e XIX); c) o da "sociedade internacional de escopo mundial" (*world international society*) (século XX). O núcleo conceitual é, então, para Bull, a idéia de sociedade, que soma "organização" e "finalidade". A sociedade se revela quando, entre os atores sociais, desenham-se pontos de convergência, que permitem o nascimento de instituições e regras às quais os Estados se prenderiam. Assim, a partir desse duplo ponto de partida, ideologia e instituições, Bull propõe definir as etapas de evolução da perspectiva grotiana ou liberal[48].

A primeira fase coincide com a hegemonia do cristianismo, que continua as lições medievais (viu-se que, nesse sentido, o realismo representa corte revolucionário na história da compreensão dos fenômenos internacionais). É o fato de os povos compartilharem a cultura religiosa cristã que permite a definição das bases da paz. A contrapartida institucional são as regras do direito natural e seus desdobramentos. Grotius é o seu representante máximo, ainda próximo a temática cristã mas lhe dando novos contornos, de cunho racionalista. Na segunda fase, a européia, o embasamento ideológico é o próprio sentimento de "pertencer" à civilização e à cultura da Europa. As fontes ideológicas tornam-se laicas, históricas, e as manifestações institucionais acompanham o movimento. A balança de poder seria o pivô da criação institucional, que se expressaria pelo direito positivo, pela codificação de regras de intercâmbio diplomático etc. Os representantes da escola seriam Bentham, Mill, Cobden e, em certa medida, Kant. A terceira fase corresponde, então, ao mundo contemporâneo. Terá seus fundamentos na própria idéia de que existe uma comunidade universal de Estados, da qual todos os povos têm o direito de participar. As formas institucionais típicas seriam as organizações multilaterais de vocação universal, como a Liga das Nações e a ONU, cujos princípios regeriam a vida entre as nações, dentro de parâmetros que combinassem a solidez das regras jurídicas e sentido de segurança (a idéia de segurança coletiva é fundamental e supera a de balança de poder). Bull completa o quadro da evolução do pensamento grotiano, levantando outros aspectos: por exemplo, quais atores participam das diversas construções doutrinárias (o príncipe, o Estado, os organismos multilaterais), como é feito o tratamento dos "outros" da sociedade (os índios da América, o Império Otomano etc.).

Sem pretender uma análise completa da escola racionalista, valeria assinalar, antes de passar ao tema da proposta de ordem que gera, como se articula o argumento da escola. A demonstração do argumento realista é basicamente histórica; o conflito existe desde que os agrupamentos humanos se formaram e tudo leva a crer que continuarão a existir. O argumento grotiano deve ir além. Terá, sem dúvida, uma parcela de História, já que afinal a História também assinala momentos de cooperação e de institucionalização do direito internacional, circunstâncias em que constrangimentos éticos e legais limitaram a ação dos Estados. Mas, é claro, se o argumento é otimista, além da História, terá de indicar por que as novas formas de ordem podem prevalecer. E, aí, há que valer a força do convencimento racional e, nesse sentido, porque recorre a um tipo de racionalidade substantiva, a escola pode ser chamada de racionalista.

Que perguntas seriam, então, pertinentes? Tomemos a questão das obrigações convencionais. Dirá o realista que: a) a formulação do direito internacional é, em si, arbitrária; não há verdadeiramente direito, e sim arranjos legais que consubstanciam situações de poder; b) conseqüentemente, o direito será obedecido como questão de oportunidade; c) o direito não é, portanto, aperfeiçoável. E assim por diante. Como combater esses argumentos? A resposta mais difícil é à primeira indagação. Porém, sem retomar a polêmica sobre a natureza do direito internacional, vamos ficar em meras indicações de como a argumentação anti-realista se daria:

- Quebra-se o sentido arbitrário do direito internacional se se estabelece, a partir de alguma base conceitual tão sólida quanto a que sustenta o realismo (a necessidade de poder para sobrevivência no sistema internacional), regras que permitam distinguir com clareza o legal e o ilegal no comportamento dos Estados (se houver condições de que essas regras sejam cumpridas, melhor; mas o essencial é superar o comportamento modelado pelos interesses e pelo poder);
- para Grotius, a base conceitual da construção da ordem será a sociabilidade do homem, seus instintos sociais, que se contrapõem assim aos instintos de dominação do realismo;
- a sociabilidade, que é a primeira expressão do direito natural, traz como conseqüência a necessidade de que se instituam formas legais para a sobrevivência dos grupos sociais e, nesse caso, se incluiria a sociedade das nações; nas expressões de Grotius, "*if no association of men can be maintained without law, as Aristotle showed by his remarkable illustration drawn from brigands, surely also that association which binds together, has need of law:... shameful deeds ought not to be commited even for the sake of one's country*"[49].
- a sociabilidade dá condições de se julgar o que é legal e ilegal, à medida que aponta e define se um ato específico está ou não conforme os ditames da "reta razão";
- Porém, não é só a manifestação de racionalidade que sustenta a possibilidade de direito. Também a conveniência aconselha os homens e as nações a adotarem regras jurídicas. De novo, Grotius: *"But just as the laws of each State have in view the advantage of that State,*

*so by mutual consent it has become possible that certain laws should originate as between all states or a great many states; and it is apparent that the laws thus originating had in view the advantage not of a particular state, but of the great society of States"*[50], *"... law is not founded on expendiency alone, there is no state so powerful, that it may not some time need help of others outside itself, either for purposes of trade, or even toward off the forces of many foreign nations united against it... Most true is the saying that all things are uncertain the moment one departs from law"*[51].

Da mesma forma que o argumento ricardiano estabelece a política comercial ideal com base na vantagem de todos, o argumento grotiano estabelece a possibilidade de definir o padrão legal ideal entre as nações. Para os hobbesianos, a soberania é uma realidade tão dura que os atos do Estado na vida internacional são, por definição, inquestionáveis. A "razão de Estado" permite tudo, até a injustiça, e só condena, em tese, o cálculo político malfeito. Não é assim para Grotius: do momento em que é possível conhecer, pela razão, o que é a vantagem de todos, será conseqüentemente possível determinar, na ação concreta do Estado, o comportamento nocivo, o comportamento que prejudica o bem comum; numa palavra, será possível determinar o comportamento ilegal ou injusto, o comportamento que viola os preceitos da razão (*"... is injust which is in conflict with the nature of society of beings endowed with reason"*)[52].

É importante fixar este ponto do pensamento de Grotius.

A alternativa ao realismo se configura quando se consegue estabelecer um critério aceitável e consensual que permita distinguir ações legais e ilegais do Estado, quando é possível ter um padrão para dizer como os benefícios das interações econômicas podem ser melhor distribuídos.

A partir desse critério, outras questões importantes mas derivadas vão se colocar; há condições para um trabalho político que permita transformar em texto convencional as propostas emanadas das considerações do direito natural? Será possível montar instituições internacionais suficientemente fortes para que as leis sejam efetivamente cumpridas? Que forças sociais serão mobilizadas no processo de criação do direito? O direito internacional resultará mais de um trabalho de articulação política ou mais do jogo de forças sociais? As respostas a essas indagações vão variar de autor a autor e de época a época. Haverá momentos, como o fim do século XIX, por exemplo, em que se desenha claramente uma esperança — combinada com um movimento social expressivo — de que as regras de solução judicial serão implantadas e poderão garantir uma ordem de contornos institucionais para o sistema internacional. Mas não é aqui o caso de se compendiar essas tentativas.

Valem, contudo, umas poucas informações adicionais sobre as teses de Grotius, sobretudo as suas reflexões sobre a passagem do mundo da razão para o mundo dos fatos e dos ditames do direito natural. Como levar adiante as propostas que traça? Como fazer com que a lei surja e seja efetivamente acatada? Com que forças conta Grotius para levar adiante o seu programa de implantação do direito no universo internacional? Grotius condenará então os que, ao verem as guerras e as barbaridades, edificam soluções formalmente admiráveis, mas que contrariam frontal e radicalmente a realidade. As utopias de tipo erasmiano não são bons argumentos, justamente porque estão muitos distantes do que é o homem, do que o homem pode ser. Assim, o caminho da persuasão e do convencimento — que é o que ele escolhe — deve apresentar formas calibradas, "razoáveis". O argumento radical, ao trabalhar com extremos, é fácil, mas improdutivo, e enfraquece as propostas e projetos dos que estão *"well within the bounds of truth"*[53]. Grotius não é utópico porque o que pretende é explorar os melhores feitios da natureza humana. O trabalho que sugere será, assim, menos um trabalho de mudança do que um de revelação, de fazer emergir o que já está incrustado na natureza do homem.

Prosseguindo a caracterização da escola grotiana, dois caminhos poderiam ser explorados: o das expressões da sociabilidade e o dos instrumentos de fundação da ordem. No primeiro caminho, a reflexão grotiana está diante da necessidade de revelar por que, se o homem é um ser racional e a razão aconselha a implantação do direito como instrumento válido para reger a vida das nações, persistem as guerras e as disputas. O que bloqueia a vitória da razão? Ou: o que levará à vitória da razão? A história da escola é, assim, a história das diferentes respostas a essa estrutura. Abandonadas as teses de direito natural, tratava-se de descobrir instituições ou conceitos que revelassem a mesma capacidade de corporificar a própria sociabilidade natural aos grupos humanos. A obra de Kant, em especial a *Paz perpétua* e *Idéia de uma história universal*, dá as bases para toda reflexão moderna sobre o tema. Sem entrar em maior análise do pensamento kantiano, registrem-se somente as linhas básicas do seu ensinamento.

Seria válido dizer que as teses de Kant podem ser reduzidas a três paradigmas: a) a sociabilidade nasce da própria dialética da "sociabilidade a-social" dos homens, quer dizer *"leur inclination à entrer en societé, inclination qui est cependant doublée d' une répulsion générale à le faire, menaçant constanment de désagréger cette société"* [54]; a sociedade evolui num jogo dialético, em que as forças de agregação e desagregação se combinam permanentemente e, exatamente por isso, impulsionam o progresso; o que desagrega não é necessariamente ruim ou negativo, mas é o que tira o homem de uma letargia amortecedora; o homem aprende pelo negativo e o fenômeno se dá plenamente na vida internacional; pelo meio das guerras e da miséria decorrente, a natureza, ao longo da História, ensinará os homens a sair do estado de anarquia e fundar uma sociedade de nações[55]; b) a sociabilidade se reforçará à medida que as interações, especialmente as econômicas, se expandirem entre as nações, como indica Kant na oitava proposição da *Idéia*; os efeitos negativos que a derrocada de um Estado, em decorrência de uma guerra, estende sobre os outros, dados os laços que os ligam indissoluvelmente pelas indústrias, os obrigam a procurar formas de arbitragem e conciliação, que poderiam levar à criação de um organismo cosmopolita universal; c) a paz estará também mais garantida quanto mais se implantarem Estados republicanos, ou seja, aqueles Estados em que os cidadãos deliberam sobre as decisões políticas; à medida que a liberdade de decidir ocorra, a guerra deixará de ser uma escolha arbitrária do governante e ocorrerá mais raramente.

Propõem-se, portanto, hipóteses sobre a origem da paz da mesma família do modelo grotiano. Assim, a ordem internacional nasceria da revelação do que é racional no homem, como indica Grotius. Em Kant, as formas de revelação seriam diversas ou haveria uma passagem da razão à sua expressão jurídica pela via do direito natural; ou haveria uma passagem da razão ao sistema internacional pela via da própria dinâmica da interação econômica ou pela uniformidade de comportamentos "pacifistas" que decorreriam da expansão da implantação democrática; ou, finalmente, a razão se revelaria à medida que a História fosse desvendando a sua finalidade e mostrando ao homem a necessidade de articulações institucionais que evitassem a guerra. É evidente que as diversas soluções sobre a origem da ordem levam a diferentes perspectivas teóricas, a diferentes linhas de ação política e também a diferentes compreensões do que seria a melhor articulação da institucionalização do sistema internacional. As expressões modernas do argumento de Grotius situam-se, por exemplo, nas tentativas de um Beitz, de um Frost, de encontrar a equivalência moderna das origens da ética no sistema internacional e levam à montagem de uma série de princípios sobre o que seria o melhor comportamento do Estado, visto do ângulo da razão; em termos institucionais, o trabalho de codificações do direito levado a cabo pela Comissão de Direito Internacional seria a expressão institucional. As soluções que propõem os pacifistas e as tentativas de negociação para o desarmamento seriam sinais, ainda modestos, de que a guerra, especialmente a nuclear, se torna obsoleta. A História aqui já teria "ensinado" aos homens que uma forma de guerra deve ser banida. A luta pelos direitos humanos seria a vertente moderna do diagnóstico sobre a ligação entre o republicanismo e a paz etc.[56]

Importa, finalmente, dar algumas indicações mais precisas sobre o que significaria ordem para os grotianos. Advirta-se: caminhos ou perspectivas de ordem, pois, para os grotianos, à diferença dos realistas, a ordem é processo e, à diferença dos utópicos, não há perfeita clareza sobre o ponto final de expressão da ordem.

Em primeiro lugar, existem diagnósticos completamente diversos para os aspectos da vida internacional que vimos com os realistas, especialmente a balança de poder, a guerra e os tratados. Como? Se a guerra é uma alternativa razoável para o soberano no marco do realismo, para o grotiano, é um mal a ser evitado e mitigado, como aponta Wight. O direito internacional é subordinado aos interesses do soberano no realismo enquanto, para os grotianos, a expressão de convergências que se transformam progressivamente em constrangimentos institucionais crescentes e cada vez mais fortes para o comportamento do Estado[57]. Tema mais complexo é o da balança de poder. O ponto de contato mais claro entre realistas e racionalistas é a balança de poder. Embora Grotius não o faça, alguns grotianos tomam-na como referência para a construção da ordem — e o próprio Wight apresenta a sua versão do que seria a balança de poder racionalista. Nesse modelo, levada ao limite a lógica completa, a balança de poder deixa de ser necessária para garantir a autonomia dos Estados ou para evitar ambições imperiais. A marcha do progresso histórico deve fazer com que a balança essencialmente instável, seja substituída por instituições estáveis[58]. Assim, para aceitarmos algum papel para a balança no marco do racionalismo, deveríamos admitir que tem características que modificariam paulatinamente a dinâmica do poder, de tal forma que passaria a ser etapa de um processo que leva a um sistema de equilíbrio crescente e permanente. O processo de generalização do cálculo, de que se falou no realismo, deixa de estar voltado para medir as variações de poder do outro e passaria a articular medidas gerais, de interesse de todos, de equilíbrio entre os Estados. No realismo, o interesse individual de cada Estado seria o de descobrir brechas na balança para projetar o seu poder e somar ganhos relativos; no racionalismo, o objetivo, amplamente compartilhado, seria o de descobrir mecanismos de correção cada vez que a perspectiva de um desequilíbrio se desenhasse. A preocupação é "construtiva", o objetivo é descobrir mecanismos que permitam que a balança seja permanentemente equilibrada e constitua base sólida de instituições.

Em segundo lugar, a ordem internacional racionalista resultaria de esforços políticos que culminariam em montagens institucionais. Vale lembrar que, para os realistas, em suas expressões mais puras, a ordem equivale ao bom funcionamento da balança de poder e, assim, nasce do próprio jogo mecânico das forças sociais. O homem ou a sociedade não têm condições de controlar forças tão profundas e permanentes como o instinto de dominação e a única via para a ordem reside na expectativa de que, do encontro de vontades, nasça um certo equilíbrio que garanta a preservação da integridade dos Estados. A dificuldade de se controlar forças sociais leva, portanto, a uma concepção minimalista da ordem. O comportamento realista está concentrado numa atenção permanente para as disposições expansionistas, que podem quebrar a ordem mínima obtida. Em sua expressão ideal, a ordem realista, que admite a guerra, será a ordem do jogo diplomático, ou seja, da constante negociação que indique ao expansionista que seus desígnios serão contrabalançados por alianças poderosas. É uma ordem sempre precária, sempre em mutação, em virtude das variações de poder. Para os grotianos, mesmo quando são pessimistas sobre a natureza humana, a presunção é a de que os agentes sociais saberiam explorar as forças positivas de tal forma que os maus instintos se atenuem e não viciem o convívio. O controle nasce da combinação de vontades esclarecidas e racionais, de processos em que a Razão vença a Paixão. Nesse compasso, pode-se esperar mais da ordem do que as condições mínimas de preservação do Estado. A ordem é uma ordem de instituições e regras que distinguem o certo do errado no comportamento dos Estados. A ordem é uma ordem em progresso, de identificação do que são os pontos de revelação de harmonia na convivência internacional.

Há duas expressões clássicas da ordem das instituições; o arbitramento e os organismos multilaterais de vocação universal, com a Liga das Nações, a ONU. Em sua essência, tanto um quanto outro caminho implicam a criação de formas de controle de conflitos internacionais, por meio de procedimentos institucionalizados de prevenção e ajuste de diferenças e contenciosos, sempre movidos pela vontade deliberada dos Estados. O século XIX será pródigo em tratados de arbitragem e em soluções efetivas de disputas internacionais pela via do arbitramento (nesse sentido, a inteligência diplomática do Barão do Rio Branco, que se manifestava pela cuidadosa capacidade de trazer argumentos jurídicos para as causas do interesse nacional, encontrou o ambiente cultural propício para que se exercitasse amplamente; hoje, o processo de se resolver questões de limites, mesmo na América Latina, é muito mais intrincado, muito mais politizado). O que significa a arbitragem? Significa que os conflitos internacionais — alguns deles, pelo menos — admitem, por definição, "soluções racionais". Na melhor fidelidade ao compromisso político do liberalismo, supõe-se que vontades que discordam podem encontrar um ponto de equilíbrio que signifique perdas aproximadamente iguais para ambos os lados, mas a vantagem maior é superar o desgaste da controvérsia. A arbitragem permite que a razão "trabalhe" da mesma forma que, nos dispositivos sobre manutenção da paz no Pacto da Liga e da Carta da ONU, também se abre espaço para a emergência da racionalidade. Nesse sentido, são paradigmáticos os dispositivos da Liga que determinam, depois de esgotados os meios de solução pacífica de controvérsia, que o Estado espere três meses para iniciar a guerra, dando um último espaço de tempo para que os contendores aceitem a racionalidade da não-beligerância (art. 12 (1) 1.).

Já se viu que uma segunda característica da ordem grotiana é a possibilidade de que as relações entre Estados possam aperfeiçoar-se. As instituições são realizações históricas possíveis porque se acredita que forças sociais, tendentes a universalizar-se, como o republicanismo e o comércio livre, sustentariam socialmente a paz e a boa convivência entre os Estados. O Estado passaria a agir racionalmente não por mero capricho, mas conduzido por forças que o impeliram à ação correta e justa. Nesse sentido, modernidade e paz se tornam sinônimos da obra de um Comte, de um Saint-Simon, e de Marx; o moderno "uniformiza" as nações que, mais iguais entre si, estariam menos inclinadas à guerra e ao conflito. É claro que as significações do que é feitio moderno necessário à paz vão variar de autor a autor.

Um último ponto a caracterizar a ordem grotiana é que, quando estabelece as suas metas para a organização internacional, fica a meio caminho entre a anarquia e o governo mundial. Aceitam os racionalistas a anarquia à medida que não questionam a condição soberana dos Estados e, em alguns casos, preconizam mesmo que se reforcem as bases de autonomia do Estado. Acreditam, no entanto, que a ordem não nasceria espontaneamente: os Estados enquanto tal devem adotar um tipo de atitude racional que, deliberadamente, sirva a implantar melhores padrões de convivência internacional. Variam as medidas grotianas para intervir no processo de criação de uma ordem melhor. Ou será a disposição de uma razão astuciosa que trabalhará até contra a natureza anti-social do homem ou serão os esforços de convencimento de quem tem o poder de defender as soluções racionais, como os filósofos e juristas.

## Os universalistas: duas palavras

Porque, hoje, não existiria uma proposta de ordem que se referisse claramente à visão universalista, vamos tratar mais brevemente de suas concepções centrais[59]. Ao mesmo tempo, em virtude da globalização, embora por caminhos diversos dos que historicamente trilharam, os universalistas ganham fôlego renovado. Veremos como.

O traço essencial da escola é o abandono da soberania como ponto de partida da reflexão sobre a vida internacional. Como lembra Bull, a natureza fundamental das relações internacionais não está na dialética conflito-cooperação entre os Estados mas nos vínculos transnacionais que ligam os seres humanos individuais que são, por circunstâncias, cidadãos de um ou outro Estado. E, prossegue:

> *The dominant theme of international relations, on the Kantian view, is only apparently the relationship among states, and is really the relationship among all men in the community of mankind — which exists potentially, even if does not exist actually, and which when it comes into being will sweep the system of states into limbo.*[60]

Isto leva a que a escola tenha uma perspectiva necessariamente transformadora e otimista. O mundo pode e deve ser melhor.

O conhecimento do que é universal no ser humano, por revelação — no caso das religiões que também têm mensagem para toda a humanidade — ou por ciência — no caso do marxismo — leva naturalmente a uma atitude missionária, à necessidade de que aquele conhecimento, redentor da alma ou do corpo, se generalize. Não é por outro razão que Wight chama a essa escola de "revolucionista", esclarecendo que

> *The Revolutionists can be defined more precisely as those who believe passionately in the moral unity of the society of the states or international society, that they identify themselves with it, and therefore both claim to speak in the name of this unity, and experience ans overriding obligation to give effect to it, as the first aim of their international policies.*[61]

Modernamente, essa descrição da escola corresponde ao projeto marxista. À medida que o modo de produção capitalista se expandisse, se universalizasse, criaria, dentro de cada país, estruturas similares de exploração. Os proletários se uniriam e lutariam pela implantação do socialismo porque viveriam condições iguais. Em algum momento da História, compreenderiam que, antes de serem nacionais desse ou daquele país, pertenceriam a uma classe universal, única, com capacidade de criar modos verdadeiramente humanos de vida para todos.

O marxismo, a última encarnação de um projeto global de ordem sustentado pela perspectiva de ser realizado por um agente social identificável, perde sua força com a derrocada da União Soviética. De outro lado, as religiões que foram outra base de projetos universais, salvo em manifestações fundamentalistas localizadas, aceitam padrões de diversidade e mútua tolerância, não restando nada que lembre as lutas do tempo da Reforma. Ademais, num mundo dominado por valores laicos, é difícil imaginar que, em uma única religião, se encontre a base única para a ordem entre Estados. Uma outra dimensão do universalismo é o fato de que se incorpora em padrões ideológicos das potências que transformam, ao argumentar ideologicamente, o seu interesse nacional em universal. É o que Wight chama de imperialismo doutrinário[62].

O fato de não localizarmos projetos globais de corte universalista não significa que essa perspectiva tenha perdido importância. Simplesmente muda de rumo, já que a força que a alimenta, o sentimento de unidade moral da humanidade, ganha impulso renovado, com o fenômeno da globalização. Na verdade, desenha-se um paradoxo: as bases objetivas de unificação da humanidade se fortalecem e, ao mesmo tempo, projetos globais de reordenação do mundo perdem força. Ou, mais precisamente, fragmentam-se, multiplicando-se projetos parciais, que envolvem o meio ambiente, os direitos humanos, a ordem econômica, o combate às drogas etc. A condução dos projetos parciais que afetem a ordem internacional deixa de ser monopólio do Estado, como no caso das perspectivas realista e racionalista, e passa a ser conduzido por entidades variadas, que vão das empresas transnacionais às ONGs, todas marcadas pelo fato de que agem segundo lógicas globais, que tomam o sistema internacional como ponto de referência, não mais o território nacional. Para uma empresa multinacional, a produção é distribuída pelas oportunidades que, em tese, oferecem "todos" os países do mundo; uma ONG que defenda os direitos humanos denunciará violações em "todos" os países do mundo etc.

Como lidar analiticamente com o universalismo moderno? Haveria três caminhos possíveis que, aqui, vamos simplesmente mencionar:

- o primeiro, mais próximo das versões clássicas da concepção, procuraria um ponto de apoio, fora do Estado, que fosse o agente social da nova ordem. É difícil, na complexidade do mundo contemporâneo, qualquer solução reducionista. Mas, os que mais próximos estariam disso seriam os que propõem "entregar" as soluções da ordem a forças impessoais, como o mercado. O mercado agora pode desempenhar essa função porque é global, de tal modo que os agentes econômicos — as multinacionais ou transnacionais — trabalhariam de acordo de uma racionalidade que serviria a todos que dele participasse, não mais sujeita a injunções políticas originadas no Estado e que levam a distorções na melhor distribuição de riqueza. Para comentar brevemente essa perspectiva, sabemos que é limitada porque, em primeiro lugar, empobreceria a noção de ordem, reduzindo-a ao econômico e, em segundo, faltar-lhe-ia o sentido utópico e radical, do marxismo, p. ex., que levasse a uma efetiva substituição do Estado por alguma outra instituição (afinal, o mundo das multinacionais é regulado, ainda, por normas negociadas pelos Estados);

- o segundo caminho, em sentido inverso ao primeiro, reconheceria os sentimentos universais e os seus agentes, mas diria simplesmente que são manipulados ou manipuláveis pelos Estados, ainda os donos dos modos de organizar a ordem internacional. Nesse caso, no marco do realismo, uma ONG de direitos humanos ao examinar violações em determinado país estaria, direta ou indiretamente, prestando serviço a um país hegemônico. No caso do racionalismo, como indicamos, as ONGs poderiam ter um papel positivo ao servirem ao fortalecimento de instituições, embora estas ficassem, sempre, em última instância, sob o controle dos Estados;
- o terceiro caminho seria o mais complexo já que a) admitiria que se reforça, em nossos tempos, o sentimento universalista, claramente em temas como meio ambiente, que só seriam resolvidos com o concurso de toda a humanidade; a lógica de solução supera, portanto, a lógica exclusiva dos interesses nacionais, estritamente considerados; b) os agentes sociais que conduzem esses temas agem, freqüentemente, com autonomia em relação aos Estados; c) é crescente a sua importância na definição da agenda internacional e nas formas de conduzi-la e um dos exemplos marcantes é a presença de ONGs na preparação das grandes conferências globais patrocinadas pela ONU, como a do meio ambiente, a do direitos humanos, a da mulher, a do desenvolvimento social etc. Admitindo-se que, exatamente porque dispersos, os diversos agentes do sentimento universalista não produzem um projeto global, unificado e unificador, seria impossível desconsiderá-los como força em alguma medida independente da lógica dos Estados que é a que preside os modelos realista e racionalista. Então, o problema seria indagar de que maneira é incorporável em modelos de ordem, fundados na soberania, a dimensão universalista. A acomodação ao realismo é mais difícil, até porque, na lógica do modelo, o que mitiga a vontade de poder é uma contrapartida de poder. Ter-se-ia de transformar o senti-

mento universalista em algum tipo de poder, mesmo que exclusivamente de opinião pública, para que fosse compreensível em mecanismos hobbesianos. Para dar um exemplo, não é a racionalidade da luta contra testes nucleares que levará a que diminuam, mas o uso do poder de manejo da opinião pública, como fez o Greenpeace ao questionar as explosões francesas em Muroroa. Em suma, não se abandonaria a lógica da disputa de poder, simplesmente se agregaria um outro ator, com o qual haveria ora alianças ora confronto, em modalidades diferentes das clássicas (não se intimidaria com o uso da força a uma ONG com que se tivesse uma disputa). A acomodação ao racionalismo, já antecipamos, seria mais fácil. Ao fazer uma aposta na revelação gradual do que é o melhor da sociabilidade humana, o racionalismo encontra ponto natural de convergência com o universalismo. Na versão otimista, as ONGs, de direitos humanos, por exemplo, atuariam como instrumentos auxiliares de revelação do racional. E, à maneira kantiana, se servissem, em alguma circunstância a objetivos limitados e politicamente interesseiros, a longo prazo, pelo simples fato de afirmarem valores universais, estariam servindo ao progresso na História.

Voltando a um aspecto metodológico, a vantagem de propor a questão da ordem para introduzir o estudo do sistema internacional pode fornecer algumas hipóteses fundamentais a partir das quais problemas gerais — como o enquadramento dos agentes das teses universalistas — podem ser equacionados. O tema da ordem é um mapa de linhas tênues. Permite ver os grandes acidentes da geografia internacional mas, para ser guia útil, não dispensa outros instrumentos.

## Conclusões

Para concluir, retomaria observações de Celso Lafer, em oração de paraninfo para a turma de Relações Internacionais da UnB em 1987, e que confirmam, em síntese perfeita, as contradições e as ambigüidades do sistema:

> ... o sistema internacional contemporâneo é revolucionário em termos de uma comparação histórica — por força do novo papel que, na ordem mundial, desempenham os pequenos e médios Estados e pela presença crescente de atores transnacionais. Entretanto, ele é moderado, pois revelou-se suficientemente flexível para absorver estas transformações, assegurando continuidade e persistência em meio às mudanças. O sistema é também frágil — é só pensar na precariedade da economia mundial ou na incapacidade dos Estados de lidarem com o terrorismo e o tráfico de drogas — e ao mesmo tempo duro — é só relembrar os custos, para a América Latina, do ajustamento à crise da dívida externa ou as interferências militares, explícitas e encobertas, das grandes potências.

Estamos, na verdade, diante de dois problemas. O primeiro é o de saber se os instrumentos clássicos ainda são úteis para entender o mundo que nos cerca. A hipótese que propusemos é a de que, enquanto existirem Estados e esses detiverem o monopólio da força, certamente a compreensão do sistema internacional deverá levar em conta a lógica da interação entre eles. Já vimos que não basta, e existem numerosas tentativas de ir adiante, propor modelos analíticos alternativos[63]. De outro lado, temos um problema de avaliação, ligado analiticamente ao primeiro: afinal, existe ou não ordem no sistema internacional? O retorno aos clássicos permite responder a essa pergunta? Não se buca aqui qualquer conclusão definitiva para essas questões, o que fugiria ao propósito mais simples, o de apresentar uma das portas de entrada para a compreensão do sistema internacional. Para tanto, bastam algumas observações "pontuais":

a) a reflexão sobre o sistema internacional bem como a ação política externa vivem permanentemente o dilema entre poder e cooperação; o debate entre hobbesianos e grotianos é recorrente no sistema internacional e encontra símiles na definição de opção política (veja-se, hoje, o debate entre os "neorealistas" e a perspectiva da interdependência ou as alternativas da *détente* e da confrontação no jogo entre as superpotências);

b) a disputa sem solução entre os dois paradigmas termina por atribuir plausibilidade, como instrumento de análise, aos dois: assim, é inegável hoje que a estabilidade (entendida como ausência de guerra entre as potências) é derivada de uma visão prudencial dos custos da guerra (como conceituaria um realista); como também é inegável que, malgrado as limitações, existe um mínimo de institucionalidade, que permite a um Bull encontrar no sistema internacional traços de uma "sociedade de Estados";

c) essa visão, ao combinar os dois paradigmas, leva a que se compreenda o sistema internacional a partir de uma dupla estrutura lógica e abre vários caminhos analíticos. Por exemplo: como operam simultaneamente os dois movimentos? A estrutura de desconfiança, de ameaças potenciais, ao impor a necessidade de manter arsenais militares em constante renovação, é um empecilho para que os mecanismos grotianos entrem em marcha? Ou, ao contrário, é o custo da guerra a melhor e mais estável base para que se abra espaço para formas novas de cooperação, justamente porque "desprestigia" a utilização mais efetiva do poder? Até que ponto a legitimidade, que nasce dos números e da ação democrática, é poder num sistema que necessariamente guarda uma dimensão hobbesiana?

d) uma outra linha de conclusões poderia, abandonando a proposta da simultaneidade das lógicas, escolher qual a melhor base para a interpretação da ordem no sistema internacional; cada um dos paradigmas, de uma certa forma, admite a "incorporação" de aspectos do outro: o realismo admite a cooperação como uma solução astuciosa, e o racionalismo admite a guerra e o confronto como patologia a ser corrigida. Nesse sentido, sobretudo quando se pensa no discurso de política externa, os paradigmas são usados, em regra, de forma excludente (é claro que o discurso político tem de ser menos ambíguo do que a análise). Porém, mesmo no discurso, é difícil, salvo em ocasiões de aberta confrontação, ser "simplesmente" realista. A tendência é a de que o realismo (a atitude dura) seja um prelúdio para a cooperação;

e) essas ambigüidades dos paradigmas não aconselhariam talvez a se buscar alguma terceira solução? Parece o caminho mais fácil e, como se sabe, é abundante a crítica tanto à lógica do realismo (por exemplo: a fragilidade dos tratamentos conceituais do poder) quanto ao grotianismo (por exemplo: o relativismo histórico e geográfico que impede que se uniformizem os usos e compreensão da razão e, portanto, impede a construção de uma ética efetivamente universal). O fato é que, sem escapar para as soluções utópicas, ainda não se conseguiu dar os fundamentos sólidos a uma terceira solução;

f) nesse passo, contudo, um dado novo deve ser considerado: os dois paradigmas, tanto o realismo quanto o racionalismo, são construções fechadas. Em que sentido? Ao definir os problemas, da maneira como definem, eles têm, preconcebidas, soluções. Para o realismo, o que define a estrutura do sistema são os atores soberanos e o que define o processo (movimento) são as eventuais desigualdades ou diferenças de poder, corrigidas pela balança reequilibradora, que impede que se destrua (pelo menos em seu núcleo) a independência dos atores. Os grotianos têm uma lógica similar: o que define a estrutura ainda é a soberania dos atores e as eventuais diferenças (econômicas, ideológicas, regimentais etc.), que provocam conflitos poderão ser superadas por um processo quase automático de revelação racional;

g) nos dois paradigmas, existem soluções predeterminadas que não absorvem, plenamente, a resistência à atenuação das diferenças: dada a estrutura de soberanos, para os hobbesianos a independência será preservada, bastando a atenção do estadista; e, no racionalismo, a cooperação será atingida e frutificará, bastando o trabalho da razão, liberto das travas irracionais (sejam barreiras ao comércio, sejam os autoritarismos etc.). É evidente que o automatismo das soluções cria problemas de decisão política, alguns extremamente complexos, como no âmbito do racionalismo, a questão da intervenção para "impor democracias", já que estas seriam a garantia de paz. Porém, os dois modelos não incorporam a desigualdade ao nível da própria estrutura, um dado característico do moderno sistema internacional;

h) a desigualdade estrutural, que se evidencia com o pós-guerra (já que, antes, os países do hoje chamado Terceiro Mundo ou eram colônias ou estavam em processo de incorporação ao sistema internacional e seriam "iguais" ou, como o Japão, eram "diferentes") coloca limites analíticos importantes aos dois paradigmas, sobretudo porque não derivam modelos de solução da desigualdade estrutural. Para ficar em poucos exemplos: o racionalismo, em sua visão liberal, passaria no teste de operação em um mundo em que existam profundas diversidades nacionais de tal sorte que a lei das vantagens comparativas estaria perempta (e é o que os críticos da globalização apontam ao indicar que as desigualdades aumentam quando se liberam as travas do comércio); com que instrumentos contaria o racionalismo para ordenar em um mundo em que existissem, por exemplo, crescentes e agressivas afirmações de particularidades nacionais, bloqueando a afirmação das expressões da "razão universal", sustentação de uma ética e um direito de amplo alcance internacional; da mesma forma, o realismo seria o melhor caminho para interpretar um mundo de tão violentas disparidades de poder, que levassem continuamente a processos "perturbadores" da balança de poder (veja-se que o fracasso da *détente* kissingeriana se deveu sobretudo à impossibilidade de controlar os conflitos e as disputas por influência no Terceiro Mundo). Em suma: talvez a maior fragilidade prescritiva dos dois modelos derive do fato de seus mecanismos de correção não serem abrangentes o suficiente para lidar com os problemas de uma sociedade internacional globalizada e desigual. Vistos com olhos de países em desenvolvimento, a lógica dos modelos tenderia a deixar um *déficit,* derivado justamente da dificuldade que ambos têm de lidar com o fenômeno da desigualdade. Ainda que o racionalismo seja "progressista", não oferece parâmetros para construir politicamente a dimensão de justiça na ordem internacional. Daí, talvez, a persistência do debate da ordem, como se a sua solução fosse permanentemente adiada. De qualquer modo, é possível pensar em oportunidades para abrir o processo de construção de um modelo de ordem mais abrangente? O universalismo não repele necessariamente diferenças mas é hostil a diferenças desumanas, injustas. Será possível que a solução se encontre além do Estado e, na medida em que ganhem influência, serão os agentes do universalismo os pontos de apoio da construção de um mundo melhor? Os agentes do universalismo serão expressão de hegemonias ou de efetiva renovação? Ainda estamos longe de uma resposta clara.

# Notas

1. Versão ampliada de artigo publicado originalmente em *Contexto Internacional* 6, jul./dez. 1987, pp. 11-35.

2. Para uma análise dos dois momentos do pós-Guerra Fria, v. Lafer e Fonseca. "Questões para a diplomacia no contexto internacional das polaridades indefinidas". In Fonseca e Nabuco (orgs.), *Temas de Política Externa II,* Brasília, IPRI, 1994, pp. 49-78 e também F. Fukuyama, "The End of History", *The National Interest,* nº 16, pp. 3-18 e S. Huntington, "The Clash of Civilizations" *Foreign Affairs,* nº 72 (1993), pp. 22-49. A dimensão contraditória do sistema internacional é focalizada de forma interessante por Rosenau quando fala dos dois movimentos, conflito e cooperação, em um só ano, 1988: *"... it is not surprising that, in 1988, protests and uprisings followed quickly upon each other in Soviet Armenia, the West Bank, Poland, Burma, and Yugoslavia, or that the same time span was marked by regimes being shaken up in the Soviet Union, Chile, Haiti, and Lebanon. Likewise, and no less conspicuous, 1988 witnessed cascades of cooperation: within weeks of each other, negotiations to end wars were initiated in Afghanistan, Angola, Central America, Cambodia, Western Sahara, and the Persian Gulf. The winds of turbulence, in short, can propel postinternational politics in many directions, through the world's diplomatic and legislative chambers, where compromises are reached, no less than through its streets and battlefields, where conflicts are joined".* (N.E.: "... não é de espantar que, em 1988, tenha havido seguidos protestos e revoltas na Armênia soviética, Cisjordânia, Polônia, Birmânia e Iugoslávia, nem que esse mesmo período tenha sido marcado por abalos nos regimes da União Soviética, Chile, Haiti e Líbano. Da mesma forma, e não menos notável, esse ano testemunhou numerosos exemplos de cooperação: com intervalos de poucas semanas, iniciaram-se negociações para o término das guerras no Afeganistão, em Angola, na América Central, no Cambódia, Saara Ocidental e Golfo Pérsico. Em resumo, ondas de turbulência podem impulsionar a política internacional em várias direções pelos canais diplomáticos e legislativos, nos quais se chegam a acordos, e, da mesma forma, pelas ruas e campos de batalha, onde os conflitos são decididos".) Cf. J. Rosenau, *Turbulence in World Politics,* Princeton, Princeton University Press, 1990, p. 9.

3. Vale lembrar o resumo que Burchill faz da atitude realista quando diz que: *"If mutual nuclear deterrence between the United States and the Soviet Union accounted for the high level of international stability in the post-war period, the end of bipolarity casts an ominous shadow*

*over the future world order. Because there is no obvious replacement for the Soviet Union which can restore the balance of strategic power, the world is entering a new and dangerous phase of uncertainty and instability. As Waltz concedes, 'in international politics, unabalanced power constitutes a danger even when it is the American power that is out of balance".* (N.E.: "Se a dissuasão nuclear entre os Estados Unidos e a União Soviética proporcionou um alto nível de estabilidade internacional no período pós-guerra, o fim dessa bipolaridade lança uma sombra ameaçadora sobre o futuro da ordem do mundo. Como não há nenhuma substituição óbvia para a União Soviética capaz restaurar o equilíbrio do poder estratégico, o mundo entra em uma nova e perigosa fase de incerteza e instabilidade. Conforme admite Waltz: 'na política internacional, o desequilíbrio de poderes constitui um perigo, mesmo quando se trata do poder americano'".) Cf. Burchill, em "Liberal Internationalism", Burchill e Linklater, *Theories of International Relations,* Nova York, St. Martin's Press, 1996, p. 33.

4. N.E.: "Por ordem, na vida social, quero dizer um padrão de atividade humana que sustenta propósitos elementares, básicos ou universais como... vida, verdade e propriedade".

5. Cf. H. Bull, *The Anarchical Society,* Nova York, NY, Columbia University Press, 1977, p. 5. V. também S. Hoffmann, *Janus and Minerva,* Nova York, Wetview Press, 1987, especialmente o Capítulo, "Is there an international order", pp. 85-121.

6. V. R.J., Vincent, "Order in International Politics", Vincent e Miller, *Order and Violence, Hedley Bull and International Relations,* Oxford, Clarendon Press, 1990, p. 42. (N.E.: Embora não fosse possível especificar precisamente a extensão necessária desses objetivos para que se alcance a ordem social, o seu cumprimento, de certa maneira, era elementar, básico e universal. "Elementar" porque era característico da sociedade, "primário" porque outros objetivos pressupunham o cumprimento destes e *universal* porque não deveria haver nenhuma sociedade capaz de impedir a sua realização.)

7. Para uma análise clássica do problema da autodeterminação diante da possibilidade de intervenção, v. M. Waltzer, *Just and Unjust Wars,* Nova York, NY, Penguin Books, 1977, especialmente pp. 86-107.

8. Vincent, no artigo citado, lembra outras críticas ao conceito de ordem, como Bull desenvolve, e a primeira é a de que tende a se confundir com a doutrina dos "poderes satisfeitos". Outra que merece menção é a de que: "... *Bull's conception of order ...(fails) ... to be clear about whether its proclaimed purposes were empirical generalizations (no*

*society was to be found that it did not in some degree observe the principle pacta sunt servanda) or logical requirements (if you want a society then you must honour your promises)".* [N.E.: "o conceito de ordem de Bull... (é falho)... não esclarece se os propósitos apresentados são generalizações empíricas (não existe nenhuma sociedade que não observe, de alguma forma, o princípio de *pacta sunt servanda*) ou exigências lógicas (se você quiser uma sociedade, então precisa cumprir suas promessas)".] V. pp. 47 e segs.

9. Cf. H. Kissinger, "Domestic Structure and Foreign Policy", em J. Rosenau, *International Politics and Foreign Policy,* Nova York, The Free Press, 1969, p. 162.

10. Cf. Gierke, em *Natural Law and the History of Society,* (trad., com introdução de Ernest Baker), Londres, Cambridge Univ. Press, 1958, p. 40. (N.E.: "surgiu de acordo com a prescrição da legislação adequada a uma comunidade secular (de pessoas e estados) que dela precisa para funcionar".)

11. Sobre o tema, v. H. Gray, "Machiavelli: The Art of Politics and the Paradox of Power" Krieger (org.), *The Responsability of Power,* Nova York, Anchor Books, 1969.

12. Sobre a tradição utópica, v. F. Hinsley, em *Power and the Pursuit of Peace* Londres, Cambridge University Press, 1963. Uma apresentação circunstanciada dos três modelos está em M. Wight, *International Theory: The Three Traditions,* Editado por Porter, B. e Wight, G., Londres, Leisceter University Press, 1991. Na verdade, os modelos de Bull retomam os argumentos de Wight que é quem organiza, pela primeira vez, as escolas clássicas, dividindo-as em três vertentes. A preferência, neste ensaio, por discutir Bull em vez de Wight, se deve ao fato de Bull lidar diretamente com a questão da ordem e, de uma certa maneira, propor uma síntese didática de Wight, seu mentor intelectual.

13. Cf. Treitschke, em "The State Idea", Forsyth, Savigear e Keens-Soper (eds), *The Theory of International Relations.* Londres, George Allen and Unwin, 1970, p. 327.

14. Wight, ao apontar para o essencial do realismo, diz que se caracteriza pela *"international anarchy: a multiplicity of independent sovereign states acknowledging no political superior, whose relationships are ultimately regulated by warfare*". (N.E.: "anarquia internacional: a multiplicidade de estados soberanos independentes que não reconhecem nenhum superior político, cujas relações são reguladas essencialmente pela guerra".) Wight, op. cit., p. 8.

15. A ligação entre soberania e mercantilismo e as correlatas conotações de auto-suficiência são decisivas para bem situar histórica e sociologicamente o conceito. Ver, p. ex., E. Silberner, em *La Guerre et la Paix dans l'Histoire des Doctrines Economiques,* Paris, Sirey, 1957, e os artigos de Herz, "The Rise and Fall of the Territorial State" e "The Territorial State Revisited", ambos coligidos em seu livro, *The Nation-State and the Crisis of World Politics.* Nova York, David Mckay Co., 1976.

16. Diz Wight: *"To assert that a country's fundamental interest is to preserve its freedom of action, to assert that it will consult its own interests, implies another assertion: that a power has the exclusive right to decide what its interests are. Freedom of action implies freedom of decision; and freedom to decide what one's interests are implies freedom to decide what one's duties are".* (N.E.: "Afirmar que o principal interesse de um país é preservar sua liberdade de ação e que o país considerará seus próprios interesses significa admitir também que um governo tem o direito exclusivo de decidir quais são os seus interesses. Liberdade de ação significa liberdade de decisão; e ter liberdade para decidir quais são seus interesses significa ter liberdade para decidir quais são seus deveres".) Cf. Wight, op. cit., p. 112.

17. Seria necessário analisar, em maior profundidade, o que significam os qualificativos "aquisitivo" ou "expansionista" quando os consideramos atributos do Estado. A disposição de "ter mais", comum a todos os Estados, terá variadas expressões históricas (será territorial ou, nos dias de hoje, de controle de tecnologias de valor estratégico, mas sempre significaria "mais poder relativo") e se fundaria ora em inclinações psicológicas ou em características inerentes ao Estado, ora em condições estruturais. No caso da visão psicológica, Wight lembra um trecho célebre de uma carta de Freud a Einstein sobre o pacifismo quando aquele reconhece que: *"Here is then (in the destructive instinct) the biological justification for all those vile pernicious propensities which we are now combating. We can but own that they are more akin to nature than this stand against them, which, in fact, remains to be accounted for".* [(N.E.: "Eis aqui, então, (no instinto destrutivo), a justificativa biológica para todas as inclinações desprezíveis e perniciosas que estamos agora combatendo. Podemos apenas assumir que elas estão mais a favor da natureza do que contra, o que, na verdade, precisa ainda ser explicado".)] Apud, Wight, op. cit., p. 21. Modernamente, Morgenthau teria traços psicológicos em sua versão do realismo, assim como Niebuhr. V. especialmente, Morgenthau, em *Politics among Nations,* Nova York, Knofp, 5ª ed., 1973. Os que adotam a versão estrutural encontram seus inspiradores em Tucídides e Rous-

seau e, modernamente, em Waltz, no seu já clássico, *Theory of International Politics,* Nova York, McGraw Hill, 1979. Uma interessante apresentação do tema se encontra em M. Spirtas, "A House Divided: Tragedy and Evil in Realist Theory", Frankel, B., ed., *Realism: Restatements and Renewal,* Londres, Frank Cass, 1996, pp. 385-424. Também útil para entender os três níveis de análise é K. Waltz, K., *Man, the State and War: a theoretical analysis,* Nova York, Columbia University Press, 1959.

18. Para uma crítica da análise antropológica do tema da guerra, v. M. Mead, "Warfare is only an invention — not a biological necessity", *in* Vasquez, J. (editor), *Classics of International Relations,* Englewood Cliffs, NJ, Prentice-Hall, Inc, 1986.

19. A tese é de Spinoza, cf. Bull, op. cit., p. 49.

20. Para uma referência à idéia de povos não-históricos, v. M. Molnar, *Marx, Engels et la Politique Internationale,* Paris, Gallimard, 1975, p. 72 e segs.

21. N.E.: Um único Estado jamais conseguiria englobar toda a diversidade cultural; ninguém sozinho conseguiria unir as virtudes da democracia e da aristocracia. Todas as nações, assim como todos os indivíduos, têm suas limitações, mas é exatamente na abundância dessas qualidades limitadas que a genialidade do homem pode ser testemunhada.

22. Cf. Treitschke, op. cit., p. 326.

23. V. Giddens, A.. *The Nation-State and Violence.* Cambridge, Polity Press, 1985.

24. Ver, a propósito, as observações de Morgenthau sobre o nacionalismo, em *Politics among Nations,* op. cit., cap. 20

25. A noção de "ameaça" não se restringe ao mundo da estratégia. Para uma análise da "ameaça" econômica, que exigiria um tipo de resposta política, v. L.D. Typson, em *Who's bashing whom? Trade conflict in high-technology industries,* Washington, DC, Institute for International Economics, 1992.

26. Para uma análise de fatores de poder, v., G. R. Berridge, *International Politics: States, Power & Conflict since 1945,* Nova York, Harvester and Wheatsheaf, 2ª edição, 1992, p. 85-149.

27. Bobbio, N., no verbete, "Política". *In*: Bobbio, Matteuci e Pasquino, eds., *Dicionário de Política,* Brasília, Editora da UnB, 1988 (1ª edição italiana, 1983), p. 961.

28. Wight lembra que, a idéia de Clausewitz de que a guerra é a continuação da política, *"implies that war is an instrument rulers will*

*use without any scruple or specific moral repugnance..."* (N.E.: significa que a guerra é um instrumento que os legisladores usarão sem nenhum escrúpulo nem qualquer espécie de aversão moral...) e acrescenta três aspectos característicos da doutrina realista da guerra: *"... there can be no rules about starting war: there is no point in being handicapped. Assume the enemy will attack as soon as suits him, so strike first.... The second facet ... is the acceptance of unlimited war, of the maximum exercise of strenght... War is inherently illimitable and uncontrollable (...) The third aspect of Realist doctrine is the destruction of the enemy as the goal of war."* [N.E.: "... não existem regras para se começar uma guerra: não há sentido em estar em desvantagem. Se o inimigo atacará quando bem entender, é melhor tomar a iniciativa primeiro... O segundo aspecto... é a aceitação da guerra sem limites, do exercício máximo da força... A guerra é ilimitável e incontrolável por natureza (...) O terceiro aspecto da doutrina realista é a destruição do inimigo, o objetivo da guerra".] Essa visão instrumental da guerra se apóia, às vezes, em processos de exaltação da guerra e Wight lembra vários exemplos, como o de Bagehot, quando diz que *"... conquest is the premium given by nature to those national characters which their national customs have made most fit to win in war, and in most material respects these winning characters are really the best characters."* (N.E.: "... a conquista é a recompensa da natureza ao caráter nacional cujos costumes mais se mostraram aptos a vencer guerras e, em muitos aspectos materiais, esses caráteres vencedores são realmente os melhores".) Cf. Wight, op. cit., pp. 220 e 308. A exaltação da guerra como forjadora do caráter nacional é comum em vários autores do século XIX, especialmente Hegel. V. Fukuyama, *O fim da História e o último homem*, Rio de Janeiro, Rocco, 1992 (1ª edição americana, 1992), pp. 395-6.

29. Cf. H. Bull, "The Grotian Conception of International Society', em Butterefield e Wight, *Diplomatic Investigations* (eds), Londres, George Allen and Unwin, 1966, pp. 52 e segs.

30. Cf. Tucídides, em *History of the Peloponnesian War*, trad. de Rex Warner, Hammondsworth, Penguin, 1972, pp. 400 e segs.

31. Cf. R. Aron, *Paz e Guerra entre as Nações,* trad. de Sergio Bath, Brasília, Editora da UnB, 1979 (1ª edição francesa, 1962), p. 102.

32. N.E.: "Todo Estado tem o direito inquestionável de declarar guerra de acordo com a sua vontade e, portanto, tem autoridade para rejeitar qualquer tratado".

33. N.E.: Toda lei baseia-se em uma concessão mútua e é inútil usar expressões e doutrinas com uma humanidade vagamente geral para a edificação dos países em questão. Cf. Treistchke, idem, ibidem. Wight lembra, a propósito, outro texto do mesmo autor, que diz: *"All restraints to which states bind themselves are voluntary, and (...) all treaties are concluded on the tacit understanding rebus sic stantibus. No state ever existed, or ever will exist, which is willing to hold to all eternity to the agreements which it signs"*. [N.E.: "Todas as restrições às quais os Estados se obrigam são voluntárias e (...) todos os tratados são resolvidos com a compreensão tácita de que *rebus sic stantibus.* Não existe, e nunca existirá, um Estado que queira passar toda a eternidade honrando os acordos que assina".] Wight, op. cit., p. 238.

34. Cf. Maquiavel, em *O príncipe,* trad. Livio Xavier, São Paulo, Abril Cultural, 1983, p. 101.

35. V. Hirshmann, em *The Passions and the Interests,* Princeton, Princeton University Press, 1977.

36. Tucídides, op. cit., pp. 414 e segs.

37. O tema da balança de poder é um dos mais complexos do sistema internacional, sobretudo pela indefinição que cerca os seus elementos essenciais. Estabelecer cálculos comuns de poder é uma das dificuldades, o que produz incertezas e, para alguns, a identificação do conceito com a marca ideológica. Outro ponto é o fato de a balança de poder não ser incompatível com a guerra, que poderia ser invocada justamente para restabelecer situações de equilíbrio e evitar hegemonias, como nas coalizões contra Napoleão. De qualquer maneira, voltando a Bull, lembramos que ele descreve três funções essenciais da balança, a de evitar o império universal, a proteção da independência dos Estados e permitir que instituições como a diplomacia, o direito internacional, a limitação nas guerras, e o *great power management* operem. Cf. Bull, *Anarchical Society,* p. 106. Para uma análise da balança de poder como a noção fundamental do sistema internacional, v. K. Waltz, em *Theory of International Politics,* op. cit., pp. 117 e segs. Ele dirá que, como no mercado, os Estados são, numa estrutura anárquica, essencialmente competitivos e isto leva a que *"engage in balancing behavior, whether or not balanced power is the end of their acts. (...) The expectation is not that a balance, once achieved, will be maintained, but that a balance, once disrupted, will be restored in one way or another. Balances of power recurrently form"*. (N.E.: "empenham-se em equilibrar suas ações, estejam ou não buscando o equilíbrio de poderes. (...) O que se espera não é que, depois de alcançado, o equilíbrio seja mantido, mas que, depois de quebrado, seja

recuperado a qualquer custo. O equilíbrio de poderes é recorrentemente alcançado.) (v. p. 128).

38. Apud Bull, "Society and Anarchy", em *Diplomatic Investigations,* op. cit, p. 47. N.E.: A desigualdade original das partes dessa união [balança do poder]... não é um mal acidental, circunstancial e muito menos causal, mas deve ser considerada, até certo ponto, como a condição prévia para a base de todo o sistema.

39. Cf. Aron, em *Paz e Guerra,* op. cit. p. 101 e segs.

40. Cf. Bull, em *Anarchical Society,* op. cit., p. 27. N.E.: A prescrição grotiana para a conduta internacional é que todos os Estados, ao negociarem entre si, devem estar sujeitos às regras e instituições da sociedade que compõem. Ao contrário da concepção hobbesiana, na visão grotiana, os Estados não se submetem apenas às regras de prudência e conveniência, mas também aos princípios da moralidade e da lei.

41. Para Wight, em *The Three Traditions* (op. cit.), os racionalistas são aqueles que *"concentrate on, and believe in the value of, the element of international intercourse in a condition predominantly of international anarchy"* (N.E.: "se concentram e acreditam no valor do princípio das relações internacionais, sob uma condição predominantemente anárquica".) (p. 13). Isso leva a que vejam no comércio e na diplomacia, como formas "contínuas, organizadas e institucionalizadas" de interação entre os Estados, as condições que permitem o argumento racionalista (p. 8). Da mesma maneira que, ao examinarmos o realismo, revelaram-se as várias modalidades da compreensão do "expansionismo", o racionalismo supõe clareza nos limites da idéia de cooperação. Ao mencionar o comércio e a diplomacia, Wight dá uma primeira pista para algo que fundará a noção, que é a de modos de interação que tragam ingredientes de reciprocidade e, portanto, de ganhos mútuos. Quanto à dimensão otimista, lembremos que a ênfase nos imperativos da lei e da moral faz com que seja uma tendência natural opor a atitude prescritiva, idealista mesmo, dos racionalistas ao sentido objetivo das análises realistas. Essa passagem do analítico ao prescritivo vale para ambas as escolas e, possivelmente, poucos textos de ciência política conterão tantos elementos prescritivos quanto os clássicos do realismo, mesmo os modernos, como o de Morgenthau. Na linha oposta, tentando construir um modelo analítico a partir de uma perspectiva racionalista, v. A. Moravcesik, "A Liberal Theory of International Politics", *International Organization,* vol. 51, nº 4, p. 513-54. N.E.: ... ele também centralizava seus esforços e resultados, não com o propósito de

oferecer uma explicação científica do passado, mas uma justificativa e um motivo para um novo futuro que passaria a existir.

42. Quando se diz que os grotianos criticaram os realistas, está-se usando um artifício retórico. Historicamente, as duas escolas não aparecem, como mostra Wight, em uma seqüência clara. Modernamente, o contrário ocorreu. O realismo se afirma, com Carr, na década de 1940, e Morgenthau, na de 1950, como crítica ao idealismo que teve sua expressão mais significativa com Woodrow Wilson.

43. O item "a" é a premissa filosófica da Carta da UNESCO e, no item "c", encontramos as idéias do liberalismo econômico.

44. Para uma menção do problema na linha da análise desenvolvida, v. F.H. Hinsley, em *Power and the Pursuit of Peace,* especialmente cap. 6. V. também Renouvin e Duroselle, em *Introdução ao estudo das Relações Internacionais,* trad. de Helio de Souza, São Paulo, DIFEL, 1967, em especial o capítulo sobre o "Sentimento pacifista".

45. Cf. Gierke, op. cit., p. 36. N.E.: ...ele também centralizava seus esforços e resultados, não com o propósito de oferecer uma explicação científica do passado, mas uma justificativa e um motivo para um novo futuro que passaria a existir.

46. Cf. Kant, em *La Paz Perpetua,* trad de Baltasar Espinosa, Madri, Aguilar, p. 62.

47. Cf. M. Wight, "Why is there no International Theory", em *Diplomatic Investigations,* op cit., p. 23. N.E.: A teoria internacional formal tradicionalmente tem resistido à idéia de um Estado mundial. Logo de início, Vitória inconscientemente adotou a concepção de Dante da *universalis civilitas hunani generis* e reforçou-a afirmando que a humanidade compõe uma comunidade legal, mas repudiou o corolário danteano do império universal. Grotius e Pufendorf fizeram o mesmo, com o argumento de que um império universal teria de ser muito grande para ser eficiente. Para Kant e Gibbon, a divisão da humanidade em vários Estados é uma garantia de liberdade não somente para os Estados em si, através do equilíbrio de poder, mas também para os indivíduos, para quem isso significa a possibilidade de asilo estrangeiro.

48. Cf. Bull, *Anarchical Society,* op cit., p. 27 e segs.

49. Cf. H. Grotius, *De Jure Belli ac Pacis,* trad. de F.W. Kelsey, Oxford, Clarendon Press, 1925, p. 17 ("Prolegomena", p. 23). Vale advertir que a leitura que é feita de Grotius não pretende ser fiel ao contexto histórico mas simplesmente transformar algumas noções grotianos em um modelo geral de compreensão do internacional. Para situar Gro-

tius historicamente, v. B. Kingsbury, "Grotius, Law and Moral Scepticism: Theory and Practice in the Thought of Hedley Bull", *in* Clark e Neumann (eds.), *Classical Theories of International Relations,* Londres, McMillan Press, 1996, pp. 42-70. N.E.: se nenhum tipo de sociedade humana pode ser mantida sem lei, conforme demonstrou Aristóteles com a notável ilustração dos bandidos, certamente essa sociedade que se obriga à união também necessita de lei: ... nenhum ato desonroso deve ser cometido, mesmo que seja em prol de seu país.

50. Idem, ibidem, p. 15 ("Prolegomena", p. 17). N.E.: Mas, da mesma forma que as leis de cada Estado têm em vista o seu benefício, pelo comum acordo, tornou-se possível que determinadas leis pudessem ser formuladas a partir de todos os Estados ou de muitos deles; e é evidente que as leis criadas dessa forma não tinham em vista somente o benefício de um único Estado, mas o da grande sociedade de Estados.

51. Idem, ibidem, p. 117 ("Prolegomena", p. 22). N.E.: ... a lei não se baseia apenas na conveniência; não existe nenhum Estado tão poderoso a ponto de nunca precisar de ajuda externa, para fazer comércio ou mesmo para escapar à força de várias nações estrangeiras que se unam em oposição a ele... O mais acertado é dizer que tudo parece incerto quando se foge à lei.

52. Idem, ibidem, p. 34 (Cap. I, II,1). N.E.: ... injusto é o que estiver em conflito com a natureza de uma sociedade de seres dotados pela razão.

53. Idem, ibidem, p. 20 ("Prolegomena", 29). (N.E.: "exatamente nos limites da verdade".)

54. N.E.: "sua inclinação para entrar em sociedade, inclinação que, no entanto, é suplantada por uma repulsa geral em fazê-lo, ameaçando constantemente desagregar esta mesma sociedade".

55. O texto é da quarta proposição de "Idée d'une histoire universelle", apud Hassner, P., "Les concepts de Paix et Guerre chez Kant", *Revue Française de Science Politique,* vol XI, nº 3, 1961, p. 665. Para uma interpretação dos textos de Kant voltados para os problemas internacionais, v. J. Habermas, *La Paix Perpétuelle,* (trad de Rainer Rochlitz), Paris, Les Éditions du Cerf, 1996. A leitura de Habermas mostra, de um lado, por que é difícil situar analiticamente a visão de Kant, apoiada ao mesmo na soberania e em perspectiva cosmopolita, e, de outro lado, analisa de que maneira se alteram, com o progresso, as premissas kantianas.

56. V. C. Beitz, *Political Theory and International Relations,* Princeton, Princeton University Press, 1979 *Towards a Normative Theory of International Relations,* Cambridge, Cambridge University Press, 1986.

57. Cf Wight, em *The Three Traditions,* p. 207 para o tema da guerra e p. 233 para o do direito internacional.

58. Idem, ibidem, pp. 164-8.

59. A escola é também chamada kantiana — talvez impropriamente porque Kant não se afasta da idéia de soberania — e, por Wight, revolucionista, já que, nela identifica, o veio missionária da cultura ocidental. Para Wight, os seus exemplos mais signficativos seriam, nos séculos XVI e XVII, as formas radicais da Reforma (calvinista) e da Contra-Reforma (jesuítas), no século XVIII, a Revolução Francesa (os jacobinos) e, modernamente, os totalitarismos, especialmente o marxismo. V. Wight, idem, ibidem, pp. 8 e 9.

60. Bull, *Anarchical Society,* op. cit, p. 25. (N.E.: O tema dominante das relações internacionais, segundo a visão kantiana, aparentemente, é o relacionamento entre os Estados mas, na verdade, é o relacionamento entre todos os homens da comunidade humana – que, embora não exista realmente, existe potencialmente e, quando surgir, arrastará o sistema formado por Estados para o limbo.)

61. Cf Wight, op. cit., p. 8. N.E.: Os revolucionistas podem ser descritos, mais precisamente, como aqueles que acreditam ardentemente na unidade moral da sociedade de Estados ou da sociedade internacional – que se identificam com ela e, por isso, alegam falar em nome dessa unidade — e sentem-se obrigados a defendê-la como prioridade em sua política internacional.

62. Idem, ibidem, p. 43.

63. Uma das mais interessantes tentativas de modelos analíticos para entender a complexidade contemporânea está em J. Rosenau, em *Turbulence in World Politics,* Princeton, Princeton University Press, 1990. Vale a pena transcrever um trecho — p. 51 — em que ele drescreve o que chama de Order II, que lida com o conteúdo da ordem, em oposição à Order I, mais voltada para a descrição de processos de causalidade: *"What makes today's Order II seem so chaotic is that many basic patterns presently at work in global politics are marked by intense contradictions and erratic fluctuations. One looks out on the world scene and sees upheaval within countries and tensions between them, abject poverty in the Third World and extensive wealth in the First World; and whatever the geographic context, the scene is marked by shrill demands and counterdemands as various groups assert aspirations to which others refuse to accede. So, being distressed by what we observe, we understandably conceive of the world as a very disorderly place, overlooking that all turbulence reflects the*

*predominant order of present-day global politics, the arrangements through which people relate to each other and over which governments contest each other. Thus it is that there can be order in disorder, a presumption of underlying order (I) and an observation of profound turbulence (II)". [N.E.: "O que faz com que a Order II (Segunda Ordem) pareça tão caótica é que muitos modelos básicos praticados na política mundial atualmente são marcados por enormes contradições e oscilações erráticas. Quando se olha para o cenário mundial, vê-se revoltas internas nos países e tensões entre eles, pobreza extrema no Terceiro Mundo e riqueza abundante no Primeiro Mundo; e seja qual for o contexto geográfico, o cenário que se vê está marcado por sérias reivindicações e represálias, quando diversos grupos proclamam suas aspirações enquanto outros recusam-se a atendê-las. Desse modo, atormentados pelo que vemos, compreensivelmente, imaginamos o mundo como um lugar muito confuso, ignorando que toda a turbulência reflete a ordem predominante da política mundial em voga, os esquemas pelos quais as pessoas se relacionam e os governos disputam. Tanto é assim que a ordem existe na desordem: supõe-se uma ordem subjacente (I) e constata-se uma profunda turbulência (II)".]*

# ASPECTOS DA TEORIA DE RELAÇÕES INTERNACIONAIS: NOTAS DIDÁTICAS[1]

Existe uma vastíssima literatura sobre temas teóricos de relações internacionais. Ela ganha impulso notável no segundo pós-guerra e procura a multiplicidade e variedade das questões internacionais no mundo contemporâneo. Assim, a TRI busca formular tanto conceituações claras sobre conflitos entre Estados — quando ocorrem, que motivações os determinam, como se desenvolvem etc. — quanto sobre a influência de organismos não-governamentais na definição da agenda internacional — qual é o peso das ONGs em matéria de direitos humanos ou da comunidade científica no levantamento das questões ecológicas etc. Propõe instrumentos que sirvam para entender fenômenos que são globais, isto é, afetam a todos os países e nascem de um conjunto diferenciado de ações nacionais, como os problemas ecológicos. De fato, encontramos, no estoque acadêmico, "teorias" ou "hipóteses" que discutem essa gama variada de questões, que vão da guerra à cooperação humanitária, de ações unilaterais de Estados soberanos a formas diversas — e amplas — de interdependência entre sistemas produtivos e sociedades nacionais. E, diante desse panorama, é natural que, para cada campo temático, as portas de entrada sejam diferentes. É difícil fixar um ponto de partida único e consistente que abarque motivações que variam como as afirmações de poder e a generosidade. Não se tem, como em ciência econômica, um desejo de maximizar satisfações materiais que uniformize, a partir de hipóteses claras e objetivas, como base para a reflexão teórica. Mas tentativas de criá-las houve, como indicaremos adiante[2]. Neste artigo, procura-se fazer um mapeamento, sintético e preliminar, de alguns problemas ligados à formulação teórica no campo das relações internacionais. O texto não pretende ir além de um roteiro que indique sugestões para estudos mais profundos. Parte de uma premissa simples, a de que estudos teóricos aspiram à validade universal, e busca igualmente examinar como podem servir para que aperfeiçoemos a própria capacidade de compreensão da política externa brasileira.

## O campo das relações internacionais: uma primeira abordagem

Quem se propõe a estudar TRI pode escolher vários caminhos. O primeiro seria o de organizar, a partir da produção acadêmica, os problemas que definem o campo de estudo, consultando os livros-texto, os clássicos da disciplina, as revistas especializadas, etc. Propomos, porém, aqui, uma solução diferente. As relações internacionais vêm ganhando, em nossos dias, tal importância, tal visibilidade, que o leitor interessado por jornais formará naturalmente uma "noção intuitiva" do que é internacional. Os problemas cotidianos poderiam, assim, indicar as indagações que faríamos aos elaboradores de teoria. Saberíamos, de antemão, que, exatamente porque trabalham com generalizações, não nos dariam respostas conclusivas e precisas sobre o curso de uma questão concreta, mas talvez nos ajudassem a sistematizar o conhecimento sobre alguns de seus aspectos, criando as condições para que expliquemos melhor o seu alcance e mesmo sugerindo rumos. A teoria não será capaz de dizer como se resolverá o conflito na ex-Iugoslávia, mas tem muito a explicar sobre o peso dos fatores étnicos na origem de conflitos, sobre os modos pelos quais a comunidade opera em situações de crise, sobre a dinâmica regional européia, sobre lideranças que usam o nacionalismo agressivo como instrumento para consolidar o poder nacional e sobre outros temas correlatos.

A primeira preocupação de quem vai estudar um campo teórico é conhecer os seus limites, os problemas de que trata.

O que nos diz a "intuição" do leitor de jornais sobre os limites do internacional? Penso que a boa "intuição" verificaria, inicialmente, que o universo do internacional inicia-se pela relação entre Estados, relação que se manifesta de forma dramática na guerra, nos conflitos sobre definição territorial, nas disputas econômicas, nos acordos de paz etc. Esse conjunto temático equivale aos problemas clássicos da disciplina e aparece, naturalmente em primeiro lugar, por duas razões básicas:

- no trato dessas questões, os estados aparecem engajados como "unidades" no sentido de que não são setores específicos da sociedade que por elas se interessam, mas toda a população (um caso clássico é o da defesa do território, em que, normalmente, a sociedade e o Estado se unem, em um esforço comum, no trabalho de evitar que seja contestado ou ameaçado);
- é a burocracia estatal "especializada" em relações internacionais, seja militar, seja diplomática, que maneja diretamente a condução do comportamento do país nesses temas.

Esses dois fatores revelam claramente aspectos específicos do internacional e não por acaso boa parte da construção em TRI sustenta-se historicamente no estudo do problema da paz e da guerra, questões intrinsecamente ligadas ao uso do poder.

Se continuarmos o exercício intuitivo, um segundo fenômeno se desenha. Em nossos dias, é raro o tema que não tenha um componente internacional: o processo produtivo apóia-se em empresas transnacionais; a capacidade de poupança de uma sociedade encontra fontes em mercados financeiros internacionalizados; o perfil ético de um país é, em certa medida, esboçado por avaliações das ONGs; as relações interpessoais entre representantes de vários países se ampliam em virtude de um imenso fluxo de turistas; o conhecimento do que ocorre no mundo é difundido rapidamente por cadeias de rádio e televisão, que atingem praticamente todos os países. Uma outra maneira de medir o grau de internacionalidade de um tema é verificar que decisões nacionais — sobretudo das grandes potências — afetam a vida interna dos países (a taxa de juros americana define possibilidades de investimento pelo mundo afora, a política agrícola da Comunidade Européia limita a possibilidade de competição de produtos brasileiros em determinados mercados etc).

O campo se expande se lembrarmos ainda que, em certas circunstâncias, personalidades (como De Gaulle) ou organizações burocráticas (como a complexa burocracia americana) afetam os modos de presença internacional do Estado, abrindo áreas próprias de reflexão. Como formular hipóteses válidas, tão próximas das flutuações psicológicas de lideranças carismáticas ou dos embates intraburocráticos?

Para quem quisesse ir além da intuição e entrar no reino da teoria, a pergunta a fazer seria a seguinte: existiria uma teoria abrangente que fosse capaz de identificar, em cada instância da vida política, econômica e social dos Estados, o componente internacional e definir as regras que regulam suas dinâmicas?

Em Ciências Sociais, é extremamente difícil — senão impossível — o estabelecimento de hipóteses tão acabadas como nas ciências da natureza. De qualquer maneira, se tomarmos o exemplo da economia, a lei da oferta e da procura aparece, sob formas mais ou menos "disfarçadas", em praticamente todos os fenômenos econômicos. Assim, para alguns autores, a descoberta dessa lei fundamental deveria constituir o passo inicial do trabalho teórico em relações internacionais. O exemplo moderno mais notável dessa tentativa encontra-se na obra de Hans Morgenthau, segundo o qual o comportamento dos Estados no processo internacional é regulado pelo "interesse definido em termos de poder" (Morgenthau, H. *Politics among nations*, Nova York, Knofp. 1973, pp. 5 e segs.).

De qualquer forma, para completar o nosso argumento, vale fixar o duplo movimento: de um lado, a diversidade dos fenômenos internacionais que, inclusive, tem conduzido a um questionamento sobre a própria consistência dos paradigmas que sustentam a TRI[3]; de outro, a disposição teórica de estabelecer hipóteses básicas, que simplifiquem a diversidade, organizem-na, dando-lhe sentido, abrindo a possibilidade de previsões sobre o processo internacional.

Três outros temas merecem referência e o primeiro é o de saber se a TRI tem hipóteses próprias, ou apenas as deriva de outras ciências sociais. Ou seja: para a sua dimensão política, socorre-se da teoria do poder, para a sua dimensão econômica das leis econômicas etc. Mas não vamos além do registro do problema, que merece espaço amplo em textos didáticos. Um segundo é o do alcance das teorias. Algumas tocam a própria natureza do sistema internacional e outras têm alcance mais limitado, discutindo aspectos físicos, como o processo de decisão, os mecanismos de integração, o peso dos setores sociais em política externa etc. Neste estudo, vamos tratar preferencialmente das visões gerais, que procuram entender as bases de funcionamento do sistema internacional como tal. Finalmente, haveria o problema metodológico, muito discutido na década de 1960. A controvérsia era entre "clássicos" e "comportamentalistas". Para aqueles, as relações internacionais deveriam compor-se metodologicamente como uma seqüência de suas origens clássicas e sua base analítica seria uma combinação de Direito, Filosofia, especialmente Ética, Ciência Política Clássica e História. Para os "positivistas" ou "comportamentalistas", sempre norte-americanos, a TRI só avançaria, como "ciência", se incorporasse métodos que a aproximasse das ciências exatas. A Estatística e a Matemática seriam instrumentos necessários para a conversão da TRI em ciência. A controvérsia arrefeceu nos últimos anos e cada linha de pesquisa seguiu seu caminho.[4]

## A criação teórica segue acontecimentos importantes

Os tempos difíceis convidam à meditação. A crise da cidade-estado grega nos legou a *República* de Platão e a *Política* de Aristóteles. Os conflitos religiosos que dilaceraram a Europa do século XVII fizeram surgir, com o *Leviatã* e o *Tratado Político*, a teoria do Estado neutro — necessariamente absoluto, conforme Hobbes; liberal, pelo menos com relação aos filósofos, segundo Spinoza. No século da Revolução Inglesa, Locke defendeu as liberdades civis. Na época em que os franceses preparavam, sem o saber, a Revolução, Montesquieu e Rousseau definiram a essência dos regimes que nasceriam da decomposição, súbita e progressiva, das monarquias tradicionais: governos representativos e moderados, com equilíbrio de poderes; governos alegadamente democráticos, invocando a vontade popular mas rejeitando qualquer limite à sua autoridade.

R. Aron, *Paz e guerra entre as nações*

Temos empregado de uma forma um tanto livre a palavra "teoria". A discussão sobre o que é "teoria", especialmente em Ciências Sociais, é infindável. Aqui, vamos nos limitar a sublinhar duas de suas características:

- Terá conteúdo teórico aquela observação sobre a realidade que possa servir à compreensão de mais de um fenômeno "similar" (não é essencial que tenha sido feita com objetivos de construir hipóteses teóricas de relações internacionais e, neste sentido, é possível recolher de livros de história, como a *Guerra do Peloponeso*, de Tucídides, observações sobre relações de poder que facilmente se transpõem para outras situações históricas);
- O processo de transposição será, porém, sempre limitado pelas circunstâncias, históricas ou conjunturais, de cada situação; as "leis" nunca terão o sentido de "perfeição repetitiva" que têm as leis físicas (assim, as observações de Tucídides sobre variações de poder e guerra, se utilizadas em outras situações de conflito bipolar, terão de ser adaptadas, pois mudará o tipo de poder e seus instrumentos, as formas de avaliá-lo, os mecanismos que contêm os processos militares e assim por diante; durante a Guerra do Peloponeso, havias os jogos olímpicos, mas certamente nada que se assemelhasse a uma estrutura como a das Nações Unidas etc.)

Como em todas as ciências sociais, as preocupações teóricas com relações internacionais acompanham movimentos históricos. Nascem coladas a grandes acontecimentos, sobretudo antes de terem autonomia, de ganhar o *status* de disciplina acadêmica no imediato pós-Primeira Guerra Mundial, quando, aí sim, a disciplina começa a ter desenvolvimentos internos (a teoria gera seus próprios problemas, epistemológicos, conceituais etc.).

Assim, a origem dos temas que constituem o núcleo das preocupações da TRI segue uma trajetória histórica. Não é o caso, aqui, de refazê-la. Simplesmente podemos lembrar uns poucos exemplos. Já foi mencionado o clássico de Tucídides e um tema que continua atual, o das conseqüências da variação de poder para a eclosão de conflitos armados. Um outro exemplo marcante é o da noção de que o sistema internacional é composto de Estados que se organizam de forma "anárquica", de permanente conflito para defesa e afirmação de soberania, em que cada qual se sustenta pelo poder de que dispõe. Na expressão inglesa, é um sistema em que prevalece o *self-help*. O cenário das guerras religiosas do século XVII confirma historicamente as análises de Hobbes e Maquiavel. Outra noção importante — e que se fixa ao longo dos séculos XVIII e XIX na Europa — é a de balança de poder, decorrente, sem dúvida, da própria natureza do processo de interação entre soberanos (o poder é o único mecanismo que contém o poder).

Haveria algumas diferenças entre o que Aron mostrou — e está resumido na epígrafe a esta seção — e a história da TRI. Em seu período clássico, formativo dos núcleos temáticos, os textos sobre relações internacionais se confundem com obras de reflexão jurídica, histórica ou filosófica. Não inauguram, com o rigor de hipóteses autônomas, como as de Adam Smith para a Economia, ou de Maquiavel ou Hobbes para a Ciência Política, um campo bem demarcado de conhecimento. Para dar um exemplo: os trechos sobre o internacional em Hobbes são secundários em comparação com o problema da constituição do Estado "neutro" e soberano (em relação aos conflitos internos). Rousseau e Kant talvez sejam os que se aproximem de uma teoria do internacional.

Mais recentemente, a violência da Primeira Guerra Mundial abre uma temporada de reflexão sobre procedimentos, especialmente multilaterais, que garantam a paz. Já ao tempo da Guerra Fria, veremos que o "equilíbrio do terror", determinado pela corrida armamentista nuclear entre os EUA e a URSS, leva a refinamentos da chamada "teoria da dissuasão". Em outro plano, a expansão transnacional dos processos de comunicação e produção gera o debate teórico sobre a "interdependência".[5]

No caso da América Latina, é a situação de dependência que induz à reflexão teórica, não diretamente sobre o comportamento dos Estados no sistema internacional (política externa), e sim sobre os efeitos do sistema capitalista sobre as próprias possibilidades e forma do desenvolvimento dos países da região. Já os estudos geopolíticos — que freqüentam o pensamento latino-americano sobre relações internacionais — corresponderiam mais à adaptação de idéias americanas e européias à nossa realidade, sem pretender criação teórica. É claro que são muitos os outros temas e métodos que servem à análise da diplomacia latino-americana mas, em regra, prevaleceria o sentido de adaptação"[6].

Desse panorama impressionista e superficial, duas observações decorrem. A primeira é a de que, apesar de obras clássicas nascidas em outros continentes, como o *Kautyla* ou *Sun-Tze*, e dos escritos da Antigüidade e dos medievais etc., as bases da TRI são ocidentais e correspondem naturalmente ao processo de reflexão nascido da interação entre Estados-Nação (estes, aliás, outra criação ocidental)[7]. A teoria se origina naqueles países em que a possibilidade de influenciar os negócios do mundo é mais evidente. Isso explica o fato de a transformação das noções clássicas em disciplina acadêmica acontecer na Europa, no pós-Primeira Guerra. Procura-se isolar, naquele momento, o que seria especificamente "internacional" — em essência, o tema da construção da paz — e que sustentaria uma teoria própria, com autonomia em relação às diversas disciplinas que englobavam as noções originais da reflexão sobre o internacional (História, no caso de Tucídides; Filosofia Política, no caso de Maquiavel e Hobbes; Direito, no caso de Grotius; Estratégia, no caso de Clausewitz etc.). Um exemplo de fixação do interesse teórico, sempre citado, é o da voga realista — e o realismo é uma didática sobre o uso do poder — nos EUA, na década de 1950, quando justamente se universaliza a participação americana no sistema internacional, participação que supõe alguma "sabedoria" no manejo do poder militar[8].

Um segundo ponto a mencionar é o de que, pela própria "juventude" da disciplina, pelo fato de os seus textos clássicos serem tomados de empréstimo, as hipóteses com que trabalha a TRI são muito coladas ao ideológico, mais talvez do que em outros ramos das ciências sociais. Uma noção crucial, como a de "balança de poder", admite sete ou oito conceituações diversas, e sua utilização obedecerá, inevitavelmente, a contingências políticas. Veja-se, em nossos dias, o esforço analítico para conhecer as reações que advirão da constituição de um sistema em que prevalece um só pólo de poder. É sustentável ou gera inevitáveis reações compensatórias? Na resposta, autores da mesma filiação teórica respondem de formas diametralmente opostas, como se as duas possibilidades viessem a ocorrer (fixação do unipolarismo ou multipolarismo necessário)[9]. Isso exige, de quem vai ler teoria, o cuidado de separar, em cada passo, o que é generalizável e serve a que se iniciem efetivas análises, daquilo que tem a aparência de teoria, mas não passa simplesmente de disfarce para interesses concretos e específicos. Enfim, mais do que em outras áreas das ciências sociais, o tema da objetividade é especialmente complexo em TRI.

## Alguns valores que orientam as soluções teóricas

Já dissemos que, apesar de esforços vários, é difícil conceber uma "teoria pura" das relações internacionais, algo que ficasse acima das visões do mundo, de perspectivas ideológicas. Por isso, valendo-nos de observações de dois autores americanos, Ferguson e Mansbach (*The elusive quest*, Columbia, South Carolina University Press, 1988, pp. 32-49), valeria começar justamente pelos valores — ou "variáveis normativas", para ficarmos com o jargão — que estariam por trás das construções teóricas[10]. Os autores apresentam o tema em quatro dicotomias:

### Mutabilidade/Imutabilidade

Já vimos que a primeira preocupação de quem reflete sobre o sistema internacional é com a possibilidade de guerra. Para Aron, aliás, essa possibilidade é o traço distintivo do universo das relações internacionais:

> O diplomata e o soldado simbolizam as relações internacionais que, enquanto interestatais, levam à diplomacia e à guerra. As relações interestatais apresentam um traço original que as distingue de todas as outras relações sociais: elas se desenrolam à sombra da guerra; ...as relações

entre Estados implicam essencialmente a guerra e a paz" (Aron, R., *Paz e guerra entre as nações*, trad. brasileira de Sérgio Bath, Brasília, UnB, 1979, 1ª ed. francesa, 1962).

Apesar de, em alguns momentos, especialmente no século XIX, autores — Hegel é o exemplo mais citado — terem feito a exaltação da guerra como passo necessário para a constituição e revigoramento da nacionalidade, indagação necessária, sobretudo quando o avanço tecnológico leva ao aumento exponencial da capacidade destrutiva dos armamentos, é a de saber se a guerra é uma fatalidade inevitável na convivência entre grupos humanos, ou se, ao contrário, há condições de "controlá-la"[11].

Abrem-se, aí, duas vertentes do pensamento em TRI, ligadas a visões distintas da própria natureza humana. Para alguns, na esteira de Maquiavel, de Hobbes, ou mesmo de Freud, o caráter "ambicioso" do homem é imutável, contaminando as suas criações (entre as quais o Estado); o fenômeno da guerra seria, portanto, permanente. Mudariam as conjunturas históricas, mas não mudaria a tendência "belicista" da natureza humana, que, em certas circunstâncias, esqueceria os "constrangimentos éticos" e faria uso de qualquer instrumento — especialmente os militares — para fazer valer os seus "interesses vitais". A História é cíclica, e o homem e as instituições que cria não se "aperfeiçoam". Os ganhos científicos e técnicos não corresponderiam a aperfeiçoamentos éticos ou institucionais. O "realismo", escola que tem hegemonia no campo da TRI, é a melhor expressão dessa visão de mundo, e vai tratar de examinar as garantias de poder que o Estado constitui para se precaver de uma ameaça latente no sistema internacional, a guerra, razão pela qual os Estados mantêm forças armadas permanentes.

Por outro lado, haverá os que acreditam em que as coisas humanas podem ser transformadas por atos voluntários. Altera-se radicalmente a concepção da História, que deixa de ser cíclica e passa a ter sentido de progresso. O homem se renova, se aproxima paulatinamente de uma "humanidade ideal" (e o próprio fato de concebê-la seria um sinal de que é alcançável). E o problema teórico passa a ser o de conhecer os processos de contenção da agressividade humana e mesmo de superar a inevitabilidade da guerra. Não vamos entrar no exame das diversas soluções teóricas dessa vertente, as quais usam, como inspiração, o contraponto entre Hobbes e Locke sobre o estado da natureza. Valeria simplesmente assinalar que as entradas para o exame do problema são várias e foram, de forma muito acabada, apresentadas por Kenneth Waltz (*Man, the state, and war*, Nova York, Columbia University Press, 1959). Assinalemos somente duas: a da natureza do Estado, que se sustenta na idéia de que a expansão das democracias nacionais levará à paz permanente entre os Estados (as democracias não guerreiam entre si, ou, na variante marxista, os Estados socialistas vivem em paz); e a da natureza do sistema internacional, que, apesar de anárquico e constituído por soberanos, pode ser transformado, à medida mesmo que se intensifiquem laços de interdependência entre os Estados (que deixariam de guerrear pelo interesse em manter os ganhos de riqueza, normalmente desbaratados pelos conflitos). A democracia e o comércio, sendo "realizações" humanas, afetariam positivamente o curso da História, criando as condições de progresso moral.

## Otimismo/Pessimismo

A dicotomia otimismo/pessimismo retoma, em boa medida, o que está contido na anterior, que afinal, trabalha com "sentimentos contraditórios do mundo" . Nesta segunda variável normativa, a preocupação é mais especificamente conjuntural, com a "direção da mudança", não importando se é alcançada voluntariamente ou não. De qualquer maneira, as equações mutabilidade-otimismo e imutabilidade-pessimismo ocorrem naturalmente.

Para o primeiro caso, o exemplo clássico é Bentham. Ele exalta os valores igualitários, que nasceriam da difusão da educação pública, do acesso generalizado à informação e, por fim, da implantação das democracias políticas.

> *Since individuals sought their own happiness and since peace was instrumental to achieving this, only democracies could assure international peace, as only this form of government could accurately reflect popular interest and sentiments* (Ferguson e Mansbach, op. cit., p. 42).[12]

Haveria uma simultaneidade de mudanças — no plano do indivíduo, com a educação, e no plano social, com a democracia, correspondentes à "modernização", com a conseqüente criação de uma atmosfera otimista; e à medida que se universalizassem as conquistas, estariam garantidos os pressupostos, sociais e políticos, de uma paz permanente.

Ademais, os nossos autores assinalam que, mesmo para os "realistas", os que consideram a natureza humana imutável, haveria dimensões possíveis de controle, maiores ou menores, a matizar as razões do pessimismo. *"Realism is not a doctrine of unrelieved gloom. Realists do see it possible to ameliorate the effect of international conflict by judicious management"* [13] (Ferguson e Mansbach, op. cit., p. 43). A questão teórica seria a de saber que tipo de instituição, soberanamente constituída (fruto, portanto, de interesses individuais) seria, ao mesmo tempo, capaz de "conter o egoísmo". Na visão de Morgenthau, a diplomacia seria uma instituição que, racionalmente utilizada, com prudência, poderia servir a processos de compatibilização de interesses egoístas e contraditórios (v. Morgenthau, op. cit., pp. 530 e segs.). Um outro exemplo, no plano das instituições, seria o Conselho de Segurança das Nações Unidas, nascido como um instrumento para consagrar as articulações de poder (e dos mais poderosos) e, simultaneamente, como o caminho privilegiado para a contenção de conflitos (experiência frustrada ao tempo da Guerra Fria, quando uma "inesperada confrontação" — porque quebra o sistema de alianças forjado ao longo da Segunda Guerra Mundial — de poder entre EUA e URSS limita definitivamente a capacidade de atuação do Conselho).

Em tempos recentes, o contraste entre otimistas e pessimistas reaparece de forma contundente. Os primeiros momentos do pós-Guerra Fria quase repetem o otimismo benthamiano. Parecia fácil identificar, como a melhor equação teórica, a que ligava a expansão da democracia, a liberdade comercial, o reforço de valores universais, como os direitos humanos, o novo papel dos organismos multilaterais que dariam sentido coletivo à segurança internacional. Nessa perspectiva, previa-se, como realizações possíveis, a paz e a riqueza para todos. Os caminhos eram sabidos, o problema era somente o de trilhá-los. A tese de Fukuyama sobre o "fim da História" é a melhor expressão daquele momento.

Já nos primeiros anos da década de 1990, entretanto, com a explosão dos conflitos étnicos na Europa, a irredutibilidade de algumas crises regionais, as manifestações de racismo, as dificuldades de levar a bom termo a Rodada Uruguai, a perspectiva se altera e o pessimismo volta a imperar. O texto que marca o período é o "Clash of civilizations" de Huntington (*Foreign Affairs*, verão de 1993). É artigo que, com qualificações cuidadosas, mostra que, embora mudem as suas motivações básicas, o conflito entre sociedades nacionais volta necessariamente. O que varia é o código do conflito: depois das ideologias, será o tempo do conflito entre civilizações, talvez muito mais difícil de reduzir e atenuar do que o da Guerra Fria.

## Competitividade/Comunidade

Outra pergunta central para a teoria é a de conhecer a dinâmica dos movimentos internacionais, especialmente entre Estados. A realização de interesses é alcançada necessariamente a expensas dos outros ou, ao contrário, é possível pensar em processos cooperativos? Na primeira linha, a premissa do teórico é de recursos escassos e a luta para obtê-los: o jogo internacional é "zero-sum" (um exemplo: a segurança do Estado "A" aumenta à medida em que diminui a de "B"). Na segunda, a possibilidade de que se manifeste alguma "harmonia de interesses" na relação dos Estados, que possa induzir mecanismos de cooperação, prevalece. Nesse jogo, se as escolhas forem "certas", todos têm a possibilidade de ganhar simultaneamente (o Estado "A" é mais seguro se houver uma instituição de ampla participação, nascida de visão comum, em que a cooperação é a chave da segurança de todos).

A dinâmica da competição — que nasce da condição soberana e do *self-help* — subordina todo o complexo tecido de relações internacionais à luta pelo poder. Uma das conseqüências é a desvalorização dos atores multilaterais ou transnacionais, que passam a ser considerados "instrumentos" no processo permanente e inevitável de competição entre os Estados[14]. Observam ainda Ferguson e Mansbach:

> *Actors that are more powerful, wealthier, or more skilfully should, it is implied, see to their own well-being and security before concerning themselves with some abstract global good unless it can somehow be shown that the two are identical* (op. cit., p. 45).[15]

Para quem vê o mundo dessa perspectiva, conhecer os mecanismos de "ganhar poder" e conhecer o seu emprego passa a ser o problema decisivo em teoria das relações internacionais.

Em contraste, os "racionalistas" ou "idealistas" admitem que os objetivos nacionais e coletivos podem ser idênticos e, mais, acreditam que, em caso de choque de interesses, o "bem global" deve prevalecer. O problema teórico passa a ser como encontrar as bases para a construção dessas harmonias. Retomando o que dissemos anteriormente, lembremos duas soluções clássicas:

- a competição diminui porque muda a natureza dos atores (como vimos antes, os Estados democráticos não fariam guerra entre si), ou porque domina um cálculo "positivo" da combinação de interesses e os Estados percebem que ganham mais se transformam a competição em cooperação (os modernos economicamente, que dependem do comércio internacional para garantir economias de escala, tendem a cooperar porque o conflito significaria perda de possibilidades de riqueza e a teoria das vantagens comparativas é a expressão econômica desse processo)[16];
- a competição se altera a partir da transformação do próprio sistema internacional e alguma instituição, multilateral ou supra-nacional, passaria a arbitrar os conflitos, solução que vem desde os "projetos de paz perpétua" do século XVIII; ou porque alguma atividade, como o comércio, expandir-se-ia e forçaria sutilmente a mudança de comportamento dos atores, ou, ainda, como Kant sugeria, os homens aprenderiam, com o próprio agravamento dos conflitos, que é melhor evi-

tá-los e criariam as instituições que fariam tal papel. Em todos os casos, haveria uma origem comum: o exercício da Razão. As harmonias seriam reveladas pelo exercício da racionalidade que mostraria, em cada caso, as vantagens das instituições sobre o egoísmo.

Em muitos casos, quem adota essa atitude tende a valorizar o que, no sistema internacional, não é "estatal". Ou seja: o Estado, promotor da guerra, deve ser "contido" por forças que estariam fora de seu âmbito e que teriam escopo transnacional. Os grupos pacifistas, de longa tradição, as ONGs, na área de direitos humanos, p. ex., seriam a versão moderna das ligas antiescravagistas do século XIX, mas sempre com o mesmo sentido de fazer com que o Estado se "comporte bem", seja obediente a valores éticos. Aliás, a multiplicação e o fortalecimento das ONGs no campo internacional é um outro fator a explicar a transformação do sistema internacional.

## Elitismo/Democracia

Essa dicotomia tem, por sua vez, duas dimensões. Uma está vinculada ao próprio modo de ordenar o sistema internacional. A segunda, a como se formular a política externa dos países.

No primeiro caso, como já indicamos no caso da constituição do Conselho de Segurança, existe a tendência a identificar "poder" e "responsabilidade". No sistema internacional, o elitismo, em sua forma extrema, manifesta-se, portanto, com a atribuição às potências de condições de organizar a ordem internacional. Nossos autores observam:

> *...great powers are somehow more responsible than lesser powers, presumably because the former have so much more to lose than the latter. The poor or weak might be tempted to behave rashly and promote instability in order to improve their status* (Ferguson e Mansbach, op. cit., p. 46).[17]

Em um universo comandado pelas condições de poder, diriam os teóricos, a conseqüência natural é a de que a participação nas decisões dependa do poder. Apesar da igualdade "formal", dada pela condição soberana, os Estados são "realmente" diferentes pelas posições que ocupam na hierarquia de poder mundial que, em última instância, define as medidas de participação nos negócios internacionais. A noção elitista não é nova e terá várias ramificações, que começam na defesa da diplomacia secreta, nos arranjos institucionais exclusivistas, na idéia de que uma elite internacional, que compartilha valores, tem condições privilegiadas de organizar os planos de paz etc. Expressão histórica dessa noção seria, p. ex., o Concerto Europeu no século XIX; modernamente, ao examinarmos as regras de votação em organismos financeiros internacionais, como o FMI, veremos que a "riqueza" significa influência maior no processo decisório.

Essa concepção está na base do pensamento dos que defendem que o sistema internacional deve ser analisado a partir da distribuição de poder dos Estados. Dessa distribuição, decorreriam as "condições de funcionamento" do sistema. Assim, se existem dois pólos, as rivalidades ocorrerão de uma determinada maneira, o tipo de conflito terá uma dinâmica, os organismos multilaterais servirão a determinados fins, as aplicações — e o próprio "vigor" — do direito internacional serão condicionadas pelos usos e interesses das potências etc. Basta lembrar que, durante a Guerra Fria, a rivalidade bipolar, de feitio abrangente (incluía disputas estratégicas, conflitos ideológicos etc.), condicionava amplamente as possibilidades de comportamento dos Estados — e, mesmo os que pretendiam excluir-se do sistema, como os Estados que compunham o Movimento Não-Alinhado, tomavam como referência, para as suas deliberações, a rivalidade entre os dois blocos. (Kaplan, M. "Variants of six models of the international system", *in* Rosenau (org.), op. cit., pp. 299-303). Para dar um exemplo: nos sistemas bipolares, a tendência é a de que se formem blocos rígidos, em que a lealdade é cobrada à medida que uma "defecção" significa perda de poder estratégico, desprestígio para o líder do bloco etc. No caso de sistemas em que vários pólos existam, as possibilidades de aliança se ampliam e deixam de ter caráter ideológico (como na Europa do século XIX).

No plano interno, o elitismo acredita que, pela gravidade das implicações dos temas internacionais (afinal, no jogo internacional, está em questão a própria "sobrevivência" do Estado e de suas instituições) e pelo fato de que o Estado deve ter objetivos permanentes, condicionados pela sua circunstância geográfica e histórica, a influência da opinião pública deve ser minimizada. A política externa deve prevalecer sobre a nacional. Para os realistas, existiria um "padrão ideal" de comportamento dos Estados, ao qual teria acesso apenas um grupo especializado, que deve evitar a influência da opinião pública, sempre submetida a paixões e manipulações, e, também, à pressão de interesses setoriais. A conhecida observação de Tocqueville sobre a dificuldade que têm as democracias de "perseverar em objetivos permanentes e levar adiante a sua execução", encontra reflexos contemporâneos; em texto recente, George Kennan defende a isenção com que as Chancelarias devem definir as suas posições, obedecendo exclusivamente à regra do que é melhor para o Estado na lógica internacional, desconsiderando, conseqüentemente, as influências da política nacional (v. Kenann, G. *Around the cragged hill*, Nova York, Norton, pp. 180 e segs.). O interno é matéria do político, não dos cálculos da Chancelaria.

As observações dos "democratas" vão evidentemente em sentido oposto. Na fase contemporânea das relações internacionais, quem faz uma das primeiras críticas ao elitismo é Wilson, ao final da Primeira Guerra Mundial, um tanto porque via, nas causas da guerra, os vícios da "ética elitista". No resumo de Ferguson e Mansbach: *"His assertion of the rights of nationalities and ethnic minorities, along with his praise of democracy and the right of small states, constituted a brief in favor of greater participation at all levels of global decision making"*[18] (op. cit., p. 47).

Vamos tomar um exemplo recente da crítica que se faz ao "condomínio de potências". Esta deve sustentar-se na idéia de que os Estados fracos detêm algum instrumento de influência, "melhor" do que aquele de que dispõem as potências, ou "diferente" deste, que lhes daria credenciais para participar do processo de organização do sistema internacional. De fato, se olharmos para o comportamento dos países em desenvolvimento ao longo da Guerra Fria, no marco de um sistema muito limitado de participação (sobretudo porque um dos indicadores de poder era a posse de armas nucleares, restrita praticamente aos EUA e à URSS e, em outro plano, com arsenal reduzido, a Grã-Bretanha, França e China), veremos que aqueles privilegiam justamente o que poderíamos chamar de "fatores éticos" de influência. Ou seja: a ordem que se estabelecia — e que teria o mérito, por meio da dissuasão nuclear — de eliminar conflitos diretos entre as superpotências, colocava, por outro lado, ameaças globais à humanidade e, mais do que isso, impedia tentativas de organizar o sistema internacional em bases outras que não fossem as de poder, especialmente em suas expressões militares. Em suma, a ordem era ameaçadora para os que não tinham poder, além de precária, instável e injusta. Assim, invertendo o argumento dos elitistas, afirmavam que aqueles que não detêm poder são justamente portadores dos melhores projetos sobre a organização do sistema internacional. Quem não tem poder, tem sentido de justiça e legitimidade e, por isto, direito a participar nos negócios do mundo. O Movimento Não-Alinhado sempre foi crítico acerbo do armamentismo das superpotências e os países em desenvolvimento propuseram, de várias formas, modelos de organização do sistema econômico internacional os quais, em tese, levariam a uma distribuição mais eqüitativa da riqueza mundial. Entre ricos e pobres, p. ex., não deveriam prevalecer as regras estritas da reciprocidade, apanágio do sistema liberal clássico, que correspondem politicamente ao realismo. Às diferenças de riqueza, por imposições de justiça, as diversas formas de intercâmbio deveriam aceitar um estatuto de não-reciprocidade.

Da mesma forma, no plano interno, a defesa da participação popular ampliada, de cunho democrático, nos negócios internacionais eliminaria um vício central do comportamento dos Estados, que é a tendência a usar instrumentos militares para fazer valer seus interesses. Na clássica visão kantiana, é o povo quem "sofre" com a guerra — não o soberano —; assim, no momento em que aquele puder influenciar nas decisões políticas, o comportamento dos Estados se alterará.

## Ordem/Desordem

Vamos agregar às dicotomias de Ferguson/Mansbach uma última. De fato, a disputa entre elitistas e democratas levanta um problema teórico importante que, de certa maneira, está implícito nas dicotomias anteriores e as resume. Como julgar, teoricamente, a ordem? A que tipo de ordem podem aspirar Estados soberanos? A soma de um lado das dicotomias (equação: imutabilidade, pessimismo, competitividade, elitismo) leva a uma determinada perspectiva, muito diferente da que teríamos se somássemos o outro lado. O que isso significa?

Quando iniciamos o estudo da ordem econômica, se adotarmos a perspectiva liberal, partimos da premissa de que, comandados pelas leis do mercado, os agentes econômicos organizariam de uma determinada maneira seus padrões de produção e consumo, o que lhes permitiria alcançar algum tipo de "riqueza", objetivo, afinal, de qualquer sistema econômico. De certa maneira, essa visão se transpõe para o universo instrumental. Quando se propõe uma determinada linha de política econômica, apoiada em algum aspecto da teoria que recomende eliminar "distorções" no funcionamento do mercado, o que se quer, explícita ou implicitamente, é conseguir que os agentes "trabalhem" em determinada direção. Um exemplo clássico é a eliminação de monopólios ou a imposição de controles de preços a oligopólios, situações que, em tese, permitiriam um rumo melhor para se alcançar a riqueza.

- No caso da ordem internacional, imaginemos a situação em que um Estado opere como "perturbador" da ordem porque tem políticas agressivas, invade um vizinho fraco militarmente. Desenham-se, então, várias questões, e a primeira é de saber se os atos agressivos podem ser julgados ilegítimos. Abrem-se duas hipóteses (que, aliás, demonstram a diferença das ordens interna e internacional):
- o Estado agressivo é "forte" e realiza a sua intenção de invasão (como nas intervenções das superpotências em suas áreas de influência durante a Guerra Fria), violando um dos pressupostos da ordem, a não-intervenção, não restando aos atingidos senão tentativas de reclamos jurídicos ou éticos, que teriam, em regra, pouco efetividade;
- o Estado agressivo é fraco ou a violação que perpetrou é evidente de tal forma que a comunidade inter-

nacional age conjuntamente, com base em legitimidade universal, para "punir" o agressor ou reverter o seu comportamento.

Na primeira hipótese, a ordem insinuar-se-ia pelos custos de desprestígio que ocorrem para as superpotências, ainda que seus objetivos políticos ou estratégicos tenham sido atingidos. Admitida a segunda hipótese, o problema teórico seria o de saber que instrumentos — de propostas conciliatórias ao uso de instrumentos militares — são adequados para atingir os objetivos da comunidade internacional. O tratamento de *outlaw* em TRI desenha claramente o problema da ordem. Como garantir que a comunidade internacional atinja os seus objetivos? Como transformar o que é legítimo em ação efetiva? Até que ponto os poderosos cooperam com base em decisões coletivamente alcançadas? Afinal, o que é legítimo no campo internacional e como se decide o espaço da legitimidade? Qual é o peso efetivo dos instrumentos que pretendem restaurar a ordem e corrigir violações?[19]

Esse pano de fundo levanta a questão do que é possível alcançar no sistema internacional, questão que, aliás, permeia as diversas dicotomias apresentadas. Embora se possa pensar em objetivos similares na ordem interna e internacional, existe uma diferença essencial: na internacional, não existe um articulador necessário, em plano essencialmente diverso da dos demais agentes sociais: o Estado que, ao dispor do monopólio da força, resolve conflitos e "impõe" continuamente soluções "ordenadoras" da vida nacional. No sistema internacional, inexistindo instância supranacional de feitio global, é a soma das participações e comportamentos de cada Estado que se articula para a preservação de certos objetivos, a começar pela própria soberania, que significa a continuação de cada qual como Estado. Num texto clássico, Hedley Bull acrescenta outros objetivos subjacentes à participação e que, em seu entendimento, constituem elementos necessários a qualquer formação social, inclusive a internacional: a limitação da violência (que, em relações internacionais, começaria com a doutrina medieval da "guerra justa" e chegaria, hoje, aos princípios consagrados na Carta da ONU, que praticamente proíbem o recurso nacional à guerra, salvo em caso de legítima defesa), a necessidade de que as expectativas "contratadas" sejam cumpridas, o que daria a medida mínima da previsibilidade à ordem (e que se expressaria no respeito ao princípio do *pacta sunt servanda*) e, finalmente, a própria estabilização da propriedade, privada ou comum, que se exprimiria pelos princípios de não-intervenção e de autodeterminação. (Bull, H., *Anarchical society*, Londres, Macmillan, 1987)

O problema teórico central será, então, o de determinar quais são as maneiras de que dispõe o sistema internacional para alcançar essas metas. Basicamente, vimos que as duas equações contrapostas (imutabilidade — pessimismo — competitividade — elitismo x mutabilidade — otimismo — comunidade — democracia) levam a soluções radicalmente diferentes. A primeira identifica-se com a "escola realista", a segunda, com o que Bull chama "racionalismo".

A ordem "realista" sustentar-se-á, basicamente, em "encontros de poder" e sua expressão clássica é a balança de poder. Ou seja: os Estados preservam-se, garantem o cumprimento dos tratados etc. porque dispõem, cada qual individualmente, de "quantidade de poder" suficiente para fazer valer seus objetivos. Em certos momentos, o equilíbrio entre as forças garante uma medida de estabilidade ao sistema internacional, a qual será, porém, sempre precária, à medida que, caso um Estado qualquer veja contrariados os seus objetivos, nada o deterá na utilização de meios de poder (o recurso à guerra) para fazer com que prevaleçam. Em síntese, é uma ordem precária, instável, sujeita às flutuações de algo muito dinâmico, que são as equações de poder. O problema central do "realista" será o de medir constantemente o poder de seu país e o dos seus parceiros para saber em que medida está "protegido" em seus valores básicos. Vimos, anteriormente que o realismo admite formas de "gerência" de poder, de tipo institucional, e o exemplo que demos foi o do Conselho de Segurança. Dois comentários adicionais caberiam e dizem respeito aos limites do funcionamento de instituições em um sistema "anárquico": em situação típica da Guerra Fria, o Conselho se paralisa pelo veto (os interesses de poder da URSS e dos EUA iam em sentido oposto e impediam que a "instituição" operasse); em outra, mais clara no pós-Guerra Fria, quando vemos que, apesar da superação das rivalidades entre os membros do Conselho, a instituição não opera automaticamente (como um tribunal nacional diante de um conflito entre pessoas), dependendo, em cada circunstância, do "interesse" dos Estados para atuar (o contraste entre a ação rápida na Guerra do Golfo e a inércia diante da crise iugoslava é claro).

Em conclusão, a "desconfiança" é a regra de conduta da diplomacia realista e as instituições devem refletir relações de poder e, por isso, têm a vocação da instabilidade. Não há certezas sobre como operariam diante de conflitos e crises.

A perspectiva "racionalista" gera outras hipóteses sobre a questão da ordem internacional. São hipóteses que, como vimos, supõem mudanças, progresso e alimentam-se de otimismo. Não perdem, contudo, interesse analítico pois permitem compreender uma parcela dos fenômenos que ocorrem no sistema internacional. A diferença básica em relação aos racionalistas está na perspectiva de que os processos de constrangimento ao comportamento "livre" dos Estados são significativos. As "harmonias possíveis" geram instituições que, de forma progressivamente decisiva, passaram a balizar o comportamento dos Estados. Essas instituições são respaldadas, inicialmente, pelo próprio interesse dos Estados em mantê-las: o argumento clássico é o de que, no sistema internacional, existe um número infinito de normas que são respeitadas cotidianamente, nos mais variados domínios, sendo a quebra da norma uma exceção e implicando custos altos (isso valeria para as normas que regulam questões técnicas, como a distribuição de freqüências de rádio, de correspondência postal, de tráfego aéreo e marítimo etc., mas também para questões mais políticas, e um exemplo curioso é o de que, por mais inoperante que tenha sido o Conselho de Segurança ao tempo da Guerra Fria, nunca se propôs que fosse abolido, permanecendo como uma instância, útil em certos casos, para dar orientações sobre o que seria legítimo em matéria internacional controvertida — a série de resoluções sobre a Palestina — e, em outros, como foro para conhecimento mútuo de posições e avaliação discreta de avanços possíveis em temas delicados).

Um segundo argumento diz respeito ao próprio fato de existirem sinais claros de "aperfeiçoamento" dessas normas e instituições, que tendem a tornar-se mais abrangentes (isto é, abarcam uma temática mais ampliada e, hoje, vão muito além da esfera política, tocando temas como a ecologia, os direitos humanos etc.) e mais "efetivas" (em alguns casos, como no da União Européia, são verdadeiramente supranacionais; em outros, adquirem inegável força moral, como no caso das decisões das comissões que lidam com questões de direitos humanos).

Um terceiro argumento é o do papel da ética e o do crescimento das forças sociais que procuram garantir o cumprimento das normas e instituições e, neste caso, teríamos dois fundamentos importantes. De um lado, o trabalho dos próprios Estados: é significativo que exista uma medida de respeito à soberania dos Estados "fracos", a qual não deriva necessariamente de garantias definidas pelos mais fortes, e o papel dos fracos tem sido, quase sempre, o de exaltar o cumprimento dos princípios básicos da lei internacional, como o da não-intervenção; de outro, os movimentos organizados pelas ONGs e outras entidades (como a comunidade científica, em alguns problemas ecológicos), que afirmam a necessidade de que sejam defendidos certos valores, certas linhas de decisão, normalmente voltadas para que se estabeleça um grau maior de "institucionalidade" no sistema internacional.

A esperança e a cooperação são, assim, as regras de conduta do estadista "racionalista". Ele seria, idealmente, um transformador das harmonias em instituições permanentes.

## O uso da teoria: as relações internacionais e a perspectiva brasileira

Como assinalado no início, o valor teórico de uma hipótese está condicionado à sua universalização. Cabe perguntar: de que maneira construções voltadas para a compreensão do mundo ocidental desenvolvido servem para o exame das posições diplomáticas do Brasil?

Não seria caso de entrar em análises específicas mas, simplesmente, de chamar a atenção para a necessidade de um duplo movimento crítico quando se trata de trazer as hipóteses teóricas para a realidade brasileira. Em primeiro lugar, escolher, no estoque teórico, o que é relevante para a compreensão de questões brasileiras e, em seguida, indagar de que maneira a sua aplicação à nossa realidade aperfeiçoaria nossa sensibilidade para problemas específicos. Nesse sentido, um tema interessante é o de verificar, na história diplomática brasileira, o recurso ao instrumento ético ou jurídico e sua efetividade. A análise começaria, talvez, com a defesa da igualdade dos Estados feita por Rui Barbosa em Haia, prosseguiria com o processo negociado de definição das fronteiras, realizado pelo Barão do Rio Branco, e viria até nossos dias, com as posições que assumimos nas propostas de reforma do sistema econômico internacional nas décadas de 1960 e 1970, ou, ainda mais recentemente, nas propostas apresentadas na ONU, sobre a necessidade de que se estabeleçam regras equilibradas — que superem o arbítrio daqueles que a detêm — para a transferência de tecnologia sensível. Em que casos as posições brasileiras foram efetivas? Em que medida são condições de poder que permitem que a defesa de posições jurídicas ganhe força? Quais os nossos aliados na apresentação desses pleitos e que grau de força teriam as alianças construídas?

Em um outro diapasão, a transposição de certas hipóteses realistas serviria, p. ex., para interpretar as disputas bilaterais com os EUA em torno de questões com propriedade intelectual. Em período recente, há dois exemplos marcantes e contrastantes, o da retaliação em matéria de patentes farmacêuticas e o da barganha — e conseqüente não-retaliação — em matéria de informática. Por que isso ocorreu? É curioso, também, verificar o contraste do "excesso" brasileiro diante da ameaça de retaliações do governo Reagan em matéria de informática, com a aceitação das posições americanas pelos europeus, teoricamente mais "poderosos", em matéria de grãos (v. Odell, J., "International threats and internal politics: Brazil, the European Community, and the United States, 1985-1987" *in* Evans *et al*, *Double-edged diplomacy*, Berkeley, University Press of California, 1993, pp. 233-64).

As análises em que a aplicação da teoria é explícita ainda são raras no Brasil. Em boa medida, o campo das relações internacionais é incipientemente explorado e são poucos os autores que se dedicam a analisá-lo. De qualquer maneira, como aponta Maria Regina Soares de Lima, estamos diante, no caso brasileiro, de problema teórico complexo, pois o país tem inserção muito diferenciada no sistema internacional, a qual abrange desde posições de hegemonia (e aí o realismo seria o instrumento teórico adequado) até posições de dependência (em situações em que aparecemos ao lado dos "fracos"). O desvendamento dos diversos matizes de nossas posições em um feixe analítico único é o trabalho difícil, que tem sido tentado por meio de três modelos: o da dependência, o geopolítico e o realista. Não é o caso de resumi-los; valeria, simplesmente, chamar a atenção para as análises de Jaguaribe (que discute os limites da autonomia de um país periférico), de Lafer (a perspectiva de atuação de uma Potência Média), de Gerson Moura (a autonomia na dependência), de Mônica Hirst (os efeitos da democracia sobre a ação externa) e da própria Maria Regina (Soares de Lima, M.R., "The political economy of braziliam foreign policy", tese de doutoramento (Ph.D.), Universidade de Vanderbilt, 1986, mimeo. e "Enfoques analíticos em política externa", mimeo., s/d).

## Temas de análise em teoria das relações internacionais

Nesta seção, o objetivo é apresentar, de forma sistemática, o que seriam os temas fundamentais para análise, do ângulo da TRI.

Há muitas formas de fazê-lo e, em nosso caso, podemos partir de uma premissa sobre o "começo" do internacional: suponhamos que um Estado necessita realizar certos objetivos — que podem ser de segurança, políticos, econômicos, culturais etc. — e, para tanto, os seus "recursos internos" são insuficientes, o que o obriga a recorrer a algo que se encontra "fora de suas fronteiras". Isso é claro quando pensamos, p. ex., nas necessidades de escala para a produção de certos bens, a exigir que o Estado crie condições — podem ser acordos de *barter* até, em plano mais geral, amplos tratados que criem cláusulas universais, como a de nação mais favorecida, no acordo do GATT — para que seus agentes econômicos vendam seus produtos no exterior. Um outro exemplo estaria na área de segurança, quando um Estado se sente ameaçado por outro e recorre a alianças, acordos multilaterais (como a OTAN e o Pacto de Varsóvia) que lhe garantam condições de dissuasão do inimigo potencial. Como dissemos antes, uma das características do mundo moderno é o fato de que a realização de inúmeros objetivos "passa" pelo internacional. Como se dá esse processo?

Uma segunda premissa do que se dirá é a seguinte: existe uma diferença fundamental entre os processos de realização de interesses no plano interno e no plano internacional. Em tese, no primeiro, o Estado não tem limites para modelar a realidade. Em situações revolucionárias, p. ex., podem ser alteradas algumas das relações fundamentais que presidem a ordem social, com o objetivo de conseguir mais justiça ou mais riqueza (os casos da revolução soviética ou cubana levam essa possibilidade ao limite). Já no plano internacional, a realização de interesses encontra necessariamente a vontade de um igual soberano, a impor limites estruturais à realização dos objetivos, limites que podem ir da aceitação cooperativa à resistência armada. A realização é mediada necessariamente pela vontade de outro Estado, que, embora menos poderoso, tem em tese, por sua condição soberana, liberdade para modelar, com maior ou menor força, o resultado do movimento de realização. A diplomacia é sempre, formalmente, um encontro de iguais.

Por isso, valeria a pena, ao organizarmos a temática de TRI, partir de uma tipologia de relações entre os Estados e saber, em cada circunstância, as indagações teóricas que se levantam.

Para tanto, diríamos que ocorrem, basicamente, cinco formas de relações:

- A primeira é na realidade "pré-internacional" e diz respeito ao próprio processo de constituição do Estado como ator nas relações internacionais. Hoje, quando vemos o esforço da nação palestina para se constituir em Estado ou as disputas sobre a definição territorial da ex-Iugoslávia, o tema adquire imensa atualidade. Nestes casos, o problema é entender as condições de "acesso" ao *status* soberano, ao reconhecimento como Estado e teríamos de examinar, de um lado, condições "materiais" (o domínio por um grupo de determinado espaço territorial) e, de outro, os requisitos de legitimidade, estas dadas pela comunidade internacional. Assim os processos de aceitação de novos Estados variam em função do que se considera legítimo e é isto que explica, p. ex., a sustentação internacional, inclusive por meio de apoio político, bilateral e multilateral (resoluções da ONU), ou material, aos movimentos de liberação nacional na década de 1960, na esteira do processo de descolonização (certamente, no século XVIII, quando prevaleciam valores dinásticos para reconhecimento dos Estados, movimentos como aqueles não prosperariam). Em suma, o internacional começa a ocorrer, portanto, mesmo antes que o Estado surja como tal. O problema teórico é o de saber em que medida segmentos étnicos que vivem no marco de um Estado têm ou não condições de se tornarem autônomos (e lembremos que os processos de censura podem não ser traumáticos, pois é difícil imaginar que a independência do Quebec, caso ocorra, seja alcançada pela força das armas).

- A segunda linha de temas teria que ver com a relação entre dois Estados (supondo que, nos dias de hoje, possa ser estudada de forma isolada). As relações com vizinhos são o primeiro exercício que um Estado faz no universo internacional e têm dimensões específicas, sendo a primeira a definição territorial, de negociação de limites. Há outros, como a facilidade para o trânsito transfronteiriço de nacionais (o caso dos emigrantes ilegais mexicanos nos EUA), a presença de minorias etc. É, portanto, com o vizinho que se desenham, de forma clara, as primeiras possibilidades de negociação e as perspectivas da escolha entre comportamentos de conflito ou de cooperação. Os pares França-Alemanha, China-Rússia, Índia-Paquistão, Brasil-Argentina dão exemplos das mais variadas formas de interação internacional, da guerra à cooperação mais estreita. Quais as razões do conflito? Em cada um desses pares, varia o peso das rivalidades históricas e das definições sobre o próprio destino nacional (a posição francesa contrária à unificação alemã, que levaria à constituição de um vizinho forte), a ambições estratégicas (a posse da Alsácia-Lorena pela Alemanha), passando pelo choque ideológico (como no caso das ambições nazistas), pelas diferenças religiosas (dramaticamente manifestadas nos momentos de nascimento do Paquistão), pelas rivalidades sobre hegemonia ideológica e militar (como no caso da China e da Rússia) etc. Em suma, a lógica do conflito alimenta-se de vários estímulos e o essencial, aqui, do ângulo da TRI, é estabelecer, inicialmente, que o sistema internacional "permite" estruturalmente o conflito, o que leva a uma atitude de desconfiança em relação ao vizinho (de onde vem a primeira ameaça e o fato de, tradicionalmente, as fronteiras serem fortificadas é a expressão militar da desconfiança), para, em seguida, mostrar que as formas pelas quais ele se inicia é variada.

- Um segundo elemento é mostrar que, apesar de histórias de conflito, existem, paralelamente, possibilidades de cooperação, que freqüentemente emergem. Que hipóteses presidiriam o processo de aproximação? A primeira fica na lógica do realismo e a perspectiva de um inimigo comum. O jogo de alianças européias ao longo do século XIX aproxima rivais históricos, como a França e a Inglaterra; a ameaça comunista sela aliança entre a França e a Alemanha. A cooperação voltada para a segurança parece ter conseqüências limitadas, diante da dinâmica dos jogos de poder. Assim, para garantir que se reforce e se amplie a outros campos, seria necessário dar um passo adiante e baseá-la em algo que garantisse a sua permanência, a constituição de ingredientes institucionais. Quais seriam? Basicamente, poderíamos indicar dois: na linha kantiana, a identidade de regimes (algo que vá além do ideológico) e, nesse caso, a democracia parece garantir, senão processos de aproximação permanente, pelo menos as bases de diálogo, mesmo sobre diferenças, que assegura a possibilidade de cooperação; e, de outro lado, arranjos que consolidem interesses, com vigência de longo prazo (como processos de integração: as rivalidades brasileiro-argentinas se atenuam e praticamente desaparecem quando, no final da década de 1980, os dois países atingem a democracia e se propõem à criação de mecanismos de integração econômica; o contraste com as dificuldades entre Paquistão e Índia é nítido). A perspectiva de relações contínuas — inevitável entre vizinhos — pode ser um dos elementos que explica a necessidade de aproximação e a limitação dos impulsos egoístas. Em suma: a democracia, que garanta o diálogo, sem o qual não há cooperação permanente; desvendamento de interesses reais, que produzam ganhos comuns; instituições que reflitam equilíbrio de custos e benefícios e criem constrangimentos significativos à "fuga" das obrigações.

Um último ponto lembraria que as relações bilaterais não se limitam, hoje, às de vizinhança. Há relações bem demarcadas, com lógica própria, a ligarem países geograficamente distantes, mas próximos economicamente (no caso de EUA e Japão) ou estrategicamente (como ocorreu, durante a Guerra Fria, no caso da URSS e dos EUA).

- O terceiro conjunto de temas de interesse para TRI seria o que se refere às *relações entre grupos de Estados*. A pergunta é: o que os Estados podem fazer ao se reunirem em organizações? Que vantagens alcançam? Que riscos correm? Que diferenças existem entre o bilateral e o multilateral? Quando falamos em ações conjuntas de Estados, em organizações "fabricadas" por estes para agir no sistema internacional, estamos diante de uma realidade extremamente variada e que cumpre objetivos diversos. Estamos falando de grupos reduzidos, fechados, de escopo regional, e, ao mesmo tempo, de grupos universais, abertos. Estamos falando de grupos que nascem da "desconfiança" e têm escopo militar e de outros, que perseguem objetivos funcionais e específicos. Em suma, a natureza dos grupos reflete a variedade de interesses que os Estados buscam projetar no sistema internacional, reflete suas preocupações com segurança, com paz e com riqueza.

Embora seja extremamente difícil fazer generalizações — que apontem na direção de temas de interesse teórico — sobre uma realidade que incluiria desde as Nações Unidas até o Mercosul, algumas poucas podem ser tentadas:

a) a diferença fundamental entre as relações bilaterais e as multilaterais (as de grupo) é que, enquanto nas primeiras o Estado preservaria, em estado puro, a sua liberdade (só limitada pela soberania do parceiro), nas segundas, limitações aparecem, concomitantemente ao nascimento do grupo. Na verdade, o gesto inaugural de uma formação multilateral é aceitar um "regime de constrangimentos" em troca de algum benefício, em tese, só alcançável pelo grupo ampliado e com a perda relativa de controle sobre os resultados do benefício. Mesmo quando pensamos em grupo em que há profunda disparidade de poder, torna-se difícil para o mais poderoso impor, sem limites, a sua influência, modelar amplamente o organismo à sua feição. O exame das dificuldades que tiveram os EUA, a maior economia do mundo, para fazer valer os seus interesses na Rodada Uruguai é um exemplo dessa limitação. A lógica do multilateral difere assim, em alguma medida, da lógica das relações puras de poder e discernir a dinâmica da interação entre as duas é a questão teórica central da análise do multilateralismo.

b) entre os benefícios que a ação conjunta traz, o primeiro é o da legitimidade. No sistema internacional contemporâneo, a busca da legitimidade é preferencialmente conjunta, não se estabelecendo de forma unilateral, mesmo no caso das superpotências (o exemplo curioso foi a busca americana de aprovação para a intervenção em Granada em uma desconhecida associação de países caribenhos). O problema teórico é conhecer como se forma essa legitimidade, que grau de participação efetiva dos membros do grupo no processo existe, o quanto é imposto, a quem serve etc.

c) os mecanismos multilaterais nascem, necessariamente, de esforços cooperativos, ainda quando voltados para ações defensivas na área de segurança (como no caso das alianças militares). E, no trabalho de articular a cooperação, é negociado o escopo dos constrangimentos à liberdade de ação do Estado individual. Existe, aí, uma vasta gama de possibilidades. Em um extremo, temos situações de verdadeira alienação de soberania, com a criação de entidades supranacionais, como no caso da União Européia em algumas áreas, entre as quais o comércio externo. No outro, temos associações quase informais, em que o constrangimento é mínimo, como foi em sua primeira fase, o Grupo do Rio. Medir o constrangimento é tema teórico básico (um bom exemplo de um esforço para fazê-lo no campo da ecologia pode ser encontrado em Kinsbury e Hurrell, *The international politics of environment*, Oxford, Clarendon Press, 1992, pp. 1-50).

d) uma outra questão é a de saber que efeitos têm os grupos sobre a realidade internacional. Existem questões interessantes. Os grupos nascem no sistema e o influenciam. Como? De novo, a variedade é a regra. Em alguns casos, são imprescindíveis para moldar a realidade internacional (é impossível pensar em telecomunicações sem um organismo internacional que distribua sistematicamente as freqüências); em outras situações, o grupo é o caminho necessário para que se consiga algum resultado, como no caso dos mecanismos de integração e as economias de escala que geram; há organizações que servem a propósitos específicos de poder, como, as que procuram controlar os processos de transferência de tecnologia sensível (o MTCR, o Cocom, o TNP etc.) o que, em tese, pode ser conseguido por pressões ou instrumentos bilaterais (embora, nesse caso, com limitações, já que se suporia — se não houvesse o organismo — um interesse, latente e convergente dos detentores de tecnologia em não repassá-la). Uma das questões freqüentemente levantadas, especialmente em relação aos organismos que se voltavam para questões "técnicas", discute a possibilidade de que sua dinâmica levaria a que se alterasse a própria natureza do sistema internacional. São as teses ditas "funcionalistas", que afirmavam, em síntese, que a própria expansão de contatos econômicos entre os Estados os obrigara a crescentes arranjos multilaterais, cada vez mais firmes e completos, levando a que estabelecessem modalidades de "governança internacional" e a eliminação da guerra (seria uma realização da ordem das instituições, induzidas pela economia)[20].

e) um outro ponto é o da dinâmica interna dos organismos, quem comanda os seus processos, quem ganha "mais" com suas operações. Já vimos que mesmo os mais poderosos aceitam constrangimentos ao participar de organismos multilaterais. Porém, o problema é o de saber como, em cada um, se tomam decisões, quais os instrumentos que podem influenciar o corpo institucional, suas deliberações etc. Há organismos em que as deliberações obedecem à regra da igualdade soberana e, nestes, a articulação da legitimidade é a base do processo decisório. Os mais poderosos devem ter algo além do "poder puro" para fazer prevalecer suas posições (é notável a série de derrotas das superpotências na ONU, especialmente dos EUA, em resoluções sobre o problema do desarmamento ou da autonomia palestina, embora a legitimidade não significasse a criação de instrumentos políticos efetivos para afetar a realidade internacional; quem tinha os instrumentos de poder eram as superpotências que não os "atribuíam" às Nações Unidas). Em outros, como os organismos financeiros multilaterais (Banco Mundial, FMI), o voto é ponderado e a expressão de poder se mostra evidente (os mais "ricos" mandam).

- O quarto conjunto de temas diria respeito às "relações entre a totalidade dos Estados". De uma certa maneira, já tocamos no assunto quando lidamos com a questão da ordem mundial. A soma de relações dos Estados revela algo sobre a própria natureza do sistema em que se inserem e, como vimos, é complexo e contraditório, combinando comportamentos agressivos e cooperativos, afirmação de instrumentos militares e soluções diplomáticas, força e direito. Em suma, a ordem internacional afasta diagnósticos simples e unívocos e levanta, além das que apontamos, outras questões teóricas. Apontemos algumas:

a) na lógica do realismo, as questões da ascensão e queda das potências e de que maneira esses processos afetam o conjunto do sistema internacional. Mencionamos, anteriormente, o impacto da Guerra Fria sobre toda a gama de questões internacionais (exs.: os interesses de segurança subordinavam interesses econômicos; as crises regionais eram agravadas pelas disputas ideológicas etc.); o sistema político toma, como parâmetro, a distribuição global de poder (hoje, uma das questões instigantes é justamente de que maneira o sistema se organizará, se haverá um só pólo de poder, os EUA, que teriam uma função hegemônica ampla; se haverá reação aos EUA e os pólos econômicos fortes, como a Alemanha e o Japão, adquirirão funções políticas etc.);

b) um segundo tema é o conteúdo de "sociedade" e de "anarquia" que o sistema admite e que o sustenta. Que fatores favorecem um ou outro caminho para a ordem internacional? Vimos que o fim da Guerra Fria parecia anunciar um período de institucionalização da vida internacional, permeado por um claro otimismo, e vimos como isso se dissolve rapidamente com a surpresa da violência de conflitos étnicos na Europa Central, com as dificuldades de levar adiante os processos de integração na Europa, com as dificuldades de tornar operacionais as decisões do Conselho de Segurança etc. Por que isso ocorreu? Onde estaria a fragilidade das expectativas de institucionalização? É algo mais próximo ao instrumental (e será uma questão de tempo para que soluções adequadas para o encaminhamento negociado de conflitos se encontrem) ou a natureza do sistema é imutável e eles se voltariam sempre, sob formas variadas?

c) um terceiro é o das "forças modeladoras". Existem tendências globais no plano econômico, no plano social, no plano dos valores, que afetam, de maneira variada, o andamento da ordem internacional. Para ficarmos em um exemplo: no mundo de hoje, em que o desenvolvimento está fortemente ligado ao domínio de processos científicos e tecnológicos, a própria hierarquia de poder é condicionada pela distribuição dos instrumentos de poder determinados pela C&T. As normas internacionais sobre propriedade intelectual alteram-se para adaptar-se aos novos processos de conhecimento. Abre-se um leque de disputas diplomáticas bilaterais em torno do tema. Enfim, em várias de suas dimensões, o sistema é "afetado" pelos movimentos de progresso científico. É isso que explica a importância de novos atores, como a comunidade científica, em matéria ecológica. Há outros condicionantes globais, como as pressões demográficas, as facilidades de comunicação etc. Paul Kennedy, em livro recente, aponta, como macrotendências: a explosão demográfica, a revolução de comunicações, as transformações no mundo das finanças e o fortalecimento das multinacionais, a revolução em biotecnologia, em robótica e, finalmente, a perspectiva de que se transforme o próprio conceito de Estado-nação (Kennedy, P., *Preparing for the twenty first century*, Nova York, Random House, 1993). Do ângulo da teoria, sabemos que os efeitos dessas forças modeladoras são universais, tocam a todos os Estados e a todas as sociedades. O problema é saber como se distribuem no sistema internacional, criando fontes de globalização e diferenciação, aproximando ou afastando os Estados, tornando alguns mais influentes e outros, mais frágeis. A compreensão do movimento dessas forças, centrífugas e centrípetas, tem sido uma das preocupações permanentes do professor Celso Lafer, pois ele vê, nesta dialética, a chave principal para compreender as perspectivas de evolução da ordem internacional nos próximos anos (v. sua palestra na Escola Superior de Guerra, em 24 de agosto de 1992, *in A inserção internacional do Brasil*, Ministério das Relações Exteriores, 1993, pp. 167-208).

- O quinto conjunto de temas diz respeito às "relações entre sociedades", ou melhor, ao peso do "que não é Estado" nas relações internacionais. Abrem-se, nesse contexto, vários subtemas:
a) a formulação da política externa nasce, como apontamos, de um encontro entre interesses sociais (de origem variada) e sua transformação pelo Estado em ação diplomática ou militar. Essa interação gera múltiplas indagações e a primeira diz respeito ao "conteúdo nacional" de políticas externas específicas: a ação externa está emoldurada pela ideologia do nacional — o seu argumento fundador é o de que cada ação específica serve sempre aos interesses de "toda a nação" — e, ao mesmo tempo, sofre a pressão dos interesses setoriais. O que orienta a escolha do que será "defendido"? Qual é o sentido de "interesse nacional" em temas comerciais? Sem ir adiante no tema, anotemos que, em cada caso, há que se examinar a variedade dos interesses envolvidos em contraponto com graus de autonomia do Estado em relação às pressões de setores da sociedade. Em algumas políticas, como a de definição territorial e de desarmamento, o Estado age com maior liberdade do que em temas de política comercial, em que a influência dos grupos é mais nítida (um exemplo extremo é a pressão dos setores agrícolas franceses para a preservação dos subsídios da Política Agrícola Comum).
b) existe, além disso, uma série de questões conceitualmente complexas que dizem respeito ao conjunto de interações, o qual envolve não mais a relação interna Estado-sociedade, mas a dinâmica de encontros entre conjuntos estruturados Estado-sociedade. Surgem, então, duas alternativas: na primeira, as sociedades estabelecem vínculos diretos mas o componente estatal do encontro é forte, à medida que o Estado é quem cria as regras para a aproximação específica

entre determinados setores da sociedade (caso dos acordos de integração) ou, mesmo, dirige diretamente o encontro (a negociação de acordos de *barter*, p. ex.). Na segunda, a capacidade de controle do Estado estaria fortemente diluída e a ação dos agentes sociais ganharia autonomia. Podemos lembrar dois exemplos: o fluxo de turismo (em países que não exigem vistos, é iniciado a partir de uma decisão individual) pode ter efeitos expressivos sobre a balança de pagamentos de um país (caso da Espanha) e sobre as relações políticas (o notável incremento da presença de turistas argentinos no Brasil na década de 1970 é apontado como um fator que contribui para a distensão bilateral); os fluxos financeiros: a liberação dos controles de fluxos de capital de curto prazo é uma decisão governamental; porém, uma vez definida, a movimentação financeira deixa de obedecer às regras de "Estado", e sim à lógica do lucro; teríamos agentes econômicos, com grande liberdade de ação, não obedientes a qualquer estratégia nacional — são os bancos que trabalham *off-shore* com *euromoney* — a condicionar as opções de política econômica dos países.

Os exemplos sobre esse tipo de relações podem ser multiplicados (as empresas transnacionais e a sua obediência a estratégias "mundializadas" de produção e comércio) e, em todos, o que se acentua é a noção de que, no internacional, coexistem duas lógicas, a dos Estados, regulada pelo interesse e pela dicotomia conflito-cooperação, e a lógica do que "não é estatal", que incorpora variadas entidades e caminhos, não necessariamente cooperativos.

De que maneira se tocam? Uma primeira hipótese, de feitio abrangente, dirá que a própria natureza do sistema internacional se altera com o reforço da "interdependência" que essas relações trazem. A agenda internacional dos Estados amplia-se, as possibilidades de uso de poder militar diminuem (como barrar críticas a comportamentos sobre direitos humanos com poder militar?), multiplicam-se os canais de contato entre países e as medidas de controle estatal sobre esses contatos se restringem. A agenda da segurança (paz e guerra) vai para um segundo plano diante das necessidades de lidar com fluxos econômicos, com pressões sobre comportamentos éticos, com a importância de temas globais etc.

Uma segunda hipótese mediria, em cada caso, efeitos específicos, sempre em torno de hipóteses de "constrangimento" à ação do Estado. A liberdade e a quantidade de recursos disponíveis no mercado financeiro internacional e sua alta volatilidade criam limitações a opções de política econômica; a força das ONGs em matéria de direitos humanos ou ecologia é importante na definição do perfil dos Estados nacionais, e tem repercussões diplomáticas; a abrangência do sistema de comunicações, simbolizado pela ubiqüidade da CNN, estabelece critérios para o que é "importante", muitas vezes em completa dissintonia com o que seria relevante para os Estados etc. Em alguns casos, haverá constrangimentos para a cooperação; em outros, a interdependência cria oportunidades maiores para que um Estado a utilize como mecanismo de pressão (a questão da dívida dos países em desenvolvimento origina-se da mundialização do mercado financeiro mas, em certas circunstâncias, pressões sob a forma de condicionalidades foram usadas em relações bilaterais).

## Conclusão

É evidente que o caminho da boa análise deve somar as diversas perspectivas. Elas se completam. Tomemos, como exemplo, as relações contemporâneas Brasil-Argentina, um dos temas mais interessantes para o estudante da política externa brasileira.

Nos dias de hoje, as relações bilaterais, mesmo as mais tradicionais, refletem processos amplos de inserção dos países envolvidos no sistema internacional. Na relação Brasil-Argentina, se tomarmos um momento de dificuldades, como o da controvérsia sobre Itaipu, veremos que as formas de legitimação dos pleitos se apoiavam em organismos internacionais. Os Estados buscavam fortalecer-se no plano multilateral para enfrentar uma questão claramente bilateral. Hoje, o exemplo é positivo: o processo de integração econômica que une os dois países obedece também a objetivos amplos, que dizem respeito ao fortalecimento de capacidade de barganha diante de terceiros. Os avanços na integração aumentam, em tese, o "cacife" diplomático dos países do Mercosul na economia internacional. Os desenvolvimentos de outros processos de integração também podem afetar opções sobre o destino do Mercosul, como no caso do NAFTA. De um outro ângulo, a soma das relações bilaterais dos dois países tem repercussões sobre os modos de aproximação e, neste particular, a referência necessária são os EUA. A presença dos setores "fora do Estado" no processo de integração é nítido, não só dos agentes econômicos mas de parlamentares, do meio universitário, dos sindicatos. É importante medir a maneira como influenciam as decisões de Estado, com que grau de liberdade agem à medida que vão caindo as barreiras que separavam os países.

Enfim, mesmo se nos circunscrevemos aos limites de uma ação regional, a análise "ideal" suporia lidar com os diversos níveis de análise, tentando integrá-los. A escolha das pistas teóricas adequadas podem ser sugeridas pela teoria de relações internacionais, mas encontrá-las depende, afinal, da sensibilidade do analista.

## Notas

1. Publicado anteriormente em *Política Externa*, vol. 3, nº 3, dez./jan./fev. 1994/5, pp. 72-100.

2. Em um artigo clássico, Aron mostra que as possibilidades de construir um conjunto de hipóteses a partir do *homo oeconomicus* não se repetem em relações internacionais. V. R. Aron, "Que é uma teoria das relações internacionais?", em *Estudos Políticos*, trad. Sérgio Bath, Edit. da UnB, 1980, 1ª ed. francesa, 1972, pp. 317-36.

3. Sobre a fragilidade de paradigmas, v. K.J. Holstoi, "*The dividing discipline*", Boston, Allen and Unwin, 1987, que começa o seu texto sobre TRI, com a observação: "International theory is in a state of disarray".

4. Para quem pretenda analisar em mais profundidade esses temas, a obra fundamental ainda é a de J. Rosenau, (org.), "*International politics and foreign policy*", Nova York, The Free Press, 1969. Para a controvérsia metodológica, v. Knorr e Rosenau (org.), "*Contending*

*approaches to international politics*", Princeton, Princeton University Press, 1969. Para uma revisão recente desses temas, v. o livro de Holstoi, op. cit.

5. Para o aprofundamento do tema, v. T. Knutsen, "*A history of international relations theory*", Manchester, Manchester University Press, 1992.

6. Para um panorama dos estudos latino-americanos de relações internacionais, v. a coleção iniciada pelo Rial e editada pelo Grupo Editorial Latino-americano, de Buenos Aires, que cobre temas conjunturais (publicava um anuário com análises das políticas externas individuais dos países latino-americanos) e obras de feitio mais teórico (como a de Mena, C. *Toma de decisiones y politicas*, editada em 1987). Uma excelente visão da perspectiva latino-americana, em TRI pode ser encontrada em L. Tomassini, *Teoria y pratica de la politica internatioonal*, Santiago, University Catolica, 1989.

7. Para o exame dos textos sobre o "internacional" no mundo clássico e medieval, v. H. Wiliams, *International relations in political theory*, Philadelphia, Open University Press, 1992.

8. Para uma análise do desenvolvimento recente da disciplina, v. H. Bull, (org.), "The theory of international politics: 1919-1969", em Porter, B. (org.), *Aberystwith papers*, Londres, Oxford University Press, 1972, pp. 30-56).

9. V. C. Layne, "The unipolar illusion", em *International security*, vol. 17, nº 4, primavera de 1993, pp. 5-51. Um outro tema interessante é o das diferentes versões possíveis para o fim da Guerra Fria, cf. Allan e Goldmann (org.), *The end of the cold war*, Dordrecht, Matinus Nijhofp Press, 1993.

10. A apresentação das variáveis tem sentido didático. Na realidade, elas são partes constitutivas das teorias, nascem simultaneamente à formulação teórica. Ao escolher valores, os autores já começam a fazer teoria que, afinal, em TRI, sobretudo nos clássicos, são exposições de "visões de mundo".

11. Sobre a evolução e as concepções da guerra no Ocidente, V. M. Howard, *War in European History*, Oxford, Oxford University Press, 1976.

12. N.E.: "Como as pessoas buscavam sua própria felicidade e a paz era um meio de alcançá-la, somente as democracias poderiam garantir a paz internacional, já que somente essa forma de governo refletiria precisamente os interesses e sentimentos populares".

13. N.E.: "O Realismo não é uma doutrina predominantemente pessimista. Os realistas acreditam na possibilidade de melhorar o efeito do conflito internacional através de uma administração prudente.

14. A idéia de que as forças econômicas, mesmo as transnacionalizadas, devem ser subordinadas aos interesses estratégicos do Estado, contrariando, portanto, as esperanças liberais, encontra-se hoje muito difundida, mesmo nos países desenvolvidos, v. L. Tyson, *Who's bashing whom? Trade conflict in high-technology industries*, Washington, DC., Institute for International Economics, 1992.

15. N.E.: Os atores mais poderosos, ricos ou mais habilidosos deveriam (e isto está implícito) zelar por seu próprio bem-estar e segurança antes de se preocuparem com um bem mundial abstrato, a menos que se possa, de alguma forma, demonstrar que as duas coisas são iguais.

16. V. Rosecrane, sobre a diferença de comportamento entre o estado territorial clássico e o que ele chama o "*trading state*". R. Rosecrane, *The rise of the trading state*, Nova York, Basic Books, 1986.

17. N.E.: ...as grandes potências são, de certa forma, mais responsáveis que as pequenas provavelmente porque elas têm muito mais a perder que as outras. O pobre ou fraco vê-se tentado a comportar-se temerariamente, promovendo a instabilidade, para melhorar sua condição.

18. N.E.: "Sua declaração dos direitos das nacionalidades e minorias étnicas, aliado à sua simpatia pela democracia e pelo direito dos pequenos Estados, constituiu uma matéria em favor de uma maior participação em todos os níveis da tomada de decisão mundial".

19. É importante atentarmos que o problema da violação da ordem não se limita ao campo da segurança. Quando os EUA lançam mão de um instrumento de legislação interna, como a Seção 301, da Lei de Comércio, para impor retaliações unilaterais e obter mudanças de comportamento de um país A, é possível indicar que a atitude é ilegítima, com base em acordos multilaterais, como o do GATT. O tema é polêmico e, neste caso, em tese, haveria procedimentos que permitiriam, por meio de *panels* do próprio GATT, estabelecer se o ato viola ou não compromissos multilaterais.

20. Sobre o funcionalismo, v. Dogherty e Pfaltzgraff, *Contending theories of international relations*, Nova York, NY, Harper and Row., 1981, pp. 418 e segs.

# II
# Legitimidade

*The need for self-justification has, no doubt, a number of reasons; we can give both cynical and sympathetic accounts of it. Why did the pharoahs of ancient Egypt, for example, or the kings of Babylonia and Assyria, in the earliest inscriptions, proclaim their commitment to seeing justice done, the poor sustained, widows and orphans protected. Was it because they thought that their power would be more secure if their subjects believed in the commitment? Or because their own self-esteem depended on thinking themselves committed? Or because the rituals of commitment (and their inscriptions) were required by gods? Or because this was what the rulers of states always said about themselves? (But why they said it?) It doesn't matter. If the pharoah promises that he will see justice done, then the way is open for some Egyptian scribe to take his courage in his hands and write out a catalogue of the injustices the pharoah in fact condones.*[1]

***Michael Waltzer***,
*Thick and Thin*
Notre Dame: Notre Dame University Press, *1994, p. 42.*

# LEGITIMIDADE INTERNACIONAL: UMA APROXIMAÇÃO DIDÁTICA

A passagem de conceitos, criados para compreender fenômenos da política nacional, para o plano internacional quase nunca é tarefa simples, especialmente quando os conceitos nascem, ainda para a vida nacional, com o selo da controvérsia, como é o caso da noção de legitimidade.

Interessa transplantar a noção de legitimidade para as relações entre Estados? Se interessa, a que propósitos analíticos servirá? Vamos tentar responder, mais adiante, a essas indagações. Antes de chegar a elas, é necessário, porém, examinar, ainda que superficialmente, o conceito que vai ser "transplantado", saber como se articula no campo em que foi criado e entender, ao menos, por que é controverso.

A primeira anotação é a de que a "noção sociológica" de legitimidade, que encontra o seu estatuto moderno na obra de Weber, está longe de constituir objeto de consenso. O que ela procura compreender é perceptível no cotidiano político: o fato de que "algo" explica por que, dentro de comunidades nacionais, a população aceita um determinado regime político e, sem que seja forçada, obedece a um conjunto de normas jurídicas. As marcas externas do fenômeno da legitimidade são, portanto, claras. O debate inicia-se quando se examinam as várias possibilidades para entender as razões pelas quais a adesão ao regime e ao sistema legal se tornam um fato corriqueiro no cotidiano das sociedades ancoradas na legitimidade. Esclareço que nos interessará, daqui para a frente, a variante "racional" da legitimidade, já que "carisma" e "tradição" não serviriam muito diretamente ao que pretendemos estudar no sistema internacional.

O que é aquele "algo" por trás da "submissão voluntária à autoridade", à norma e ao poder? Será um sentimento, uma crença, ou, no resumo de Easton, "a convicção, da parte dos membros (do sistema político) de que é correto e próprio (...) aceitar e obedecer às autoridades"? Serão valores de determinado tempo, como a democracia, ou a expectativa de que o poder, eficientemente, forneça determinados bens desejados pela população? Será o fato de a autoridade dispor da possibilidade de recorrer a outros centros de poder ao ser exercida e, assim, garantir a sua credibilidade? Nos dois primeiros casos, nas concepções subjetivistas em que o nó conceitual é a crença ou são valores, o alicerce da legitimidade é a confiança e aquele "algo" se identifica com a soma de subjetividades individuais similares, constituindo as bases psicológicas do consenso coletivo. Já na última concepção, que Merquior chama de *crática,* a obediência ao regime é fruto de um cálculo, da possibilidade de que o poder venha a recorrer à coerção. Não é o caso, sobretudo para quem não é especialista, de ir adiante no tema, aliás, magnificamente tratado num ensaio de Merquior sobre Rousseau e Weber e desenhado, em uma primeira versão, em um dos poucos textos que escreveu sobre política internacional, justamente *"O Problema da Legitimidade em Política Internacional",* a que recorremos nesse resumo.[2]

Além da dificuldade de chegar a uma conceituação sociológica uniforme, a controvérsia ganha outra dimensão quando anotamos que a idéia de legitimidade se presta também a um uso polêmico. Vimos que, no plano teórico, a análise do fenômeno volta-se essencialmente para desvendar um dos fatores da estabilidade do regime político. Porém, a legitimidade é uma dessas noções que serviu a interesses políticos, como no "legitimismo" partidário dos Bourbon na França do século XIX, foi trabalhada pela sociologia mas continua a freqüentar a retórica da polêmica política. Porque não existem modelos perfeitos de ordem nas sociedades modernas, qualquer concepção de estabilidade estará inevitavelmente impregnada de valores, já que é sempre possível "imaginar" uma outra estabilidade, mais próxima a um ideal alternativo de justiça.[3] Assim, enquanto sociologicamente a noção se prende às razões da estabilidade, ao se transferir para o vocabulário da polêmica, a legitimidade — e seu oposto — podem servir aos argumentos de quem pretende mudança. Em suma, como é parte de uma relação de poder, haveria, pelo menos, duas maneiras complementares de examiná-la, dependentes da posição em que se está diante do poder. Como lembra Lafer, comentando a análise de Merquior, é possível ver a legitimidade tanto pelo lado do poder, *ex parte principi,* como de baixo para cima, *ex parte populi*[4].

Nesse sentido as concepções subjetivistas da legitimidade não foram construídas a partir do nada. Na verdade, tomando-as em suas expressões mais simples, elas demonstram que a legitimidade é também uma expressão das "escolhas políticas", e, por isso, transforma-se, correntemente, em padrão de avaliação de normas e de condutas políticas. O legítimo e o ilegítimo são formas de adjetivar no debate político e expressões que servem ao combate ideológico. A situação exemplar é a dos momentos em que se abrem espaços de proposição de leis novas. O argumento pela lei nova ou pelo regime novo tende a passar pelo crivo da legitimidade, no sentido de que quem propõe o novo deve justificá-lo também pela perda de "confiança" na norma vigente, ou porque é desrespeitada, gerando instabilidade para a ordem jurídica, ou porque não traduz os valores do tempo etc. É a distância entre a lei e a legitimidade (em qualquer conceito sociológico) que abre as possibilidades do novo. Quem argumenta com a necessidade de mais legitimidade aceita, então, a ambigüidade de propor o novo com o projeto do estável[5]. Afinal, a estabilidade do que não se conhece é sempre hipotética.

Como a dialética estabilidade-mudança é o traço fundamental da política em sociedades modernas, freqüenta todos os seus temas, decorre dessa análise uma conseqüência interessante: ao ser transferida para o combate político, a dicotomia legítimo-ilegítimo passa a abarcar realidades múltiplas e valerá tanto para lidar com questões abrangentes (p. ex., a ilegitimidade de uma ordem constitucional imposta autoritariamente) quanto com problemas específicos (p. ex., a legitimidade da posição dos que reivindicavam, no Brasil da década de 1950, normas que permitissem o divórcio).

Juntando as duas pontas analíticas, teríamos que, quer tomemos o sentido polêmico, de nascimento natural no cotidiano político, quer o sociológico, partiremos, sempre, ao estudar o fenômeno, da suposição de que, nas sociedades nacionais, existe alguma referência "psicológica" que sustenta a estabilidade das instituições e garante a obediência à norma. Essa referência servirá como uma baliza para o exercício de juízos sobre a conduta política. É impossível "desidratar" da política o sentido de justiça que compõe a psicologia da aceitação e é fundamental para definir o espaço entre o legal e o legítimo.

Como todo fenômeno político que tem dimensão psicológica, a legitimidade encontra problemas conceituais complexos. Uma das dificuldades para definir os limites da legitimidade no plano doméstico é justamente o fato de, em situações "normais" no Estado moderno, a lei tem, como traço necessário, a sanção. Como seria possível discernir, em casos concretos, se a adesão ao regime e a obediência à norma derivam de uma aceitação voluntária — obedeço a norma pelo mero fato de a conhecer ou porque a considero justa — ou por medo da punição? É claro que, em situações limite, seja em regimes autoritários (em que o medo prevaleceria e garantiria a "estabilidade"), seja em democracias diretas (em que a aceitação espontânea seria a regra, já que quem obedece se confunde com quem elabora a norma), a análise do fundamento da legitimidade seria mais simples. Porém, em situações normais, nas democracias realmente existentes, o elemento de mudança é dado do cotidiano institucional, o debate político e, conseqüentemente, a contradição entre forças sociais, é a regra. Nem todo o debate envolve, porém, o núcleo do problema da legitimidade. De qualquer modo, se vamos a situações específicas, a legitimidade opera paralelamente à norma, ora reforçando-a (quando existe congruência), ora enfraquecendo-a (quando existe divergência).

O exame dos processos de convergência legitimidade-lei não se resolve de forma abstrata. Exige uma compreensão mais ampla de como a sociedade se movimenta e, especialmente, de como se constitui, historicamente, em cada caso, a hegemonia. Assim, na hipótese de reforço da lei pela legitimidade, teríamos de somar a compatibilidade entre a norma e os valores do tempo ao interesse dos grupos sociais e às forças hegemônicas no mundo político para que o processo persista e tenha consistência. Quando ocorre, tudo contribuiria para que a norma não fosse alterada e não houvesse dúvidas quanto à conveniência de obedecer. Na hipótese do movimento inverso, quando se caracteriza a distância entre o que a sociedade quer (a maioria no caso da democracia), a norma entra em descompasso com os valores do tempo, gera fraturas no bloco hegemônico, de tal sorte a norma se enfraquece, perde legitimidade, abrindo-se a possibilidade de que seja reformada. São múltiplas as formas pelas quais se revela a ilegitimidade, desde o descumprimento da norma (como na transformação social do concubinato em casamento no Brasil na década de 1950) até a crítica social (a oposição de vários setores sociais, leva à derrocada dos autoritarismos na América do Sul). Existem, evidentemente, momentos em que prevalecem, por algum tempo, incertezas sobre o que é legítimo (a reação à pena de morte ou ao controle do porte de armas individuais nos EUA). Cabe acrescentar que, nesse marco analítico, seria possível estender a legitimidade para além da avaliação da norma e usá-la para o exame de *policies* (no caso da política externa, a mudança de condições internacionais, como cisões intra-Terceiro Mundo, enfraquece as posições em favor da Nova Ordem Econômica).

Essas poucas noções levantam — embora não respondam — uma pergunta-chave: qual a origem social do que é legítimo? Como saber que a norma que proibia o divórcio deixou de ser legítima? Que critério determinou que, no debate parlamentar brasileiro de 1988, a idéia de dispositivos constitucionais minuciosos devesse orientar a redação do texto da Carta Magna? A eficácia dos "anos de milagre" emprestou alguma legitimidade ao autoritarismo? Essas perguntas poderiam, em tese, ser resolvidas de duas formas. Uma mais fácil e que tomará, como base, condições sociológicas, razoavelmente mensuráveis em situações democráticas[6]. Pode-se, em algumas circunstâncias, "medir" o momento em que a norma fica em descompasso com a realidade que pretende regular. Se, em determinado país, as pesquisas de opinião pública, a inclinação dos políticos, o consenso dos intelectuais convergem na crítica à pena de morte, é razoável pensar que perdeu a legitimidade e caducara como sanção no direito penal. De qualquer forma, o critério final será a adoção de uma lei, já que, no Parlamento, residiria a instância final da "absorção" do que a sociedade propõe como legítimo. Será mais difícil fazer a mesma medida se estamos diante de temas polêmicos ou mesmo quando se trata de avaliar *policies*, como, a revisão das normas que definiram o *welfare state* nas democracias européias. Em qualquer circunstância, porém, haveria um momento em que, obedecidos certos procedimentos previamente estabelecidos, uma visão do que é legítimo deveria prevalecer e transformar-se em norma ou em política pública. A segunda forma de medir escapa do sociológico e recorreria a algum tipo de apoio filosófico. É a visão clássica, expressa por Antígona, de que existe uma "lei", superior à norma que os homens criam, que seria a fonte legítima e, portanto, o padrão ideal de avaliação das normas concretas. Aqui, a legitimidade aproxima-se da ética e abre a história da idéia de "lei natural". Não vamos percorrer esse caminho que nos afastaria do que pretendemos, um exame mais superficial da possibilidade de usar a noção de legitimidade na vida internacional, embora seja fundamental, em direito internacional, a tradição jusnaturalista, a começar por Grotius. De qualquer forma, importa assinalar que, por qualquer das duas vias, a sociológica ou a filosófica, as formas de legalidade ou de ação pública são sempre contestáveis, ou por descompasso com a realidade (sempre cambiante) ou por distância da perspectiva de um ideal da justiça.

Assim, se aceitamos o esquemático dessas observações sobre a "teoria" da legitimidade, já poderíamos passar a indagar se elas são suficientes para dar alguma pista sobre o processo internacional? Voltemos à nossa pergunta inicial: a legitimidade é tema útil para a teoria das relações internacionais?

A meu ver, sim. A transposição conceitual não é simples. Trata-se, afinal, de dois sistemas, o nacional e o internacional, que contêm óbvias diferenças e em pontos centrais para o que nos interessa, o "modo de projeção da norma". A mais evidente é justamente o fato de, no internacional, não termos um Governo central e, conseqüentemente, a norma não vem acompanhada de sanção, pelo menos como a entendemos no direito penal. Diante dessa condição estrutural das relações entre Estados, teríamos dois caminhos possíveis.

No primeiro, o tema da legitimidade se enfraquece e praticamente desaparece do quadro analítico. Se aceitarmos os princípios do realismo à Morgenthau, em que a soberania é o fundamento das relações internacionais, poder-se-ia dizer que, em última instância, o Estado obedece à norma por um ato de vontade, se lhe for conveniente, se for de seu "interesse". Para persistirem, as normas dependem não de algo que lhes seja inerente, como se fossem tomadas como necessárias para a sociedade que os Estados formam, mas das equações de poder. Como essas são mutáveis, características essenciais da norma desaparecem, como a estabilidade no tempo, que só se altera quando são obedecidos determinados procedimentos jurídicos, previamente acordados.

Assim, para fixarmos a diferença com exemplos, lembremos que, no Brasil, uma nova correlação de forças, após a dissolução do regime autoritário, leva a que se convoque uma Constituinte e se estabeleça, com base em novas condições de legitimidade, um conjunto de normas que dá ênfase a direitos humanos, proteção social etc. Nova configuração hegemônica leva a novas normas. Embora "forçando" a comparação, o que seria, no sistema internacional, fenômeno similar — a ascensão do poder alemão no entre-guerras — leva a que se dissolva a Liga das Nações e o sistema tenha de ser "rearrumado" pelo conflito bélico. Enquanto as situações de conflito, evidentemente possíveis no plano das sociedades domésticas, seriam excepcionais, marcariam o *breakdown* do sistema político, e o caso raro, nas democracias, de contestação da legitimidade geral, já nas relações internacionais, a guerra seria um recurso possível a soberanos em momentos em que seus interesses estariam fortemente ameaçados. E sabemos que, depois de conflitos generalizados, desenha-se a possibilidade de ampla reorganização do sistema, com novas normas e princípios, como ocorreu em Viena (1815), Versalhes (1918), São Francisco (1945).

Essa visão do sistema internacional não é exclusiva. Outro modo de compreendê-lo vai mostrar, inicialmente, que, apesar dos intervalos de guerra, as normas de direito internacional são habitualmente cumpridas, guardam uma certa estabilidade e, em boa parte dos casos, são modificadas por mecanismos previamente definidos, ou negociações multilaterais, como agora quando se discute a reforma do Conselho de Segurança da ONU. Na ausência de um governo que imponha sanções, a hipótese a ser proposta é a de que, no sistema internacional, o tema da legitimidade aparece de forma clara, talvez até mais clara do que no âmbito nacional. Se os Estados continuam soberanos e não há nenhum tipo de poder supranacional, se as normas, ainda que expurgadas de sanções, são seguidas, há "algo" que certamente se filiaria à família da legitimidade, como vista no plano doméstico, que explica a obediência a um sem número de regras internacionais. Seria uma forma mais pura de legitimidade? Franck é quem melhor defende essa linha de argumento e dirá:

> *In sum: there is at least the hypothetical possibility that, if one could show that there are rules which are habitually obeyed in international relations, then one may be able— indeed, may only be able — to account for that phenomenon by postulating an instrumental non-Austinian factor; one which is not a sovereign command, not enforced coercively, not, even, obeyed solely by reason or short-term self-interest gratification, since gratification cannot explain consistent deference to rules that are unlikely always to benefit equally all parties to interactions. It turns out that the concept of legitimacy developed in the national context is not only adaptable to international usage but that, by applying to the individual compliance behaviour, it may prove possible to learn things about the role of legitimacy which could not be garnered from studying its effects on the behaviour of persons.*[7]

A hipótese de Franck, desenvolvida com argúcia no seu livro *The Power of Legitimacy among Nations*, resolve um dos problemas da aproximação com o conceito nacional, já que é lícito supor que algum tipo de consenso sustente a obediência à norma e mostre que, em determinadas circunstâncias, o apelo à soberania irrestrita é ilegítimo. Embora um segundo elemento da legitimidade no plano doméstico — o seu componente psicológico —, possa ser atribuído a indivíduos mas não a Estados — ou, pelo menos, não de forma direta, para evitar o vício de antropomorfismo.

Na verdade, inspirados por um trabalho de Celso Lafer, podemos alcançar uma visão mais equilibrada do problema. Partiremos de sua tese central, a de que existe uma dialética entre a subjetividade das soberanias e o aumento das interdependências que explicam o potencial de sociabilidade embutido nas relações entre Estados e permitem legitimar a existência de uma comunidade mundial, espécie de origem objetiva da adesão à norma. As condições objetivas e suas transformações modelam a dimensão subjetiva[8].

Embora não se abandonem as lições do argumento de Lafer, vamos retomá-las em diapasão mais simples, mais didático.

A primeira referência de legitimidade do sistema internacional é a dos seus próprios atores. Mesmo se adotarmos a visão realista, será indispensável, como primeiro passo para qualquer análise do internacional no mundo contemporâneo, dar fundamento ao fato da soberania. Ainda que toda a ação internacional fosse expressa em disputas de puro poder, o grau mínimo de regra para que tal jogo pudesse ocorrer seria o do reconhecimento de quem joga. O processo de reconhecimento mútuo da condição de jogador, ou seja, o preenchimento dos requisitos para que um Estado se constitua como tal, seria o eixo fundamental do que é a legitimidade internacional. Para usar a linguagem de Lafer, a primeira expressão de uma forma de interdependência. Neste sentido, dirá Wight:

> *By international legitimacy I mean the collective judgement of international society about rightful membership of the family of nations; how sovereingty may be transferred; and how state sucession is to be regulated when large states break up into smaller, or several states combine in one. Until the French Revolution, the principle of international legitimacy was dynastic, being concerned with the status and claims of rulers. Since then, dynastiscism has been superseded by a popular principle, concerned with the claims and consent of the governed. (...) These principles of legitimacy mark the region of approximation between international and domestic politics. They are principles that pre-*

*vail (or at least are proclaimed) within a majority of the states that form international society, as well as in the relations between them.*[9]

Para que possam jogar, é necessário que os atores atendam a duas condições: a primeira, "material", implícita no texto de Wight, e que corresponder ao controle pleno de um determinado território; a segunda corresponderia a um elemento "intersubjetivo", expresso por um julgamento coletivo (convergência de percepções e valores dos *major actors*) sobre o que é o *rightful membership*, noção que dá afinal o traço distintivo da legitimidade e que se apóia em fenômenos essencialmente político-culturais. Ainda que possamos explicar a origem histórica dos princípios dinásticos ou da soberania popular como movimentos de consolidação de grupos sociais em posições de poder, o fato é que — de nosso ângulo — se transformam em valores no discurso e na prática política. Demarcam o espaço ideológico da luta política à medida que, p. ex., uma disputa sobre a conquista de poder na Europa no século XVIII poderia ter várias motivações econômicas, sociais etc., mas, para uma das partes adquirir legitimidade, ter "direito de entrada", algum suporte dinástico era indispensável. Hoje, o grupo que propusesse recuperar valores dinásticos na luta política, indo contra os estatutos da representação popular, certamente teria bloqueada a sua entrada. A situação internacional tem, porém, uma qualificação importante. De fato, são esses valores que exercem a "função legitimadora" da entrada do Estado para a vida internacional e regulam, no plano ideológico, as relações entre eles. Não obstante, como a legitimidade não é, no plano internacional, o fundamento exclusivo para que um Estado aja neste ou naquele sentido, o elemento material — expresso por controle e poder relativo — guarda um papel significativo para que haja a *rightful membership*. Nesse sentido, todos sabem, o poder é porta para participação embora circunscrito, em alguma medida, por padrões que delimitam o espaço do legítimo[10].

Vamos aplicar o argumento a algumas situações históricas recentes e um primeiro exemplo seria o do tema das intervenções no jogo entre as superpotências. Modernamente, como apontava Wight, a fonte primária da legitimidade dos Estados nacionais é a soberania popular que não precisava corresponder, exatamente, a procedimentos genuínos de eleições ou de processos que recolhessem a "vontade popular". Havendo sinais de autodeterminação, a tendência era de que, mesmo os Estados fracos, fossem respeitados em sua integridade territorial. A combinação entre legitimidade da soberania e a "abertura" da compreensão do popular leva a que, ao tempo da Guerra Fria, o que é "popular" admita leituras contraditórias, uma socialista e outra liberal. De fato, nas disputas ideológicas e estratégicas que marcam o período, o sentido corrente de "popular" (eleições, independência de poderes etc.) era esquecido se houvesse alguma justificativa, fosse a lealdade marxista, fosse a luta anticomunista, que legitimasse momentos autoritários. À idéia de soberania popular sobrepunham-se interpretações que "permitiam" o "centralismo democrático" do bloco soviético e, ao mesmo tempo, as intervenções restauradoras dos EUA e mesmo os "bons autoritarismos", i.e., que garantissem a lealdade ao bloco ocidental, como na distinção de Jeane Kirkpatrick[11]. A proximidade entre interesse hegemônico e legitimidade fica clara nesses exemplos. Ainda assim, não havia, no quadro de valores do tempo, nenhuma base para que a violação do sentido de popular fosse tão violenta como no caso do *apartheid*, e isso leva a um afastamento paulatino da África do Sul do jogo internacional, ao isolamento daquele país. Apesar de sanções da ONU, não será um isolamento absoluto porque o poder econômico da RAS garante que mantenha ligações comerciais e outras com vários países embora esteja cerceada de modo significativo a projeção diplomática sul-africana. O mesmo se dá — e de forma ainda mais contundente, até pela falta de instrumentos próprios de poder — com a Rodésia do Sul, que sofre sanções internacionais e bloqueio radical de sua *ship* no sistema internacional.

Hoje, a margem de manobra para o autoritarismo de corte socialista se enfraqueceu e isso restringe, por exemplo, a movimentação de Cuba no cenário internacional, coisa que não ocorria na década de 1960. É claro que a restrição será tanto menor quanto maiores as condições de poder do país. Assim, se um país determinado é "diferente" pelos padrões dos valores dominantes e, ao mesmo tempo, é uma potência, é provável que o prejuízo para a sua inserção internacional seja pequeno. O fenômeno pode ser observado ao se examinarem as dificuldades norte-americanas para estabelecer um padrão regular de relacionamento com a República Popular da China[12]. Como vimos, a legitimidade é raramente um absoluto, algo firmado, em consenso pleno, especialmente no plano internacional em que as condições de poder recuperam inevitavelmente condições de atuação.

Aceito o fundamento da legitimidade da soberania, decorre imediatamente que se estabelecem condições para também legitimar o que sustenta a soberania, a começar pelo poder militar. O poder não age sem se justificar. Como diz Wight, *"The fundamental problem of politics is the justification of power (...) it must be justified by reference to some source outside or beyond itself, and thus be transformed into 'authority'"*[13]. Algum tipo de invocação a um argumento que não seja o próprio poder deve ser encontrado para as suas ações. É claro que, em uma "sociedade anárquica", o poder do outro, sob a forma de ameaça real ou potencial à segurança individual, é invocado para justificar as fundamentais medidas de projeção internacional. O primeiro passo da "justificativa" de poder corresponde, portanto, às garantias de segurança construídas individualmente por Estado e que se expressam na constituição de corpos militares adequados a enfrentar aquelas ameaças. O fenômeno pode ser observado claramente em várias circunstâncias mas, de novo, o argumento nasce em processos relacionais. É nesse sentido que se estabelecem as condições de legitimidade para o fenômeno das corridas armamentistas, seja a que ocorreu entre a Inglaterra e a Alemanha às vésperas da Primeira Guerra seja a nuclear, entre os EUA e a URSS. A idéia de equilíbrio de poder se torna em valor, algo a ser buscado para que as próprias soberanias se preservem em "segurança". Justificar a compra de armamentos para "igualar" o inimigo potencial é sempre legítimo em momento histórico no qual os "inimigos" são facilmente identificáveis e a perspectiva de guerra faz parte natural do discurso político. Articula-se, nesses casos, uma dialética "realista" — que pode ter conseqüências perversas —, em que a legitimidade do armamentismo de um Estado se sustenta no armamentismo do adversário, e é esse movimento que serviria a evitar o mal pior, a guerra (ou, ao menos, a derrota na guerra, se ocorrer). A legitimidade do Estado se transfere para aquelas ações que são "necessárias" para que se preserve como Estado[14].

Se ficássemos nesse primeiro corte do problema, tenderíamos a aceitar que, como as necessidades da soberania para a defesa do Estado seriam absolutas e a segurança se expressaria em jogo de soma-zero, a legitimidade internacional se confunde com as razões de poder. Dessa observação, podemos tirar duas conseqüências. A primeira, de cunho analítico, generalizaria a tendência e diria que, no campo internacional, a legitimidade é vizinha próxima do interesse político, confundem-se "argumento" e "poder". Em situações de ameaça à sua segurança — que corresponderiam, em última instância, à normalidade do internacional — o Estado definirá, unilateral, o que é legítimo fazer. A própria anarquia do sistema internacional lhe dá essa autorização, transformando-se, portanto, a legitimidade em algo que passa ao largo da norma e que se fundamentaria na própria idéia de segurança. O que é legítimo começa e termina com a vontade do Estado. O juiz da norma a ser aplicada, especialmente quando o recurso é à força, é o próprio Estado. Ainda assim, insista-se, o poder age unilateralmente mas não arbitrariamente. Existe uma baliza de valores que dirá o que é possível fazer unilateralmente e é essa baliza que estabelece os limites — tênues, é verdade — entre o puro poder e o poder "legitimado". Voltando a exemplos anteriores, durante a Guerra Fria foi possível às superpotências intervir militarmente em países que, de forma unilateral, definiam como ameaça à sua segurança já que significavam perdas estratégicas para o adversário. Foi assim no caso da República Dominicana em 1965 e foi assim na Tchecoslováquia em 1968. Ao "justificar" a intervenção, pagam o tributo do poder aos valores do tempo histórico. O fato da hegemonia das superpotências gera um determinado tipo de legitimidade mas, justamente à medida que a sociedade internacional se diferencia, em que as estruturas oligárquicas são contestadas — com o surgimento de movimentos de países não-alinhados, por exemplo —, criam-se condições para que seja contestada, ao menos no plano dos valores. Quando ligada exclusivamente ao poder, a tendência é que os fundamentos da legitimidade se enfraqueçam. No caso das intervenções, tornam-se em formas fracas de "legitimidade" tanto porque significam inegavelmente, para boa parte da comunidade internacional, violações à norma da não-intervenção, aceita de modo consensual em vários instrumentos legais universais, quanto porque eram imediatamente contestadas pelo bloco adversário. Nesse caso, afastamo-nos do que seria a "legitimidade ideal", que se confunde com a norma clara e reúne consenso político.

Hoje, no pós-Guerra Fria, a invocação de um motivo ideológico para intervir deixou de existir ou, pelo menos, se transformou de forma significativa[15]. Lafer lembra um exemplo paradigmático do momento em que se começa a abandonar a invocação da ideologia para se iniciar a dos "novos inimigos", forte a ponto de permitir o esquecimento da norma, quando explica que a ação dos EUA para depor Noriega pode ser qualificada ou como violação ao princípio da não-intervenção ou como um "esforço de cooperação internacional contra o narcotráfico. No primeiro caso, a qualificação jurídica deslegitima a ação americana; no segundo, legitima-a, servindo como *vindicatio actionis* de um programa de ação"[16]. De novo, o campo analítico do tema da legitimidade, na sua versão tênue, pode ser invocado para entender o episódio. Aceite-se que os EUA tenham agido por interesses de segurança — e havia o evidente da proteção do Canal — mas, ainda assim, foi necessário recorrer a um dos temas que marcam os contornos da legitimidade internacional, a ação contra o narcotráfico. Outro ponto que nos confirma o episódio é o de que, diante de conflito entre a norma (não-intervenção) e o interesse, vencerá o interesse se quem o projeta tiver poder para tal. As sanções são suaves quando o poder é responsável pela violação da norma.

Vamos voltar ao paradigma interno e examinar os elementos que já somamos para caracterizar o internacional. Assim, teríamos:

- o consenso fundador não se refere a um "regime de governo", que existe tenuamente no plano internacional (aceitação universal da ONU, p. ex.), mas à natureza dos atores-Estados, e significa essencialmente uma autorização para participar da relação internacional;

- não existe um fundamento psicológico (crença, convicção etc.) na outorga de legitimidade, mas um processo que, pelo menos, em seu primeiro movimento, é interessado, calculista, e leva ao reconhecimento mútuo;
- esse interesse não é, porém, um fato da física de poder, mas se exprime nas formas autorizadas pelos valores do tempo histórico; então, existe uma base real (o controle do Estado sobre o território) combinado à obediência aos valores do tempo e a soma dos dois fundaria a legitimidade. Quanto mais próximo um do outro mais força de legitimidade terá o Estado: entre situações possíveis, podemos admitir que a) um Estado que tenha imenso poder e nenhuma legitimidade possa violar o espírito do tempo e ter alguma influência embora não liderança, e b) também o oposto, um Estado que, mesmo com pouco poder, tenha tais credenciais de legitimidade que lhe permita uma atuação expressiva no processo internacional. A passagem do reconhecimento da soberania para o jogo internacional admite vários caminhos. Há momentos em que o reconhecimento não se restringe à física do poder e as regras consensualmente aceitas afetam várias dimensões do tabuleiro. Nesse sentido, o trabalho clássico é o de Kissinger sobre a Europa pós-napoleônica[17].
- essa dupla pertinência — e o fato de não existir uma instância regular e permanente com autoridade para dizer, quando há controvérsia, o que é legítimo, ou ao aprovar uma lei nova ou a eleger uma nova tendência política) leva a que a legitimidade internacional se construa, diferentemente da interna, em espectro que irá do máximo de legitimidade (coerência absoluta de comportamento com a norma e tendências de valores) a um mínimo (situação do poderoso que constrói a sua legitimidade a partir do poder, como no caso das intervenções na Guerra Fria). Lembremos o exemplo da autonomia palestina que, ainda que fosse aceita como legítima pela comunidade internacional, não se materializava por obstáculos ligados a situações de po-

der. Em uma palavra, a "legitimidade" é vizinha próxima da política, do poder, no plano internacional e, sofre, portanto, das instabilidades que regulam as equações de poder e das racionalizações que as ideologias propiciam.

Essas observações dizem respeito a uma parcela das relações internacionais ligada aos temas de segurança, aqueles em que a sobrevivência do Estado vem em primeiro lugar. É isso que explica a idéia clássica de que a política externa deve prevalecer sobre a interna e que as razões de segurança, as "razões de Estado", sempre egoístas, operam como fatores que tendem a tornar frágeis os fundamentos da legitimidade internacional. Devemos, pois, tratar de "faixas de legitimidade", com variações no conteúdo de autoridade que embutem quando lidamos com o processo internacional, diferentemente do que ocorre internamente quando o consenso tenderia à uniformidade.

Ainda que admitamos a centralidade das razões de Estado e suas conseqüências no plano da legitimidade, dois fenômenos obrigam a que a análise vá adiante. Em primeiro lugar, nos tempos modernos, a partir da Liga das Nações, a noção de segurança deixa, aos poucos, de ser sustentada exclusivamente pelo poder do Estado e passa a ter uma base jurídica ampliada. O recurso à guerra torna-se progressivamente ilegítimo e mesmo ilegal. Passa a ser plausível que as normas que servem para a proteção da segurança do Estado — e que têm forte legitimidade, nascida de tratados universais — tenham também algum efeito real, ou seja, limitem o sentido de arbítrio na escolha dos meios de autopreservação. As normas universais sobre segurança coletiva, a idéia de que a ameaça a um Estado significa ameaça a todos e, por isso, exigem uma ação conjunta da comunidade das nações, se não alteram definitivamente a natureza do sistema internacional, estabelecem uma fonte alternativa significativa para o estatuto da legitimidade. Além disso, para ficarmos na época atual, e lembrarmos da evolução normativa ao longo da Guerra Fria, as superpotências negociaram normas que tinham objetivo de autocontrole das ameaças. Nesse sentido, passamos do que seria ideológico (as razões da defesa do Estado) para um outro estágio, fundado ainda no interesse (o mesmo motor do reconhecimento mútuo das soberanias) mas um tanto mais amplo. São regulamentos que obviamente interessam aos que os construíram mas vão além do sentido imediato da negociação, traduzem uma determinada visão da ordem internacional. As normas que proíbem a guerra ou a não-proliferação de armas nucleares serviriam a todos e geram, então, um tipo de legitimidade diferente do simples reconhecimento mútuo das soberanias. Os interesses se generalizam e, de uma certa maneira, a distância entre os modos internos e internacionais da legitimidade se tornam menores. A legitimidade ganharia feição de universalidade que é marca da norma. Ainda que não seja obrigatoriamente cumprida, que seja violada em ocasiões específicas, a norma passa a se apoiar em um tipo mais forte de legitimidade, expressa na idéia de que, em algum momento, algo uniu a comunidade internacional em regras que a todos interessaria manter. A combinação de interesses se desprende dos interesses nacionais e se torna em valor, em padrão a ser invocado ou negado — e, neste caso, com custos — mesmo pelos que têm sobras de poder[18].

Insistimos na diferença em relação ao plano interno. A motivação "psicológica original" é o interesse, a noção de que, ao aderir à norma, o Estado percebe ganhos concretos, no caso, mais segurança, e o processo resulta de negociações, portanto de um encontro regulado de vontades nacionais. De outro lado, ao se generalizar, ao interessar a todos, articula-se um padrão de legitimidade que deixa de ter a soberania como referência final e passa a ter a comunidade dos Estados como referência. A natureza do argumento se modifica e, como na legitimidade nacional, invoca algo que transcende a subjetividade dos atores individuais. Historicamente, a norma ganha força e, assim, modela o comportamento dos Estados, mesmo das potências. É interessante comparar a atitude americana ao intervir na República Dominicana, quando se utiliza dos mecanismos de legitimação da OEA depois da invasão, e o que ocorreu na crise do Golfo; quando age, o governo americano age amparado em resoluções "legitimadoras" da comunidade internacional, votadas pelo Conselho de Segurança. Poder-se-ia dizer, talvez com algum exagero mas certamente sem falsificar a realidade, que, paulatinamente, o interesse se torna em crença na medida que as avaliações "egoístas" antes de agir passam a ser temperadas, no plano da subjetividade de quem decide, por constrangimentos de valor, por alguma intuição de que a violação de uma norma acarretará conseqüências, de que há limites para o arbítrio. Insistimos no ponto: a legitimidade nasce quando o interesse se generaliza, se converte em norma que serve à estabilidade da sociedade das nações como tal[19].

O sistema internacional não representa, para os Estados, somente um espaço de geração de ameaças (ou, por meio de alianças, ao aperfeiçoamento de condições de segurança). Representa também a possibilidade de ampliar os instrumentos de produção de riqueza. Os Estados criam normas que lhes permitem conjuntamente produzir mais. De que modo isso tem algum efeito sobre o tema da legitimidade? Da mesma maneira que a sobrevivência "física" do Estado é uma referência de legitimidade, a necessidade de "enriquecer" também é. É bem verdade que, também no plano econômico, existem condutas orientadas por definições unilaterais do que são os objetivos do Estado. Um bom exemplo da história contemporânea é o do Plano Marshall, que vai buscar seu apoio de legitimidade na luta anticomunista. Em um artigo recente, Huntington chamava atenção para o fato de que todas as grandes iniciativas de política econômica dos EUA nos últimos anos estavam ligadas à luta anticomunista[20].

Existe, porém, outra tendência, fundada na idéia de que, se obedecerem uniformemente a determinadas regras, todos os Estados terão ganhos econômicos ou materiais simultâneos. Sabemos que essas regras começam a despontar à medida que o capitalismo se expande internacionalmente e, à semelhança do que ocorre no âmbito interno, precisa de normas que facilitem a fluidez dos encontros econômicos e de pontos de apoio de transporte, comunicações etc. Na verdade, essas regras são de tipos muito diversos. Ora tratam de questões técnicas, como a distribuição de freqüências de rádio ou da correspondência postal, ora de regras que facilitam ou promovem o comércio de bens e serviços, ora de condições de competição, como ao se adotarem regras mínimas de legislação social etc. A hipótese de um quadro de normas que sustentaria ganhos ideais leva a que se estabeleça, como referência de legitimidade, uma série de outros elementos que vão além da consideração de vantagens imediatas. Um exemplo clássico é a teoria das vantagens comparativas que determina que, para que se alcance o melhor padrão para a produção de riquezas, é fundamental tornar livre o comércio. A liberação simultânea do comércio por todos os países significaria ganhos para todos.

Essa visão leva a três acréscimos significativos na teoria da legitimidade internacional: a) cria uma referência de valores que, em tese, imporia a todos, por seu próprio interesse, um determinado tipo de comportamento que só faz sentido se for universalmente adotado (diminuição de barreiras tarifárias, p. ex.) e que, portanto, deve ser articulado conjuntamente; b) estabelece, assim, uma base para propor normas que se aproximem do ideal, equivalente ao máximo possível de riqueza a ser produzido pelo comércio e, de outro, para criticar normas ou condutas que se afastem daquele ideal; c) ao lidar com a criação de riqueza, introduz-se o problema da distribuição e todo o corolário, já menos técnico, dos temas da justiça internacional. As formas de manifestação desse padrão de legitimidade são bem-conhecidas. A cláusula de nação mais favorecida no GATT prometia vantagens se todos os Estados a cumprissem e criava um padrão do que seria legítimo em matéria de comportamento econômico. Mais do que isso, da mesma forma que a segurança coletiva é obrigação de todos os membros da ONU, a criação de riqueza seria responsabilidade de todos, exigindo comportamentos padronizados.

Ao mesmo tempo, como não são precisas (as vantagens comparativas alteram-se no tempo, afetam de modo diverso países distintos etc.), como são estabelecidas por negociação e como embutem um ideal de justiça distributiva, são essas noções que abrem espaço para as conquistas da UNCTAD que, modificando a regra da uniformidade de comportamento econômico como ideal de legitimidade, permite que se qualifiquem as condutas e se estabeleçam normas diferenciadas a partir da consideração das diferenças entre países: os ricos devem "dar" mais do que os pobres em negociações específicas e, assim, por razões de justiça, estabelecem-se regras de não-reciprocidade em comércio internacional. Insista-se: é o próprio fato de haver um ideal a atingir (o máximo de riqueza e a distribuição eqüitativa) que permite que, quando a distribuição de vantagens não funciona ou funciona perversamente, seja lícito "corrigir" politicamente os caminhos de chegar ao ideal.

Outro ponto a registrar é o de que o interesse pela legitimidade das normas econômicas não fica restrito às razões de Estado. De fato, quando se fala em segurança, depreende-se que a sobrevivência afeta a população como um todo enquanto, no plano econômico, os benefícios ou custos de uma solução normativa se projetam desigualmente pela sociedade. Isto leva a que a disputa sobre legitimidade se dê em dois planos e parte da população — agentes econômicos, consumidores, trabalhadores etc. — atue mais diretamente na escolha das normas. Quando, hoje, se discutem cláusulas sociais ou mecanismos de integração econômica, a base de legitimidade da norma deverá se apoiar, concretamente, em setores sociais, alguns com alcance transnacional.

Essas características das normas técnicas ou econômicas traz uma série de conseqüências interessantes para o tratamento da legitimidade internacional. Vamos lembrar que, no plano interno, a legitimidade se torna mais densa quanto mais longe de motivações setoriais e mais naturais e espontâneas a adesão ao regime ou a obediência à norma. A outra dimensão significativa é a do juízo, a idéia de que se cria uma referência socialmente construída para aquilo que serve e aquilo que não serve ao "bem" do grupo social. Quando analisamos as normas comerciais, a ligação norma-interesse ainda é, em alguns casos, muito clara (v. negociações sobre agricultura na Rodada Uruguai na qual as vantagens nacionais de uns poucos prevalece sobre o que seria a melhor racionalidade econômica) e, em outros, como no caso das normas técnicas (as que presidem a distribuição de correspondência postal) há mais distância (o interesse político ainda aparece, mas com menos evidência, não se argumenta com a soberania, mas com vantagens materiais, e raramente surge um problema político dramático na reunião regular da OACI, UPU etc.). Estamos mais próximos do que seria possível desenhar como a norma imparcial, que serve igualmente a todos.

São claras as conseqüências para o nosso argumento à medida que, se a legitimidade se desprende — aparentemente ou não — do interesse de Estados específicos e remete a valores que são da comunidade internacional, é mais fácil sustentar formas imparciais de solução de disputas entre soberanos e, portanto, mais difícil argumentar com a exceção nacional. Ou seja: as razões e interesses específicos desse ou daquele Estado podem, em tese, ser avaliadas por critérios que vão além do egoísmo individual. Haverá variações na medida do constrangimento ao interesse nacional interpretado egoisticamente. Assim, a exceção da legítima defesa para superar a imposição da segurança coletiva permitiria uma latitude de subjetividade que é menor quando estamos diante de uma disputa econômica, regulável por um *panel* da OMC. Ainda assim, tornou-se possível legitimamente criar limitações às "soluções" de segurança de um Estado específico, como o Conselho de Segurança fez no caso dos armamentos iraquianos. Mas a construção é política e *ad hoc*. No caso dos tratados que impedem a proliferação de armas de destruição maciça, as proibições são rígidas mas os mecanismos de sanção ainda não são automáticos. Diferentemente, na OMC, se estamos diante de uma disputa comercial, a obrigação de aceitação de um *panel* para a solução da controvérsia significa um passo adiante nos constrangimentos à subjetividade e, portanto, um padrão mais elevado de legitimidade daquela norma, reveladora de um nível de consenso mais denso[21]. Para efeitos de contraste, lembremos que, em matéria financeira, a legitimidade está em garantir um alto grau de liberdade para os agentes, o que praticamente dificulta a imposição de normas regulatórias dos fluxos.

Se existem normas que dizem o que seriam ganhos ideais, é natural que surjam perspectivas contraditórias, sustentadas, portanto, em perspectivas diferentes do que é legítimo, sobre as melhores formas de organização do sistema internacional. É o que ocorre, durante a Guerra Fria, com o que poderíamos qualificar de uma "querela de legitimidades" no que diz respeito a temas como a ordem econômica. São exemplares do movimento as articulações dos países em desenvolvimento, reunidos no Grupo dos 77, para que se criasse uma ordem econômica mais "justa", regida por regras que levassem em conta a diferença entre ricos e pobres e que se contrapunham aos princípios mais próximos de uma ortodoxia liberal, que estavam incorporados às instituições de Bretton Woods e eram defendidos pelos países desenvolvidos, especialmente os EUA. O argumento dos pobres era o de que as regras econômicas, além de dar estabilidade às trocas, poderiam desempenhar um segundo papel, desenhado a partir de princípios éticos, de corrigir desigualdades. Ainda que servisse a interesses concretos dos países em desenvolvimento, o argumento, em certa medida plausível, era de que seria possível — e necessário — estabelecer regras que levassem em conta proposições ideais que melhorassem a situação econômica da comunidade internacional como um todo e que fossem além de um modelo eficiente de trocas, levando em conta um dado essencial da situação internacional "real", que é a diferença profunda de riquezas. Um fenômeno paralelo ocorreu em determinadas áreas da vida política como o desarmamento. A irracionalidade da corrida armamentista era argüida e se tornava uma fonte alternativa de ação legítima dos países não-alinhados.

A experiência das propostas da Nova Ordem Econômica Internacional (NOEI) nos ensina umas tantas lições sobre os mecanismos da legitimidade internacional. Inicialmente, o fato de a legitimidade poder ter dimensões contraditórias já que, ao se fundar em valores, admite como possibilidade permanente um "espaço de proposição", normalmente utilizado como espaço de manobra dos que não têm poder ou, mais precisamente, poder estratégico. Propor depende de articulação de argumentos, embora fazer valer propostas supõe algum tipo de poder, a começar o de persuadir, convencer. Ao tempo da Guerra Fria, o impasse derivado da divisão entre blocos abria áreas do espaço de proposição para os países em desenvolvimento. Embora não se limitasse a isto (veja-se a OPEP, as articulações multilaterais etc.), o poder do Terceiro Mundo nascia do aproveitamento do fato de a estrutura do sistema internacional permitir que se lançassem projetos de ordem diferentes dos hegemônicos. Em segundo lugar, existem procedimentos, como os da Assembléia Geral da ONU ou decisões da CIJ, para fixar o que é legítimo, embora insuficientes para transformar o que é legítimo em norma, dadas as resistências de poder[22]. Ao tempo da Guerra Fria, se pensarmos em NOEI ou desarmamento ou mesmo em questões específicas, como a autonomia palestina, será fácil verificar a legitimidade alcançada por maiorias que se exprimiam em resoluções das Nações Unidas e as resistências de poder a que se transformassem em normas ou em baliza de condutas efetivas. No caso da NOEI, há ganhos localizados, como no Sistema Geral de Preferências (SGP).

Em terceiro lugar, mesmo que esqueçamos os efeitos específicos de cada proposta de mudança, é fácil aceitar que o argumento dos que propõem a NOEI ou o desarmamento geral vai além do interesse concreto e específico dos Estados e se desenha em valores mais "abstratos" e, nesse sentido, em alguns casos, passa a ser defendido por setores sociais de corte transnacional (isso é mais evidente no caso das organizações que lutaram pelo desarmamento nuclear). Ou seja, o debate sobre a legitimidade se desloca, ainda que parcialmente, para as disputas imediatas de interesses e passa a freqüentar, com apoio social ampliado, o mundo dos valores. Um quarto ponto é o fato de serem as circunstâncias históricas que determinam o que é possível e "legítimo" propor e defender no plano das relações internacionais. A afirmação é um tanto óbvia já que, como vimos ao lembrar o conceito de Wight, a legitimidade dos soberanos está ligado aos valores do tempo. Porém, a afirmação será menos óbvia se, em questões mais específicas, entendermos que existem alguns elementos que transformam o que são simplesmente "boas idéias" em legitimidade, o que transforma valores em argumentos políticos, em argumentos que têm influência. Existe aí uma delicada e complexa equação entre valores e poder, certamente diferente da que ocorre no plano interno, onde a adesão ao regime se confunde com a aceitação do poder do Estado e legitimidade e hegemonia andam juntas. Nas relações internacionais, como o poder está sempre disperso, é estruturalmente fragmentado, cada Estado é, em princípio, uma fonte teórica de propostas legítimas. É fácil identificar, em qualquer período histórico, nas potências, padrões de legitimidade que valem, como lembra Lafer, pela própria *vis atractiva* de que são naturalmente portadoras. As potências não adquirem tal condição simplesmente pela superioridade militar, mas também porque, entre seus atributos, deve estar o de difundir as suas idéias, suas concepções do que é a melhor forma de organização do sistema internacional.[23] Como vimos, ao tempo da Guerra Fria, isso ficou claro com o recurso "exacerbado" ao ideológico em momentos de crise, tanto pelos EUA quanto pela URSS. De uma certa maneira, se olharmos o mundo do pós-guerra, as articulações que vão contra a hegemonia, que criam padrões alternativos de legitimidade, nascem de brechas e contradições no próprio pensamento hegemônico. O exemplo clássico é a luta anticolonial, que retoma, justamente das potências coloniais, o apreço pela democracia, pela autodeterminação. Mas, valerá também para a análise da NOEI que, ao supor uma intervenção política pela via da negociação diplomática para corrigir problemas econômicos, terá apoio intelectual no keynesianismo e no planejamento socialista, e, ao aceitar a diferença entre nações como um problema social a ser atacado, terá apoio intelectual nas propostas de transformação social, como a *Great Society* de Lyndon Johnson, como nas idéias social-democratas européias. Se trazemos o problema para os nossos dias, terá legitimidade o argumento de produtores de matéria-prima que vêem, nos ricos "liberais", várias modalidades de protecionismo.

Recuando o argumento, a tensão entre estabilidade e mudança, entre forças conservadoras e reformistas ou revolucionárias, é natural na civilização ocidental contemporânea e tem suas origens na própria natureza contraditória do desenvolvimento capitalista, criador simultâneo de riqueza e desigualdade. A idéia de controlar a mudança vale interna e internacionalmente e o problema, aliás tão bem identificado por Marx, é conhecer a ligação entre a teoria que muda e o agente social da mudança. Haverá sempre Estados insatisfeitos no sistema internacional e o problema é sempre o de encontrar o leito de legitimidade que transforme a insatisfação em força de argumento político. No caso das normas econômicas, o Terceiro Mundo terá cumprido essa função nas décadas de 1960 e 1970. Hoje, as formas de desigualdade continuam, haverá certamente o que corrigir nas regras que predominam nas trocas econômicas, e, nesse sentido, existe uma espaço para construção de propostas de mudança. O problema é saber onde fundar a legitimidade para essas mudanças.

Passemos agora a uma terceira etapa do processo de construção da legitimidade. Sabemos que a legitimidade ganha força quando se sustenta em valores que são consensuais para a comunidade que os cria e têm, portanto, o condão de servir como base firme para normas. Idealmente, esses valores servem à comunidade como um todo, não a interesses particulares. Talvez o fenômeno mais significativo do pós-Guerra Fria seja exatamente o de observar o movimento que leva a que certos valores sejam considerados efetivamente universais e sejam conduzidos por agentes sociais que tenham também inserção "além do Estado". Não há propriamente novidade nisto. Se olharmos para a história dos movimentos sociais no século XIX, vamos encontrar, nas ligas antiescravidão ou nos movimentos pacifistas, embriões de um fenômeno que vai se expandir e ganhar força ao longo dos anos da Guerra Fria e, hoje, é um dos traços do sistema internacional. A dinâmica da interdependência, que está na origem das normas sobre comércio internacional, desenha, gradualmente, a noção de que certos valores interessam à humanidade como um todo. Talvez o primeiro tema em que essa consciência aparece claramente é o das questões de desarmamento, quando a corrida armamentista nuclear se torna, dado o potencial destrutivo das armas, em ameaça não mais à segurança dos envolvidos na corrida, mas à própria sobrevivência da humanidade. Mas, ainda aqui, as potências nucleares buscavam, na expansão das armas do outro, uma base, ainda que tênue, para legitimar a construção e o aperfeiçoamento de suas armas. O mesmo ocorrerá, depois da Guerra Fria, com os conflitos regionais que, antes, eram contaminados pela disputa ideológica e, por isso, passavam ao largo dos mecanismos de segurança coletiva. O caso da Guerra do Vietnã é o mais notório.

Agora, se olharmos para a atuação do Conselho de Segurança em casos de conflito depois de 1989, veremos claramente que o debate sobre a legitimidade de acionamento dos mecanismos da Carta das Nações não é mais questionado, no sentido de que a "comunidade internacional" pode agir para debelar situações como a da Somália, de Ruanda, de Angola, da Bósnia, e o problema se desloca para o como agir, qual a forma mais eficiente de debelar o conflito. Outro ponto, inevitável, é o de que, à medida que os conflitos afetam diferenciadamente os interesses estratégicos das potências, dos que comandam politicamente o processo de segurança coletiva, as formas de solução do conflito estarão necessariamente contaminadas por variáveis geopolíticas. De qualquer forma, sublinhe-se, a legitimidade para intervir nos conflitos amplia-se e ganha novos e mais fortes contornos, agora, quando a relação interesse individual e ação do Conselho é mais difusa e, portanto, mais amparada em valores outros que não a vontade unilateral desse ou daquele país.

Em outros temas, movidos por agentes sociais diferentes, o mesmo sentido de ameaça reaparece, como no caso das causas ambientalistas. Nesse caso, a descrição da "ameaça" é mais complexa e mais variada. Em alguns casos, é evidente como no caso das conseqüências de explosões nucleares ou da ameaça a determinadas espécies animais (como a baleia) e, em outros, menos imediata, dependente de algum tipo de suporte de natureza científica, como no caso das relações entre variações na camada de ozônio e o uso de determinados produtos químicos ou das origens de certos fenômenos climáticos. Nesses temas, ocorre o mesmo fenômeno que no caso anterior: as bases da legitimidade para que os Estados ajam em matéria de meio ambiente são claras, exprimem-se por uma série de convenções e tratados internacionais, mas, como inevitável em sociedade de soberanos, haverá, nesse processo, a contaminação por interesses individuais. É sintomático que um dos temas, que sempre acompanha o debate sobre questões específicas, é o da responsabilidade diferenciada dos países por danos ao meio ambiente e, também, o da diferença na capacidade de arcar com os custos de proteção, alguns evidentemente altos. Nesse sentido, o que permite qualificações à imposição de regras é a condição econômica, o fato de, por serem diferentes os países, alguns devem ser amparados na aplicação das convenções ambientais ou mesmo poderem adiar a sua aplicação. A discussão sobre clima é expressiva e as contradições entre os ganhos de longo prazo — em tese, universais — e as perdas e sacrifícios de curto prazo ao desenvolvimento — claramente, diferenciados — é o nó do debate.

Outro tema que alcança sentido universal é o dos direitos humanos. A legitimidade das ações da comunidade internacional em matéria de direitos humanos encontra respaldo na Carta da ONU e em várias convenções internacionais. O sentido de ameaça não é mais à humanidade como tal, mas a situações que afetariam o que se pode chamar de "consciência da dignidade humana". No pós-Guerra Fria, observamos três fenômenos que têm implicações nítidas para o reforço de sua legitimidade. O primeiro é o sentimento, nascido da facilidade de comunicações, da "universalidade" do tema, com conseqüências, de um lado, para a ampliação dos mecanismos efetivos de proteção, como demonstra a Conferência de Viena, e, de outro, a liberdade que se adquiriu para intervenções em que a justificativa é a proteção de direitos, ora bloqueados por perseguições a minorias (caso dos curdos), ora por falência da democracia (caso do Haiti). O segundo é o da "relativa descontaminação" do tema da condição de instrumento político. Se nos lembrarmos de como foi manejada, p. ex., pela política externa americana ao tempo de Carter e, mesmo hoje, nas relações dos EUA com a China ou Cuba, concluiremos que o tema serve a uns países mais do que a outros. Ainda assim, é evidente que, seja ou não usado politicamente, a manifestação de "defesa" dos direitos se projeta sobre situações em que são ameaçados ou não têm plena vigência. Finalmente, outro aspecto importante é o de, ainda que a aplicação possa estar impregnada de sentido político, o fato é que, da mesma forma que no caso do meio ambiente, multiplicam-se, à margem dos Estados, organizações não-governamentais, algumas de alcance transnacional, que defendem os direitos humanos como um valor em si. A dinâmica da legitimidade, o seu reforço e projeção, vai além do que a estrita soma das razões de Estado indicaria.

À guisa de conclusão, a primeira observação é a de que a legitimidade é um tema fundamental para que entendamos os comportamentos dos Estados no mundo contemporâneo. A legitimidade cria balizas e constrangimentos mesmo para os que têm poder. Além disso, terá conseqüências muito claras para a atuação diplomática. É evidente que, se examinarmos a agenda internacional de nossos dias, países que são democracias, abertos economicamente, saudáveis ambientalmente, defensores dos direitos humanos, socialmente equilibrados, se sentirão confortáveis em qualquer instância do debate internacional porque, nesses temas, se encontram os fundamentos do que é legítimo no mundo contemporâneo. À soberania, constitutiva do mínimo legítimo para participação, se agregam outros elementos que conformam graus adicionais de liberdade para a ação diplomática. Transforma-se a base social do que é o internacionalmente legítimo, já que, em muitos temas, a referência é a valores universais. Não são somente os Estados que, a partir do interesse, dizem o que é legítimo. Uma outra instância aparece, corre paralela e teria como base a sociedade civil internacional. Finalmente, a análise da legitimidade permitiria prever as possibilidades de criação legal e, nesse sentido, é razoável supor que se reforçará a tendência a que se criem normas crescentemente estritas para regular trocas econômicas e para proteger o meio ambiente. Isso não significa, evidentemente, que existam unanimidades em relação ao que é legítimo. Terá havido ampliação e reforço das fontes de legitimidade com o fim da Guerra Fria. A própria liberdade do soberano está, de alguma forma afetada, e não somente de forma negativa. Porém, a própria persistência da desigualdade social e das diferenças culturais, além naturalmente das modalidades de inserção geopolítica, constituem a base de processos conflitivos que perdurarão e se projetarão necessariamente no debate sobre o que é legítimo.

## Notas

1. N.E.: A necessidade de autojustificar-se, sem dúvida, tem várias explicações; podemos ser tanto cínicos quanto simpáticos a esse respeito. Por exemplo, por que os faraós do antigo Egito ou os reis da Babilônia e Assíria, nas inscrições primitivas, proclamam seu compromisso de fazer justiça, cuidar dos pobres e proteger as viúvas e os órfãos. Seria porque eles achavam que seu poder estaria mais seguro se seus súditos acreditassem nesse compromisso? Quem sabe por que sua própria auto-estima dependia de acharem que estavam comprometidos, ou por que os rituais de comprometimento (e sua inscrição) eram exigidos pelos deuses, ou talvez por que era isso o que os legisladores dos Estados sempre diziam de si mesmos? Mas qual o motivo afinal? Isso não importa. Se o faraó promete que justiça será feita, é o suficiente para que algum escriba egípcio, mais corajoso, com o aval do faraó, faça uma lista de injustiças com as quais ele, faraó, esteja conivente.

2. J. G. Merquior, em "O Poder da Legitimidade em Política Internacional" *Legitimidade no Sistema Internacional*, in *José Guilherme Merquior, Diplomata*, Funag. As idéias de Merquior foram desenvolvidas em seu *Rousseau and Weber*, Londres, Routledge & Kegan Paul, 1980. Uma interessante análise do tema pode ser encontrada em Held, David, *Political Theory and the Modern State*, Cambridge, Polity Press, 1980, pp. 102 e segs. Held diz que, diante da norma, há várias atitudes que explicam a obediência e elabora um *continuum* que começaria com a coerção e evoluiria para a tradição, a apatia, a aquiescência pragmática, a aceitação instrumental (obedeço porque traz vantagem) e terminaria com o acordo normativo, real e ideal (com a informação disponível ou com a informação "idealmente completa", aceito a norma porque devo, porque é correto fazê-lo). Para Held, são os dois últimos os campos em que a legitimidade é plenamente realizada.

3. A relação entre ordem (como uma decorrência da estabilidade política) e justiça não é simples. O que podemos constatar é a tendência de que o argumento com base em ideais de justiça e reivindicações de transformações (sociais, econômicas etc.), sempre traz junto a idéia de que mais justiça significa também mais ordem. Como diz Paul Bastid: *"La légitimité issue de la volonté nationale, au contraire de la légitimité monarchique, reste, au demeurant, sujette à révision. Tout dépend de la manière dont le gouvernement reconnu pour légitime se comportera."* (N.E.: "A legitimidade oriunda da vontade nacional, ao contrário da legitimidade monárquica, permanece, no final das contas, sujeita à revisão. Tudo depende da maneira pela qual o governo reconhecido como legítimo se comportará". "L'Idée de Légitimité" *in L'Idée de Légitimité*, vários autores, PUF, 1967, p. 7. Para a discussão do tema em relações internacionais, v. H. Bull, em *The Anarchical Society*, Nova York, Columbia University Press, 1977, pp. 77 e segs. Para o dinamismo do processo de contestação da legitimidade, David Caron lembra, na epígrafe de seu artigo "The Legitimacy of the collective Authority of the Security Council", em *American Journal of International Law*, out. 1993, vol. 87 nº 4, pp. 552-88, uma expressiva frase de H. E. Carr: *"The ideal, once it is embodied in an institution, ceases to be an ideal and becomes the expression of a selfish interest, which must be destroyed in the name of a new ideal. This constant interaction of irreconcilable forces is the stuff of politics. Every political situation contains mutually incompatible elements of utopia and reality, of morality and power"*. (N.E.: "O ideal depois de incorporado pela instituição, deixa de ser ideal e torna-se a expressão de um interesse egoísta, que deve ser destruído em nome de um novo ideal. Essa constante interação de forças irreconciliáveis é a matéria-prima da

política. Toda situação política contém elementos mutuamente incompatíveis de utopia e realidade, moralidade e poder.")

4. V. C. Lafer, "O Problema da Legitimidade em Política Internacional". In: Lafer e outros, *José Guilherme Merquior, Diplomata,* op. cit., p. 12.

5. Sem que precisemos aderir a seu jusnaturalismo, podemos lembrar que Alexandre Passerin d'Entrèves aponta para o cerne do problema quando diz que: *"Légalité et légitimité cessent de s'identifier du moment où l'on admet qu'un ordre peut être légal mais injuste... il nous faut postuler un principe de légitimité extérieur au système. Ce nom, quel nom lui donner sinon celui de droit naturel, puisque c'est de lui que le droit positif tire sa valeur d'obligation?"* (N.E.: Legalidade e legitimidade deixam de se identificar no momento em que se admite que uma ordem pode ser legal mas injusta... devemos postular um princípio de legitimidade externo ao sistema. Quanto ao nome, que nome lhe dar a não ser o de direito natural, uma vez que é dele que o direito positivo extrai seu valor de obrigação?") Em seu texto, "Légalité et Légitimité", em *L'Idée de Légitimité,* op cit. p. 38. Ver, na mesma coletânea, referência ao problema no texto de Bastid, "L'Idée de Légitimité", p. 7.

6. Ver a análise que Held faz de livros clássicos, como o *Civic Culture,* de Almond e Verba, sobre a legitimidade da democracia na Europa do pós-Guerra. Op. cit., p. 100 e segs.

7. V. T. Franck, *The Power of Legitimacy among Nations,* Nova York, Oxford University Press, 1990, p. 21. (N.E.: Em resumo: existe, pelo menos, a possibilidade hipotética de que, se alguém conseguir demonstrar que há regras que são habitualmente obedecidas nas relações internacionais, então será capaz – e, na verdade, só assim será capaz — de compreender esse fenômeno postulando um fator instrumental não-austiniano; um que não seja um comando soberano, nem seja aplicado coercivamente, nem mesmo obedecido somente pela razão ou pelo interesse próprio de obter uma recompensa a curto prazo, já que isso não explica um respeito verdadeiro a regras que nem sempre beneficiará igualmente todas as partes em interação. Conclui-se que o conceito de legitimidade desenvolvido no plano nacional não apenas é adaptável para uso internacional mas, aplicado ao comportamento de consentimento em situações específicas, demonstra ser possível aprender coisas a respeito do papel da legitimidade que não poderiam ser desvendadas com o estudo de seus efeitos sobre o comportamento das pessoas.)

8. C. Lafer, "Derecho y legitimidad en el sistema internacional: soberanía nacional y comunidad internacional", *Foro Internacional,* vol. XXIX,

nº 4, pp. 561-82. Lafer reconhece que, na aplicacão das normas de direito internacional, o papel da política e dos valores aparece de maneira muito mais explícita. Porém, não tem nenhuma ilusão sobre a influência do poder no processo internacional. *"...la anarquia estructural... hace que la regla general de la sanción juidica a las situaciones de hecho resulte de juicios unilaterales."* (p. 564). Não obstante o sóbrio realismo de Lafer, não exclui, em primeiro lugar, advertências sobre os riscos de isolamento das potências que as deslegitima como interlocutores e, mais importante, a possibilidade de que as normas ganhem uma medida de independência, que a legitimidade se reforce, como veremos quando analisa a evolução dos artigos que condenam o uso da força na Liga e na ONU.

9. V. M. Wight, *The System of States,* Leicester, Leicester Univesity Press, 1977, p. 153. (N.E.: Por legitimidade internacional entendo o julgamento coletivo da sociedade internacional sobre o direito de pertencer — ser membro — à família de nações, sobre como a soberania pode ser transferida e como a sucessão do Estado deve ser regulada, quando grandes Estados dividem-se em pequenos ou quando vários unem-se em um. Até a Revolução Francesa, o princípio da legitimidade internacional era dinástico e dizia respeito ao status e às exigências dos governantes. Desde então, o dinasticismo foi substituído por um princípio popular, preocupado com as exigências e o consentimento dos governados. (...) Esses princípios de legitimidade marcam o ponto de aproximação entre as políticas internacional e doméstica. São eles que prevalecem (ou pelo menos são proclamados) na maioria dos Estados que formam a sociedade internacional e nas relações que se estabelecem entre eles.)

10. Para uma rica análise das relações entre poder, instituições e valores, articulada a partir da noção de "*coercive socialisation*", que daria fundamentos sociológicos sólidos e críticos para a noção de legitimidade, v. A. Hurrell, "Globalisation and Inequality", em *Millenium: Journal of International Studies,* vol. 24, nº 3, pp. 447-70. Uma análise extremamente interessante de como o poder, quando ostensivo, mina a legitimidade, se encontra no texto citado de Caron. Ele levanta os fatores que afetam negativamente a legitimidade do Conselho de Segurança, como a percepção de que é dominado por uns poucos Estados, que têm poder no sistema internacional em geral, por causa de suas *capabilities* no interior do Conselho, pela representação desproporcional no Conselho, pelo uso do veto. V. Caron, op. cit., p. 566.

11. Para uma análise das idéias de Kirkpatrick, v. H. Molineau, *U.S. Policy Toward Latin America,* Boulder, Westview Press, pp. 156-57.

Ela distinguia entre "autocracias tradicionais", que, embora centradas em dominação pela força, não impunham ideologias, e os governos "comunistas revolucionários", com inclinações totalitárias.

12. O fenômeno pode ser analisado quando examinamos a política externa de países como os EUA em que o componente "ideológico" é necessariamente forte, até pela necessidade de liderança que uma superpotência terá. Assim, a regulação da projeção dos "valores" pelos interesses de poder se exprime em muitas situações e o exemplo das disputas sobre condicionar ou não tratamento de nação mais favorecida a progresso nos direitos humanos é um entre vários. A aceitação de regimes autoritários no Oriente Médio dependerá de escolhas estratégicas mais do que da afinidade ideológica. Para os países europeus, mais "pragmáticos", os problemas desse tipo surgem mais raramente. Sobre a diferença de percepção sobre os rumos da democratização entre chineses e americanos, v. M. Pei, "Is China Democratizing", em *Foreign Affairs,* jan./fev. 1998, p. 68-82.

13. V. M. Wight, em *International Theory: the Three Traditions*, Londres, Leicester University Press, p. 99. (N.E.: "O principal problema da política é a justificativa do poder... ele precisa ser justificado por algo externo ou superior a ele para, depois, ser transformado em 'autoridade'".)

14. É interessante acompanhar o processo histórico de rivalidade brasileiro-argentina que, em alguns momentos, levou a uma "quase" corrida armamentista aberta. A subjetividade do processo de ameaça ficou claro quando, a partir da década de 1980, os dois países se aproximam e dissolvem as hipóteses de guerra que tornavam um a ameaça central ao outro. Por que se dissolve a ameaça é um processo complexo mas que, em parte, deriva de transformações internas, especialmente a democratização.

15. Quando observamos a política norte-americana em relação à Coréia do Norte, as motivações não seriam, num primeiro movimento, para minar o socialismo daquele país mas, fundamentalmente, para coibir a proliferação nuclear. O mesmo já não ocorreria no caso de Cuba, em que a motivação ideológica ainda está na superfície. A diferença da circunstância geopolítica e as questões de política interna — o "*lobby*" cubano — explicariam a diferença.

16. Ver Lafer, "Derecho y Legitimidad", op. cit., p. 565.

17. A noção de legitimidade de Kissinger está ligada à estabilidade. *"Legitimacy... should not be confused with justice. It means no more than an international agreement about the nature of the workable arrangements and about the permissible aims and methods of foreign*

*policy. It implies the acceptance of the framework of the international order by all major powers, at least to the extent that no state is so dissatisfied that, like Germany after the Treaty of Versailles, it expresses is dissatisfaction in a revolutionary foreign policy. A legitimate order does not make conflicts impossible, but it limits their scope".* (N.E.: "A legitimidade... não deve ser confundida com justiça. Ela não é mais do que um acordo internacional sobre a natureza dos acordos possíveis e sobre as metas e métodos permissíveis da política externa. Ela implica a aceitação do modelo da ordem internacional por todas as grandes potências, pelo menos, a tal ponto que nenhum Estado fique tão insatisfeito que, como a Alemanha depois do Tratado de Versalhes, expresse sua insatisfação com uma política externa revolucionária. A ordem legitimada não impossibilita os conflitos, mas limita sua extensão".) H. Kissinger, em *A World Restored*. Grosset and Dunlap, 1964. Para usar o argumento que estamos desenvolvendo, o reconhecimento mútuo, para Kissinger, vai, portanto, além da mera aceitação da soberania e inclui métodos e objetivos de política externa.

18. Vale a pena lembrar o que Lafer diz sobre o assunto: *"Importa mencionar ya en el siglo XX, para un análisis de la visión grociana del punto de vista jurídico institucional, el artículo ll del Pacto de la Sociedade de Naciones el cual, ao colocar el principio de la indivisibilidad de la paz, reconoce que toda guerra o amenaza implica no tan sólo a las partes directamente involucradas sino a toda la sociedade internacional. El Pacto de la Sociedade de Naciones y posteriormente la Carta de las Naciones Unidas señalan en este sentido la transición efectiva de la espontaneidad del estado de la naturaleza — en el cual no existe regla que excluya y, por lo tanto, califique como ilegítimo el uso de la violencia — a la tentativa de organización de la sociedade internacional. En efecto, para el modelo contractualista lo que indica la transición al estado de sociedad civil es el pacto de no agresión; es decir, la obligación de solucionar pacíficamente las controversias sin recurrir a la amenaza o al uso de la fuerza; y esto es precisamente lo estipulado en el artículo 2º, párrafos 3 y 4 de la Carta de las Naciones Unidas. Por esta razón, siendo uno de los propósitos de la ONU el mantener internacionalmente la paz, ésta es encarada como un centro destinado a armonizar la acción de las naciones para alcanzar objetivos comunes en lo que atañe a problemas internacionales, los cuales son internacionales precisamente porque van más allá de los intereses nacionales (art. 1º)."* Lafer, op. cit, p. 572.

19. O trabalho de Andrew Hurrell ao desenvolver a idéia de *coercive socialization* no sistema internacional faz a passagem do plano dos

valores para a sociologia política, tentando entender como as normas são transformadas em idéias dos *policymakers*, em práticas burocráticas, no sistema legal doméstico, no sistema político e na sociedade em geral.

20. V. o artigo de Huntington no número comemorativo dos 75 anos da revista *Foreign Affairs*, "Ther Erosion of American National Interests", vol. 76, 5, p. 30.

21. V. C. Lafer, *A OMC e a regulamentação do comércio internacional: uma visão brasileira*, Porto Alegre, Livraria do Advogado, 1997, especialmente pp. 114 e segs.

22. Para compreender o sentido "legitimador" das resoluções e declarações de organismos internacionais, vale lembrar as observações que faz Dorothy Jones sobre o que ela chama *"declaratory tradition in international law"*. (N.E.: "tradição declaratória no direito internacional".) Mostrando como esses textos se multiplicaram depois da instituição da Liga da Nações e, sobretudo da ONU, ela diz *"...it is precisely in this declaratory strand that the states have spelled what out international law means to them, and what they think it ought to be. Further, through these various declarations, they have sketched a picture of the way they think the world ought to be and, in doing so, have opened themselves to the possibility that they will be taken seriously enough to hold them to their word"*. (N.E.: "...é precisamente nessa linha declaratória que os Estados explicam o que o direito internacional significa para eles e como imaginam que ele deveria ser. Além disso, com essas declarações, descreveram o modo como achavam que o mundo deveria ser e, assim, deram-se a oportunidade de ser levados tão à sério a ponto de manterem sua palavra".) Assim, a declaração é também um fator que delimita o que chamamos de "espaço de proposição", ao mesmo tempo em que cria um constrangimento no campo da legitimidade. V. D. Jones, "The Declaratory Tradition in Modern International Law", em T. Nardin e D. R. Mapel, *The Traditions of International Ethics*, Cambridge, Cambridge University Press, 1992, p. 43.

23. Uma análise interessante sobre o "poder de atração" das Potências no pós-Guerra Fria é feita por J. Nye, ao propor o conceito de *soft power* que, para ele, se tornaram, agora, mais importantes. V. J. Nye, *Bound to Lead*, Nova York, Basic Books, 1990, p. 188.

# O Tema da Legitimidade e a Argumentação em Política Externa no Pós-Guerra Fria

*Para Marcos Azambuja*
*e Sebastião do Rego Barros*

O que muda nas relações internacionais com o fim da Guerra Fria?

Essa pergunta tem admitido numerosas respostas, quase todas preliminares, uma vez que as conseqüências das transformações na ordem internacional, desencadeadas pela superação do bipolarismo, parecem ainda incompletas. A idéia de transição marca os tempos que vivemos. Vamos estudar, neste ensaio, um ponto específico do pós-Guerra Fria, que é o da mudança nos critérios de legitimidade e, portanto, do argumento político na ordem internacional. É relativamente fácil apontar exemplos de mudança, porém bem mais difícil é caracterizá-la com precisão. Para tanto, um dos caminhos possíveis é examinar, de forma combinada, o fim da Guerra Fria e o fenômeno da globalização. A dinâmica da globalização, especialmente no campo econômico, tem sido exaustivamente analisada e uma das conclusões inevitáveis é a de que condiciona amplamente os processos internacionais. E condiciona em alguns de seus aspectos essenciais; para muitos, e mesmo o lugar central que o Estado ocupa nas relações internacionais deve ser visto em novas perspectivas[1]. Os efeitos políticos da globalização são, portanto, abrangentes e não poderiam deixar de afetar, também, os mecanismos da legitimidade no campo internacional. No discurso diplomático, os argumentos políticos recorrem agora a novas idéias ou ideologias, que transformam as referências sobre o que é legítimo e, nesse movimento, a noção de que a realidade internacional é globalizada é corrente. Como se constrói o argumento é o primeiro passo analítico do ensaio. De outro lado, sabemos que a globalização não exclui diferenças e desigualdades e como lidar com esses aspectos do fenômeno é fundamental para diplomacias de países que não são hegemônicos, que não estão na origem dos padrões de legitimidade. Entender o argumento sobre diferenças é o segundo passo.

## I. Anotações Sobre a Noção de Legitimidade

Embora não se tenha qualquer pretensão de resumir o debate sobre a noção de legitimidade, seriam úteis, para situar a análise, umas poucas palavras sobre o tema. Na formulação weberiana clássica, a noção de legitimidade é um dos elementos que define, no âmbito das sociedades nacionais, as raízes da autoridade política. Explica a adesão a um sistema político aceito como fonte legítima de determinadas obrigações. Ou, posto de outro modo, é um atributo do Estado que "consiste na presença, em uma parcela significativa da população, de um grau de consenso capaz de assegurar a obediência, sem recorrer ao uso da força, a não ser em casos esporádicos". (Levi, 1983, p. 675) Nesse sentido, o respeito à norma e a legitimidade andam juntos. A segunda compõe o elemento subjetivo ou, mais precisamente, intersubjetivo que, expresso em modalidades de consenso, valoriza positivamente o conjunto normativo e, consequentemente, reforça o sistema legal. (Passerin d'Entréves, 39) É claro, como veremos, que o movimento inverso pode ocorrer e determinar uma desvalorização do sistema legal.

Ao sustentar "subjetivamente" um determinado regime, a legitimidade tem, portanto, uma dimensão fundamental de valor. Polin aponta para essa dimensão quando diz que:

> *La légitimité est une opinion, une valeur; mais le politique le plus cynique s'en môquat-il dans son for intérieur, il sait bien que la légitimité est une opinion décisive à laquelle on se réfère avec d'autant plus d'insistance que les décisions en cause sont plus graves, lorsqu'il ságit d'obéir, non plus à telle ou telle loi, mais aux lois en général, lorsqu'il s'agit, non plus d'être un bon ou un mauvais citoyen, mais d'accepter ou de refuser d'être citoyen. Le gouvernment des hommes n'est*

*possible, de façon durable, que s'ils ne s'accordent sufisamment sur ce qui est légitime et sur ce qui ne l'est pas.* (Polin, 19)[2]

A constância dos valores que sustenta a legitimidade não significa, contudo, que sejam estáticos. Ao contrário, a própria natureza "opinativa" faz com que os processos que a asseguram sejam cambiantes nas sociedades modernas, especialmente nas democráticas. Talvez um dos traços mesmo da civilização industrial seja a rapidez com que as sociedades se transformam, como se as mudanças braudelianas de longa duração ocorressem em prazos cada vez mais curtos, e isso vale para os modos de produzir, mas sobretudo para o universo de valores. Nesse sentido, se "consensos fundamentais" garantem a estabilidade da organização política, sempre existem movimentos que questionam aspectos particulares do conjunto de normas que rege a vida de uma comunidade nacional. Observe-se, ainda, que o modo pelo qual se articula e se sustenta o "consenso fundamental" é decisivo para definir os limites para os procedimentos de mudança em uma sociedade qualquer, a dimensão processual da legitimidade. Nesse sentido, é possível distinguir, com Levi, entre a prática da oposição e a contestação da legitimidade, a primeira, parcial, sobre questões específicas do regime e que se exprime no marco de procedimentos aceitos e previsíveis, a segunda, totalizante, normalmente de corte revolucionário. (Levi, op. cit., p. 676). A oposição pode ou não tocar em temas que dizem respeito ao consenso fundamental: o limite é aperfeiçoá-lo dentro de procedimentos previamente acordados, como nas reformas constitucionais. A contestação proporia a fundação de um novo consenso e suporia o rompimento revolucionário do anterior. Nesse caso, a sociedade passa a organizar-se com outros fundamentos (como a mudança do regime de propriedade, o modo de organização do sistema político etc.). Transformam-se substância e processo.

É claro que, na dominação tradicional, fundada em crenças religiosas, a margem de movimento é quase nula e a noção de oposição se converte em cisma, ao passo que, nas democracias, pode ser ampla. De fato, em circunstâncias democráticas, podemos aceitar que os processos de crítica ou reforma da lei busquem argumentos que revelariam padrões "parciais" ou "incompletos" de legitimidade, não atinentes aos modos básicos da organização política mas a pontos que setores da sociedade considerem insatisfatórios ou, como se indicou, a mecanismos que permitam aperfeiçoar o consenso. (Bastid, 7)

Assim, nas democracias, ainda que tenhamos fixada e aceita a base da autoridade, apoiada em mecanismos constitucionais, centrada em processos eleitorais e em renovação periódica dos poderes, as dinâmicas social, econômica e cultural levam naturalmente a que, em pontos específicos, possa haver afastamento entre o que é legal e o que é legítimo, abrindo-se a possibilidade para a crítica da lei e sua reforma ou mesmo de políticas públicas. Para lembrar exemplos brasileiros: a laicização dos processos sociais está na origem da aceitação do divórcio na década de 1970 no Brasil; em momento de abertura política, o plebiscito de 1988 sobre o sistema e o regime de governo — se parlamentarista ou presidencialista, se republicano ou monárquico — significou a tentativa de conhecer, pelo voto, a melhor solução política para a expressão da "vontade geral"; algo parecido ocorre no debate recorrente sobre a adoção do voto distrital como instrumento para aperfeiçoamento da representação etc. Outro exemplo dos padrões de legitimidade brasileira — no imediato pós-autoritarismo — foi a idéia de que seria necessária, na Constituição, uma definição minuciosa das normas de proteção das garantias individuais e sociais, como contraponto ao arbítrio e à volatilidade da ordem jurídica do regime autoritário. Nesse caso, a própria abrangência do conjunto normativo fez parte do desenho processual da legitimidade. De qualquer forma, não são equações simples as que procuram combinar movimentos sociais, mudanças nos padrões de legitimidade e transformações na ordem jurídica[3].

Outro ponto a sublinhar, aliás evidente nos exemplos apresentados, é o da "concorrência" de argumentos sobre a melhor expressão do legítimo. A própria democracia assegura que, ao lado da fonte primária da obrigação política (respeito às normas constitucionais), a renovação da lei pelo debate também é componente necessário da ordem jurídica. Visto do ângulo da legitimidade, ao se propor lei nova, a pergunta implícita será sempre qual a norma — a atual ou a proposta — que garante melhor adesão da sociedade, que, portanto, articularia, com mais apoio, a realização do que é o justo ou a melhor condição de estabilidade para uma sociedade em determinado momento histórico.

Existe, portanto, um encadeamento lógico dos planos de legitimidade que vai da geral — a aceitação do regime — à particular que dirá respeito a normas específicas. A legitimidade exige uma medida de coerência interna (Deutsch, 130). A geral prolonga-se no tempo, tem características de permanência, garante a estabilidade das normas fundamentais de um Estado e permite que os processos de transformação social se realizem dentro de marcos previamente definidos. A referência à Constituição dos EUA seria um bom exemplo do sucesso temporal da legitimidade geral. Normalmente, no cotidiano da vida política, as modificações ocorrem com alguma regularidade quando se trata de normas específicas. Embora as bases da legitimidade geral tendam a ser mais rígidas, podemos aceitar que, tanto em um caso como em outro, existe o que poderíamos chamar de espaços de proposição para novas normas em uma organização política. Não são espaços aleatórios, totalmente abertos, salvo, é claro, em situações revolucionárias, em que se alteram, como na Rússia de 1917, os próprios fundamentos da organização social e política do Estado. Normalmente, em sociedades democráticas, os espaços de proposição são balizados, em primeiro lugar, por procedimentos legalmente estabelecidos, de base constitucional, e, em segundo, por padrões culturais historicamente construídos. Para voltar a um exemplo brasileiro: na década de 1950, a cultura política pedia a ampliação da presença estatal na economia enquanto na década de 1990, o movimento inverso, de privatização, é aparentemente aceito, pela maioria, como legítimo.

É possível transpor essas poucas idéias sobre a legitimidade para a análise de fenômenos da vida no plano internacional? Sim, porém com muitas qualificações. É verdade que, ainda mais do que para a vida nacional, o recurso à legitimidade é decisivo para entender a obrigação internacional. No plano interno, a obrigação tem uma referência clara: a lei e os métodos coercitivos de impô-la. Também são claros os procedimentos de construção legal, realizados nos Parlamentos. Afinal, como indicamos, a legitimidade é um atributo do Estado, responsável pela edição das leis e da coerção. Ora, nas relações entre Estados, o sistema legal não é coercitivo, não existem tribunais que resolvam controvérsias de forma impositiva, e o processo de criação legal é disperso na medida em que falta um órgão legislativo central e único. Assim, é possível dizer que a adesão à lei é necessariamente precária e, no limite, fruto, em cada instância, de uma decisão voluntária do Estado individual. Apesar dessa limitação, é alto o grau de aceitação da lei internacional. Se não é a ameaça de coerção que faz que o Estado aceite a norma, que outra razão podemos invocar para explicar o fato? Será o "interesse" objetivamente considerado, à Morgenthau, e definido em equações de poder? Como já se mostrou em tantas análises críticas do realismo, a dificuldade com a noção objetiva de interesse decorre justamente do fato de, dentro de um mesmo governo, de um mesmo processo decisório, as leituras do que é interesse variarem e, aí, necessariamente deveremos recorrer a outros instrumentos analíticos para entender por que tal Estado agiu desta ou daquela forma, aceitou ou não o cumprimento de um determinada norma[4]. Diante disso, é natural que nos aproximemos do reino das vantagens subjetivas — inclusive a do conforto de estar de acordo com o que se considera como legítimo — e, a partir daí, aceitar, como hipótese inicial, que o tema da legitimidade pode ser decisivo para entender por que as obrigações internacionais são cumpridas.

Outra observação preliminar apontaria que, no plano internacional, o estudo da legitimidade deverá combinar duas realidades, a do Estado como produtor e objeto do direito internacional e, de outro lado, a realidade da norma ou, mais precisamente, a das normas específicas, como, aliás, propõe o texto mais completo recente sobre o tema, o de Franck, *The Power of Legitimacy among Nations*. Assim, o primeiro passo é definir o que autoriza certos atores a participar legitimamente do jogo internacional e, aí, compreender a soberania como condição necessária para qualificar o Estado para agir no sistema. Em seguida, saber se as normas que os Estados criam e as atitudes que tomam são legítimas. A legitimidade do Estado ou de um grupo de Estados é uma condição necessária porém não suficiente para que a norma seja legítima — idéia que vem dos clássicos medievais, pois, afinal, para que a guerra fosse justa quem a desencadeasse deveria ter título para tal — bem como para que as atitudes e *policies* o sejam substantivamente. A legitimidade do Estado é o primeiro passo para que se obtenha legitimidade processual. E, insistamos, a legitimidade internacional não se limita à norma e deverá necessariamente servir para a avaliação também dos atos políticos.

Aceitas essas observações preliminares, vale retomar as conceituações de Martin Wight, que, junto com o Kissinger de *A World Restored,* dão as bases modernas para a análise da legitimidade internacional. Wight concentra-se na questão da legitimidade do Estado como tal. Ademais, suas observações o aproximam da noção doméstica de legitimidade, ao mostrar que a ordem internacional nasce também de um consenso fundamental. Ele dirá:

> *By international legitimacy I mean the collective judgement of international society about rightful membership of the family of nations; how sovereignty is transferred; and how state sucession is to be regulated, when large states break up into smaller, or several states combine into one. Until the French Revolution, the principle of international legitimacy was dynastic, being concerned with the status of the rulers. Since then dynasticism has been replaced by a popular principle, concerned with the claims and consent of the governed.* (Wight, 1977, p. 153)[5]

É natural que, ao descrever a "essência" da legitimidade internacional, Wight afaste-se de Weber e assim se preocupe menos com a modalidade da dominação do que com os que participam do sistema internacional. Em virtude da dispersão da autoridade, um passo fundamental para entender o sistema é definir a condição de soberania e, nesse sentido, a legitimidade indicará, inicialmente, aqueles Estados que devem ser aceitos para a convivência internacional, que podem participar das múltiplas formas de intercâmbio que o sistema oferece, que podem criar e devem obedecer a normas. Os critérios para a aceitação do que constitui, por razões dinásticas, nacionais ou populares, a soberania correspondem, assim, ao consenso fundamental da sociedade internacional, permitindo que essa se mantenha com alguma estabilidade com base em regras como a não-intervenção e o cumprimento dos compromissos contratuais.

Como veremos, em determinadas situações, a manutenção dessas regras dependerá de condições políticas, mas é lícito dizer que, sem elas, não existiria a sociedade internacional, como a que conhecemos hoje, uma sociedade "construída" por Estados e modelada para servi-los.

Nesse sistema de soberanos, que teriam, portanto, a última palavra sobre o que "devem" fazer em relação aos parceiros, não existiria, à primeira vista, localização institucional da autoridade. Retomando a comparação com as comunidades nacionais, notamos que, nestas, todas as leis têm, do ângulo do impacto coercitivo, a mesma "qualidade" (um aparato judiciário único está sempre preparado para obrigar, em tese, o seu cumprimento) enquanto, na sociedade de nações, o problema é mais complexo. Se existem, para os Estados, critérios gerais que legitimam sua participação no sistema, existem também dois fatores que qualificam a participação. O primeiro é a própria soberania que, paradoxalmente, é fundada pela comunidade das nações (corresponde a atos simultâneos de reconhecimento mútuo) e, ao mesmo tempo, reserva ao Estado a disposição de aceitar ou não, exatamente porque são soberanos e examinam unilateralmente o que devem fazer, as normas que a mesma comunidade cria. É quase como se a comunidade negasse, ao consagrar o sentido fundacional da soberania, o sentido de comunidade e esse paradoxo é o núcleo conceitual da idéia de "sociedade anárquica", desenvolvida por Bull. De outro lado, se, em tese, as normas elaboradas por soberanos constituem limitações voluntárias, são queridas como norma e, portanto, indicam uma predisposição ao cumprimento, há diferenças reais de poder e influência que abrem aos mais fortes a possibilidade de evitar os constrangimentos que o sistema legal impõe. Na verdade, há normas mais "constrangedoras" do que outras, no sentido que algumas contemplam mecanismos mais próximos ao que entendemos como sanção no plano doméstico (como a agressão a um Estado soberano) ou que incorporam vantagens evidentes e automaticamente são cumpridas, como as que regulam a correspondência postal ou o tráfico aéreo. (Franck, 1990, p. 45) A combinação desses diversos fatores leva à conclusão de que, à primeira vista, a adesão à norma seria uma opção do Estado em cada circunstância, embora sejam muitos os fatores que levam ao cumprimento.

De fato, qualquer observação empírica revelará que, salvo em períodos de guerra, de absoluta desordem no sistema internacional — que são raros —, as normas são constantemente respeitadas. Por quê? Admitir-se-á, até intuitivamente, existir alguma forma de autoridade, não estabelecida em marco institucional claro mas que permeia a vida internacional — autoridade no sentido de fonte de obrigações em que a coerção não conteria mecanismo de sanção evidente. Vamos abordar o tema adiante, mas as hipóteses mais imediatas diriam respeito: a) a formas de imposição derivadas da distribuição de poder e das conseqüentes articulações hegemônicas; b) ao cálculo de vantagens em negociações específicas; c) à aceitação de que as normas correspondem a expressões de valores da comunidade internacional; e, finalmente, d) à existência de mecanismos efetivamente supranacionais de imposição, como na União Européia[6].

No sistema internacional moderno, certamente nem o carisma nem muito menos a religião, como na Idade Média, revelam as soluções que podemos atribuir à autoridade (e não ao poder explícito). É algo que se manifesta em normas abstratas, que incorporam alguma medida de racionalidade (no sentido weberiano) e nascem de negociações entre atores formalmente iguais, atuando, portanto, como sujeitos e objetos da norma que constroem. Por não se incorporar em autoridade visível, a força de cada norma terá de ser "descoberta" no exame de cada tratado, de cada decisão de organismos internacionais e mesmo em ações unilaterais. Veremos mais adiante, em alguns temas, como esse processo se deu na Guerra Fria.

Antes de ir adiante, valeria indicar que as noções, sugeridas por Wight, apontam para algumas tendências que alargam a compreensão dos atores do sistema internacional. Em primeira aproximação, se nos limitarmos aos conceitos de Wight, não existirá transformação fundamental com o pós-Guerra Fria. Os critérios de soberania popular para determinar a ascensão de um grupo social à condição de Estado continuam os mesmos embora, como se viu no caso da ex-Iugoslávia, nem sempre a sua aplicação ou entendimento sejam fáceis. Ademais, ainda que variem as soluções jurídicas — e a fórmula do Tratado de Versalhes será diferente da que consagrou o nascimento dos países que saíram da descolonização ou dos processos de cisão da URSS ou da Iugoslávia —, a comunidade internacional participa de forma direta ou indireta na aposição do selo de legitimidade no processo de nascimento dos Estados. Outro ponto, mais interessante, é o da combinação de Estados. Com o desenvolvimento do regionalismo, embora não se possa dizer que os processos de integração, especialmente o da União Européia, tenham gerado novos Estados, é evidente que significaram novos arranjos de limitação de soberania, certamente não previstos na ortodoxia de Westphalia. Neste sentido, altera-se a concepção de soberania, criando-se possibilidades que são típicas do sistema internacional do segundo pós-guerra. Haverá, sim, novidade maior quando observamos o papel moderno das organizações não-governamentais (ONGs) que, embora formalmente não tenham função direta na criação da lei internacional, podem ter importância decisiva na conformação da legitimidade de algumas normas, como na área de direitos humanos, meio ambiente etc.. À medida que a participação das ONGs no sistema ganhe densidade, esse deixaria de ser uma resultante da "vontade dos Estados" e passaria a espelhar valores, idéias, interesses de atores diferentes dos Estados. Mas, por ora, podemos estudar a noção de legitimidade, centrando-a nas relações entre Estados[7].

A concepção de Wight corresponde ao que, no plano nacional, é o consenso geral, aquilo que permite que as instituições sociais permaneçam no tempo. É possível ampliar, em procedimento similar ao que se propôs para a vida nacional, a noção de legitimidade internacional. Thomas Franck dá a pista para a ampliação ao definir legitimidade como: *a property of a rule or rule-making institution which itself exerts a pull towards compliance on those addressed normatively.*[8] (Franck, op. cit., p. 16) Admitindo que as regras mínimas de convivência estejam definidas, o problema, posto por Franck, é: diante da variedade de normas que o sistema internacional oferece — desde os princípios consagrados na Carta da ONU até as convenções sobre questões específicas, como, p. ex., a que regula a distribuição de freqüências de rádio — de que maneira são construídas e porque são aceitas tais normas?

Se, como se indicou, não existe autoridade para ligar a lei à coerção, a adesão à norma dependerá, de um lado, da relação entre os modos de ordenação do sistema internacional e, de outro, de sintonias de interesse, ou seja, da idéia de que todos obtêm vantagens com o cumprimento da norma, ou ainda, de algum substrato de comunidade, de valores comuns compartilhados pelos Estados. Na realidade cotidiana, os três aspectos — poder, interesse, comunidade — são quase sempre inseparáveis. Porém, é natural correlacionar o primeiro fator com aquelas normas que dizem respeito a questões de segurança e aos processos que envolvem a sobrevivência dos Estados. Os princípios da Carta da ONU, combinados com as normas que regem o funcionamento do Conselho de Segurança, em especial a presença de membros permanentes com poder de veto, são expressões quase diretas de situações de poder e formam o equivalente das normas constitucionais do direito interno. Indicam que, na realidade, existe uma legitimidade referida às diferenças de poder, fundada no argumento de que ao poder corresponde responsabilidade, sobretudo em uma sociedade onde faltam instituições detentoras do monopólio de força legítima. Quando ocorrem "desvios" da boa conduta, são as potências que os corrigem, embora, nesta visão, não se resolva o problema de saber quais são tais "desvios" e se a "correção" corresponde ou não a um movimento legítimo. Ou melhor, processos políticos resolvem essas questões. De qualquer modo, o que dá ao poder legitimidade é o fato de agir em nome de normas reconhecidas como universais e, dessa forma, preservar valores e instituições que servem a todos. O caso da ação da ONU no Iraque é exemplar do processo, embora, como veremos, seja rara a junção harmônica de ação das potências e pleno consenso internacional.

No segundo caso, estariam as normas técnicas, que regulam relações de natureza econômica, em sentido lato. Assim, à medida que se intensificam, a partir da Revolução Industrial e da expansão do capitalismo, as relações comerciais, financeiras etc. entre os Estados, articulam-se normas voltadas a garantir que, dadas certas condições, todos ganhem com a ampliação das várias modalidades de intercâmbio. Cria-se, assim, uma nova motivação para aderir à lei, condicionada pela perspectiva de vantagens "concretas". É nesse sentido que a cláusula de nação mais favorecida no GATT, as regras sobre aviação civil, distribuição postal, comunicações por satélite e tantas outras são amplamente aceitas. Estamos diante da legitimidade derivada de vantagens concretas e a percepção de que há equilíbrio de ganhos entre os parceiros é o fator que reforça esse tipo de norma. Não é somente um cálculo egoísta de interesses que define a legitimidade mas, de novo, a possibilidade de que a comunidade como tal ganhe, a partir do momento que se alcance um modelo de harmonização de benefícios, que, em tese, serve a todos os Estados. O exemplo clássico é o simultâneo rebaixamento de tarifas para que opere plenamente a lei das vantagens comparativas.

Finalmente, há normas que mais claramente expressariam um sentido de comunidade, a idéia de que a sociedade internacional compartilha valores comuns, como as que estabelecem princípios de boa convivência (solução pacífica de controvérsias) e as que preconizam a defesa e a promoção de direitos humanos[9].

Essa distinção não é rígida e serve somente para sublinhar as hipóteses de construção de legitimidade. Assim, as normas que definem princípios de convivência (autodeterminação, p. ex.) não deixam de apresentar vantagens concretas, como a autonomia para decisões do Estado; as normas técnicas sobre meio ambiente são expressão de valores que, em determinado momento histórico, ganham sentido consensual etc. De qualquer forma, examinando-as abstratamente, a força de legitimidade das normas será tanto maior quanto mais claramente forem compreendidas como efetivamente universais, tocando, de maneira indiferenciada, a todos os soberanos[10]. Do momento em que se torna referência necessária para a conduta individual dos Estados, a norma valerá em si e aí se localiza o cerne de sua legitimidade. Não afetaria o seu valor se, subjetivamente, o Estado obedece a norma porque algum tipo de poder sancionararia a eventual violação; ou porque a aceitação da norma se traduziria em vantagens concretas; ou coincidiria com os melhores valores para a humanidade. Em suma, embora não perca a sua referência de legitimidade, concretamente, o Estado obedeceria a lei ora por medo, ora por interesse, ora por aceitá-la como justa.

Para ir adiante no exame do tema e analisar o que seria específico da lógica da legitimidade no plano internacional, é fundamental introduzir o ingrediente político. Se colocarmos o foco no mundo da "alta política", que envolve as questões de segurança, as disputas estratégicas e os embates étnicos, religiosos e ideológicos, veremos que a relação entre a lei e a legitimidade é complexa, inclusive porque o poder, como vimos, é vizinho das duas. É essa vizinhança que determina uma tensão dialética entre os movimentos, às vezes rápidos e imprevisíveis, das transformações de poder, e a rigidez da norma e dos padrões de legitimidade, necessariamente mais estáveis. Um caso clássico é a "deslegitimação progressiva" das decisões de Versalhes ao fim da Primeira Guerra. As decisões estavam apoiadas em determinado quadro de forças políticas que permitiam, em 1919, impor uma posição subalterna para a Alemanha no quadro europeu e definir as bases políticas de processos colegiados de solução de crises internacionais, centrados na Liga das Nações. À medida que se reergue o poder alemão e as decisões da Liga são desrespeitadas, mina-se o arcabouço de Versalhes e criam-se as condições para a contestação do direito pela força. A Liga perde gradualmente a autoridade que lhe vinha essencialmente de um determinado arranjo histórico de legitimidade. Um processo similar ocorre com os dispositivos sobre a atuação do Conselho de Segurança da ONU, cuja composição e mandato obedecem à modelagem jurídica fundada nos resultados da Segunda Guerra Mundial. Com a Guerra Fria, não se alteram os dispositivos da Carta da ONU sobre o Conselho de Segurança, embora as possibilidades efetivas para a sua atuação estejam claramente diminuídas. Ou mais precisamente, a possibilidade jurídica de agir se enfraquece diante de legitimidades concorrentes, como veremos adiante.

O cerne do problema da legitimidade internacional é, portanto, muito mais nitidamente do que plano interno, a vizinhança do poder, já que o poder impõe limites a um processo efetivo de despersonalização da norma, e isto valerá também para as normas técnicas e mesmo para as que exprimem valores. No caso das técnicas, basta lembrar, ao longo da Rodada Uruguai, as diferentes interpretações dos limites à liberdade comercial, derivadas de interesses modelados por posições de poder, como o da União Européia, que lhe permite a preservação dos subsídios à agricultura. Nos temas de valores, lembremos as possibilidades de utilização política das normas sobre direitos humanos.

Na verdade, como analisa Lafer, em preciso e abrangente estudo sobre direito e legitimidade no sistema internacional, existe uma tensão permanente entre as "subjetividades nacionais" e o recurso à norma, que, em termos ideais, deve remeter a um marco global, a uma referência universal. Como essa é "interpretável" — e mesmo construída — a partir de perspectivas unilaterais, de interesses de poder, a comprovação da legalidade de uma conduta, pela identificação de uma norma jurídica a ela aplicável, é um argumento de legitimidade que, existindo, fortalece e, não existindo, debilita a posição de um Estado em relação aos demais Estados que participam da sociedade internacional. Citando Tércio Sampaio Ferraz, Lafer acrescenta que, dessa maneira, a questão ontológica — sobre o que é legitimidade — se transforma pragmaticamente em questão de legitimação, i.e., em justificação de uma conduta. (Lafer, 1989, p. 565) Um problema permanente é a possibilidade de que, nesse sentido, a legitimidade possa transformar-se, nas relações internacionais, em discurso de poder.

São casos em que a legitimidade deixa de expressar o sentido de comunidade, de universalidade, que deve sustentar a norma, e passa a ser simplesmente um recurso de poder, de tal forma que o seu ponto de apoio é individual e não o coletivo, a força e não o consenso. A norma torna-se no seu inverso. Fica a pergunta: dada a *pervasiness* do fenômeno de poder nas relações internacionais, será que esse tipo de discurso ainda pode ser chamado, a algum título, legítimo, ou se cabe alguma outra categoria, a de mero "argumento de poder". Desvendar o limite, às vezes tênue, entre a legitimidade e o argumento de poder é esforço analítico necessário para que se compreendam as modalidades do discurso de política externa.

Retomando o que se disse: existe, no sistema internacional, um conjunto de regras mínimas que equivale ao "consenso fundamental" das organizações políticas nacionais e serve, em primeiro lugar, para dizer quais são os atores do sistema internacional. Porém, em uma "sociedade anárquica", o processo de afirmação da legitimidade — porque a norma é aceita e aplicável, de que maneira são propostas novas normas — torna-se, em muitas circunstâncias, extremamente controvertido e, no limite, pode ter como intérpretes Estados nacionais isolados. A diferença entre "oposição" e "contestação à legitimidade" ganha, assim, contornos próprios no sistema internacional. A situação de um Estado — e, nesse caso, deveria ter condições de potência, como a França napoleônica — que contesta radicalmente a ordem internacional é rara na História. Mesmo o Estado soviético, revolucionário quando se implanta, aceita paulatinamente, com a fórmula stalinista do socialismo em um só país, a necessidade de conviver dentro de um padrão de normalidade com seus parceiros. (Kissinger, 1969, p. 263) Não obstante, exatamente porque a autoridade está próxima ao poder, porque o direito e a política se confundem permanentemente no processo internacional, porque as normas se sustentam essencialmente em legitimidade e, sociologicamente, as desigualdades são marcantes entre países, o espaço da crítica à ordem não se reduz à fórmula de "oposição", mas freqüentemente de questionamento da legitimidade. Esse questionamento teria, portanto, vários modelos, que podemos reduzir a dois básicos: no primeiro, aceitar-se-ia a sociedade internacional como constituída por soberanos, mas se contestariam as bases pelas quais os Estados se candidatam a participar do jogo internacional (p. ex., quando a soberania popular em vez da dinástica surge para autorizar a participação no jogo internacional), ou se contestariam as regras fundamentais de relacionamento entre os Estados (como no caso dos países de Terceiro Mundo ao proporem uma "Nova Ordem Econômica"); em outro diapasão, a contestação seria mais radical uma vez que negaria a própria idéia de soberania, ao identificar, no egoísmo estatal, a origem dos males da guerra e, nesse passo, estaria uma longa tradição utópica de projetos de governo mundial. (Hinsley, 1963, pp. 13-113)

Se esquecemos os modelos de contestação radical, verificaremos na vida internacional contemporânea, que mesmo o argumento de poder, para se afirmar, deverá necessariamente apelar aos estatutos da legitimidade — aquilo que os valores de um determinado tempo histórico permitem que o poder "diga". Isso vale tanto para as circunstâncias em que as normas consensuais são aceitas quanto ao desvio incorporado nos atos unilaterais. Exatamente porque existe essa referência geral, é possível identificar, com graus variados de plausibilidade, os padrões de legitimidade que regem a vida internacional, ou seja, argumentos mais ou menos próximos ao consenso. Não esqueçamos, contudo, que a proximidade do consenso — fundamento no plano nacional para a aceitação da norma — revela, no internacional, a expectativa de cumprimento da norma, mas não a certeza de que prevalecerá em uma situação específica.

Uma das conseqüências interessantes desse processo diz respeito ao que podemos chamar o "espaço de proposição". Como vimos, os modos de organizar os consensos legítimos fundamentais servem, no plano interno, para balizar o que é possível propor ora para criticar, ora para reformar a norma. Esse processo é naturalmente difuso no plano internacional porque, sendo constituído por soberanos, qualquer Estado tem o poder de propor normas novas e de interpretar, à sua maneira, as que existem. Comparando ao sistema nacional, as possibilidades de proposição são, em tese, mais amplas, embora, como saibamos, as realidades de poder e as articulações hegemônicas do referencial de valores as limitem fortemente.

Anote-se, ainda, que as regras de procedimento para a proposição e crítica de normas — a base processual da legitimidade — mostram-se em duas dimensões. Na primeira, as potências são "constrangidas " a apresentar, no plano da opinião pública internacional, os seus argumentos de poder, ainda que, idealmente, devam obter algum tipo de aval das instituições montadas para tal fim (como os organismos multilaterais). Na segunda, os países de poder relativo menor mas que são capazes de comandar maiorias nos organismos multilaterais encontram a possibilidade de criar fontes próprias de legitimidade (como no caso das resoluções da Assembléia Geral da ONU, condenatórias do armamentismo nuclear, aprovadas por larga maioria, que incorporam algum tipo de legitimidade, embora a sua eficácia, ao tempo da Guerra Fria, fosse mínima ou inexistente).

A conclusão a que se pode chegar é a de que: "mesmo para os mais poderosos, nem tudo é possível propor". Para ficar em exemplos extremos, hoje seria impossível defender uma conduta internacional que se "legitimasse" pelo racismo ou propor a solução de conflitos pela guerra ou, à moda dos atenienses em Melos, pelo puro poder ou sugerir normas que regulem comércio contra os estatutos da OMC ou mesmo defender abertamente uma política de aumento do estoque de armas nucleares. De mesma forma, para as superpotências, o recurso à ideologia para justificar violação do princípio da não-intervenção ao tempo da Guerra Fria é naturalmente contestado e fraco enquanto, hoje, é possível falar em "dever de ingerência" em situações de caos que peçam ações humanitárias e, assim, justificar determinado tipo de intervenção. Ao ter a necessidade de argumentar dentro do que é legitimamente possível, substantiva e processualmente, o poder está em alguma medida cerceado. A compreensão dos valores que indicam o legitimamente possível é, portanto, o cerne para que compreendamos as mudanças históricas nos padrões do discurso político. Mesmo se admitirmos que os valores do tempo são criações do poder, ao ganharem o estatuto de legitimidade, afetam e circunscrevem as ações unilaterais, revelam que o desvio é desvio. As frustrações das potências com o funcionamento da ONU — que elas criaram — é um exemplo do que se disse.

O tema da legitimidade tem, portanto, uma carga de valor, ao ligar o mundo da cultura ao mundo da política. É um dos mecanismos pelo qual se estabelecem as bases para o juízo sobre os limites do "certo" e "errado" em política e os limites do politicamente possível. Da mesma forma que a legitimidade reforça a lei, reforçará também o discurso político. As manifestações de poder buscam inevitavelmente formas de justificação, a comprovação de que o poder é exercido por "alguma outra razão" que não o mero poder. A aproximação entre as razões de quem fala, do ângulo do poder, das fontes da legitimidade, que sempre têm origem em valores socialmente construídos, é o que dá ao poder as possibilidades de um exercício não-traumático, não-autoritário. Lógica e historicamente, a legitimidade como espaço de proposição precede e acompanha a legalidade como fonte de obrigação. Em democracias, só se obriga o que for "aceitável" pela cidadania. É também a expressão do exercício da hegemonia, fazendo a ponte entre as instituições e o processo político cotidiano. No plano internacional, a referência ao aceitável é complexa e, de novo, depende de uma combinação de ordenação de poder e valores que, nem sempre, são derivados de hegemonia (a legitimidade criada pelo poder). De qualquer maneira, para ficar nos exemplos anteriormente mencionados, nos anos posteriores à Primeira Guerra foi possível desenhar um mapa da Europa apoiado, mesmo que precariamente, na idéia de autodeterminação, o que seria irrealista, em Versalhes, ao fim das Guerras Napoleônicas. Da mesma forma, em São Francisco, foi possível definir o comando oligárquico incorporado ao Conselho de Segurança, o que certamente seria muito mais difícil se a ONU estivesse sendo construída nos dias de hoje. A legitimidade está enraizada historicamente e entender as suas variações e transformações é essencial para definir as possibilidades de ação política.

Nesse sentido, vale indagar o que significam historicamente os dois pilares da legitimidade: a "estabilidade e a justiça". Franck lembra que a norma será cumprida, em primeiro lugar, quando se considera que *"it has come into being in accordance with the prescription for the right rule-making in a secular community (of persons and states) which needs rules to function".*[11] A norma, regularmente construída, assegura um elemento fundamental para que qualquer sociedade sobreviva: a existência de mecanismos estáveis de regulação da convivência entre pessoas ou Estados (cumprimento de contratos, garantia de algum tipo de propriedade etc. — Bull, 1977 p. 4.). De outro lado, prossegue:

> *A second dynamic pulling toward voluntary rule compliance is the belief that a rule is just, because it incorporates principles of fairness as these are understood by a moral community (which may, or may not, be coexistent with the secular community to which the rule is addressed.* (Franck, op. cit., p. 38)[12]

Os limites do sentido de processo de criação normativa e de justiça são dados historicamente. Nos dois aspectos da legitimidade — na qualidade de fonte de obrigação e espaço de proposição — existirá sempre, como vimos, uma medida de tensão entre o sentido universal que devem ter os padrões de legitimidade e os jogos "anárquicos" de poder (que levam a afirmações unilaterais), característicos da vida internacional de soberanos. Ora, qualquer que seja a perspectiva analítica que adotemos, para o período pós-Guerra Fria, estamos diante de modificações fundamentais na distribuição de poder e, portanto, nas formas de "organização da anarquia", do que significa estabilidade e, portanto, da possibilidade de coerção e também das propostas de justiça e, conseqüentemente, de crítica aos "defeitos" da norma. O fim do bipolarismo revela, com mais clareza, os efeitos da globalização de valores (padrões ideais de organização da sociedade) sobre o processo político e, especialmente, sobre a questão da legitimidade. Mais concretamente, o que se indaga: os tempos atuais reforçam as condições de cumprimento da obrigação política? Está mais aberto o espaço de proposição para países em desenvolvimento, como o Brasil?

## II. Algumas Questões da Legitimidade ao Tempo da Guerra Fria

### II. a. Legitimidade e poder

Para esboçar respostas, valeria a pena voltar um pouco no tempo e analisar, brevemente, como se articula o processo de legitimidade ao tempo da Guerra Fria.

Ao longo daquele período, numerosos tratados são assinados e parte substancial das normas internacionais é cumprida. Não apenas as normas técnicas, que regulam e facilitam transações econômicas, mas também muitas que afetam diretamente interesses estratégicos das superpotências, como as que dizem respeito ao controle de armamentos. A própria natureza do bipolarismo não impediu, sobretudo a partir da *détente*, na década de 1970, que os EUA e a URSS se aproximassem e definissem juridicamente mecanismos que serviram para organizar aspectos de sua competição estratégica.

Porém, é verdade que algumas das regras básicas para garantir ordem mínima na relação entre Estados, como a da não-intervenção — e que corresponderiam à noção wightiana de legitimidade — foram violadas em certas circunstâncias e pelos que tinham poder e, portanto, em tese, a fonte primária de exercício de autoridade. Lembremos, porém, que, no imediato pós-Segunda Guerra, as potências vitoriosas e, portanto, hegemônicas, têm amplas condições para articular o que consideravam instituições e normas legítimas. São elas que definem as regras fundamentais do funcionamento do sistema internacional, tanto políticas, como as que regulam o processo de solução de controvérsia com a intervenção do Conselho de Segurança, quanto as econômias, consagradoras das idéias de livre comércio. As instituições permanecem, mas o que garantia o seu pleno funcionamento — uma determinada combinação hegemônica — se dilui quando, já em 1947, diferença ideológica leva à cisão na coalizão dominante. Como falta o substrato político, necessário para que a norma impere no sistema internacional, o que vimos, ao longo da Guerra Fria, foi, nos momentos de crise, a violação, muitas vezes, das leis fundamentais da convivência.

As intervenções americanas na Guatemala, na República Dominicana, em Cuba, em Granada, a minagem de águas territoriais da Nicarágua durante o governo sandinista, ou, a invasão da Hungria, da Tchecoslováquia e do Afeganistão pela URSS são, por qualquer critério, exemplos de violação da soberania.

A legitimidade deve estar sustentada em alguma medida de consenso, já que é uma indicação socialmente construída sobre o que é certo ou errado, legal ou ilegal. E, consagrado em numerosos textos internacionais, o princípio de não intervenção é um dos pilares do consenso. Se sabemos as raízes políticas de sua violação (o confronto ideológico), ainda assim interessa indagar de que maneira as potências justificaram por que norma tão fundamental para a ordem tenha sido abandonada? Ao penetrarmos no universo das justificativas do poder, penetramos na lógica da legitimidade. De que forma o poder se dá direito a tais violações? Como o discurso de poder defende uma forma alternativa de legitimidade?

Do momento em que existe um desencontro tão patente entre a lei e o ato de poder, em que a repetição das violações é previsível, toda vez que se desenha uma "ameaça" à posição das superpotências, é possível admitir que se tenha criado, a partir das necessidades dos blocos e conduzido por seus líderes (EUA e URSS), um discurso que propunha legitimidade para o ilegal. Ou seja, as necessidades de poder, embutidas no discurso da defesa da democracia ou do socialismo, procuravam demonstrar a razoabilidade das intervenções, a sua legitimidade.

Nesse sentido, a fonte da "legitimidade", com as devidas aspas, é diretamente a posição de poder, porém de um poder que, tanto no caso dos EUA quanto da URSS, encarna e difunde uma "mensagem universal. E essa identificação com uma mensagem universal passa a ser manipulada como atributo da legitimidade". O argumento é simples: seria possível superar a norma, a não-intervenção, porque existe um valor maior (democracia-capitalismo ou socialismo-comunismo) que corresponde a uma lei superior e ao caminho ideal para garantir a paz entre as nações (democracias não guerreiam — o socialismo-comunismo leva à extinção do Estado e, portanto, da fonte última da guerra), a riqueza (o livre comércio traz riqueza para todos — o socialismo, pela via do planejamento, é o instrumento de criação da riqueza para todos) e, finalmente, a realização individual (livre manifestação e direitos humanos — a verdadeira liberdade só se alcança com o fim das instituições burguesas) etc.

Vale sublinhar, assim, que são as características do exercício de poder, modelado pela idéia de mensagem universal e por uma competição estratégica que alcança todos os quadrantes do globo, que determinam a natureza do recurso à legitimidade dos que detêm as hegemonias parciais. Se a eficácia do recurso às razões legítimas dependia do contexto histórico, o bipolarismo dava espaço a que se invocasse a perspectiva do regime (socialismo ou capitalista) como fundamento último da escolha do Estado (superpotência) diante da lei[13]. Esse tipo de legitimidade tem, contudo, uma limitação crucial: é capaz de justificar atos específicos mas não é suficiente para criar normas que transcendam o espaço do bloco ideológico. A universalidade que propõe é artificial. A doutrina Brejnev de soberania limitada não vai além do Pacto de Varsóvia. A ideologia socialista "justifica" a exportação da revolução cubana na América Latina mas não gera consenso, base da norma. Da mesma forma, a intervenção americana no Vietnã dispensou as formalidades do direito internacional e se exprime como um ato unilateral de defesa de uma determinada concepção geoestratégica.

Em condições normais, para que a legitimidade se exprima politicamente, é fundamental o recurso a um mecanismo estabilizador da vida política, em uma palavra, que se sustente em processos de hegemonia no conceito gramsciano, que funcionariam como mecanismo de passagem do consenso fundamental para o exercício necessário das atividades do Estado, para a justificativa de *policies*. Como a sociedade internacional está dividida ideologicamente e não existem mecanismos de soluções de conflitos que se imponham às potências, essa passagem deixa de ocorrer nos momentos de crise. À medida que as potências dispõem das fontes de hegemonia (controle de instituições, alto poder de penetração no meios de informação de massa, aliados dentro das sociedades nacionais etc.), recriam uma fonte de legitimidade que se sobrepõe à que estaria incorporada às interpretações mais óbvias da lei (como a de que, se não existe guerra declarada, tropas de um Estado não podem invadir o território de outro por qualquer motivo, de que o direito de legítima defesa está regulado por instituições multilaterais etc.). As superpotências articulam um processo de autoconstituição da legitimidade, embutido no próprio fato de que cada sistema olha o outro como inferior. Assim a lei é fraca diante da ideologia. Em situações de crise, basicamente geradas por quebra de lealdades dentro do bloco, a legitimidade é testada em sua situação limite, e passa a servir como instrumento para racionalizar o desrespeito à norma.

Na realidade, ao longo da Guerra Fria — e em qualquer outro momento —, o sucesso da legitimidade está na relação direta do consenso que alcance nos casos concretos e, nesse sentido, a eficácia do discurso do poder, como fonte de legitimidade, é ambígua. Em primeiro lugar, ao menos formalmente, conseguem modalidades de apoio, especialmente por intermédio de resoluções de organismos multilaterais, uma das fontes centrais de legitimidade no sistema internacional contemporâneo (pela natureza da presença internacional, os EUA, às vezes *a posteriori*, encontram algum tipo de respaldo político para as suas intervenções, em alguns casos, de um artificialismo evidente, p. ex., no caso de Granada). A URSS, também, de forma mais "grosseira", com o Pacto de Varsóvia. Em segundo lugar, ainda que exista o respaldo, será sempre frágil porque sofre, de um lado, a contestação automática do adversário, da outra superpotência, e, também, dos países que estão, com doses variadas de lealdade, fora dos blocos. Em suma, desenha-se, nesses casos, uma legitimidade, para usar a expressão de Levi, que nasce contestada.

Caberia, agora, para encerrar a análise da legitimidade construída pelo poder, uma palavra sobre o *espaço de proposição*. Nesse tema, é necessário considerar a ambigüidade essencial das relações entre os blocos. Os EUA e a URSS mantêm relações que são simultaneamente a de oponentes ideológicos e a de Estados poderosos. O conflito ideológico é qualificado pelo fato de que são Estados que detêm imenso arsenal atômico. Da mesma forma, a luta ideológica encontra limites determinados pelas condições de poder (não há, no plano internacional, a possibilidade de que um dos lados lute por vitória a qualquer custo, como se fosse o caso de um partido revolucionário no marco de um Estado nacional). Essa ambigüidade pode ser detectada desde os primeiros momentos da Guerra Fria e Stephen Ambrose lembra um discurso de campanha de Eisenhower em que a luta anticomunista e o desejo de viver pacificamente com os países comunistas se combinam na mesma frase:

> *We can never rest until the enslaved nations of the world have in the fullness the right to choose their own path, for then, and then only, can we say that there is a possible way of living peacefully and permanently with communism in the world.*[14] (Ambrose, 1993, p. 126)

É essa ambigüidade que vai reger o espaço de proposição das duas superpotências. Em tese, como portadores de mensagens universais, só atingiriam plenamente os seus objetivos somente quando alcançassem adesão universal. Daí, a estratégia soviética de denunciar o "imperialismo" e patrocinar movimentos nacionais que significassem, com maior ou menor fidelidade, avanços do socialismo no Terceiro Mundo (ou, se preferirmos, de justificar com o socialismo o avanço de posições estratégicas) e os movimentos em sentido oposto dos EUA, em geral sustentados ideologicamente na idéia de defesa da democracia. Nesse sentido, a política externa americana tende a ser reativa ou, na visão de esquerda, conservadora. Na ordem econômica, os EUA tentam preservar e aprofundar as instituições liberais, desenhadas em Bretton Woods, e Moscou, além dos arranjos do Comecom, não faz mais do que acompanhar os países do Terceiro Mundo e de forma discreta na defesa de uma "nova ordem econômica".

Nesse quadro, é possível afirmar que as superpotências, logo certas de que não haveria vencedores na Guerra Fria, serão pobres em propostas globais sobre a ordem internacional.

As superpotências serão, sim, criativas quando se trata de suas relações que levam em conta a sua condição de Estados poderosos. Enfrentam, na verdade, uma situação inédita, o fato de que juntas dispõem da capacidade de destruição da vida na Terra e devem lidar com essa realidade. O que fazem em matéria de controle de armas representa um esforço — que se torna gradualmente significativo — de autocontenção e de contenção dos "outros", como ficou marcado pelo Tratado de Não-Proliferação de Armas Nucleares (TNP). As variações do "clima" da Guerra Fria, ou seja, as perspectivas de maior ou menor distensão, ficam subordinadas ao espaço que se abre pelas medidas de organização da disputa estratégica. Nesse terreno, o espaço de proposição é mais fértil do que no do campo da luta por vantagens ideológicas que, por sua própria natureza, se move lentamente e de acordo com movimentos regidos, em parte, pela lógica das sociedades nacionais. É verdade que a luta ideológica tende a tornar-se uma referência rígida e pode, sim, interferir negativamente sobre a aproximação entre os blocos. Haveria, portanto, dois campos possíveis de proposição, o da legitimidade construída contra o outro, que "justificaria" as intervenções defensivas e tudo o que servisse para diluir vantagens estratégicas do adversário, e o da legitimidade construída junto ao outro, que articularia os acordos para controle de armamentos, para evitar a proliferação nuclear. No primeiro caso, o poder se move para defender ou atacar; no segundo, para estabilizar, "congelar" situações, na conhecida expressão de Araújo Castro. Nesse segundo movimento, o sentido de legitimidade é significativamente mais forte, a despeito, como veremos, da contestação de alguns países do Terceiro Mundo sobre o limitado de seu alcance.

Resumindo os traços centrais da legitimidade que o poder propõe:

*1. Procedimentos de constituição*: são unilaterais, apoiados no discurso das superpotências, com o respaldo de aliados de dentro do bloco e com recurso ao aval de organismos multilaterais (normalmente regionais, já que, nos universais, como a ONU, os países em desenvolvimento têm maioria em alguns órgãos e adotam perspectiva própria do que é legítimo, como veremos).

*2. Argumento*: a ideologia comanda a justificação do ato de poder (o que leva a situações curiosas, como ocorreu com a política de direitos humanos de Carter que, embora articulada em uma mensagem universal, por razões de poder se tornou necessariamente seletiva).

*3. Espaço de proposição*: a idéia de uma vitória global do socialismo ou do capitalismo é gradualmente abandonada por disputa de vantagens localizadas. As propostas mais "criativas" vão ocorrer quando se trata de organizar a disputa estratégica.

## II. b. Legitimidade dos não-hegemônicos

A compreensão das fontes de legitimidade, ao tempo da Guerra Fria, não se esgota, porém, na análise que deriva diretamente dos pólos de poder. Sabemos que, em termos ideais, a legitimidade não se articula com base nas razões de poder. Ao contrário, o argumento de poder tende a ser visto com desconfiança, servindo mais a quem o enuncia do que a qualquer interesse comunitário, este, sim, sustentação natural da legitimidade. É isso que leva à presunção — especialmente nas democracias — de que a lei incorpora e representa o interesse geral da comunidade. A primeira condição para que a norma seja aceita como legítima é a de que tenha claro endereço universal. Durante a Guerra Fria, os interesses de poder podiam ser tão evidentemente unilaterais que se abre espaço para a construção de um processo de contra-hegemonia, gerador de uma significativa fonte alternativa de legitimidade. Quem comanda o processo são os países do Terceiro Mundo (TM), que se aproveitam do espaço aberto pelo impasse do confronto ideológico.

São conhecidas as circunstâncias históricas que explicam porque o TM alcança condições de participação autônoma no sistema internacional. Na verdade, essa história não começa com a Guerra Fria e, para tanto, é suficiente anotar a defesa, pelos países latino-americanos, das idéias de não-intervenção na década de 1930. Mais recentemente, o pilar da participação seria a própria articulação de uma política multilateral em que a norma de um país/um voto, permite que, em algumas instâncias do processo de decisão internacional, a legitimidade se aproxime da que ocorre nas democracias (em que não se cortam cabeças, contam-se cabeças, na frase de Bobbio). Com a descolonização e o aumento do número de países em desenvolvimento na ONU e, de outro lado, com a unidade de ações diplomáticas no plano político (não-alinhamento) e econômico (Grupo dos 77), a participação ganha densidade e chega mesmo a ter resultados "práticos" de algum peso (como no caso do Sistema Geral de Preferências).

Interessa, assim, estudar menos as bases de poder do TM do que o desenho do argumento que sustenta a sua participação. Tomemos, inicialmente, a visão que o TM tem sobre a norma e que se exprime em duas atitudes. De um lado, adotaria o que podemos chamar de uma "atitude principista" no que se refere às regras que dizem respeito aos fundamentos da ordem internacional, no plano das normas que regulam a interação política e de segurança. Como vítimas potenciais da intervenção e, em muitos casos, recentemente egressos de posição colonial, a tendência é a de que defendam sistematicamente uma interpretação estrita da soberania. Na verdade, o primeiro momento da luta em defesa da soberania, da aplicação plena do princípio da autodeterminação-intervenção, é justamente o movimento pela descolonização.

Essa atitude ainda se reforça porque um outro traço típico da organização política dos países em desenvolvimento é a posição do Estado como condutor privilegiado das políticas econômicas e sociais. Ainda que não seja socialista, o Estado é planejador e, dessa forma, exerceria extensivamente a soberania, inclusive pelo alto grau de controle da dinâmica interna. A soberania, de forma ampla, significará autonomia, no sentido de plena liberdade para a escolha de caminhos próprios para a organização da vida econômica e social. São as "terceiras vias", muitas ganham o nome de seus inspiradores: o *nasserismo, o titoísmo, o castrismo, o maoísmo etc.*

De outro lado, a defesa da soberania torna-se a referência legal ao exercício de uma segunda dimensão da autonomia, a autonomia diplomática. Em um ambiente de pressões contraditórias, geradas pelos dois blocos antagônicos, a primeira condição para participar é obter autonomia, significativa de defesa diante das pressões e, paralelamente, garantia de um também autônomo espaço de proposição.

Se, em relação aos "temas constitucionais" da vida internacional, a vocação dos países do TM é coibir as ações de poder, ora identificando, na lei, a fonte de legitimidade, ora proclamando, de forma mais ou menos vaga, a necessidade de democratização dos processos decisórios internacionais, em relação às normas econômicas, a atitude será claramente reformista. E reformismo similar freqüentará as propostas que dizem respeito à dinâmica do conflito Leste-Oeste. Vale examinar os dois temas, essenciais para compreender o que foi mais característico da atitude do TM nas relações internacionais durante a Guerra Fria.

Comecemos pela dinâmica do conflito Leste-Oeste. Tratase, aqui, de construir a legitimidade como expressão do que é razoável e justo, do que seria universalmente o melhor para a comunidade das nações. Como se desenvolve o argumento? Não é simplesmente a aproximação, óbvia em boa medida, entre os interesses particulares de poder e o discurso que desqualifica, como ilegítimo, aos olhos do TM, o argumento das potências. Que os Estados disponham de formas e instrumentos de poder em uma sociedade anárquica é razoável e, portanto, aceitável. No caso da Guerra Fria, o que se critica é uma superextensão pelas superpotências dos meios de poder, que se tornariam ao mesmo tempo altamente ameaçadores e inúteis. A taxa aceitável de estoque de poder está ligada às condições de defesa do Estado. Com as armas atômicas, a dinâmica da corrida armamentista cria uma situação inédita. O alto poder de destruição das armas, combinado à necessidade de que se aperfeiçoassem continuamente para que a equação dissuasória (*mutual assured destruction*) não se alterasse, leva a que as condições de defesa das superpotências passem a se confundir com a possibilidade de destruição da vida na Terra. Ou seja: ao exercer o legítimo direito de defesa, as superpotências mundializam, mesmo para os não envolvidos diretamente no quadro de ameaças, o potencial da destruição absoluta. *A suposta segurança de uns poucos é ameaça para todos.*[15]

Aí está o cerne moral da crítica à legitimidade da dissuasão pelos países do TM. Quem não se arma, quem não ameaça a sobrevivência do Planeta, tem uma posição de superioridade ética em relação às potências nucleares e, a partir daí, pode construir um sólido argumento político. A noção de consciência moral é freqüente nos pronunciamentos e vale lembrar o de Leopold S. Senghor quando, falando da primeira reunião dos Não-Alinhados, em Bandung, em 1955, diz que:

> *Conscients de représenter la majorité de la Humanité, ils assument la responsabilité de leur situation. Ils proclament la victoire de la loi morale qui doit régir les rapports entre les nations; ils denoncent la violence, proscrivent les inventions de mort, édictent la liberté et l'égalité pour tous les peuples comme conditions sine qua non de la coexistence pacifique des nations.*[16] (cit. em Braillard, 1984, p. 67)

Diante desse processo, a atitude das superpotências será a de insistir em que a corrida armamentista é essencialmente "controlável" e, nessa base, justificar a série de acordos para o controle de armamentos e, de outro lado, os de não-proliferação. Ou seja: a arma nuclear se legitimaria, em primeiro lugar, porque o adversário a detém e, em seguida, porque, ainda que seu potencial destrutivo seja imenso, é possível "controlar" o seu uso (torná-lo equilibrado) e, num segundo passo, evitar que outros Estados venham a possuí-la.

Para os países do TM, a visão é diferente. As armas atômicas seriam essencialmente ilegítimas e, daí, a proposta natural é a de um desarmamento geral e completo. Os controles serão sempre precários porque são as armas em si mesmo a ameaça.

Outro ponto de fraqueza do argumento das superpotências era o fato de que, enquanto pediam a não-proliferação, continuavam a produzir e estocar armas nucleares. Ora, para alguns poucos países do TM, com pretensões de poder, abria-se uma brecha para que eles também produzissem armas nucleares, alegando ora problemas regionais (caso da Índia), ora a própria necessidade de avanço tecnológico com autonomia (em certa medida, o caso do Brasil e da Argentina que, embora não tenham produzido armas, negaram-se a aceitar o desequilíbrio de obrigações embutido no TNP). Para alguns países em desenvolvimento, articula-se, assim, uma forma peculiar de legitimação que se poderia denominar legitimação por imitação, como se, corrigido e adaptado, valesse o provérbio popular, "faço o que fazes e não o que me pedes que faça".

A irracionalidade da corrida armamentista não é, porém, o único ponto da fragilidade — no sentido de que facilmente contestável — do argumento das superpotências. O fato de que interferem em conflitos regionais, exacerbando-os ao impor os interesses globais de ganhos estratégicos a problemas localizados, é outra dimensão frágil do argumento da legitimidade das superpotências. Lembremos que os conflitos regionais durante a Guerra Fria fizeram aproximadamente 40 milhões de vítimas (Laidi, op. cit., p. 15). É evidente que as interferências não ocorrem contra a vontade das partes nos conflitos regionais. Ao contrário, o conflito global muda internamente a dinâmica das situações regionais e mesmo nacionais, propiciando justamente, quando os conflitos se exacerbem, que se recorra ao internacional para apoiar e legitimar posições partidárias. Isso vale tanto no plano simbólico — é suficiente recordar os argumentos anticomunistas que sustentam o movimento de 1964 no Brasil — quanto no plano do poder real — o apoio militar aos movimentos que disputam poder em Angola é um exemplo claro.

Assim, enquanto no caso do desarmamento geral e completo, o argumento terceiro-mundista é nítido — e a nitidez, ao opor o certo e o errado sem matizes, reforça a legitimidade —, o mesmo não ocorre nos conflitos regionais. Os problemas do argumento não-alinhado nascem justamente do fato de, dificilmente, a maioria dos países conseguir ser fiel à posição ideal de equidistância. Como a aproximação com um dos lados pode garantir ganhos concretos de poder, a tendência é justamente a de "preferir" as posições de uma das superpotências. Nisso ganha, quase sempre, o bloco soviético, que se identifica, graças à lógica marxista, com as causas dos destituídos, dos pobres, dos que contestam a ordem. Não por acaso, a Cuba de Fidel pôde exercer a presidência dos não-alinhados.

Mas, insista-se, a "oposição" às superpotências, expressa na proposta de uma nova ordem sem armas, é mais fácil de sustentar (nitidez, coerência entre argumento e ação etc.) para a grande maioria dos países em desenvolvimento do que a "equidistância" no caso dos conflitos regionais.

Passemos, agora, a uma segunda vertente da questão da legitimidade. Do ângulo das potências e, portanto, do padrão de hegemonia, os temas fortes são os políticos e os de segurança. De uma certa maneira, os problemas econômicos estariam razoavelmente equacionados nas instituições de Bretton Woods, com a vantagem do sucesso das realizações concretas (as décadas de 1960 e 1970 são de crescimento econômico). No âmbito do mundo ocidental, a economia não gera, em princípio, conflitos que envolvam "argumentos contraditórios". Há qualificações em certas circunstâncias. Embora no imaginário do imediato pós-guerra, a política seja um fator que distorce as vantagens do mercado, já que o pano de fundo para Bretton Woods é a exacerbação das disputas comerciais da década de 1930, o fato é que, quando surgem desafios estratégicos, a fórmula liberal é rapidamente adaptada às necessidades políticas (Plano Marshall, Aliança para o Progresso, aceitação do protecionismo japonês pelos EUA, concessões na Unctad etc.). A economia ou é livre, regulada pelo mercado, pela cláusula de nação mais favorecida, ou é subordinada, em circunstâncias especiais, à política. Apesar dessas qualificações, do ângulo ocidental, as diferenças entre ricos e pobres não seriam, em si, um problema que o mercado, a longo prazo, não fosse capaz de resolver.

O questionamento da legitimidade do sistema de Bretton Woods começa quando o TM introduz, como problema econômico, a existência de países ricos e pobres ou, mais precisamente, quando as relações entre os dois conjuntos não são mais aceitas como naturais, sujeitas a um movimento espontâneo de correção. Na década de 1960, o debate entre desenvolvimentistas e dependendistas representa a dimensão acadêmica do processo. Para os primeiros, os ricos antecipam o que os pobres serão. É um problema de tempo, sendo suficiente repetir a trajetória dos ricos para que, em algum momento futuro, pela própria dinâmica da difusão de valores e comportamentos dos que estão na vanguarda, pela própria vocação de universalização da civilização industrial, a diferença de riqueza se atenue ou desapareça. Para os dependendistas — que, no plano político, são os que condenam as formas de "neocolonialismo"—, a diferença persiste e pode agravar-se já que os ricos garantem a sua condição porque "exploram" os pobres. Ricos e pobres estão "juntos", mas em mundos diferentes, obedientes a modelos diferentes de acumulação. Portanto, só algum corte, mais ou menos radical (depende da escola), altera a essência do problema. Algo de "novo" é necessário para que se resolva o problema da distância econômica.

A história da construção do argumento é bem conhecida. Tem origens na Cepal, com as teorias de centro-periferia e as análises da deterioração dos termos de intercâmbio, desembocando nas revisões da teoria leninista do imperialismo (de que foram expoentes Paul Baran, Giovanni Arrighi, Samir Amin etc.) e nas múltiplas versões da teoria da dependência. A qualidade do argumento não é suficiente para fazê-lo ganhar autoridade no campo de prova da legitimidade política. Ora, a idéia de "nova ordem econômica internacional" ganhou. Por quê?

São vários elementos. O primeiro é o fato de que existe uma "uniformidade" da estrutura econômica entre os países do TM, definida basicamente pela condição de produtores primários, o que os distinguia na divisão internacional do trabalho. Ou seja: era relativamente clara a diferença entre os modos de produzir de ricos e pobres, entre as formas visíveis de desenvolvimento e subdesenvolvimento. A base econômica comum cria plataformas comuns de reivindicação, sustentada em um desenho teórico historicamente plausível. A força da legitimidade nasce de números, do fato de os países em desenvolvimento, especialmente depois da descolonização, terem maioria nos organismos internacionais.

Além disso, lembremos que, em vista do "sucesso" do planejamento central do socialismo (resolve os problemas agudos de pobreza ao comandar processos de redistribuição) e, entre os capitalistas, das fórmulas social-democratas, era legítima a noção de que seria possível intervir politicamente para, corrigindo os defeitos do mercado, alcançar níveis melhores de distribuição de renda, maior dose de justiça social. Assim, de um traço da vida nacional deriva-se um segundo componente da legitimidade internacional e a intervenção do Estado se converte, no plano diplomático, na possibilidade de "negociar" correções ao mercado. A política corrigiria a economia. Em termos mais concretos, o movimento dará os fundamentos de instituições, como a Unctad, e de correções a marcos legais, como na introdução do capítulo IV do Acordo Geral do GATT, e, sobretudo, de uma série de propostas que se resumem na idéia de uma "nova ordem econômica". A diferença econômica se transfere para o plano diplomático, pelo conceito de não-reciprocidade. Reconhecida a diferença, aceita-se que, ao negociarem, ricos e pobres não devem obter resultados equilibrados, uma distribuição igual de benefícios. Ao contrário, os pobres podem esperar mais, a reciprocidade não é obrigatória. O paradigma desse tipo de negociação é o Sistema Geral de Preferências (concessão por países desenvolvidos de vantagens tarifárias sem contrapartida) e, na área de financiamento, as janelas de crédito subsidiado nos organismos financeiros internacionais.

Seria interessante indagar por que as reivindicações dos países em desenvolvimento alcançam legitimidade no plano do sistema internacional como um todo. Por que os desenvolvidos aceitam, como legítima, em algumas negociações, a barganha com base na não-reciprocidade? Talvez um dado significativo diga respeito à vida interna dos países ocidentais desenvolvidos. Os valores da época, a idéia de correção política da pobreza, não é privilégio da esquerda e basta lembrar o *Great Society*, de Lyndon Johnson, a luta pelo fim da discriminação racial etc. Mas o dado fundamental nasce da dinâmica internacional. Por duas portas. A primeira é a relação entre o conflito Leste-Oeste e o Norte-Sul. Se estamos diante de um disputa global por influência e se as reivindicações do TM dirigem-se basicamente ao Ocidente desenvolvido — os "responsáveis pela exploração imperialista", que não poderia ser atribuída à URSS ou aos socialistas que não tiveram colônias —, era natural que o bloco liderado pelos EUA aceitasse os termos do debate como instrumento para se aproximar dos países do Sul. Dessa forma, as questões estratégicas "contaminavam" as econômicas, às vezes de forma indireta, às vezes direta. Um exemplo claro da tendência é a articulação, logo em seguida à vitória da Revolução Cubana, da Aliança para o Progresso, que constitui uma série de programas de assistência econômica conducentes a reformas estruturais com vista a eliminar as causas dos movimentos socialistas na América Latina. O argumento já teria valido também para o Plano Marshall, para as concessões comerciais que os EUA fazem ao Japão, à assistência que presta a países asiáticos etc.

Existe, ainda, outra dimensão da legitimidade dos pleitos dos países do TM que nasce do poder que detêm, nos primeiros anos da década de 1970, quando se articula a OPEP. A análise das conseqüências que provoca a ação política da Organização para as Lutas do Sul é complexa. São inegáveis as conseqüências negativas porque, naquele momento, fica clara uma primeira divisão real entre os países do Sul, os que produzem petróleo e ganham com o aumento dos preços derivados do embargo e os importadores. Porém, as condições de poder, que se imaginava os países do Sul obteriam, reforçavam a idéia de que a ordem econômica deveria ser submetida a alguma espécie de negociação. A conferência Norte-Sul, que se desenvolve em Paris, no fim da década, e que reúne sintomaticamente não mais a totalidade dos países do TM, mas um grupo selecionado, e o lançamento da Carta de Direitos e Deveres Econômicos pela ONU são as melhores expressões daquele momento. Ainda que tenha sido um fenômeno de curta duração, revela-se a velha verdade do mundo internacional, a de que o poder, agora do Sul, é uma das fontes permanentes de legitimidade[17]. Também é verdade que as bases de poder eram relativamente frágeis e o esforço de negociação fracassa em suas ambições maiores

Antes de examinar os processos de legitimidade no período pós-Guerra Fria, caberia um rápido balanço do que se viu até aqui.

É interessante comparar, nesse momento, a diferença de diagnóstico entre um analista do Ocidente desenvolvido, Zaki Laidi, e outro, brasileiro, Celso Lafer. Eles não falam explicitamente de legitimidade e lidam com as noções de "sentido" e "ordem". Mas, o fenômeno que ambos analisam — as "idéias" que organizam as relações de poder — é vizinho e se confunde, em alguns casos, com o da legitimidade. Chegam a conclusões opostas porque vêem o mundo de ângulos diferentes. Laidi olha as relações internacionais pelo ângulo do poder e, para ele, o sistema da Guerra Fria é coerente:

> *La structure bipolaire reposait donc sur une relative cohérence entre la capacité de produire du sens (délivrer un message universaliste) et celle à générer la puissance (économique et militaire). Les tentatives islamistes ou tiers-mondistes pour se défaire de ce corset en jouant conjointement d'un message et de ressources autonomes ont été, selon les cas, anesthésiées, bridées ou brisées.* (Laidi, op. cit., p. 15).[18]

O balanço é realista. De fato, os ganhos concretos do TM são poucos e localizados. E, certamente, não são as posições e propostas deste que explicam os movimentos maiores da história da Guerra Fria. Não obstante, eliminar da História os países em desenvolvimento, simplesmente por que foram protagonistas secundários, leva a uma distorção narrativa fundamental já que faz desaparecer, inicialmente, o campo da crítica moral aos processos de dominação e, de outro, a própria noção de diferença, tão fundamental para entendermos, em qualquer plano, a vida internacional contemporânea — sobretudo agora quando parecem faltar modelos analíticos para lidar com as questões derivadas da desigualdade.

Analisando a mesma realidade, agora com a perspectiva de Lafer, talvez duas conclusões básicas se imponham. A primeira é a de que existe uma dispersão de fontes de legitimidade, umas que nascem diretamente das condições de poder dos blocos, outras que derivam das condições de pobreza. A segunda é a de que o teste da legitimidade, nos cenários de conflito, mostra o seu feitio ideológico, tornando, portanto, frágeis as possibilidades de construção de hegemonia. A disjunção entre ordem e poder, tão bem analisada por Celso Lafer, é a regra. O poder material não se transforma em hegemonia e, assim, desenha uma ordem sempre precária, essencialmente contestada.[19] Os estatutos da diferença prevalecem. O democrático-liberal é diferente do socialista, o pobre é diferente do rico e na própria afirmação da diferença se estabelece o primeiro fundamento da legitimidade. Ainda mais, a dinâmica do conflito supõe também que, algum dia, o conflito será superado, o que incorpora às visões de legitimidade, além da diferença, uma visão de futuro. É bem verdade que, à medida que a *détente* se consolida, em que a perspectiva de expansão revolucionária do socialismo se dissolve, a luta por uma "vitória do socialismo" deixa de mobilizar politicamente a URSS como terá feito ao tempo do Cominterm. De qualquer maneira, como um discreto pano de fundo ideológico, não se perde, no argumento, a idéia de que o liberalismo ou o socialismo ou o projeto de desarmamento geral ou de nova ordem econômica, se "vitoriosos", levariam a um mundo de paz sólida ou de abundância. De outro lado, embora muito menos nítida do que no caso do conflito ideológico, o futuro que o Sul promete, caso implantada a nova ordem, seria também um "futuro melhor", de riqueza mais bem distribuída e, portanto, de mais amplas possibilidades de paz. Em suma, o discurso da legitimidade incorpora,com alguma nitidez, uma promessa, a idéia de um mundo melhor — e, é claro, um mundo em que os países em desenvolvimento teriam mais "poder".

Nesse sentido, uma outra conclusão a tirar do estudo dos processos de legitimação na Guerra Fria indicará que existe um amplo espaço para proposições — mesmo utópicas —, espaço que se combina a outro, mais limitado, para o trabalho de negociação. A própria natureza dos conflitos tende a tornar rígidas as alianças, tanto no plano Leste-Oeste quanto no Norte-Sul, já que representam tanto valores quanto interesses. A idéia de que é possível "trair" alinhamentos sempre é uma possibilidade quando existem blocos, embora quebrar alianças, especialmente as ideológicas, é um gesto político que envolve riscos.

## III. A Legitimidade no Pós-Guerra Fria

Como vimos, os problemas que levam à articulação da legitimidade nascem, em uma primeira instância, em contextos de poder e das modalidades derivadas de conflito. O que ocorre com a distribuição de poder seria, assim, uma referência necessária para o estudo da legitimidade no pós-Guerra Fria. O assunto é complexo e tem merecido longos debates analíticos, que não vamos reproduzir aqui. Valeria focalizar apenas aqueles aspectos que mais diretamente dizem respeito ao problema específico de como o poder argumenta.

Uma primeira observação retoma o que está ocorrendo nas relações entre blocos ainda ao tempo da Guerra Fria, mas, já na era Gorbachev, em momento em que os modos de disputa Leste-Oeste estão em plena diluição. De uma certa maneira, o tratamento das questões, como a corrida armamentista e os conflitos regionais, começa a mudar de maneira radical. Os processos de acomodação entre os EUA e a URSS são claros e levam à distensão, ou seja, ao que se imaginava seriam os seus limites. O cenário otimista admitia que se tornariam dois países, embora ideologicamente diferentes, capazes de "relações normais". Os conflitos transformar-se-iam em conflitos de interesses, referidos a disputas concretas, e, com isto, estaríamos próximos a formas estáveis de ordem. Na etapa que examinamos, e que iria grosso modo da ascensão de Gorbachev à queda do Muro de Berlim, aceleram-se os esforços pelo desarmamento, começa a se acreditar que haveria uma reversão da corrida armamentista e, no plano regional, especialmente na África, as superpotências ensaiam atuação conjunta para a pacificação de conflitos. Inicia-se o processo de revalorização das Nações Unidas.

Qual seria o limite dessa tendência? Evidentemente, a História preferiu outros caminhos, não quis testar, como alguns teóricos fizeram, os limites de um processo de distensão em que os dois chefes de bloco mantivessem a distância ideológica. Hoje, ainda que o socialismo continue em um grande país, como a China, já no rol das potências, talvez tenha perdido sentido mobilizador ao se diluir a força de sua mensagem universal. Mudaram as condições infra-estruturais e, se imaginarmos uma hipótese de renascimento do socialismo com capacidade de mobilização internacional, certamente será difícil que se sustente na idéia de uma revolução proletária.

Em termos da dinâmica da legitimidade, desenham-se tendências que vão tornar-se mais claras depois de 1989. Em primeiro lugar, o conflito global exigia, como se viu, que se criassem argumentos "contra" os adversários mas, exatamente porque globais, esses argumentos serviam como base para exercícios hegemônicos em regiões onde houvesse interesse estratégico. Em segundo lugar, como vimos, a Guerra Fria é, paradoxalmente, um fator que torna frágeis os poderosos ao lhes retirar consistência no uso dos argumentos de legitimidade. Em suma, o conflito tem efeitos ambíguos para as potências. Significa vantagens e desvantagens simultâneas, como, aliás, é natural no mundo da política. Pode-se adiantar que, do ângulo exclusivo dos temas da legitimidade, as desvantagens diminuem com o fim da Guerra Fria. De fato, agora, a atuação das potências passaria, em tese, a prescindir daqueles instrumentos — como a intervenção por razões ideológicas — que mais ostensiva e claramente "desorganizavam" as relações entre as nações.

Vejamos como isso se dá. A dinâmica da Guerra Fria "freqüenta" de formas variadas todo o espectro de temas internacionais. Quando seus efeitos são suspensos, superados mesmo, alteram-se algumas dinâmicas do processo internacional. Não todas, evidentemente. Mas, como vimos, o núcleo do debate sobre legitimidade se constituía por temas do conflito global, aí se dava a tensão permanente entre ordem e poder, entre modelos de transformação e interesses estratégicos. Quando o núcleo desaparece, ocorrem dois fenômenos sobre os quais vale a pena refletir. Para entender o primeiro, lembremos que a força dos argumentos legítimos nasce em parte do fato de que possam ser generalizados e, portanto, ter alcance universal. Ao tempo da Guerra Fria, o universal nascia de uma projeção do particular, seja socialista ou liberal, e eram os problemas estratégicos que forneciam a primeira chave para "unificar" o espaço da política internacional. Havia, claramente, um determinado tipo de "globalização". Agora, é evidente que o espaço internacional continua unificado, só que outros fatores — em boa parte preexistentes — são os que aparecem mais ostensivamente e vão fornecer o campo retórico do qual se retiram os argumentos do processo de legitimação. Assim, com maior ou menor consistência, o argumento da legitimidade, em várias dimensões, passa a ser vinculado a processos de uma outra globalização, diferente da estratégica e sustentada em valores, como direitos humanos, ou no ideal de eficiência, dado pelo mercado, o recurso aos organismos multilaterais como base processual da ação internacional etc. Insista-se nesse ponto: os temas de direitos humanos já eram manejados politicamente ao tempo da Guerra Fria e as rodadas do GATT serviam basicamente a propósitos de liberalização. Porém, todos esses processos eram, em doses variadas, mediados pela disputa ideológica, o que lhes dava certas características peculiares que não existem mais. Com o fim da Guerra Fria, com a unificação do espaço econômico mundial, não existem mais disputas globais sobre modelos universais de organização das nações e do mundo (embora continuem e até se agravem as disputas específicas, em parte oriundas de modelos diferentes de aplicação das formas capitalistas ou paracapitalistas, como no caso da China, de organização do mercado). De outro lado, alteram-se as necessidades de poder — já não é mais o confronto nuclear a tomar conta das atenções — e, portanto, as modalidades de argumento apresentadas pelas potências. E a questão central: que tipo de tensão existirá entre a lei internacional e os interesses atuais das potências? Quais são esses interesses, agora que a dimensão estratégica se desloca para um segundo plano?

Comecemos por examinar as posições das potências. Vimos que, durante a Guerra Fria, os pólos eram claros e distanciados, justamente porque a dimensão estratégica era dominante. Ora, hoje, quando estudamos o problema da distribuição de poder no sistema internacional, a primeira observação é sobre a falta de clareza da distribuição. Como diz Lafer, o sistema internacional está estruturado em "polaridades indefinidas". (Lafer e Fonseca, 1995, p. 33) Lembremos que o fim da Guerra Fria ensejou uma série de diagnósticos, uns mais simplistas do que outros, mas todos apontando para a perspectiva de que uma "nova ordem", correspondente a uma redistribuição de poder, emergiria. Alguns indicavam a tendência ao unipolarismo em que os EUA seriam o foco hegemônico único já que, como superpotência vitoriosa, mantinha instrumentos de poder de ampla gama e teriam condições de moldar todos os aspectos da agenda internacional. Outros realçavam o declínio americano e preferiam cenários multipolares, em que os temas da agenda internacional seriam conduzidos por coalizões diferenciadas, cada qual movida por interesses circunstanciais. Outros, ainda, apontavam para a perspectiva de democratização relativa das relações internacionais em virtude do peso necessariamente maior que teriam os organismos multilaterais em um mundo globalizado. Todas essas noções contêm um grau de verdade e refletiam, no fundo, a natureza de um complexo processo de transição em que entramos.

É evidente que continuam a existir diferenças de poder que levam a atitudes e posições diferentes no plano internacional. Porém, o que se perdeu — e é perda que pode significar ganho — foi a relação automática entre lugar no campo de poder e ações correspondentes. São visíveis os "pólos" de poder, porém o modo pelo qual se organizam e se projetam politicamente é complexo.[20] Ou seja: o poder, ao tempo da Guerra Fria, exigia, pela própria dinâmica do sistema, ações em certa direção (aos EUA, seria sempre difícil ou impossível não reagir diante de "avanços" soviéticos em qualquer lugar do planeta, mesmo no Afeganistão, ou permitir vantagens na corrida armamentista). Agora, não. A situação é mais fluida, menos previsível, sobretudo no plano da política. Será previsível quando estão em jogo interesses vitais (como no Guerra do Golfo em 1991), ou mesmo interesses econômicos concretos (o caso da UE e a defesa dos subsídios agrícolas). Porém, em tese, os EUA, que mantêm posição preponderante no sistema, poderiam ou não intervir no conflito iugoslavo, poderiam ou não intervir para fazer com que se revertesse o golpe no Haiti, poderiam ou não submeter as relações com a China a progressos em matéria de direitos humanos, poderiam ou não ter uma posição mais aberta em relação a Cuba etc. Na ausência de inimigos declarados e permanentes, o que move as potências é uma equação complexa em que se combinam o prestígio que nasce da ação de polícia internacional, o nível de riscos, o interesse por uma determinada visão do que é a ordem internacional, os valores humanitários, a pressão da *mídia*, os ganhos de política interna, e, *last but not least,* o interesse estratégico. Nesse sentido, a análise de objetivos e movimentos das potências deve concentrar-se na compreensão do conjuntural, especialmente no plano da política e da segurança. Mesmo nas relações econômicas, o sentido de "interesses permanentes", normalmente mais fáceis de discernir, se torna mais complexo diante dos problemas postos pela globalização já que, por exemplo, os ganhos na abertura de um mercado externo para investimentos podem ser acompanhados de perda de empregos naquele país que buscou a abertura. As relações entre política e economia ficam, conseqüentemente, menos lineares.

Para que se chegasse a essa situação, o fator determinante inicial foi o de aproximação de posições globais das potências. Ou seja, ao abandonar a posição de luta global "contra" — de onde, como vimos, extraíam uma parcela de legitimidade —, as potências devem buscar um novo ponto de apoio para os seus argumentos universais. Se um "outro" que tenha ação global não é mais inimigo (o que não exclui inimigos setoriais e conjunturais com alguma dose variável de universalidade: os "protecionistas", os "fundamentalistas", os "narcotraficantes" etc.), transfere-se o argumento para algum tipo de valor universal e os interesses da comunidade entram em cena para substituir a ideologia. E esse apoio estará fundado necessariamente em dois pilares, o da responsabilidade política e o das chaves para a riqueza no plano da economia.

Nesse diapasão, pelo menos em termos hipotéticos ou argumentativos, voltam as possibilidades de reaproximar ordem e poder, de identificar os objetivos de poder com a lei justa ou, pelo menos, a lei. A necessidade de um exercício de poder que tenha alcance universal continua — afinal, o mundo está unificado — mas os argumentos que sustentam a sua legitimidade são bem diferentes daqueles vigentes ao tempo da Guerra Fria.

Como indicamos, o exercício de responsabilidade começa justamente pela desmontagem daqueles elementos "perturbadores", e, portanto, contestáveis, que vinham da Guerra Fria. Para resumir uma intrincada história, perdendo um tanto de seus matizes, bastaria lembrar que as potências (EUA-URSS e, agora, Rússia) transcendem os limites do controle de armamentos e iniciam esforços efetivos de desarmamento, articulam processos de solução de crises regionais, como a angolana e a do Oriente Médio, além de se retirar de espaços de crise, como a Rússia do Afeganistão, patrocinam intervenções humanitárias, como a americana na Somália (país que antes fora objeto de disputa entre os blocos), agem em conjunto para "punir" ações que violam o direito internacional, como no caso da invasão do Kuwait pelo Iraque etc. Porém, interessa sublinhar é que muda o processo de legitimação do que fazem. Agora, com mais plausibilidade, agem em nome da "comunidade internacional" e isso se reflete na busca de apoio e assentimento nos organismos multilaterais aos seus movimentos. É justamente esse movimento que permitirá que se feche a distância entre ordem e poder. Ao tempo da Guerra Fria, como vimos, a expressão institucional das "duas legitimidades" era, de um lado, a paralisia do Conselho de Segurança e, de outro, a hegemonia terceiro-mundista na Assembléia Geral. Ora, à medida que o Conselho — um órgão que foi instituído para expressar a "responsabilidade do poder" e que consagra um modelo semi-oligárquico de decisão — recupera a possibilidade de ditar resoluções que têm freqüentemente apoio unânime ou quase unânime (ou, mais precisamente, com baixa probabilidade de veto), as potências recapturam as condições de "fazer as leis" e, mais do que isso, interpretá-las com assentimento amplo (e, assim, conquistando a legitimidade). A equação poder-interesse-legitimidade-norma pode ser recomposta e, nesse sentido, temos um claro sinal, senão de uma ordem nova, ao menos de uma "situação nova" nas relações internacionais. É evidente que existirá uma distância entre a legitimidade e os modos de sua transferência para a realidade da ação política. O fato de o Conselho de Segurança não estar mais paralisado não significa automaticamente que, em suas decisões, haverá consenso automático ou que sua efetividade seja plena. A legitimidade é uma das dimensões da vida política, reflete orientações hegemônicas (essencialmente incompletas no plano internacional) e, se dá parâmetros para agir, não diz, em detalhe, como agir e, muito menos, permite previsões precisas. A frustração com os "insucessos" da ONU na Somália ou na Bósnia ou as disputas sobre o modo de lidar com as sanções contra o Iraque são expressões desse problema.

Um processo paralelo ocorre quando analisamos as relações econômicas. Nesse caso, o marco da passagem para a situação nova não é a queda do Muro de Berlim. Na verdade, as transformações significativas começam, de um lado, quando se instaura, como pensamento hegemônico, no Ocidente desenvolvido, uma volta ao liberalismo, centrada na idéia de que o mercado é a força propulsora do desenvolvimento e o melhor regulador das relações entre os agentes econômicos. Não interessa, aqui, estudar porque Thatcher, Reagan, Kohl e mesmo os social-democratas europeus escolhem esse caminho, talvez menos um movimento doutrinário do que imposição das circunstâncias de uma continuada crise fiscal. Interessa assinalar simplesmente que o movimento vai ferir o cerne das doutrinas terceiro-mundistas e já veremos porquê. De outro lado, o próprio TM, como plataforma de articulação diplomática, se enfraquece, essencialmente em conseqüência de divisões internas que começam a se delinear com a crise do petróleo. Aliás, curiosamente, muitos viam na criação da OPEP um momento de fortalecimento do TM, quando o que ocorria era justamente o oposto. A vantagem diplomática com que o TM contava — muitos países e unidade de pensamento — começava, ali, a se dissipar, quando surgem claras diferenças de interesse econômico entre os produtores de petróleo — que querem preços altos — e os importadores. De qualquer maneira, estudo recente mostra que, em votações nas Nações Unidas, o padrão Norte-Sul ainda é dominante em muitos temas. (Kim e Russett)

Vale retomar o argumento antes apresentado. Vimos que o "segredo" para a articulação de uma visão própria aos países em desenvolvimento, durante a Guerra Fria, era justamente a noção de uma diferença que derivava da pobreza. O reconhecimento da diferença corresponderá naturalmente à quebra de uma regra fundamental do encontro diplomático, que é a da igualdade formal dos parceiros. Explico: o encontro diplomático se dá sempre em um espaço em que os parceiros, malgrado diferenças de poder, se apresentam como "formalmente iguais", como lhes garante a condição soberana. Ora, a aceitação da diferença rico-pobre leva a que as negociações, ainda que formalmente entre iguais, busquem, em foros com a Unctad e outros, um resultado que a expresse. Se a igualdade significa diplomaticamente reciprocidade, a aceitação da diferença, como elemento da negociação, significará não-reciprocidade: quem tem menos ganha mais. Do momento em que as leis do mercado adquirem hegemonia ideológica e passam a operar como referência doutrinária, a conseqüência para as negociações diplomáticas é a restauração do reino da reciprocidade (ou, mais precisamente, a diferença passa a ser um incômodo transitório enquanto, antes, era o fundamento para a construção de um mundo melhor). No mercado, especialmente no modelo ideal de livre concorrência, compradores e vendedores se "igualam", compra quem tem recursos suficientes para obter determinado bem. As "diferenças" fundadas em circunstâncias econômicas são repelidas e um pobre não comprará mais barato porque é pobre. Este é o cerne ideológico da nova situação. É claro que, mesmo os mais doutrinários neoliberais, com exceção talvez de um Friedmann, admitem formas diversas de intervenção do Estado para atenuar desigualdades sociais. Porém, insista-se, ideologicamente, o mecanismo central de solução do problema da riqueza passa a ser o mercado e não mais o Estado. Com isso, o intervencionismo, no modelo terceiro-mundista, perde a referência de legitimidade que antes detinha.

Vejamos três conseqüências diplomáticas dessa nova situação. No plano dos mecanismos ideológicos está o primeiro exemplo. No tempo do vigor "unctadiano", admite-se como regra a não-reciprocidade e, por isso, são os ricos que vão procurar atenuar as conseqüências da diferença por intermédio de mecanismos como a graduação, ou seja, afastar alguns pobres, os graduados, das vantagens que obtiveram, por exemplo, no sistema geral de preferências. Agora, a tendência se inverte e o ônus da prova da diferença caberia aos pobres, que seriam obrigados a argumentar, seja para manter vantagens passadas, seja para restaurar, em casos específicos, a diferença em um contexto ideológico claramente desfavorável. A segunda conseqüência aparece no plano das instituições e transparece na concentração das negociações econômicas no GATT e, agora, na OMC, em detrimento da Unctad. Sabemos que as negociações no GATT são regidas pela regra das concessões recíprocas. Finalmente, combinando-se os dois exemplos anteriores, articula-se a tendência a garantir institucionalmente condições de igualdade de concorrência e, para tanto, ricos e pobres se tornam iguais. Poderíamos lembrar várias disposições da OMC nesse sentido, mas talvez uma das formas mais contundentes de estabelecimento da igualdade — e, por isso mesmo, das mais controversas — é a proposta de "cláusula social", que levaria a nivelamento das normas trabalhistas para os parceiros comerciais.

Existe uma quarta conseqüência, que diz respeito às geometrias de alinhamento. Vimos que, na Guerra Fria, havia, para os países em desenvolvimento, liberdade de proposição e restrições de alianças. Agora, dá-se, em alguma medida, o fenômeno inverso. Para os países em desenvolvimento, as possibilidades de proposição se estreitam em virtude do fenômeno da aproximação entre ordem e poder. Não obstante, dada a fragmentação da agenda, para países, como o Brasil, que podem jogar em muitos tabuleiros, que tem interesses diversificados no plano internacional (não são só exportadores de matérias-primas), as possibilidades de aliança se ampliam. Não existe mais o jogo rígido de alianças, imposto pelo duplo eixo Norte-Sul/Leste-Oeste, que regulava o mundo da Guerra Fria. Agora, as possibilidades de aliança variam de acordo com afinidades livremente eleitas. Se o tema é agricultura, há alianças possíveis entre produtores do Norte e do Sul. Se o tema é direitos humanos, o peso dos valores ocidentais afasta países latino-americanos dos árabes etc.

Em síntese, o que se consegue, no mesmo diapasão do que vimos para as questões políticas, é a recaptura, pelas potências, do controle das instituições que fazem as leis internacionais. Com isso, ordem e poder se reaproximam e, em tese, sobraria pouco espaço de proposição para os que não têm poder. A situação nova, pós-Guerra Fria, começa, portanto, com uma modalidade política nova de construção da lei, amparada, agora, pelo que parece ser o fim da querela das legitimidades, já que só existiria uma, a que se sustenta nas interpretações dos valores universais. Esses valores não são absolutos, não excluem a mediação política e, sobretudo, não esclarecem automaticamente as medidas de diferença que podem existir no sistema. O fato de a liberdade econômica ou a democracia serem valores que inspiram a construção de algumas normas internacionais, alimentem-nas de universalidade, não fecha, porém, o espaço para a diferenças. De fato, uma hipótese, talvez otimista, é a de que a força da norma que garantirá relação estável entre um país socialista (China) e um capitalista (EUA) não depende de que os regimes econômicos e políticos se tornem idênticos. Ainda que as diferenças possam gerar atrito, basta aceitar que, além da democracia e do mercado, a estabilidade dos relacionamentos também seja um valor. Um dos traços da universalidade seria, portanto, a idéia de que as relações entre os Estados sejam, de forma cada vez mais abrangente, reguladas pelo direito internacional e é esse elemento que constitui a essência da universalidade. Temos mais direito e direito mais legítimo, menos sujeito aos desafios unilaterais dos que têm poder. O conteúdo das normas admitiria um espaço em que se negociarão as diferenças e, à medida que se aceitem graus de tolerância razoáveis, a legitimidade do direito internacional se reforça e a ordem se torna mais estável. A admissão da China na OMC seria um exemplo dessa tendência.

Essa apresentação, talvez simplista, de aspectos da realidade internacional, deixa em aberto alguns problemas. O primeiro é o da dinâmica do sistema. A recaptura das instituições pelas potências e o desenho de novos padrões hegemônicos não explicam o que as motivará daqui para a frente, não explica de que maneira vão usar o que ganharam nem tampouco como se distribuem vitórias ou derrotas no sistema. Também não explica, mesmo entre as potências, que tipo de argumentos podem emergir quando surgirem conflitos em que, necessariamente, haverá necessidade de "interpretar" a lei ou propor algum tipo de legitimidade que ampare as posições individuais. Finalmente, o fato de existirem formas de hegemonia, sustentadas em valores universais, não elimina automaticamente diferenças. Continuam a existir fatores que distinguem os "poderosos" e a mera adesão aos valores universais não será necessariamente a solução para os que não têm poder. Então, pergunta-se: existe, para estes, ainda um espaço válido para proposições legítimas?

## III. a. A Dinâmica do Sistema Pós-Guerra Fria

A dinâmica do sistema da Guerra Fria era relativamente simples. Os movimentos globais eram determinados pela disputa entre blocos. Tornava-se, assim, também relativamente simples estabelecer uma contabilidade de ganhos e perdas diplomáticas. Avanços estratégicos de um lado eram contabilizados como perdas de outro e pediam ou atividades de "reversão", como a que leva os americanos a forçar a retirada dos mísseis soviéticos de Cuba, ou de "compensação", como a aproximação americana da Somália quando a URSS consegue a aliança etíope, como o apoio americano à Unita quando os cubanos enviam tropas para defender o governo do MPLA em Angola. A esse jogo de soma zero acrescenta-se um outro, mais complexo, em que os dois lados parecem ganhar quando cooperam. Os acordos que marcam a *détente*, como o SALT ou o TNP, fazem parte desse conjunto e representam essencialmente vantagens para os líderes dos blocos diante de terceiros, ora pelo prestígio de uma ação legítima pela paz, ora pela economia de recursos que pode representar, ora pelas vantagens de poder que consolidam, na linha do "congelamento de poder".

Haveria, ainda, outros tipos de movimentos. Um exemplo é o enfraquecimento dos blocos por movimentos autônomos de aliados e, nesse diapasão, lembramos a saída da França do comando militar da OTAN ou a contestação chinesa à liderança soviética. Aqui, o que legitima a atuação daqueles países, o valor que buscam preservar, é a autonomia. Num andamento próximo, poderíamos examinar a perspectiva dos países em desenvolvimento que também, de forma geral, buscam condições de autonomia e, doutrinariamente, modificações da ordem internacional. Para estes, os ganhos viriam à medida que conseguem avanços em suas reivindicações específicas, sejam vantagens tarifárias, juros subsidiados, ou o prestígio derivado das posições em favor da paz.

E, agora, quais são os fundamentos da dinâmica do sistema? Quais os sinais de ganhos e perdas? É possível delinear um movimento global, definido a partir dos critérios de legitimidade, derivados de poder, que daria pistas claras sobre o tema? Ou, em outras palavras, o que move as potências ideologicamente? A noção de legitimidade ajuda a responder a essas questões?

Podemos admitir que, em linhas gerais, definiram-se, no pós-Guerra Fria, uma série de temas que passam a constituir o corpo hegemônico das políticas legítimas, correspondentes, em tese, ao discurso das potências ocidentais (Estados Unidos, Europa Ocidental e, pela aliança que mantém, o Japão) e, com variações, aos países, mesmo em desenvolvimento, que adotam valores ocidentais, como os latino-americanos. Os temas são bem conhecidos: democracia e direitos humanos, problemas humanitários, liberdade econômica e criação de condições iguais de competição, combate ao narcotráfico e ao crime organizado, a solução multilateral de crises regionais, defesa do meio ambiente, movimentos para institucionalizar, em organismos multilaterais, as propostas e teses nessas questões etc. São os temas que definem o espaço de proposição das potências e, conseqüentemente, um espaço de disputa de interpretações (p. ex., as potências podem usar o discurso para criticar países em desenvolvimento e estes para pedir assistência para realizar os objetivos propostos).

O desdobramento político-diplomático desse corpo de idéias é complexo e vamos, aqui, alinhar algumas de suas características. Em primeiro lugar, exatamente porque tendem a adquirir legitimidade universal, é em torno delas que se sustentam os exercícios de liderança no plano mundial. As potências, especialmente os EUA, não perderam a sua disposição para a ação global, até como parte de um exercício normal e regular de liderança. O problema novo deriva do fato de que esse exercício não encontra um inimigo ou opositor único, com o mesmo alcance universal (no sentido, p. ex., em que se desenhasse uma oposição política permanente e mobilizadora entre os EUA, como defensor dos direitos humanos, e a China, como opositora). O surgimento de um violador do direito internacional, reconhecido universalmente como ameaça à segurança coletiva, como no caso do Iraque ao invadir o Kuwait, teve caráter excepcional, não constitui rotina diplomática. As crises na área de segurança que surgiram, mesmo na mais dramática delas, a da ex-Iugoslávia, por não afetarem diretamente interesses vitais, puderam ser tratadas no ritmo lento das decisões multilaterais. Dispersam-se, assim, os conflitos que podem ser gerados por contradições entre a defesa das idéias de democracia, liberdade de comércio etc. e opositores ocasionais.

A dispersão se dá essencialmente por duas razões. É difícil transformar qualquer desses temas em questões vitais, de interesse estratégico permanente e global, para as potências. Lembremos, por exemplo, que, ao tempo da Guerra Fria, a força de mobilização "popular", ponto de apoio da legitimidade de ações unilaterais, nascia da idéia de que boa parte dos cidadãos americanos imaginava que morreria em conseqüência de uma guerra nuclear. Delmas lembra, em livro recente, que, em 1963,

> dois entre três americanos pensavam em morrer em uma guerra nuclear. Vinte anos mais tarde, o mundo tinha mudado muito, mas, em 1982, apesar da crise econômica, a guerra nuclear permanecia como a principal angústia para um entre dois cidadãos tanto na França como na Itália ou nos Estados Unidos. (Delmas, 1995, p. 24).

Hoje, nos EUA, são outros temas que mobilizam e levam à definição de ações unilaterais, como o comércio (Seção 301, da Lei de Comércio) ou o narcotráfico (os processos de certificação). Mas, ainda assim, são sempre parciais os fenômenos de mobilização e, portanto, de geração interna de legitimidade, já que o grau de ameaça que envolve a competição japonesa ou o narcotráfico é de natureza diversa da ameaça nuclear. De outro lado, o próprio fato de as potências terem uma posição mais confortável, mais legítima, nos mecanismos de construção legal explica porque, com as exceções americanas, as potências européias, por exemplo, não tenham recorrido a movimentos unilaterais quando seus interesses estão em jogo e mesmo deixem de acompanhar os EUA quando estes escolhem caminhos unilaterais, como no caso das sanções contra Cuba ou contra o Irã.

A segunda razão da dispersão vai ser encontrada quando estudarmos a natureza da resposta de poder. Quando se desenha uma ameaça ao tempo da Guerra Fria, a reação é obrigatória e tem sentido único. É claro que existe um espectro possível de respostas e, mesmo durante a crise cubana, nas discussões internas do governo americano, havia uma variedade de posições que iam desde as propostas de ataques aéreos cirúrgicos até as de negociações, passando pelo bloqueio, que afinal prevaleceu. O que não havia era a possibilidade de omissão e, nesse sentido, o jogo de avanços e recuos estratégicos definia a dinâmica do sistema internacional. Ora, na nova situação, em relação aos temas universais, as opções de comportamento das potências se amplia, tornando-se menos previsíveis. A defesa da democracia ou as responsabilidades de segurança ensejam variadas modalidades de reação. Daí, a seletividade do processo de reação. Diante da multiplicidade de violações de direitos humanos, nos mais variados países, a resposta poderá ser tanto a omissão quanto a pressão — e até a intervenção — para reverter violações. Impõem-se mecanismos de seletividade que modelam o tecido das ações engendradas pela legitimidade. Explicando melhor: a legitimidade (defesa do modelo liberal ou socialista) era recurso necessário e preliminar para entender, senão as ações concretas, pelo menos a orientação geral das potências. Para a compreensão de ações concretas, é evidente que outros recursos analíticos deveriam somar-se, mas os parâmetros estavam dados. Hoje, quando pretendemos entender por que uma potência age neste ou naquele sentido, a análise da base de legitimidade (ex.: defesa de direitos humanos) terá também de ser completada por outros recursos analíticos, determinados por cálculos de interesse, de movimentos da opinião pública interna, de vantagens concretas e específicas etc., só que agora talvez ainda sejam mais decisivos do que ao tempo da Guerra Fria.

Voltando ao ponto inicial, sobre a dinâmica do sistema, essas observações conduzem a uma conclusão geral. Acima das diferenças civilizacionais, existe um núcleo universal de valores que constitui o cerne do legítimo no processo internacional e que se identifica com o que querem as potências. Se isso é verdade, a dinâmica global do sistema tenderá a concentrar-se essencialmente em desdobramentos institucionais daquele núcleo de legitimidade. A hegemonia sempre será problemática no sistema internacional mas, agora, é evidentemente mais clara do que ao tempo da Guerra Fria e isso traz conseqüências. A perspectiva é a de que se estabeleçam formas jurídicas mais consistentes e abrangentes de defesa dos direitos humanos, de defesa da democracia, de regulação do comércio e de outras trocas econômicas etc.

É fácil constatar, porém, que os avanços não serão lineares, ou seja, estamos longe de vislumbrar um mundo uniforme politicamente. Serão mais significativos e rápidos em temas e questões em que haja clara identificação entre valores e interesses das potências — o que explica por que os progressos na institucionalização das trocas econômicas são muito mais claros e abrangentes do que na área política. De qualquer maneira, os limites à universalização de comportamentos serão definidos pelas condições de poder de quem resistir, algum Estado, mais ou menos inacessível a pressões das potências, que se identifique com a "oposição". Embora seja difícil imaginar que a China se torne, a médio prazo, campeã de direitos humanos, não é impossível imaginar que venha a adotar medidas progressivas de liberdade econômica ou que a democracia ganhe espaço no Sudeste Asiático. Muito mais difícil imaginar a possibilidade, por exemplo, de que o fundamentalismo islâmico ou o socialismo chinês conquistem adeptos pelo mundo afora. Em suma, no grupo de potências, haverá discórdia, diferença, disputas, mas, no horizonte previsível, faltariam propostas abrangentes de alternativas de ordem.

Um dos problemas que poderá abalar a universalização desses valores é o da seletividade. O legítimo sustenta-se na universalidade de valores e, portanto, em universalidade de comportamentos. A primeira é obviamente mais fácil do que a segunda, embora se repitam os comportamentos excepcionais, os valores se desprestigiam. Mas, o estudo das exceções à legitimidade fica para mais adiante. Antes, vamos ver como os valores universais operam em ambiente de conflito.

## III. b. Os conflitos possíveis no pós-Guerra Fria

É a tentativa de dar consistência institucional a valores que explicarão as transformações no sistema internacional ou são os conflitos e a maneira como serão encaminhados?

Vimos que, durante a Guerra Fria, instituições e conflitos faziam parte do mesmo conjunto lógico. O tipo e a evolução dos conflitos controlavam os modos de transformação do sistema. E, agora? Temos, na verdade, dois cenários extremos. No primeiro, aceita-se como dominante a variável institucional e, no modo de sua evolução, desvendaremos como os conflitos serão conduzidos. No segundo, ao contrário, são os conflitos que determinarão as próprias condições de possibilidade para que o sistema internacional ganhe mais institucionalidade.

De uma certa maneira, é o primeiro cenário que prevalece no imediato pós-Guerra Fria, especialmente em virtude do comportamento praticamente consensual na solução da crise do Golfo e da penosa solução da Rodada Uruguai. Ou seja: a comunidade internacional teria alcançado, com base em definições institucionais, um razoável grau de consistência para agir diante de conflitos políticos ou econômicos. A hipótese sustentava-se na idéia de que, quanto a valores as potências não mais discutiriam e as orientações sobre o que era legítimo se tornavam consensuais. Poderiam, simplesmente, ocorrer disputas instrumentais, sobre formas de agir em situações específicas. Em casos extremos, a legitimidade estaria sustentada em tal coerência hegemônica que, sem contestação, seriam possíveis mesmo amplas reinterpretações da norma internacional, autorizando-se intervenções diretas, ora por motivos humanitários, ora para preservar a democracia etc. Em casos de conflitos de base étnica ou religiosa, como os que surgem ao final da década de 1980, a hipótese é aceitável. Diante do fato de que, nos mais de 100 conflitos armados que ocorreram depois da queda do Muro, praticamente todos decorrem, como assinalava Mathews, de razões internas e não extravasam imediatamente as fronteiras nacionais, o problema das potências é calcular, em cada caso, o interesse em mobilizar os organismos multilaterais para intervenção que, em tese, passa a ser possível embora não necessária. (Mathews, 1997, p. 51) Nesse sentido, por exemplo, as potências européias e os EUA não se "aproveitaram" — salvo, talvez a Alemanha em um primeiro momento e de forma restrita — do conflito na ex-Iugoslávia para obter ganhos estratégicos, embora tenham sido várias as diferenças sobre as modalidades de encaminhamento do problema e evidentemente o sucesso na solução de uma crise internacional significa ganhos de prestígio, de vantagens políticas etc. Como vimos, o desenho dos novos padrões de legitimidade não diz quando a potência agirá mas, ainda que movida por algum impulso unilateral, a possibilidade de que aceite o quadro institucional para agir se tornaria mais freqüente.[21] Da mesma forma, no plano econômico, haveria conflitos de interesses, mas suficientemente delimitados para permitir que os mecanismos de solução de controvérsias da OMC os controlassem. São situações em que as instituições são mais importantes do que os conflitos e, ao imaginarmos como se encaminham, pensamos em jurisprudência mais do que em equações de poder. O poder aceita o limite que a instituição lhe oferece.

O segundo cenário, mais dramático, teria duas variantes. A primeira, proposta por Huntington no artigo célebre, "Clash of Civilizations", indicaria que as ideologias seriam substituídas por valores civilizacionais para articular modos globais de conflito. Esse complexo de instituições, que hoje encarna os valores universais, seria incapaz de controlar conflitos que, a rigor, as colocariam em questão. Da mesma forma que as ideologias paralisam o Conselho de Segurança, o choque de civilizações poderia levar à morte as instituições internacionais e de uma forma ainda mais dramática. Mas talvez seja a segunda variante a que nos interessa mais imediatamente, já que tem contornos diplomáticos mais nítidos e delineia com clareza problemas de legitimidade, de tensão entre o que é a norma e o que é legítimo. O que caracterizaria a segunda variante é o fato de que se desenham conflitos entre as potências, mais precisamente entre os membros do Conselho de Segurança, de tal forma que a hipótese central do primeiro cenário, o comportamento consensual das potências, estaria diretamente abalado. Nesse caso, conflitos seriam mais importantes do que as instituições e a tendência seria miná-las de tal forma que, para entender como se encaminham controvérsias, são as equações de poder as variáveis decisivas.

Sobre esse tema, vale retomar um artigo de Rubens Ricupero, em que, ao comentar um livro recente de André Fontaine, diz que "o consenso inicial dos cinco membros permanentes do Conselho de Segurança é cada vez mais coisa do passado" e, em seguida, lista alguns exemplos:

- A divergência entre os EUA e a União Européia a propósito da legislação americana de sanções ao comércio ou investimentos em relação a Cuba, Irã e Líbia.
- As tensões sino-americanas acerca de comércio, direitos humanos e Taiwan.
- A reação nacionalista russa aos planos de expansão da OTAN.
- A afirmação da Ásia como força comercial.

- As fricções da França com os EUA a propósito da Bósnia ou do Oriente Médio.
- As resistências e críticas às posições norte-americanas sobre a eleição do Secretário-Geral da ONU e, de maneira geral, acerca da reforma da ONU. (Ricupero, 1996, p. 2)[22]

Examinando a lista, duas características ressaltam. Em primeiro lugar, os EUA são parte de todas as divergências, embora implicitamente no caso da afirmação comercial da Ásia, sobretudo se nos lembrarmos da série de disputas com o Japão. Em segundo lugar, em nenhum dos casos as divergências, pelo menos em horizonte previsível, devem evoluir para conflitos. Ou seja, todas estão em trilhos de negociação e se desenrolam em ambiente institucional. Mas resta a indagação: essas divergências nascem por quê? Envolvem conflitos de que natureza? Que grau têm de resistência a negociação? Como se situa o problema da legitimidade e da lei nesses casos?

Ao primeiro exame, as divergências nasceriam, essencialmente, de tentativas norte-americanas de rearticulação hegemônica. Não que os EUA tivessem perdido posições, mas a situação nova imporia novos padrões de hegemonia: o modelo de capitalismo deveria aproximar-se do liberal americano, as definições estratégicas deveriam obedecer a preocupações com o que os EUA vêem como "inimigos", a ONU deveria atender mais diretamente à visão do Departamento de Estado, o encaminhamento dos conflitos regionais não deveria fugir aos planos norte-americanos etc. Não estaríamos, assim, salvo talvez no caso das disputas com a China, diante de conflitos que se sustentassem em distâncias civilizacionais, mas no clássico jogo de interesses, marca permanente do sistema de Westphalia. De outro lado, se reconhecemos a tentativa dos EUA, até unilateral, como no caso das sanções a Cuba, de impor posições em várias questões, também é forçoso reconhecer: a) em cada caso, existe, como no sistema tradicional de balança de poder, a articulação de sistemas de resistência, alguns de base institucional (como no caso da elevação do problema das sanções a Cuba para a consideração da OMC), outros que se expressam simplesmente por movimentos políticos (como a ação autônoma francesa no Oriente Médio); b) se existe uma invocação unilateral de legitimidade para algumas das ações — de novo o caso cubano é o mais notório—, é fato também que, em todos os casos, o encaminhamento da divergência não se afasta flagrantemente da norma (como ocorria nas intervenções ao tempo da Guerra Fria); c) nas divergências já encaminhadas, como o caso da Bósnia ou a eleição do novo Secretário-Geral da ONU, a tendência foi, apesar da resistência inicial, a aceitação da liderança americana e das formas de soluções que propunha.

Embora os EUA possam invocar, como mecanismo de legitimação, a universalidade de seu modelo, especialmente os de valores (a melhor expressão da democracia, dos direitos humanos, das formas de mercado etc.), é preciso reconhecer, inicialmente, que existe uma vasta gama de disputas justamente sobre o alcance da universalidade desses modelos e valores e, aí, reside a essência do argumento da legitimidade dos que disputam com os EUA. Nas questões concretas, o argumento do universal — natural a qualquer potência, sobretudo, agora, no caso dos EUA, que é a única com capacidade significativa de influência em qualquer tema da agenda internacional —, se confunde com o interesse específico, com avanços em vantagens unilaterais. Para os EUA, à medida que conseguir separar a "mensagem" do interesse, reafirmará a sua condição de potência. Quando não conseguir, perderá em legitimidade, o que nem sempre significa que não conseguirá projetar interesses. Mas o fará com maior dificuldade.

De qualquer maneira, porque o universal nos dias de hoje não se identifica claramente com uma posição estratégica excludente, a perspectiva é de que as disputas se multipliquem, ainda que limitadas. Como sempre, haverá duas esferas de disputa, uma que diz respeito à aplicação da norma e outra, à construção da norma e, em ambas, a manifestação da "resistência" se dará, para atender às diferenças entre os atores, com argumentos sobre exceções ao universal.

## III. c. O universal e o jogo das interpretações e das exceções

Vimos que, no pós-Guerra Fria, a aproximação entre o poder e a ordem (lei + legitimidade) se funda na idéia de valores universais, essencialmente resumidos no binômio democracia-mercado e na tendência à normatização da vida internacional. Vimos também que a adoção desses valores admite interpretações que se baseiam nas diferentes posições dos atores no sistema internacional. A lista de conflitos, anteriormente lembrada, é, no fundo, uma série de posições diferentes em relação a um determinado tipo de hegemonia que poderia ser construído, no plano estratégico, no plano das instituições, a partir de uma visão peculiar, modelada por interesses, desses valores. Vimos ainda que o estatuto das diferenças é complexo. Tanto pode levar a disputas e divergências (no caso das disputas sino-americanas sobre direitos humanos) quanto se acomodar dentro de negociações limitadas. Mesmo as diferenças civilizacionais entre dois Estados podem ser esquecidas quando existem pontos de encontro a serem buscados. A aliança entre países ocidentais e árabes durante a Guerra do Golfo evoca a manutenção do estratégico sobre o cultural, aliás tradição que começa com Richelieu ao apoiar estados protestantes nas disputas com os católicos da Espanha. (Kissinger 1994, pp. 55-67)

De qualquer forma, as diferenças hoje observadas no sistema internacional são numerosas. As civilizacionais, invocadas por Huntington, são apenas uma delas. Haverá outras, de escala e capacidade econômicas, de interesse geopolítico, de organização política etc. que podem ou não gerar conflitos e disputas. Certamente constituem bases para invocação de exceções à legitimidade modelada pelo universal.

Quais as possibilidades de criar alternativas ao universal a partir da diferença quando desaparecem os conflitos globais?

Antes de examinar as diferenças, localizemos as atitudes extremas diante da legitimidade comandada pelo universalidade de valores.

Admitindo que os Estados não são nunca uniformes, até por localização geográfica, mas que a globalização imporia um modelo único de modernização, amplamente desejado, "a primeira atitude seria a de simplesmente esquecer que a diferença pode gerar políticas diferenciadas — no plano diplomático e interno —, proclamar a aceitação dos valores universais e tratar de simplesmente adaptá-los às opções de política externa." Nesse caso, a política se afastaria do eixo dos projetos e se concentraria exclusivamente em negociações sobre o específico, deixaria de ser um discurso sobre o internacional e passaria a ser um conjunto de ações orientadas por interesses pontuais. É de conceber, como opção, a idéia de uma "política como mera adaptação". Terá havido casos históricos em que a adaptação terá ocorrido por força das armas, como no caso da adoção do regime comunista pelos países do Leste Europeu mas, pouco a pouco, cada qual ganhou elementos de diferenciação. Hoje, é mais difícil pensar em "adaptações" tão completas e extremas, em primeiro lugar pelos limites de um exercício de hegemonia não vinculado ideologicamente a necessidades estratégicas. É verdade, porém, que os movimentos do capitalismo internacional têm forçado a que, em política econômica, as políticas econômicas ganhem boa dose de uniformidade. Embora sujeito a muitas variantes, as propostas do "consenso de Washington" são a expressão dessa tendência e a "sujeição" ao consenso é freqüentemente invocada pelos que criticam os que adotariam posições e diretrizes liberais. De qualquer maneira, é justamente a hipótese de que existe uma base única de legitimidade, aqui identificada com determinada fórmula da "boa ordem econômica", que sustentaria a necessidade de políticas econômicas uniformes. Ao recordar algumas disputas entre as potências — que poderíamos estender a outros parceiros — também vimos que a uniformidade não é nunca conseguida plenamente e, por isso, é possível criar legitimamente exceções ao universal.[23]

Passemos ao outro extremo, que seria o de negar radicalmente os valores universais que hoje se apresentam como hegemônicos, substituindo-os por outros, de outra extração ideológica. Vimos que, durante a Guerra Fria, as diferenças se estabeleciam em marcos globais, seja o ideológico, seja o da riqueza. A posição em um dos lados — Norte ou Sul, Leste ou Oeste — definia identidade diplomática. Ora, hoje, não será a ideologia política ou o grau de desenvolvimento o fator que sustentará uma oposição aos valores universais. Nesse metro, o da negação radical, a diferença terá de se fundar em valores culturais de corte religioso. Daí a importância do fundamentalismo, talvez menos como ameaça à hegemonia ocidental do que como símbolo da diferença, de valores que negam o mercado e a democracia e os substituem por comandos religiosos. Os outros cortes civilizacionais — seja o que representa o capitalismo asiático, o universo dos países muçulmanos, o socialismo chinês etc. — aceitam "parcelas" do Ocidente, especialmente variantes do mercado, embora, no campo da organização política, tenham maiores resistências, pela força de tradições culturais. Outro ponto significativo: será sempre mais fácil que grupos, contestadores ou revolucionários, adotem atitudes fundamentalistas — islâmicas ou de outro corte — do que Estados, obrigados a conviver com o mercado internacional e com as limitações naturais derivadas de participação em instituições internacionais. Nesse sentido, o radicalismo entra na política internacional pela porta do terrorismo, do desafio localizado, menos do que pelas políticas de Estado. É difícil imaginar, como ocorreu em 1917, que um Estado entre no sistema internacional para desafiá-lo, para propor transformações radicais. Para lembrar a análise de Kissinger, embora estruturas domésticas diferentes determinem variações significativas sobre o que é justo, hoje, pelos próprios constrangimentos do sistema, as demandas nacionais não extravasam o nível do "razoável" e o diálogo diplomático se aproxima formalmente do que seria o exercício clássico[24]. (Kissinger, 1969, p. 261)

Embora seja possível registrar episódios em que os modos extremos aparecem, a prática diplomática se dá no intervalo entre a adaptação e a negação dos valores universais. A disputa sobre a legitimidade se transfere, de um lado, para interpretações sobre a melhor aplicação do universal e, de outro, para as exceções possíveis ao universal. Porque o diplomático é, em essência, expressão do particular, do nacional e, assim, mesmo para os Estados hegemônicos, o recurso à exceção ou a interpretações específicas não é raro[25]. Uma comparação esclareceria o ponto: uma ONG pode, em tese, fundar a defesa de direitos humanos exclusivamente na perspectiva de valor, como um mandamento ético e, assim, analisar, a partir de um mesmo padrão, universal, todos os Estados, ao passo que qualquer Estado, fraco ou forte, qualificará a sua defesa com interesses de ordem estratégica, com algum tipo de cálculo político (como no exemplo, já lembrado, da "seletividade" da política de direitos humanos de Jimmy Carter). Ou, lembrando a dicotomia de Weber, no mesmo tema, a ONG agirá segundo uma ética de fins e o Estado com os limites que lhe impõe a responsabilidade, necessariamente particular.

É o momento de indicar, então, como lidar com as exceções do ângulo diplomático e resolver duas questões: qual o argumento que, dentro do universal, "defende" o particular e, em seguida, como serve a negociações específicas.

Nesse sentido, poderíamos propor a seguinte tipologia:

a. *Os valores universais não se traduzem automaticamente em prática — aceitam-se os valores como os melhores*, por exemplo, para produzir riqueza, mas aceita-se também o fato de que existem contradições entre a defesa dos valores e a sua prática, o que abre espaço para negociar de um ponto de vista diferente das idéias universais. Um dos exemplos mais claros é o dos subsídios agrícolas. Na Rodada Uruguai, o cerne do argumento europeu é o do livre comércio, porém se introduz uma condição temporal para realizá-lo e isto protege, em prazo determinado, a política de subsídios. Em linha próxima, valeria a pena examinar outro caso, não de criação mas de interpretação de normas gerais. Lembro a argumentação brasileira para a defesa, na OMC, da adoção da MP 1.024, que introduziu o regime automotivo. Na exposição do embaixador Celso Lafer, a hipótese básica é a de que, por problemas de balança de pagamentos — portanto, temporários —, adotaram-se medidas excepcionais baseadas no artigo XVIII-B. O próprio fato de referirem-se à dinâmica econômica aconselharia a que a norma fosse aplicada não segundo uma rígida "jurisprudência de conceitos", e sim de acordo a uma aberta "jurisprudência de interesses". A liberalização comercial brasileira deve ser sustentável e, portanto, adequar-se às necessidades normais de um balanço de pagamentos saudável. (Lafer, "*Opening Statement*", da Consulta sobre Balança de Pagamentos, WT/BOP/R/7, de 24 de novembro de 1995). Em suma, em ambos os casos, tanto no momento de criação da norma (comércio agrícola) quanto no da aplicação (regime automotivo), existiram argumentos — com sucesso no primeiro caso — que permitiram legitimamente contrapor interesses particulares a valores universais, com a ressalva de que estes teriam vigência limitada no tempo. A indagação que fica é: em que circunstâncias e em que temas o mesmo argumento pode ser utilizado?

b. *Os valores universais aplicam-se a situações diferenciadas e, por isso, devem aceitar exceções* — de novo, o argumento parte da aceitação do universal como fonte da legitimidade mas admite formas variadas de aplicação de acordo com situações específicas. A variável que sustenta a exceção é, pois, espacial e não temporal. Os prazos de correção seriam mais vagos ou implícitos. Podemos admitir duas variantes dessa modalidade de exceções. A primeira situa-se no plano da economia. Aqui, aproximamo-nos dos critérios de diferenciação pelo nível de desenvolvimento econômico, tal qual existiam no marco do conflito Norte-Sul, mas com uma diferença significativa. Não se parte, como ao tempo da Guerra Fria, de um modelo global de modificação da ordem e sim do debate de exceções a um modelo de ordem aceito em tese. Um exemplo seria o da aceitação de que a proteção do meio ambiente é responsabilidade universal, mas os encargos específicos de preservação devem obedecer à capacidade financeira ou tecnológica dos Estados. Neste marco, um tema corrente é o da chamada "cláusula social". Em forma extrema, estar-se-ia propondo uma equalização espacial das condições de concorrência à medida que as normas sociais seriam igualadas em todos os países do mundo. Parte-se de uma suposta norma ideal, que teria condições de realizar o melhor da proteção do trabalho. Aceita-se que procedimentos contra o trabalho de crianças, o trabalho escravo, a discriminação dos salários das mulheres etc. fazem parte de um núcleo amplamente aceitável do ideal, ainda assim haveria limites ao aprofundamento das normas. Nesse sentido, o contra-argumento, plausível nos temos do campo da legitimidade contemporânea, irá em duas direções. A primeira institucional: existe um limite, dado, p. ex., o respeito pelas convenções da OIT, que seria suficiente para cumprir com o mandamento universal; a segunda, de natureza econômica: não há condições, em países pobres, de pagar o mesmo salário nem oferecer as mesmas condições de proteção ao trabalho dos países ricos simplesmente porque isto inviabilizaria a produção (o colhedor de laranjas do interior de São Paulo receberá menos do que o da Flórida). A segunda variante diz respeito às exceções políticas e culturais. Vimos que, na linha de Huntington, em um mundo em que as ideologias arrefecem, os valores culturais podem ganhar um peso determinante para explicar comportamentos políticos. Vimos também que a negação radical do universal é sempre limitada, já que os Estados tendem a aceitar boa parcela das normas que regulam a convivência internacional. Não obstante, existem formas de resistir ao universal que se apóiam em valores culturais. Exemplos marcantes são as interpretações asiáticas das normas sobre direitos humanos ou mesmo o combate islâmico a valores da luta feminista. É claro que, nesses casos, o argumento da exceção dirá que justamente porque regulados por cultura, certas noções ligadas aos direitos humanos não são universais. O problema está em saber até que ponto as diferenças, ainda que localizadas seriam tão fortes a ponto de contaminar a própria natureza do contato entre Estados de culturas diferentes e gerar conflito global. A Conferência de Viena sobre Direitos Humanos revelou diferenças entre Ocidentais e Islâmicos, mas, simultaneamente, demonstrou que é possível o diálogo "civilizado" entre culturas diferentes. Até agora, não existem indícios de que isso seja possível e veja-se, p. ex., a diferença, regulada por interesses, das reações americana e européia ao convívio com países islâmicos, como o Irã ou a Líbia. No plano político, as exceções que podem ser invocadas dizem respeito à segurança e o exemplo mais flagrante é a adoção da lei Helms-Burton pelos Estados Unidos. A situação geopolítica específica "justificaria" a invocação de razões de segurança contra as normas fixadas de livre comércio.

c. *Os valores universais, para que tenham sentido autêntico, devem apoiar-se em processos político-institucionais que ampliem os mecanismos de decisão sobre a sua aplicação: — a universalidade supõe inclusão crescente.* De novo, não se trata de criticar ou propor alternativas ao que se defende como valores universais, sejam os que dizem respeito à vida política (segurança coletiva, democracia, direitos humanos etc.), sejam os que inspiram a vida econômica em sentido amplo (liberdade de comércio, proteção do meio ambiente etc.). Trata-se de discutir o modo como se projetam os mecanismos institucionais, formais ou não, pelos quais se institucionalizam, pelos quais se realiza a sua aplicação. Para usar, como modelo, a política interna, lembremos que, quando passa a prevalecer a noção de que a soberania do Estado se apóia na nação e, portanto, em manifestações da vontade geral, foi necessário desenhar instituições que, simbólica ou efetivamente, exprimiam aquela vontade. Independentemente de limitações concretas, de possibilidade de manipulação, de hegemonias distorcidas, o fato é que o núcleo do argumento democrático é a idéia de que, em algum momento, direta ou indiretamente (pela via do representante), "todos" contribuem para as decisões que afetam a vida da nação. É evidente que as condições sociológicas que sustentam a democracia, dadas pela força e extensão de consensos amplos, não se repetem nos processos decisórios internacionais, ainda que movidos essencialmente pelo jogo de soberanos. Ou melhor: em organismos multilaterais, especialmente os políticos (como a ONU, a OEA), a regra de um Estado/um voto prevalece e corresponde ao sucesso da legitimidade democrática no plano internacional. Porém, também sabemos, existirão, como contraponto, medidas, ora institucionais (Conselho de Segurança), ora políticas (a fragilidade jurídica de resoluções amplas), que impõem uma qualificação pelas condições de poder a muitas das decisões alcançadas "democraticamente". De qualquer forma, e isso não é novidade do pós-Guerra Fria, a idéia de que existem problemas universais, que afetam a todos os Estados e, portanto, a todos os habitantes do planeta, sugere, nesse tempo de globalização, a possibilidade de defender transformações institucionais que permitam ampliar os marcos de incorporação aos processos decisórios. Em alguns casos, a marca do argumento é exatamente a mesma da política interna e se dirá que a legitimidade de decisões deve sustentar-se em níveis adequados de representatividade. É nesse sentido que se ampara a defesa dos que pretendem, p. ex., ampliar a presença dos membros permanentes do Conselho de Segurança.[26] O problema maior é o de que, enquanto para a política interna os modelos de representatividade adequada são conhecidos e padronizados e, em certa medida, universais (dificilmente se qualifica um regime de democrático que não obedeça à regra de eleições livres e periódicas, p. ex.), não o são sempre para a vida internacional. Por quê? Nas democracias, a transferência de poder ao povo faz com que, ao menos formalmente, desapareçam dos mecanismos institucionais aquelas formas de poder diferentes das autorizadas pela maioria. É isso que torna relativamente fácil identificar aquelas circunstâncias em que indivíduos ou grupos bloqueiam ou distorcem a vontade da maioria e demonstrar que a democracia está em perigo. Ora, no plano internacional, o poder ainda modela, de perto, o desenho institucional e, do ângulo da legitimidade, pode argüir com a necessidade de eficiência que superaria a necessidade, em situações específicas, da expressão da vontade universal. A diferença entre Estados é diversa da diferença entre indivíduos e, assim, cria-se uma reserva para o exercício direto de poder, determinada pelos diferenciais de poder. Por essa razão, a dificuldade de uma solução simples para a reforma do Conselho de Segurança, justamente porque, agora, à diferença do que ocorreu ao fim da Segunda Guerra, não existe um grupo de Estados vitoriosos e com suficiente hegemonia para criar uma equivalência entre o poder e o mecanismo institucional. Talvez para bloquear rearranjos inconvenientes aos que têm poder, sim. Se transferirmos, para o plano econômico, a disputa entre a legitimidade derivada da eficiência e a derivada da representatividade, encontraremos, por exemplo, no desenho institucional do Banco Mundial: nas quais se daria o equilíbrio justo entre a legitimidade que pede o universal e a que nasce do aporte diferenciado de recursos? A idéia de responsabilidade diferenciada aparece, ainda, no cerne das teorias da "estabilidade hegemônica", onde, na ausência de instituições supranacionais, caberá ao mais poderoso ou aos mais poderosos garantir o bom funcionamento da economia internacional (garantindo a liquidez, a liberdade de comércio etc.). Ou seja: o que supre as deficiências e limitações das instituições é algum tipo de recurso ao poder que agirá para criar bens coletivos. É claro que a situação é precária já que a lei pode ser fraca para levar os que detêm poder a impor comportamentos unilaterais. É possível evitar permanentemente as distorções daí surgidas? Digamos que existem condições de legitimidade para denunciá-las e eventualmente combatê-las. Mas a questão permanece: como moldar instituições que sirvam ampla e equitativamente a todos? Vamos tomar o exemplo da Rodada Uruguai. O núcleo filosófico do processo é a idéia de livre comércio. Porém, a modelagem das regras específicas obedecerá necessariamente à capacidade de influência e de poder de grupos de Estado. Assim, a preservação, por um bom tempo, dos subsídios à agricultura, obtida pela UE, é um exemplo claro das vantagens de poder. De qualquer modo, abre-se sempre a possibilidade de pedir a "universalização" das regras, porque o referencial de legitimidade induz à uniformização. Em tese, assegura-se um bem que interessa a todos, a estabilidade das regras de intercâmbio com modelos de equilíbrio que variam em cada capítulo, beneficiando diferentemente grupos de países. Porém, vemos que, para corrigir os "defeitos", abrem-se dois caminhos opostos e ambos legítimos: o primeiro é o da demanda pela universalização (os países, ao defenderem que a liberdade de comércio atinja os produtos agrícolas, estão demandando que se estenda a uniformização para novos temas etc.), e o segundo, que vimos acima, é o das exceções por razões temporais e espaciais. As duas vias de correção são, em princípio, legítimas e os problemas específicos só podem ser resolvidos pelo jogo negociador. O ganho maior, insista-se, ocorrerá à medida que não se escape, por via unilateral, desse marco e se tente impor uma ou outra via pelo uso de puro poder.

Um ponto ainda mais complexo surge quando lidamos com fenômenos como o da globalização financeira, em que os recursos de poder não são controlados diretamente pelos Estados. É possível imaginar instrumentos de vigilância dos fluxos que impeçam crises e, assim, sirvam a todos? É legítimo pedir tais instrumentos, mas é difícil imaginar fórmulas, senão indiretas, no marco da ação de bancos centrais nacionais, de realizar eficazmente a vigilância justamente porque, para usar os conceitos de Keohane e Nye, a distância entre a sensibilidade universal aos fluxos e a vulnerabilidade aos mesmos é grande[27]. Outro ponto é o fato de a liberdade dos fluxos corresponde a ponto doutrinário da hegemonia liberal. Para fazer uma comparação com o mundo da segurança, não existe, como existiu para as armas atômicas, a noção de que constituíam efetiva ameaça universal, já que mesmo o mercado financeiro que pode, em crise, tornar-se em ameaça, traz regularmente vantagens para os que dele participam; além disso, os Estados podiam, na dissuasão, calibrar as ameaças e, portanto, em última instância, atenuá-las e mesmo dissolvê-las e, no caso das finanças, os governos não têm controle direto sobre os fluxos; e, sobretudo, os que não dispunham de armas atômicas podiam propor plataformas universais de desarmamento quando, agora, apesar do fato de todos as economias nacionais poderem ser afetadas por crises financeiras, falta plataforma universal plausível. Em suma, ainda que existam bases para propostas legítimas de que se criem instrumentos universais para prevenir crises financeiras, delas não derivam, com clareza, soluções institucionais fortes.

A proposta de mecanismos universais pode tornar-se, assim, plataforma de reivindicações dos que não têm poder. É claro que, com a globalização, ganham um adicional de legitimidade embora, como vimos, seja difícil transpô-las para a realidade das instituições.

d. "Os valores universais não trazem solução para os problemas universais" — De uma certa forma, todos os argumentos anteriores servem para corrigir limitações nas posições daqueles que se apóiam em valores universais. Não os discutem, contudo, em sua essência. Admitem que são "bons" e, em algum momento, servirão aos propósitos de paz e desenvolvimento. Aqui, a discussão se torna mais "radical". Discute-se não mais com as deficiências momentâneas do argumento mas com as "perversidades" do real, que uma determinada visão do universal cria. No plano político, o diagnóstico inclui fenômenos como o ressurgimento de conflitos étnicos, de formas de um nacionalismo xenófobo, da baixa de tolerância em países desenvolvidos, da distância entre as demandas por soluções de crises regionais e as formas multilaterais de atuar, as instabilidades das novas democracias, a precariedade dos arranjos de segurança na Europa, a dificuldade de absorver a China como potência mundial etc. Hurrell e Woods mostram que, dessa forma, as próprias bases da legitimidade ficam abaladas. Eles afirmam:

> *The dominant trend for most of the twentieth century was to move against this exclusivism and exclusion in the name of greater equality. This was exemplified in the struggle for equal sovereignty, for decolonisation, for racial equality, and for economic justice. Moreover, the dominant norms of international society served to provide a degree of protection, for good and all, to many extremely fragile political entities (quasi-states to use Robert Jackson's phrase). The globalisation of liberalism, however, has begun to pull in the opposite direction,*

*and the resulting process of segmentation may well be working towards greater inequality*[28] (Hurrell e Woods, 1995, p. 465).

Mostram ainda que a *full membership* na sociedade internacional depende da adoção de certos modelos, tanto políticos quanto econômicos, e isso determina uma ressureição de padrões de hierarquia, de tal forma que a promoção de valores universais e os movimentos que ligam a ordem doméstica à legitimidade internacional se combinam para promover a volta a padrões de diferenciação. (Idem, p. 466). Nessa linha de argumento, o sistema econômico mundial, como está organizado, tende a produzir desigualdades crescentes, tanto no plano internacional como no nacional. As possibilidades de desenvolvimento, agora impulsionado no ritmo velocíssimo de criação científica e tecnológica, ficam restritas a um núcleo limitado de países e a distância entre ricos e pobres tenderá a se agravar. No plano nacional, o crescimento, em padrões globalizados, também é perverso, porque não permite absorver, em medida suficiente, trabalhadores e o problema do desemprego se torna estrutural. Além disso, o trabalho, dada a necessidade de eficiência, fica desprotegido com o desmonte das fórmulas clássicas de proteção social.

Essas realidades, inegáveis, formariam o núcleo do argumento de alternativas à hegemonia liberal[29]. Se aceitas, em vez de olharmos para a conjuntura internacional com a perspectiva de que se aperfeiçoam os padrões de legitimidade, teríamos o inverso, uma crise de legitimidade, quase no modelo habermasiano (já que o foco da crise não seria o Estado) (Held, p. 91). À medida que o sistema internacional oferece, de maneira decrescente, oportunidades de realização para "todos" os Estados, a tendência é de fuga ao cumprimento das normas, tentativas unilaterais de salvação. As potências beneficiárias da ordem seriam obrigadas a um esforço adicional de coerção para manter ordem no sistema, com o embaraço de custos crescentes. Isso valeria tanto para o mundo da economia (as crises financeiras teriam custos crescentes) como para o da segurança (as dificuldades para controlar rebeliões fragmentadoras do Estado seriam maiores).

Diante desse quadro, constata-se, no entanto, que ainda não existe, com força política e legitimidade: a proposta de uma nova ordem, como a que os países do Terceiro Mundo propunham ao longo da década de 1970. Não há alternativas "universais" para a ordem que aí está, ainda que seja reconhecida como precária. As correções serão, assim, pelo menos no horizonte previsível, pontuais e, daí, a importância do mecanismo das exceções.

## Conclusões

Essas anotações sobre o problema da legitimidade não levariam a conclusões definitivas e podem abrir três caminhos de reflexão.

Em primeiro lugar, sobre a própria noção de legitimidade. É, afinal, um conceito útil para entender a vida internacional? Ainda que seja um conceito problemático, de difícil apreensão, diante da força explicativa que têm os movimentos de poder para entendermos o internacional, é inegável que o poder, por si só, como querem os realistas, é insuficiente para examinarmos as razões de aceitação da norma na relação entre Estados. O poder não tem prestígio para justificar ações específicas, não se basta a si mesmo. Assim, "algo" — que não se reduz ao interesse unilateral nem se pode atribuir a impulsos éticos — também modela o internacional. É nesse espaço, às vezes difuso, mas historicamente determinado, que se situa a lógica da legitimidade. É uma construção "interessada", como vimos, e, ao mesmo tempo, transcende o interesse, apela ao universal e cerceia, com eficácia variável, os movimentos dos Estados. Obriga-os a prestar tributo ao que criaram. Como dizia Bull, o princípio do *pacta sunt servanda* não pode ser considerado como expressão cínica dos interesses dos mais fortes. (Bull, apud Hoffman, 1990, p. 19). De outro lado, à medida que movimentos transnacionais de opinião se fixam e se expandem em áreas como direitos humanos e meio ambiente, a legitimidade ganha raízes, ainda que tênues, fora do jogo específico das relações interestatais. Se não existe uma "opinião pública internacional", no sentido forte do termo, à semelhança das que influem as decisões políticas nas sociedades democráticas, existem, sem dúvida, idéias e valores que, adotados por resoluções multilaterais, por ONGs, servem a condicionar opções e a forçar determinados comportamentos dos Estados, contribuindo para que certas normas sejam cumpridas. A idéia de que existe uma "comunidade internacional" ganha, em algumas instâncias, força política e contribui para que os mecanismos de legitimidade se desprendam dos interesses exclusivamente estatais. Há, portanto, valores que se identificam com uma configuração hegemônica, que respondem a interesses das potências e outros, que iriam além, sustentando-se em forças novas. Insistamos, porém, que a legitimidade é um fator, longe de ser o exclusivo, na explicação do comportamento dos Estados.

Uma vez reconhecidas as origens da legitimidade, o segundo ponto a refletir seria sobre o seu alcance na ordem internacional contemporânea. Podemos tomar dois pontos de partida, uma mais próximo ao realista, que é o de Kissinger, e outro, mais grociano, o de Bull. Comecemos por Kissinger, para quem o valor fundamental é a estabilidade. Diz ele:

> *Stability... has commonly resulted not from a quest for peace but from a generally accepted legitimacy. 'Legitimacy'... should not be confused with justice. It means no more than an international agreement about the future of workable arrangements and about the permissible aims and methods of foreign policy. It implies the acceptance of the framework of the international order by all major powers, at least to the extent that no state is so dissatisfied that, like Germany after the Treaty of Versailles, it expresses its dissatisfaction in a revolutionary foreign policy. A legitimate order does not make conflicts impossible, but it limits their scope.*[30] (Kissinger, 1964, p. 1)

Por esse critério, terá havido um ganho evidente na passagem para o mundo pós-Guerra Fria. As disputas entre as potências parecem, hoje, controladas e, mais, haverá mesmo uma tendência a que se articulem em ações combinadas diante de crises, sejam políticas sejam econômicas.

Se adotamos a visão de Kissinger, o problema é que olharemos o mundo de hoje com lentes do século XIX, quando a ordem se baseava em arranjos limitados às potências. Hoje, ainda que tais arranjos sejam essenciais à estabilidade — e o fato de existirem é um dado da realidade internacional —, a sociedade das nações se universalizou e, em qualquer ordem legítima, as diferenças e desigualdades devem ser necessariamente consideradas. Do ângulo conceitual, é difícil identificar a ordem exclusivamente com estabilidade.

De outro ângulo — o ponto de partida grotiano —, existem valores comuns que se exprimem em idéias, instituições, comportamentos e que constituem o cerne da sociedade internacional. À medida que "mais" valores são aceitos por "mais" Estados, a sociedade internacional se aperfeiçoa. Nesse sentido, vale voltar a uma observação que resume a perspectiva de Wight. Diz ele, no princípio da década de 1980, a propósito da situação sul-africana:

> *(...) there is not a world consensus against communist oppression, or oppression by military governments, or of one Asian or African ethnic group by another, comparable to that which exists against this surviving symbol of a white supremacism that all other societies in the world, to different degrees and in different ways, have repudiated over the last three decades... While this should not lead us to fail to protest against ... other violations of human rights, we should also recognize that it is not now possible to unite the international community on any other basis than that of a clear repudiation of white supremacism* (Bull, apud Hoffmann, 1990, p. 20).[31]

Se comparamos o que Bull diz com a situação contemporânea, é inevitável concluirmos que, no ângulo das idéias e da cultura política, algo se transforma — e de forma muito significativa — nos últimos anos, algo que não pode ser identificado exclusivamente com o interesse das potências. Certamente a defesa dos direitos humanos vai além do racismo sul-africano que, aliás, foi superado em parte por pressão da sociedade internacional. É esse movimento de idéias que se constitui o cerne da legitimidade e, nesse sentido, vai além de uma mera referência de estabilidade, na formulação de Kissinger. De fato, a própria ênfase em direitos humanos leva a que algum componente de justiça, de expectativa de que as desigualdades diminuam, possa ser incorporado aos valores do tempo. Como incorporar, transformando um valor em argumento político, é o grande desafio para as políticas externas de nossos dias, especialmente para os países em desenvolvimento. O *espaço de proposição* não está obliterado e, enquanto não se desenham com clareza propostas globais de efetiva capacidade mobilizadora, os argumentos com base em "exceções ao universal" são um primeiro caminho para impedir que os "bons valores" levem a "péssimas conseqüências".

Compreender a lógica é só um passo — e não necessariamente o fundamental — para a melhor opção política.

## Notas

1. V., p. ex., Camillieri e Falk, em *The End of Sovereingty,* Londres, Edgard Elgar, 1992, e K. Ohmae, *O fim do Estado-Nação,* Rio de Janeiro, Campus, 1996 (original, The Free Press, 1995), trad. Ivo Korytowski.

2. N.E.: A legitimidade é uma opinião, um valor; mas o político mais cínico, que no seu íntimo, caçoa dela, sabe que a legitimidade é uma opinião decisiva à qual se faz referência com maior insistência quanto mais graves forem as decisões em causa, quando se trata de obedecer, não mais à esta ou àquela lei, mas às leis em geral, quando se trata, não mais de ser um bom ou mau cidadão, mas de aceitar ou de recusar ser cidadão. O governo dos homens somente será possível, de forma durável, se eles estiverem suficientemente de acordo sobre o que é legítimo e sobre o que não é. (Polin, 19)

3. Além dos exemplos apontados, que supõem modelos organizados de geração de legitimidade (movimentos sociais, partidos políticos etc.), poderíamos lembrar situações curiosas — e típicas de sociedades de baixo nível de institucionalidade — de formas de modificação da lei por processos espontâneos, como ocorre com uma regra fundamental de qualquer cidade moderna, o respeito ao sinal de trânsito. Em qualquer cidade, a cor vermelha significa parar. Porém, no Rio de Janeiro, à noite, invoca-se um argumento de "segurança" individual para que o semáforo seja desrespeitado sem conseqüências punitivas. Argumentariam os infratores que a necessidade da segurança individual supera, em circunstâncias, a necessidade da segurança coletiva. De uma certa maneira, freqüentemente, é o mesmo tipo de argumen-

to — o da prevalência do individual, no caso, nacional, sobre o coletivo — que vai explicar a violação da lei internacional por determinados Estados. A diferença é que, no trânsito do Rio de Janeiro, existe uma assimilação — é verdade que perigosa e precária — entre as várias "seguranças individuais" que ferem a lei a cada desobediência ao semáforo e uma nova segurança coletiva — todos se protegeriam de assaltos noturnos — enquanto no sistema internacional é difícil imaginar a hipótese de uma solução como esta. Em geral, a invocação da segurança é limitada e não se transfere.

4. Para uma análise interessante dos limites do realismo exatamente em vista da importância das "idéias", v. Goldstein e Keohane, eds. *Ideas and Foreign Policy,* Ithaca, Cornell University Press, 1993, especialmente o capítulo introdutório.

5. N.E.: Por legitimidade internacional entendo julgamento coletivo da sociedade internacional sobre o direito de pertencer — ser membro — à família de nações, sobre como a soberania pode ser transferida e como a sucessão do Estado deve ser regulada, quando grandes Estados dividem-se em pequenos ou quando vários unem-se em um. Até a Revolução Francesa, o princípio da legitimidade internacional era dinástico e dizia respeito ao *status* e às exigências dos governantes. Desde então, o dinasticismo foi substituído por um princípio popular, preocupado com as exigências e o consentimento dos governados.

6. O tema da efetividade do direito internacional é interminável e este ensaio necessariamente o simplifica. Para examinar uma visão recente do problema, v. Legro, *Which norms matter? Revisiting the* 'failure" *of internationalism.* International Organization, vol. 51 nº 1, pp. 31-63.

7. Ver, a respeito, o artigo de S. Krasner, "Power Politics, institutions and transnational relations" em T. Risse-Kapen, ed., em *Bringing transnational relations back,* Cambridge, Cambridge University Press, 1995, pp. 257-79.

8. N.E.: A propriedade de uma regra ou de uma instituição legisladora que por si exerce uma compulsão à obediência sobre aqueles aos quais se dirige enquanto orientação normativa.

9. Stanley Hoffmann propõe uma tipologia da lei internacional um tanto diferente mas que inspira a que propusemos. Para ele, há três tipos de lei: *"1. The law of political framework — the network of agreements that define the conditions and some of the rules of the political game among states. By "conditions", I mean such provisions as the settlement of borders after wars, the main alignments expressed in treaties of alliance, periodic conferences among major powers; by "rules",*

*I mean provisions that determine mutual commitments of states or procedures for the settlement of major disputes. 2. The law of reciprocity, which defines the conditions and rules of inter-state relations in areas that less vitally affect the power and politics of states... We can distinguish two laws of reciprocity: the law of delimitation, which defines rights and privileges of states — in peacetime over such matters as diplomatic relations, territory, and people , in wartime over weapons, military objectives, noncombatants, etc.; and the law of cooperation, which regulates joint interests, particularly in commerce. 3. The law of community, which deals with problems that can best be handled, not on the basis of reciprocity of interests among states understood as separate and competing units, but on the basis of community of action of independent politics — problems of technical or scientific nature to which national borders are irrelevant".* (N.E.: 1. A lei da ordem política: o conjunto de acordos que define as condições e algumas das regras do jogo político entre os Estados. Por "condições" quero dizer medidas como as tomadas ao se estabelecer as fronteiras após as guerras, aos principais acordos expressos em tratados de aliança, às conferências periódicas entre as grandes potências; por "regras" quero dizer as medidas que determinam o compromisso mútuo dos Estados ou os procedimentos para a resolução de grandes disputas. 2. A lei da reciprocidade, que define as condições e regras das relações entre os Estados em áreas que não afetem, de maneira vital, seus poderes e suas políticas... É possível verificar duas leis de reciprocidade: a lei de delimitação, que define os direitos e privilégios dos Estados – em tempos de paz, sobre questões como relações diplomáticas, território e povo e, em tempos de guerra, sobre armas, objetivos militares, população civil etc. –, e a lei da cooperação, que regula os interesses comuns, particularmente no comércio. 3. A lei da comunidade, que trata de problemas que podem ser melhor resolvidos não com base na reciprocidade de interesses entre os Estados entendidos como unidades distintas e concorrentes, mas na comunidade de ação de políticas independentes – os problemas de natureza técnica ou científica para os quais as fronteiras nacionais se mostram irrelevantes.) S. Hoffmann, "International System and International Law", *Janus and Minerva: Essays in the Theory and Practice of International Politics,* Boulder, Wetview Press, 1987, p. 156.

10. Em termos ideais, a norma deve ser obedecida simplesmente porque é norma, algo que foi convencionado, por um determinado grupo social ou grupo de nações, como um padrão que serve à convivência. Na metáfora do semáforo vermelho, ainda que o cruzamento estivesse deserto e não houvesse policiais nas imediações, o motorista

deveria parar simplesmente porque o comando existe e nenhum motivo pessoal — salvo aqueles previstos na própria lei, como no caso da legítima defesa etc. — poderia ser invocado para descumprir a norma. Sobre o tema, vale ler o texto de D. Held, "Power and Legitimacy", em *Political Theory and the Modern State* Cambridge, Polity Press, 1989, especialmente, pp. 102 e segs.

11. N.E.: "surgiu de acordo com a prescrição da legislação adequada a uma comunidade secular (de pessoas e estados) que dela precisa para funcionar".

12. N.E.: Um outro fator dinâmico para o cumprimento voluntário das normas é a crença de que uma norma é justa porque incorpora princípios de justiça compreendidos por uma comunidade moral (que pode ou não coexistir com a comunidade secular à qual a norma se aplica).

13. A abrangência da negação de um lado pelo outro chega a alguns limites curiosos. Lukacs, o grande pensador marxista, numa entrevista à *New Left Review,* em 1970, chega a dizer que "não tenho em alta conta a filosofia burguesa e considero Hegel como o último pensador burguês". É como se o fato de produzir pensamento em sociedades burguesas impedisse a criação intelectual e, assim, se perdem as obras de Heidegger, Sartre etc. A entrevista está publicada na coletânea, *Vozes do Século, Entrevistas da New Left Review,* (org.) Emir Sader, São Paulo, Ed. Paz e Terra, pp. 83-95.

14. N.E.: Jamais poderemos descansar até que as nações subjugadas do mundo tenham o pleno direito escolher seu próprio caminho, pois então, e somente então, poderemos dizer que existe uma forma de se viver pacífica e permanentemente com o comunismo.

15. Ambrose nota que, em 1955, os arsenais nucleares acumulados eram mil vezes mais destrutivos do que as bombas atômicas da década de 1940 e um bombardeiro americano carregava mais poder de destruição do que a soma de todos os explosivos usados durante a história. (Ambrose, 143)

16. Conscientes de representar a maioria da Humanidade, eles assumem a responsabilidade pela sua situação. Eles proclamam a vitória da lei moral que deve reger as relações entre as nações; eles denunciam a violência, proscrevem as invenções de morte, prescrevem a liberdade e a igualdade para todos os povos como condições *sine qua non* para a coexistência pacífica das nações (cit. em Braillard, 1984, p. 67).

17. Para uma análise da relação Norte-Sul como relação de poder, v. Krasner, *Structural Conflict:The Third World Against Global Libera-*

*lism*, em Berkeley, CA, California University Press, 1985. Em contrapartida, para uma visão do Terceiro Mundo como portador de ideais de justiça, v. as teses de Bull, resumidas em R. J. Vincent, "Order in International Politics", em Miller E Vincent, *Order and Violence: Heddley Bull and International Relations,* Oxford Clarendon Press, 1990, p. 59.

18. N.E.: A estrutura bipolar repousava, portanto, sobre uma relativa coerência entre a capacidade de produzir sentido (fornecer uma mensagem universalista) e a de gerar a potência (econômica e militar). As tentativas islamitas ou dos países do Terceiro Mundo para se libertar desta opressão lançando mão, ao mesmo tempo, de uma mensagem e de recursos autônomos, foram, de acordo com cada caso, anestesiadas, refreadas ou desfeitas (Laidi, op. cit., p. 15).

19. Lafer analisa de forma mais ampla o fenômeno, mostrando que, mesmo no campo ocidental, com o fortalecimento econômico da Europa e do Japão, o sistema se tornara mais complexo, menos permeável à ordem desejada pelos EUA. V., p. ex., "Reflexões sobre o tema da nova ordem mundial num sistema internacional em transformação", em *Paradoxos e Possibilidades,* Rio de Janeiro, Nova Fronteira, 1982, pp. 95-134.

20. Pólos de poder serão os EUA, a Alemanha, o Japão, a Rússia, a China, e regionalmente a Índia, os Tigres Asiáticos, o Brasil etc. É claro que são diferentes pelo que controlam de poder — recursos econômicos, militares etc. — e pelo escopo de sua atuação. No caso dos EUA, ainda que controle a maior quantidade de recursos e tenha atuação universal, terá de se contrapor a outros pólos em praticamente qualquer dimensão de sua atuação. O seu papel de liderança é decisivo ainda.

21. Para um exame comparativo de como variam as modalidades de presença das potências — e das instituições multilaterais, como a ONU — em situações de crise regional, comparar os processos de solução das crises internas em Moçambique — em que a atuação da ONU foi mais abrangente e efetiva — em Angola. V. a análise de A. Parsons, *From Cold War to Hot Peace,* Londres, Michael Johnson, 1995, pp. 141-52.

22. A lista de problemas proposta por Ricupero não pretende esgotar as possibilidades de controvérsias e dificuldades que o sistema internacional tem em sua agenda. Em uma das sessões do World Economic Forum, vários analistas tentaram listas mais abrangentes. Um exemplo é a de Richard Haas, que identifica como "*hot spots*": *"confrontation between the international community and Iraq; growing tension between the US and the European Community on how to deal with 'difficult*

*states', such as Cuba, Iran and Lybia as well as Iraq; an economic currency crisis in Asia; a breakdown of the Middle East peace process; a terrorist event; a crisis in the Korean peninsula; another 'failed state; whether in Europe or elsewhere"*. Como *'geopolitical challenges"*, ele enumera: *"international economic governance; managing the challenges of China's emergence as great power; managing Russia's decline, and particularly its nuclear stockpiles; managing the proliferation of weapons of mass destruction; dealing with 'grand terrorism', involving biological, chemical or nuclear weapons rather than car bombs; coping with transnational problems such as drugs, disease or environment; a decision within the US onto its role in the world"*. (N.E.: "a confrontação da comunidade internacional e o Iraque, a crescente tensão entre os Estados Unidos e a Comunidade Européia sobre como lidar com 'países-problema' (como Cuba, Irã, Líbia e, mesmo, Iraque), uma crise monetária da economia asiática, um colapso do processo de paz no Oriente Médio, um atentado terrorista, uma crise na península coreana, outro 'país falido' na Europa ou outro lugar". Como "desafios geopolíticos", ele enumera: "a condução da economia internacional, lidar com a emergência da China como grande potência, com a decadência da Rússia e, especialmente, suas reservas nucleares, com a proliferação do armamento com poder de destruição em massa, com o 'terrorismo pesado', que usa armas biológicas, químicas e nucleares (em vez de carros-bomba), enfrentar problemas transnacionais (como drogas, doenças e meio ambiente) e uma decisão interna dos Estados Unidos a respeito de seu papel no cenário mundial".) O que mais diretamente afetaria a nova situação de legitimidade seria a possibilidade de contestação da ordem pela China, o que ainda não está no horizonte. V. "Summaries". *In*: *World Economic Forum,* Davos, 1998, Annual Meeting, 1 geopolitical.

23. Embora com matizes interessantes, um proponente dessa atitude seria Escudé e sua teoria do "realismo periférico", que preconiza, por parte dos países em desenvolvimento, um abandono de objetivos estratégicos diferenciados para se concentrar em uma política externa que busque vantagens para o desenvolvimento econômico. V. C. Escudé, *International Relations Theory*: *a peripheral perspective,* Buenos Aires, Universidad Torcuato di Tella, 1993.

24. É evidente que a comparação entre a diplomacia clássica, limitada ao mundo europeu, e que se exerce em mundo de valores compartilhados por elites culturalmente próximas, e os tempos de hoje é limitada. Os temas contemporâneos das relações internacionais e os mecanismos de atuação do Estados, as formas de pressões sobre a política externa etc. formam um ambiente profundamente diferente do clássico.

25. Não se aprofundou uma discussão possível sobre se o universal admite "exceções", caso em que deixaria de sê-lo ou a distinção conceitual entre o que é exceção à norma e o que é interpretação. Preferiu-se simplificar a exposição do tema na suposição de que, no debate diplomático, as formas de argumentar — via exceção ou interpretação — tendem a se aproximar e são, em ambos os casos, manifestações de diferença.

26. Para uma análise dos problemas de legitimidade do Conselho de Segurança, v. D. Caron, "The legitimacy of the collective Authority of the Security council" em *American Journal of International Law*, vol. 87, nº 4, out. 1993, pp. 529-88.

27. Ver a diferença conceitual entre sensibilidade e vulnerabilidade em Keohane e Nye, *Power and Interdependence,* Boston, Little Brown, 1977, p. 11.

28. N.E.: A principal tendência do século XX foi a oposição ao exclusivismo e à exclusão em nome de uma igualdade maior. Isso ficou evidenciado na luta pela igualdade de soberania, descolonização, igualdade racial e justiça econômica. Além disso, as normas dominantes da sociedade internacional serviram para proporcionar um grau de proteção, definitivo, para muitas entidades políticas extremamente frágeis (*quasi-states,* para usar a expressão de Robert Jackson). A globalização do liberalismo, entretanto, começou a seguir para a direção oposta e o processo resultante da segmentação pode estar funcionando para se alcançar uma desigualdade ainda maior.

29. Para uma revisão abrangente da literatura sobre os efeitos da globalização, V. M. Galvão, em *Globalização: Arautos, Céticos e Críticos,* trabalho apresentado ao Curso de Altos Estudos, do Instituto Rio Branco, 1997.

30. N.E.: A estabilidade... normalmente não é alcançada com uma busca pela paz, mas com uma legitimidade amplamente aceita. A "legitimidade"... não deve ser confundida com justiça. Ela nada mais é do que um acordo internacional sobre o futuro das possíveis soluções e sobre as metas e métodos permissíveis da política externa. Ela implica a aceitação do modelo da ordem internacional por todas as grandes potências, pelo menos, de modo que nenhum Estado fique tão insatisfeito a ponto de, como a Alemanha depois do Tratado de Versalhes, expressar sua insatisfação com uma política externa revolucionária. A ordem legitimada não impossibilita os conflitos, mas limita a sua extensão.

31. N.E.: (...)não existe um consenso mundial contra a opressão comunista, a opressão dos governos militaristas ou a de um grupo étnico asiático ou africano sobre outro, comparável ao que existe contra o permanente símbolo de uma supremacia branca, que todas as outras sociedades do mundo, de formas e em graus diferentes, têm repudiado nas últimas três décadas... Embora não devamos deixar de protestar contra... outros tipos de violação dos direitos humanos, devemos também reconhecer que ainda não é possível unir a comunidade internacional por outros motivos difrentes do repúdio à supremacia branca.

# Bibliografia


Amado, R. (org), *Araujo Castro*. Brasília, Editora da UnB, 1982.

Ambrose, S., *Rise to Globalism*. Nova York, NY, Penguin Books, 7ª ed., 1993.

Bastid, P.. "L' Idée de Legitimité", em *L' Idée de Legitimité*, Paris, PUF, 1967, pp. 7-17.

Bobbio, N. "Sur le Principe de Legitimité", em *L'Idée de Legitimité*. Paris, PUF, 1967, pp. 47-60.

Braillard e Djalili. *Tiers Monde et Relations Internationales*. Paris, Masson, 1984.

Bull, H. *The Anarchical Society*. Nova York, Columbia University Press, 1977.

Caron, D. "The Legitimacy of the Collective Authority of the Security Council". *In: American Journal of International Law*. vol. 87 nº 4, outubro 1993, pp. 529-88.

D'Entrèves, A. P.. "Legalité et Legitimité", em *L'Idée de Legitimité*. Paris, PUF, 1967, pp. 29-42.

Delmas, P., *O belo futuro da Guerra*. Rio de Janeiro, Record, 1995, trad. S. Guimarães, (edição francesa, 1995).

Deustsch, C.. "Nature de la Legitimité et usage des symboles nationaux de legitimité comme technique auxiliaire du contrôle des armements", em *L'Idée de Legitimité*. Paris, PUF, 1967, pp. 129-146.

Escudé, V. *International Relations Theory: a peripheral perspective*. Buenos Aires, Universidad Torcuato di Tella, 1993.

Franck, T.. *The Power of Legitimacy among Nations*. Nova York, NY, Oxford University Press, 1990.

Fukuyama, F.. *The End of History and the Last Man*. Nova York, NY, Avon Books, 1992.

Habermas, J.. *The Legitimation Crisis*. Boston, Beacon Press, 1973 (1ª ed. alemã, 1973).

Hinsley, F.H. *Power and the Pursuit of Peace*. Londres, Cambridge University Press, 1963.

Hoffmann, S.. *Janus and Minerva: Essays in the Theory and Practice of International Politics*. Boulder, Westview Press, 1987.

________. "International Society". *In*: Miller e Vincent, eds. *Order and Violence: Heddley Bull and International Relations*. Oxford, Clarendon Press, 1990.

Huntington, S.. *The Clash of Civilizations and the remaking of international order*. Nova York, NY, Simon & Schuster, 1996.

Hurrell e Woods. "Globalisation and Inequality". *In*: *Millenium*. vol. 24, nº 3, 1995, pp. 447-70.

Keohane e Nye, *Power and Interdependence*. Boston, Little Brown, 1977.

Kim, S. Y. e Russet B., "New UN Voting Alignments", *International Organization*. vol. 50, nº 4, outono de 1996, pp. 629-652.

Kissinger, H., *Domestic Structure and Foreign Policy, in* Rosenau, J., ed., *International Politics and Foreign Policy*. Nova York, NY, The Free Press, 1969, pp. 261-73.

________. *Diplomacy*. Nova York, NY, Simon and Schuster, 1994.

________. *A Word Restored*. Nova York, NY, Grossel e Dunlap, 1964.

Lafer, C., "Derecho y legitimidad em el sistema internacional: soberanía nacional y comunidad mundial", *Foro Internacional*. vol. XXIX, abril-junho, 1989, nº 4, pp. 561-582.

Lafer, C. e Fonseca, G.. "A Problemática da Integração num Mundo de Polaridades Indefinidas". *In*: Forum Euro-Latino-Americano, *A Integração Aberta*. Lisboa, IEEI, 1995, pp. 28-65.

Laidi, Z.. "Penser l'après-guerra froide", *in* Laidi, ed., *L'Ordre Mondial Relâché*. Paris, Presses de La Fondation Nationale des Sciences Politiques, 2ª edição, 1993.

Levi, L.. "Legitimidade". *In*: Bobbio, Matteuci, Pasquino. *Dicionário de Política*, Brasília, 1983.

Mathews, J. T.. "Power Shift", *In*: *Foreign Affairs*. jan./fev. 1997, pp. 50-66.

Polin, R.. "Analyse Philosophique de l'idée de legitimité", em: *L'Idée de Legitimité*. Paris, PUF, 1967, pp. 17-28.

Ricupero, R.. "Depois deles, o Dilúvio". *In*: *O Estado de São Paulo*. 8 de dezembro de 1996, p. 2.

Wight, M.. *Systems of States*. ed. Hedley Bull, Leicester University Press, 1977.

# III
# Temas de Política Externa Brasileira

# O Pensamento Brasileiro em Relações Internacionais: O Tema da Identidade Nacional (1950-1995)[1]

Este texto reúne impressões mais do que o resultado de pesquisas organizadas sobre o pensamento brasileiro em relações internacionais. Não pretende, portanto, apresentar, de forma completa e abrangente, os autores e as instituições envolvidos com as questões internacionais ao longo do período analisado. Pelo seu caráter preliminar, visa simplesmente apontar hipóteses que poderiam servir de guia a estudos mais completos sobre um tema ainda pouco analisado na literatura sobre Ciências Sociais no Brasil[2].

Diante da relativa novidade do tema, começaria com uma indagação geral: no marco de uma sociedade nacional, em que momento será possível dizer que existe um pensamento sobre determinado aspecto de sua realidade? É possível sugerir alguns elementos:

a) o fato — óbvio — de que haja pensadores, ou seja, pessoas que demonstrem capacidade de analisar e interpretar as formas de organização, interação, criação simbólica etc. da sociedade em que vivem;

b) a existência de instituições que abriguem esses pensadores e lhes dêem condições para, de forma permanente e independente, levar adiante suas análises, por meio do patrocínio a pesquisas e da promoção de publicações especializadas e de debates;

c) a fertilização, por esse pensamento, com as naturais adaptações, do debate público e da informação veiculada pelos meios de comunicação de massa, de forma a que venha a ter algum tipo de "peso" na definição da própria realidade que retrata;

d) a presença de correntes contraditórias, escolas diferenciadas, que dêem movimento ao pensamento, para que este ganhe densidade e se torne uma referência confiável para quem queira compreender a realidade.

À guisa de exemplo, para o caso brasileiro, e tomando como marco histórico os últimos 50 anos, quando se consolidam as visões modernas nas Ciências Sociais, amparadas por instituições acadêmicas, é evidente que, se buscamos as articulações do pensamento sobre a realidade econômica moderna, esses critérios estão reunidos. Existem pensadores fundadores, como Roberto Simonsen, Celso Furtado, Eugenio Gudin, entre outros; as instituições universitárias e centros de pesquisa são sólidos, constituindo correntes de transmissão contínua de reflexão, além de dar instrumentos aos economistas para intervir na realidade; o debate econômico freqüenta a grande imprensa — é sintomático que até os telejornais tenham seus comentaristas econômicos — e o Parlamento — é fácil lembrar os nomes de congressistas-economistas —; e, finalmente, é possível identificar, no pensamento universitário, correntes contraditórias, umas mais liberais, outras estruturalistas, com reflexos sobre as opções de política econômica. Em suma, quem quiser entender como funciona a vida econômica do país terá abundância de recursos intelectuais.

Diante da constatação de que existem situações próximas a essa nos campos da Sociologia, da Ciência Política, da História e do Direito, é preciso reconhecer que o panorama em Relações Internacionais é mais pobre.

Antes de ir adiante, cabem algumas observações. Apresentado como foi, é natural que se identifiquem as referências básicas do processo de pensar com o trabalho de intelectuais e das instituições universitárias. O pleno preenchimento dos critérios anteriormente alinhados supõe a existência de ampla produção acadêmica em ambiente de liberdade. Porém, sabemos que em certas instâncias, diante da urgência de ação governamental, existe necessidade de analisar determinada realidade sem que se tenham constituídas as bases acadêmicas "ideais" para tanto. Isso é verdade, para o universo das relações internacionais. Para dar um exemplo: não havia pesquisa universitária sobre desarmamento na década de 1970 no Brasil, quando algumas das posições cruciais sobre o tema foram tomadas pelo governo brasileiro, decisões impostas pelo próprio curso da agenda internacional. O esforço de "compreender" situa-se, então, no campo governamental ou, mesmo, se lembrarmos a origem da preocupação com a temática dos direitos humanos, concentra-se nas organizações não-governamentais (ONGs). Um outro elemento a considerar para entendermos a multiplicidade das formas de pensar é o fato de certos temas, como o da identidade nacional, admitirem várias portas de entrada. Serão tanto preocupação acadêmica, como de agentes sociais, quanto do próprio discurso oficial. E, nesse caso, mesmo obedecendo critérios diferentes de aferição — a verificabilidade e a eficácia —, as interpretações acadêmicas e políticas devem somar-se para a compreensão mais completa do modo como a sociedade se vê e dos rumos que pretende seguir.

Vale também esclarecer que estamos tratando, quando falamos em Relações Internacionais, de conceito amplo e complexo, que compreende vastíssimo espectro de atividades. Para os objetivos deste texto, vamos limitá-lo e tomar como objeto de análise o relacionamento entre Estados, espaço privilegiado do jogo diplomático. É claro que a matéria da diplomacia se nutre do econômico, do jurídico, do social. Para efeitos de delimitação de um campo, porém, é necessário aceitar que os processos de disputa e cooperação entre Estados têm uma dinâmica própria, determinada basicamente pela natureza soberana de seus atores principais, os Estados[3]. Assim, para ficarmos em um só exemplo, a lógica econômica não se transfere automaticamente para o processo de transações econômicas internacionais, porque, neste, é modulada pelas questões de poder, pelas questões de interesse nacional. É evidente que a interferência política ocorre também no plano das decisões econômicas internas, mas, no plano internacional, pelo próprio fato de não haver uma entidade supranacional com poder de árbitro, tende a ser mais abrangente e pode assumir modalidades mais "dramáticas", quando, p. ex., as correntes econômicas são interrompidas por decisões de poder em conseqüência de algum conflito. Lembremos que uma das "penas" do direito internacional é justamente a suspensão do comércio do país condenado pela comunidade internacional.

Quanto aos argumentos centrais desse ensaio, vamos desenvolvê-los nas seguintes etapas. Na primeira, faremos uma sintética resenha dos "elementos de pensamento" na reflexão sobre o internacional no Brasil, a partir da década de 1950. A ênfase recairá sobre os pensadores e instituições acadêmicas mais do que no "movimento público" do pensamento, área ainda aberta à pesquisa. Escreveu-se pouco, por exemplo, sobre a evolução do debate parlamentar recente em relação a temas de política externa. Na segunda etapa, apresentaremos o "pensamento governamental" em política externa durante o período da Guerra Fria. Partimos da suposição de que, no caso brasileiro, em Relações Internacionais, o pensamento institucional, articulado pela Chancelaria, é referência necessária. Nessas duas etapas, o marco temporal é a Guerra Fria, porque, naquele período, o discurso oficial estabelecia, com clareza, o que seria um modelo da presença internacional do Brasil, que, com variações internas, tinha, além de contornos doutrinários, alguma consistência analítica. Finalmente, sempre de forma esquemática, veremos como os desafios do pós-Guerra Fria se apresentam para a reflexão universitária e institucional.

Nas diversas etapas, faremos anotações sobre como se dá o diálogo com algumas das linhas hegemônicas nas Ciências Sociais, e o tema que apóia a análise é o da identidade nacional, à medida que, por razões diferentes, tem sido preocupação tanto da Academia quanto do discurso de política externa. Sabemos que o tema é clássico nas interpretações acadêmicas do Brasil e desempenha mesmo um papel decisivo na fundação das Ciências Sociais modernas no Brasil, bastando lembrar as obras de Gilberto Freire, Sérgio Buarque e Caio Prado. Como veremos, em um outro diapasão, a identidade será também fundamental para o discurso elaborado pela diplomacia para situar o Brasil no mundo. A maneira pela qual nos vemos "oficialmente" é central para fundar a doutrina de ação externa do país. Os modos de construir a identidade são evidentemente diferentes. Para o cientista social, existem idealmente duas atitudes. Em primeiro lugar, quando toma a identidade como tema e busca desvendar o seu movimento na realidade social. Em segundo lugar quando, ainda que não trate diretamente da identidade, ao descrever aspectos da realidade contribui para que se "identifiquem" traços definidores do Brasil (como, p. ex., nos estudos da década de 1970 que revelam a má distribuição de renda no país). Já para o discurso diplomático, a identidade é parte necessária, trabalhada com objetivos políticos. A diferença dos processos de construção não impede convergências (que, aliás, seriam positivas quando ocorrem), e sugere mesmo que comparemos os dois modelos. Em nosso caso, para compreender melhor o sentido do discurso diplomático.

# I. As Origens Contemporâneas do Pensamento Brasileiro em Relações Internacionais:

## I. a. Os pensadores

Na história recente das Ciências Sociais brasileiras, é relativamente fácil identificar fundadores. São autores que, começando sua produção nas décadas de 1930 e 1940, propuseram, com o aparato moderno das Ciências Sociais, interpretações abrangentes e "objetivas" do que é o Brasil. Teríamos, assim, Florestan Fernandes para a Sociologia, Caio Prado e Sérgio Buarque de Holanda para a História, Celso Furtado para a Economia, Gilberto Freire para a Antropologia, Raymundo Faoro para a Ciência Política. Seria possível, de maneira semelhante, identificarmos o pai fundador do pensamento sobre Relações Internacionais?

Uma primeira pista nos levaria a buscá-lo nas tradições científicas consolidadas, como a que tem origem no trabalho dos historiadores, aqueles que escrevem histórias diplomáticas do Brasil, como Delgado de Carvalho, Hélio Viana e, em outro diapasão, José Honório Rodrigues. Nesse marco, ainda, ficam os biógrafos de Rio Branco, Álvaro Lins e Luís Viana. É evidente, porém, que esses autores são essencialmente historiadores que lidam com a dimensão diplomática e não especialistas na área "internacional". Além disso, são autores que se atêm a uma história descritiva — consistente, é verdade — mas que pretenderia ir além do que seria uma "organização dos fatos". Ressalve-se a importância de José Honório, que, ao buscar interpretações originais e mesmo ao defender, a partir de uma determinada visão do que foi a história da diplomacia brasileira, posições políticas, especialmente as linhas da política externa independente, merece lugar especial no acervo dos textos que fundam visões sobre a posição internacional do Brasil.[4]

Uma segunda base para o estabelecimento de uma concepção sobre o papel do Brasil no mundo vem de um tema tratado pela Ciência Política. Na década de 1950, quando se articula a moderna reflexão universitária sobre grandes temas brasileiros, a questão do nacionalismo é dominante e poderia dar origem à fundação do pensamento sobre o internacional. O nacionalismo é, porém, questão muito próxima à arena política, e isso leva a que a preocupação metodológica, clara nos "fundadores" de outras áreas das Ciências Sociais, não surgisse com força em Relações Internacionais. A atitude dos que escrevem é mais explicitamente política do que científica. Se tomarmos o ISEB, inegavelmente o centro onde se dá a mais ambiciosa e inegavelmente sofisticada produção intelectual sobre "uma teoria do nacionalismo brasileiro", observaríamos que o trabalho é, em última instância, orientado pelo objetivo político, no sentido de disposição prescritiva, mais do que pelo "metodológico". Mesmo quando se trata, como no caso de Roland Corbisier, de lançar as bases filosóficas para o nacionalismo brasileiro, sustentado em uma crítica contundente das perspectivas históricas de compreensão do Brasil, o resultado é fundamentalmente o de propor transformações estruturais, que modificariam a própria "essência, o próprio ser da sociedade até então dependente"[5]. Outro aspecto interessante é o fato de a reflexão levar a que as soluções políticas venham a se dar fundamentalmente no plano das transformações internas, da qual decorreria, logicamente, a transformação da posição internacional do país. A nação teria condições plenas de forjar, com consciência renovada de suas potencialidades, o seu destino. O pano de fundo é o de uma nação incompleta, mas que pode se completar por vontade própria. Nesse marco analítico, o diplomático não é relevante em si mesmo. Isso talvez explique que o único texto que trata mais diretamente de Relações Internacionais seja

"Nacionalismo na atualidade brasileira", de Hélio Jaguaribe, significativo também pelo equilíbrio que revela entre as propostas políticas e as análises científicas. É inegável, porém, que o objetivo final do livro é o de tomar partido no debate político, indicando a preferência por uma atitude de neutralidade "esclarecida" para a ação externa do país. De qualquer forma, não existe, no período, nada que se compare em abrangência e profundidade analítica ao trabalho de Jaguaribe, o que dá ao texto nítidas características de um marco fundador. No seu grande texto científico em torno da "teoria da modernização", publicado em inglês, os temas propriamente diplomáticos não são tratados por si mesmos. Jaguaribe voltará, na década de 1980, a produzir uma interessante série de artigos sobre Relações Internacionais[6].

Já na década de 1960, depois do movimento militar, o tema do nacionalismo se transpõe, de forma mais nítida, para a política externa. As propostas de uma diplomacia regida por atitudes independentes, autônomas, ganham circulação e serão elaboradas, basicamente, por pensadores de esquerda. Nas páginas da revista *Política Externa Independente*, surge a produção de maior repercussão sobre o processo internacional. Embora ali se encontrem artigos de maior conteúdo analítico, como um importante texto de Luciano Martins "O Brasil e a América Latina na Atual Conjuntura Mundial", (introdução a uma mesa-redonda, publicada no nº 2, da revista) sobre as transformações da realidade internacional, e os de Antonio Houaiss, é ainda uma revista voltada para o combate político, especialmente para a crítica do alinhamento ocidental, trazido pelo governo Castelo Branco. A prescrição acaba por prevalecer sobre os referenciais analíticos, como, aliás, era o objetivo da revista.

Pela própria natureza da metodologia que adota, o mesmo ocorre do outro lado do espectro político. Se existe um pensador que possa enquadrar-se na categoria de fundador do pensamento de direita é Golbery do Couto e Silva, em seu texto *Geopolítica do Brasil*. Não é o caso de comentar as discutíveis bases científicas da geopolítica, mas simplesmente de anotar que as conclusões de seu texto se encaminham, de forma clara, para propostas de determinadas linhas de aliança com o Ocidente. Afinal, desde as suas origens, a geopolítica nasce como fundamento de propostas estratégicas, de intervenção na realidade.

No plano das opiniões mais próximas do oficial, já que freqüentemente inclui reflexões de diplomatas, está a *Revista Brasileira de Política Internacional*, que não teria, contudo, nenhuma filiação ideológica ou metodológica à geopolítica. Depois de interrompida a sua publicação pela morte de seu idealizador e editor, Cleantho de Paiva Leite, a revista ressurgiu, em formato mais acadêmico, em 1993, patrocinada por um grupo de professores da Universidade de Brasília.

Outra linha forte de pensamento, de matriz sociológica, que se afirma com clareza na década de 1970, a "teoria da dependência", que tem origens nos textos da CEPAL, nas teorias centro-periferia e, em outras vertentes, na teoria do imperialismo. O livro mais conhecido é *Desenvolvimento e Dependência na América Latina*, de Fernando Henrique Cardoso e Enzo Faletto, publicado em fins da década de 1960. Embora tenha sustentado teoricamente análises específicas sobre o processo de inserção internacional do Brasil, sobretudo à medida que revê o paradigma imperialista, não é candidato natural à condição de fundador da reflexão sobre o internacional. Por uma razão simples: a análise da dependência busca essencialmente remodelar a sociologia do desenvolvimento a partir da dialética das condicionantes, internas e internacionais, econômicas e sociais, que estabelecem os limites para as opções nacionais de progresso. Muito secundariamente trata do jogo entre Estados, introduzido, aliás, em posfácio à edição americana do livro, mas sem a pretensão de constituir uma análise do processo diplomático propriamente, muito menos do brasileiro em particular[7].

Na década de 1970, começa a se delinear, no mundo universitário, uma reflexão mais claramente voltada para o internacional, entendido como relação entre Estados. Uma explicação possível é a de que, naquele momento, os paradigmas estruturais, tanto o da dependência quanto o geopolítico, tinham se tornado insuficientes para entender um processo em que o Brasil começava a ter conflitos, de espécie variada, mas sempre na chave de Estado para Estado, com os Estados Unidos. Como explicar que um país dependente, que deveria subordinar a sua política externa aos "desígnios do imperialismo", pudesse ter posições diferentes das dos EUA em matéria comercial (o primeiro conflito grave é em torno do café solúvel, em 1968), ou mesmo visão de mundo diversa e até contraditória (diferenças em matéria de desarmamento, aproximação com os árabes, com os movimentos de Terceiro Mundo etc.)? Da mesma forma, a geopolítica não era suficiente para entender essa dialética de um aliado "rebelde".

É nesse momento que surge, na universidade, a necessidade de direcionar o pensamento sobre como o Estado brasileiro desenvolve sua política externa, o que a condiciona, o que a motiva. O jogo diplomático passa a ser objeto de interrogação específica. Não por acaso, com Marcelo Abreu, Gambini e Gerson Moura (que escrevem suas teses na década de 1970, no exterior) volta-se o interesse da pesquisa acadêmica para a interpretação da política externa de Getúlio Vargas, para a sua diplomacia pendular entre os dois "imperialismos" — o alemão e o americano —, a indicar que o Estado tem alguma margem de manobra no plano externo, a qual variará de acordo com o que "permite" o sistema internacional e as condições de organização política nacional. A fórmula de Gerson Moura, "a autonomia na dependência", chama atenção justamente para a análise das razões e limites das opções diplomáticas. Essa compreensão dos graus de liberdade do Estado abre o campo analítico para o propriamente diplomático. Ou seja: os mecanismos de cooperação-conflito entre Estados têm uma lógica peculiar, que, ainda que seja explicável, em última instância, por fatores sociais, econômicos, culturais etc., pode e deve ser desvendada pelos instrumentos das Ciências Sociais.

Não interessa rever aqui o quadro dos diversos autores que, nessa época, analisam a política externa brasileira. Talvez por ter iniciado desenvolvimento mais sistemático na década de 1970, quando a reflexão universitária no Brasil prefere nitidamente os estudos focalizados, tenhamos perdido a oportunidade de, em Relações Internacionais, ter "pais fundadores", autores de obras abrangentes, que, ao mesmo tempo, fossem metodologicamente "modernas" e fornecessem bases para uma análise global do processo diplomático. Ainda assim, vale mencionar dois autores: Araújo Castro e Celso Lafer.

É curioso que, quando examina os modelos fundamentais da ação externa brasileira, Maria Regina Soares de Lima inclua, como representante de uma corrente realista (no sentido de entender o internacional como jogo de poder), um diplomata, João Augusto de Araújo Castro, especialmente pelas suas análises, feitas no início da década de 1970, do fenômeno a que denominou de "congelamento do poder mundial". Castro defendia a tese de que as superpotências articulavam soluções institucionais que bloqueavam as possibilidades de ascensão das "potências médias". Seriam típicos do "congelamento" os constrangimentos embutidos em tratados, convenções e práticas internacionais, à fabricação de determinados instrumentos de poder (como o nuclear). Vale notar que Castro conseguiu, sendo diplomata e no marco da instituição, dar características individuais ao seu pensamento, ao mesmo tempo que influenciou, por longo período, o próprio discurso oficial, como demonstrou o pronunciamento do então presidente Sarney na ONU, em 1985.

Tanto nas análises globais como nas de temas conjunturais (lembremos o seu livro inaugural sobre relações com a Argentina, escrito em cooperação com o argentino Felix Peña), autor que simboliza, no mundo acadêmico, a passagem definitiva do prescritivo para o analítico é Celso Lafer. A chave para o pensamento de Lafer é, ainda, o realismo, pois, especialmente quando inicia as suas reflexões sobre o internacional, constrói seu argumento em torno da idéia de que o Brasil seria uma "potência média" no marco da estratificação internacional. Difere de Castro, porém, à medida que sua preocupação analítica é mais acentuada, dela não decorrendo afirmações críticas diretas, e sim um quadro de possibilidades de ação. Os temas da adesão a valores ocidentais, da compreensão do sistema internacional da Guerra Fria como marcado pela disjunção entre ordem e poder (o que introduz a questão da legitimidade) e outros dão a Lafer a condição de um dos iniciadores da moderna reflexão sobre o jogo diplomático brasileiro. Ao mesmo tempo, afastam-no de um "realismo estrito" porque, para ele, o peso dos valores será essencial para orientar as opções diplomáticas.

De todo modo, ao lado de sua tese sobre a política do café, boa parte da produção de Lafer é de artigos voltados para temas específicos, e, ainda que revele preocupações e escolhas teóricas claras (e ele escreve textos puramente teóricos), não pretende explicitamente construir uma teoria geral das relações diplomáticas do Brasil. Seria, porém, possível imaginar que, reconstruindo a obra de Celso Lafer, chegássemos aos apontamentos iniciais e às referências básicas para o "pensamento fundador".

Valeria ainda uma palavra sobre os trabalhos de Maria Regina Soares de Lima, especialmente a sua tese de doutorado pois, ainda que se volte para a análise de casos, lança uma interessante série de hipóteses abrangentes sobre o comportamento internacional do país, reconhecendo que, por ser médio, tanto estará em posições hegemônicas diante de alguns parceiros quanto subordinada diante de outros"[8].

Uma breve e necessária referência seria aos brasilianistas, como Ronald Schneider, Stanley Hilton, Wayne Selcher, Frank McCann, Rosenbaum, Wesson, Theberge e outros que lidaram com temas internacionais. Ainda que não se enquadrem na categoria de formadores de um "pensamento brasileiro", foram especialmente importantes ao levantarem duas questões. A primeira é a de, claramente, "aplicar teorias" que explicassem a perspectiva de poder do Brasil. Escrevem na década de 1970, quando a ascensão do país a "potência emergente" tornara-se um tema politicamente relevante. A segunda é a da diplomacia de Vargas, que, como vimos, despertará interesse metodológico à medida que revela uma área de liberdade da ação diplomática. Nesse sentido, é interessante e polêmico o diálogo com os especialistas brasileiros do período, anteriormente referidos.

Cabe, finalmente, uma ressalva sobre o fato de que, diferentemente das outras ciências sociais, as Relações Internacionais não têm uma longa história na academia nos países desenvolvidos. A rigor, os cursos regulares da disciplina começam nos anos posteriores ao fim da Primeira Guerra, na esteira do idealismo wilsoniano, e os "pais fundadores" modernos, nos países ocidentais, escrevem suas obras fundamentais durante a Guerra Fria: nos EUA, Morgenthau; na Grã-Bretanha, Martin Wight; na França, Raymond Aron. Assim, só na década de 1950, completam-se os delineamentos do pensamento moderno, à medida que são atendidos os requisitos do que se considera "ciência social". Até hoje, porém, persiste uma disputa de paradigmas — ou seja, ainda se discute o que "é" a Teoria das Relações Internacionais tanto quanto, no marco de cada paradigma, à maneira das outras ciências sociais, persistam conflitos de interpretação — que, de certa forma, caracteriza a fragilidade da base teórica das Relações Internacionais, ainda uma confluência de saberes da Ciência Política, da História, do Direito, da Economia, da Sociologia, da Filosofia.

Portanto, para os brasileiros, mesmo um mero trabalho de "adaptação" seria complicado, já que simplesmente não havia referenciais teóricos sólidos e hegemônicos, salvo o do realismo, que se afasta muito, especialmente nas décadas de 1950 e 1960, da matriz hegemônica, o imperialismo. Neste as relações entre Estados se explicam pelos movimentos globais do capitalismo e o jogo de poder é epifenômeno. Para o realismo, aquelas relações valem em si mesmo, são regidas pela lógica do equilíbrio de poder. É sintomático, aliás, que as bases da reflexão brasileira sejam elaboradas por historiadores, economistas, sociólogos e estrategistas, que trabalhavam com os fundamentos mais sólidos de suas áreas. Existe, assim, até a década de 1970, uma história de reflexão sobre o diplomático que acompanha, muito de perto, o debate sobre a ação externa. A participação no debate público é a primeira preocupação de quem escreve. Mais adiante, já na década de 1970, a situação se altera. O pensamento ganha contornos acadêmicos e reflete, mais indiretamente, como vimos nos estudos sobre a diplomacia de Vargas, o que acontece na superfície do processo político. O tema do nacionalismo domina ostensivamente a primeira fase; o tema da margem de manobra domina, ora explicita, ora implicitamente, a segunda.

## I. b. Instituições e Escolas

Alguns dos pensadores a que me referi, como Araújo Castro e Golbery, trabalham com amparo institucional; o primeiro, porque traduz preocupações dos formuladores da política externa brasileira, e o segundo, porque sistematiza tradições do pensamento militar. O mesmo acontece em outro diapasão, já que é um intelectual "puro", com Jaguaribe, que pensa no influente marco isebiano. Estão imersos em instituições voltadas para o fazer político (com qualificações, é evidente, para o ISEB). Por isso, sua reflexão, ainda que original e analiticamente significativa, está vinculada de modo intrínseco a processos políticos. Mais claramente, tanto o Itamaraty como as Forças Armadas "pensam" em função de interesses, de uma determinada visão de seu papel como burocracias permanentes, ou ainda de conjunturas, faltando, por isso mesmo, ao seu pensamento as condições de originalidade e de sentido crítico que normalmente devem trazer as interpretações intelectuais ou acadêmicas da realidade.

De qualquer forma, é um sinal significativo da hipótese de que, no Brasil, as instituições oficiais dominaram, em medida significativa, pelo menos até a década de 1970, as formulações centrais sobre a política externa.

De fato, no marco universitário, depois do Instituto Brasileiro de Relações Internacionais, da Fundação Getúlio Vargas, criado na década de 1950, as instituições e centros de pesquisa, as revistas especializadas, começam a surgir, com vocação de permanência, na década de 1970. O *Instituto de Relações Internacionais* da PUC-RJ é criado; os cursos de Ciência Política do IUPERJ começam a admitir teses sobre Relações Internacionais; alguns seminários, patrocinados pela Câmara e pelo Senado, debatem questões internacionais, a editora da UnB publica alguns textos clássicos na área e lança o primeiro manual brasileiro, escrito por Ronaldo Sardenberg; será a Universidade de Brasília a primeira a ter curso de graduação em Relações Internacionais. Já na década de 1980, o CPDOC, da Fundação Getúlio Vargas, começa a fazer entrevistas com ex-chanceleres — Mônica Hirst e Maria Regina Soares de Lima iniciam o programa ao entrevistar o chanceler Azeredo da Silveira —, entrevistas que vão dar frutos na década de 1990, quando saem as memórias de Ramiro Saraiva Guerreiro, Mario Gilson Barbosa e Vasco Leitão da Cunha (embora não faça parte da série, a de Roberto Campos poderia ser incluída nesse capítulo)[9]; o Itamaraty, com o apoio da FINEP, financia um conjunto de pesquisas sobre temas internacionais e cria um instituto — o Instituto de Pesquisa em Relações Internacionais-IPRI, idealizado por Ronaldo Sardenberg

— voltado para estimular a pesquisa acadêmica sobre Relações Internacionais, promover seminários e publicar trabalhos de diplomatas, sobretudo os que tivessem características acadêmicas, como os apresentados no Curso de Altos Estudos, do Instituto Rio Branco. Surgem duas revistas novas, uma do IRI, a *Contexto Internacional*, e outra, *Política e Estratégia*, lançada por um grupo paulista, liderado intelectualmente por Oliveiros Ferreira, dedicada a análises de tom geopolítico. A Unicamp abriga o primeiro núcleo de estudos estratégicos, dirigido por um militar na reserva, Geraldo L. Cavagnari.

O marco é ainda modesto, diante das dimensões dos problemas brasileiros. Não se criaram centros voltados para o estudo das relações do Brasil com os vizinhos ou mesmo com os EUA. Os centros de estudos africanos, na Cândido Mendes e na USP, estiveram mais preocupados com as relações culturais ou com problemas étnicos do que propriamente com o processo internacional (embora tenham patrocinado pesquisas significativas na área, especialmente com Fernando Mourão). Mais recentemente, forma-se o Centro de Estudos Internacionais e Política Comparada, na USP. Na Anpocs, a partir do início da década de 1980, reúne-se o Grupo de Estudos em Relações Internacionais e Política Externa (Gripe), que reúne produção significativa e muito variada tematicamente.

É difícil fazer um sumário do pensamento desses diversos grupos, que contribuíram significativamente para estabelecer as bases do que seria a vertente acadêmica do pensamento brasileiro sobre política externa. Uma análise superficial diria que, pelo escopo limitado dessa produção e pela história curta de seu desenvolvimento, ainda estariam sendo lançadas as bases de "escolas de pensamento", no sentido forte da expressão, sobretudo se temos, como marco comparativo, a realidade universitária dos EUA, ou mesmo a de alguns países latino-americanos, como as do Chile e da Argentina. O momento é de iniciar a fixação de orientações teóricas, definir campos temáticos para a pesquisa permanente e estabelecer debates internos continuados. Ou seja: as lideranças intelectuais só agora começam a estabelecer os mecanismos institucionais que garantam continuidade à reflexão. Na verdade, é possível que as teses de mestrado, realizadas pelo IRI-PUC, UnB e USP já indiquem a constituição de "escolas", o que é um tema a ser investigado.

Quanto ao debate público, há momentos expressivos, como, a campanha pela nacionalização do petróleo ou ao lançar-se a política externa independente, quando se desenha uma forte reação, capitaneada pelos editoriais de *O Estado de S. Paulo*, críticos do reconhecimento brasileiro do MPLA em 1975 e da aproximação com Angola. Mais tarde, na mesma linha, Roberto Campos, também pela imprensa, fará crítica violenta ao terceiro-mundismo do Itamaraty das décadas de 1970 e 1980. Tal debate, porém, é mais diretamente político, conduzido pela imprensa, e talvez não tenha sido influenciado pelo andamento da pesquisa universitária.

Um registro necessário é o de que, no fim da década de 1980, quando se articula a aproximação com a Argentina e, especialmente, depois que se cria o Mercosul, abre-se um novo e significativo campo para a pesquisa acadêmica. Por várias razões. O Mercosul é um fenômeno intrinsecamente interessante já que incorpora, de um lado, uma dimensão nova à política exterior brasileira, que é a de um tema diplomático central que "afeta" diretamente interesses de setores sociais e regionais diversos tendo, por isso, forte peso político interno; de outro lado, é um processo "intelectualmente" rico, não só porque os mecanismos de integração são complexos e pedem apoio "acadêmico" para a sua compreensão (até pelos negociadores), mas também porque o modelo de integração que escolheremos será decisivo para nos situar no processo internacional. O fenômeno apresenta, assim, uma série de interrogações claras sobre o que pretendemos, desde as que se situam na lógica interna do processo (Porque somos maiores, devemos ser "generosos"? Que tipo de benefícios auferimos?) até as que nos levam para o marco continental (O Mercosul é um passo para a integração hemisférica? Como se dará a aproximação com o Nafta?) ou mesmo global (relações com a União Européia, com a OMC, grau de abertura internacional do processo etc.). Outro ponto: a integração revela, claramente, a dimensão propriamente política dos processos econômicos. Enfim, são todas questões que, além de atraentes para o analista, estão apoiadas em jogo concreto de interesses, o que leva a uma intensa atividade acadêmica (seminários, livros, pesquisas etc.) voltada para "desvendar" os significados do processo integracionista. Sintomáticos da nova tendência são os estudos patrocinados pelo Fórum Nacional, os quais ampliaram significativamente o debate sobre os novos andamentos do sistema internacional e sobre a problemática da integração e a expansão geográfica dos estudos sobre integração, que passam a interessar as universidades do Sul e mesmo no Nordeste[10].

## I. c. O Pensamento Institucional: A Questão da Identidade Nacional ao Tempo da Guerra Fria

Vale começar por uma observação que permeou até a década de 1960 o panorama dos estudos de Relações Internacionais no Brasil. Dizia-se que as pesquisas não prosperavam porque o Itamaraty exercia o "monopólio" do processo diplomático, não se abria ao debate, mantinha fechados os seus arquivos etc. Isto é, em parte, verdadeiro, embora, especificamente no que concerne aos arquivos, depois de 1964, prevalecesse a percepção autoritária do que seriam os "segredos de Estado". É sintomático que a pressão mais organizada para a sistematização do acesso aos arquivos diplomáticos ocorra e tenha tido êxito em meados da década de 1980, quando se torna importante a comunidade de historiadores que se ocupa de Relações Internacionais[11].

Em termos gerais, mais do que um "controle" do Itamaraty sobre as fontes primárias da história diplomática, o fato é que os temas da política externa interessavam apenas secundariamente aos cientistas sociais. Ora por serem muito distantes e técnicos, ora porque não revelavam diretamente a dialética de interesses "concretos", ora porque, na lógica do pensamento universitário dominado no plano das Relações Internacionais pelas variantes da teoria do imperialismo, os temas diplomáticos não despertavam maior interesse intelectual. Afinal, eram as estruturas de inserção no capitalismo internacional o objeto privilegiado de reflexão[12].

Paralelamente, se nos voltarmos para os momentos de debate público, também o que se constata é uma medida de inconstância.

O debate ganhava fôlego em situações bem-definidas, quando as ligações interno-externo eram claras e refletiam o que importava ao tempo da Guerra Fria: as manifestações de escolha diante dos processo de conflito global. O debate desencadeia-se quando se combinam o ideológico (afastamento-aproximação do Ocidente) e questões de poder (maior autonomia na chave do nacionalismo). Os momentos de maior vivacidade no debate — o nacionalismo, que se exprime na questão do petróleo; o alinhamento e a política externa independente; e, já na década de 1970, a política de aproximação com o Terceiro Mundo — são tipicamente instâncias em que as disputas internas encontram referência imediata no plano internacional.

A primeira conclusão a tirar, portanto, é a de que, sobretudo até a década de 1970, havia um espaço amplo para que o pensamento institucional se afirmasse como padrão necessário de referência quando se buscava saber o que seria a visão brasileira sobre o sistema internacional. Como vimos, o contraponto intelectual não está ausente. Será, nas décadas de 1950 e 1960, o nacionalismo e a autonomia, acatado durante a "política externa independente", negado durante os primeiros anos do movimento de 1964. Na década de 1970, especialmente com o pragmatismo responsável, prevalecerá a crítica de direita, as acusações de excessos terceiro-mundistas. Embora, em regra, a partir de meados da década de 1970, a política externa apóie-se em razoável consenso interno. Isto se ficarmos no campo do exclusivamente diplomático já que, se pensarmos em termos mais amplos, questões como a da dívida seriam objeto de mais amplos e contundentes debates, vinculados às opções gerais de política econômica.

O segundo ponto é o de que podemos encontrar no discurso oficial material suficiente para delinear o que estamos chamando de pensamento. De fato, pela sua própria natureza, a política externa se sustenta, talvez mais do que outras políticas de Estado, em procedimentos explicativos, já que vive também de atitudes simbólicas que buscam exprimir ideologicamente a globalidade dos interesses nacionais. A fragilidade própria dos mecanismos de legitimidade e legalidade no plano internacional obriga os Estados a "justificarem" sistematicamente as suas escolhas. Ou seja: a política externa deve — mais do que a política econômica, p. ex., que extrai sua legitimidade em parte do sucesso de medidas específicas — desenhar uma doutrina de ação que se sustente diante de um grupo de interlocutores "iguais": os outros Estados soberanos. Em vista da ausência de uma instância de arbitragem de conflitos que seja superior ao Estado, é necessário um esforço permanente para dizer que as opções globais e as *policies* são legítimas e, quando for o caso, legalmente corretas. No caso brasileiro, especialmente ao tempo da Guerra Fria, um movimento decisivo, verdadeiramente definidor do que éramos no sistema internacional, dizia respeito à explicação das escolhas feitas sobre o modo de nossa atuação no marco da hegemonia americana, o que sempre exigia cuidados justificativos, quer a atitude fosse de alinhamento com os EUA, quer fosse de contestação ao alinhamento.

Reforça ainda a hipótese da necessidade de que as instituições governamentais elaborem visões de mundo o fato de o pensamento sobre o internacional ter sempre uma dimensão multilateral, ou seja, os diagnósticos sobre o mundo, quando compartilhados, adquirem uma medida de poder, especialmente para os países em desenvolvimento, ao aglutinar grupos de países em torno de temas comuns. O movimento fica claro quando examinamos, p. ex., as propostas para a criação de uma "Nova Ordem Econômica Internacional", em que a seqüência — criação de uma teoria (Cepal e a deterioração dos termos de intercâmbio), articulação diplomática dos países em desenvolvimento (Grupo dos 77) e transformação das propostas em ação política (Unctad) — é muito evidente[13].

Aceitas essas premissas, faltariam observações sobre a própria natureza do pensamento institucional, tomando sempre como marco o tempo da Guerra Fria.

Para esquematizar a apresentação, diria que as duas categorias centrais do pensamento institucional sobre o internacional são a de "identidade" e a de "relação"[14]. O sistema internacional é um sistema social que se caracteriza por um número pequeno de atores estatais, com profundas diferenças de peso e capacidade de influência. Ora, o primeiro passo para estar no sistema é a definição do que se é, a marca da identidade. O processo específico para se alcançar essa definição estará centrado na dialética entre o que o sistema internacional oferece e as raízes nacionais de identidade. Concretamente envolve, portanto, uma leitura combinada de várias matrizes, ora nacionais, ora internacionais, que vão da geografia à cultura, passando pela estratégia, a natureza do regime, o conjunto de alianças possíveis e os conflitos específicos em que o país estiver engajado. Em suma, para compreendermos a identidade de um país, interessa tanto o fato de que seja predominantemente cristão quanto o de estar no centro ou na periferia de um conflito global. A esse respeito, lembremos que, ao tempo da Guerra Fria, uma das primeiras necessidades de qualquer Estado para buscar identidade era a de "escolher lados" naquele processo conflitivo.

Uma vez definida a identidade, a qual, na hipótese que desenvolvemos para o caso brasileiro, teve forte conteúdo institucional, o segundo passo é escolher as relações que servem à afirmação daquela identidade. A transposição de uma autodefinição de identidade para o universo das escolhas diplomáticas não é, quase nunca, simples ou coerente. Ao contrário, o discurso de política externa, mesmo das potências, é marcado pela dificuldade de aplicar escolhas ideológicas a um universo em que a liberdade dos atores sociais, dada pela soberania, impõe surpresas permanentes. De qualquer forma, para ficarmos em exemplos extremos, uma identidade nacional que se defina como privilegiada, missionária, superior, deve levar a atitudes que representem, também, um extremo de relação, a disposição de influência, de mudar o comportamento do outro. No outro lado do espectro, a identidade marcada pelo sentimento de especificidade e que tende a aceitar a especificidade do outro, sendo regida, portanto, não pela idéia de influenciar mas pela de compartilhar, e que deve levar ao que poderíamos chamar de encontros iguais, ao respeito pelo outro, à construção comum, à combinação de legitimidades e não a imposições unilaterais. Em suma, as identidades são uma primeira pista para entendermos de que maneira os Estados definem os seus padrões de relacionamento internacional, embora, evidentemente, não esgotem o exercício.

Podemos passar, agora, a lidar com a identidade do Brasil como ator internacional. Ou, mais precisamente, com uma dimensão dessa identidade, aquela que se refere às escolhas sistêmicas, à parte do discurso diplomático que reflete as opções de política global (e que, evidentemente, constituem somente uma parcela do discurso diplomático, o qual, p. ex., terá sempre dimensão regional significativa com lógica própria).

Vamos restringir-nos, nesse primeiro momento da análise, ao período da Guerra Fria, que oferecerá, para o processo de auto-identificação, uma dicotomia fundamental, a de "ocidental" (democrático, capitalista) ou "socialista" (democracia centralizada, planejamento central); uma segunda dicotomia — "ricos-pobres" — será, de certa maneira, construída pelos pobres, não estando dada pelo conflito central, ainda que capitalismo e socialismo tenham a ver com formas de produção da riqueza. E o jogo diplomático Norte-Sul "aproveitará" do conflito Leste-Oeste. Para os países que não têm posição hegemônica, a construção da identidade internacional é necessariamente fundada no que o sistema oferece em termos de constrangimentos ideológicos. Há uma espécie de "limitação à criatividade". Mas, insista-se, essa limitação não é absoluta, e, no caso da Guerra Fria, o próprio impasse global, o empate entre blocos, abria brechas para a construção de posições próprias tanto no plano político, o não-alinhamento, quanto no plano econômico, a condição de país em desenvolvimento, ambas com conseqüências diplomáticas significativas.

Entrando já na natureza da identidade, uma primeira observação a fazer é a de que o pensamento institucional brasileiro se articula, no marco ocidental, por uma combinação do que foram, ao longo do período, as forças nacionais hegemônicas, a tradição cultural e a geografia política. A referência ocidental não é, porém, estática. Por duas razões básicas: Ocidente é uma noção ampla, que vai do cultural ao estratégico, podendo ser identificada — como foi na década de 1950 — tanto com tradições cristãs e democracia quanto com articulação de alianças de combate ao comunismo; em segundo lugar, porque, ao longo do período, variam os pesos dos valores e as necessidades estratégicas (a passagem do *welfare state* ao neoliberalismo seria um exemplo, para os valores econômicos, da mesma forma que a agressividade da doutrina dullesiana se transforma em *détente* na década de 1970). Outro problema são as contradições no âmbito do próprio marco ocidental: muitas vezes verificar-se-á clara contraposição entre o mundo dos valores e os objetivos de segurança, como, no apoio norte-americano, ao tempo de Carter, a governos autoritários, ao mesmo tempo que se proclama a doutrina de defesa dos direitos humanos.

Há opções a fazer, portanto, no marco do que é o Ocidente. E o pensamento institucional as fez. Não interessa aqui explicar a sociologia da escolha, sempre condicionada ao jogo combinado de movimentos internos e mudanças internacionais. É possível, porém, dizer que passamos historicamente por três modelos de auto-identidade, sempre no marco ocidental):

a) o modelo "ocidental puro", que combina uma adesão irrestrita a valores ocidentais com aliança estratégica e corresponderia basicamente ao governo Dutra; nesse período, a identidade do Brasil, como ator internacional, funda-se na adesão à democracia e no combate ao comunismo interno, a ponto de colocar-se na ilegalidade o Partido Comunista e, mesmo contra o conselho americano, romper relações com a URSS. O modelo implicava também aceitar a liderança dos Estados Unidos em organismos multilaterais. De certa maneira, ele será ressuscitado com o movimento de 1964 e terá o seu momento paradigmático quando enviamos tropas para a República Dominicana um ano depois, embora tenha vida curta: a edição do AI-5, em 1968, revelando a pouca disposição para a redemocratização, as pendências sobre direitos humanos e a resistência do Brasil a assinar o TNP, em 1969, são ingredientes de um processo interno que leva à qualificação do modelo, que se transforma significativamente ao longo do período autoritário;

b) uma variante do modelo anterior, que caracterizaríamos de "ocidental qualificado", ocorre no segundo governo Vargas e no governo Juscelino; basicamente, continuamos "ocidentais", entendida esta noção como adesão à democracia, e próximos politicamente dos EUA. Há, porém, ensaios de exercício de "diferenciação", ora no campo estratégico (não mandamos tropas para a Coréia em 1952, embora tenhamos renovado o acordo militar com os EUA), ora no campo econômico (a nacionalização do petróleo e, já com Juscelino, as divergências com o FMI e o lançamento da Operação Pan-Americana). É importante acentuar que a opção ocidental abre uma margem de autonomia em alguns campos, com custos relativamente baixos (ou seja, o país não poderia escolher um caminho socialista, mas o afastamento da ortodoxia liberal não era considerado um "crime" contra o sistema). Finalmente, uma das características desse modelo é a limitação do relacionamento com os países socialistas (o reatamento de relações com a URSS só se daria em 1961;

c) o modelo "ocidental autônomo", que se desenha com duas variantes significativas: a "política externa independente" de Jânio e Goulart e, mais adiante, a política do pragmatismo responsável, de meados da década de 1970. Essa talvez seja a mais articulada e completa tentativa de desenhar, de forma própria, uma identidade internacional para o país. A principal diferença entre os dois momentos reside na própria interpretação do que é ocidental, já que, ao tempo da "política externa independente", somos uma democracia e, na década de 1970, um regime autoritário. O ocidental passa a ser, nessa segunda fase, não mais a defesa das instituições nacionais da democracia, mas antes do direito de divergir da liderança ocidental, da tolerância. A democracia, que não existe internamente, é plataforma para a renovação do sistema internacional, para abertura à participação dos países médios e pobres. Outro elemento diz respeito à própria complexidade dos interesses brasileiros no exterior, já que a rapidez do processo de industrialização do país leva ao crescimento da nossa presença econômica internacional e, conseqüentemente, a necessidades diferenciadas de projeção. Por outro lado, as duas variantes revelam essencialmente a idéia de que o país tem a possibilidade de criar, no marco do Ocidente, uma identidade própria, que o leva a se afastar das doutrinas e posições da liderança do bloco. De que se constituiria essa identidade própria? De vários fatores. Por exemplo, o fato de sermos "potência média", o que nos tornaria, como Jânio preconizava, uma "ponte" entre o Ocidente e os países pobres; o fato de sermos um país com uma perspectiva própria sobre a construção de poder, o que nos leva a estabelecer certas "reservas" em relação a políticas ocidentais (ou dos poderosos) que possam limitar a nossa capacidade de criar "poder" (o que explica a restrição ao Tratado de Não-Proliferação, a reserva de informática etc.); com base em nossa condição de país em desenvolvimento, a possibilidade de um exercício de liderança própria, levando-nos, p. ex., a defender as idéias de uma Nova Ordem Econômica Internacional; a noção de que deveríamos, embora ocidentais, ter posições próprias — mais regidas por princípios do que por estratégia — em matéria de desarmamento, crises regionais etc.

Um segundo elemento de identidade do país, também oferecido pelo sistema internacional, é o que impõe escolhas no âmbito da dicotomia Norte-Sul, países desenvolvidos *versus* países em desenvolvimento. A necessidade dessas escolhas — ou, dito de outro modo, a possibilidade de uma outra linha de identidade global — não nasce simultaneamente à descrita anteriormente. A disputa Leste-Oeste começa no final da década de 1940 e a noção mesma de Sul, com a perspectiva de que os "pobres" tivessem uma identidade própria e, portanto, reivindicações próprias no campo internacional, é construída ao longo da década de 1950 e só vai se definir, claramente, em termos diplomáticos, na de 1960, quando se reúne a primeira Unctad. Não que antes o Brasil se considerasse "rico", mas a própria dinâmica das reivindicações era mais circunscrita, tanto porque o interlocutor único eram os Estados Unidos quanto pela base teórica que a sustentava, centrada na necessidade de que houvesse, para a América Latina, como havia para a Europa com o Plano Marshall, esquemas assistenciais que compensassem o nosso esforço na Segunda Guerra. Ou seja, o fundamento da reivindicação era limitado regionalmente e tinha contornos políticos.

Antes de ir adiante, vale fazer, em relação à dicotomia Norte-Sul, a mesma advertência que fizemos quanto a variações na noção de Ocidente. Haverá, também aqui, variações históricas, que correspondem, de um lado, à diferenciação dos estágios e perspectivas de desenvolvimento dos pobres e, de outro, à própria dinâmica do processo diplomático, da evolução das maneiras de reivindicar.

Vejamos, contudo, o que muda em termos gerais. Essencialmente, desenha-se uma base teórica que dirá que é o próprio funcionamento do sistema internacional que cria e reforça a diferença entre ricos e pobres. Há várias versões dessa base teórica, mas a de mais imediata repercussão política é a desenvolvida pela Cepal, em torno da idéia centro-periferia. Não cabe retomá-la aqui, já que é bem conhecida, mas sim insistir na idéia de que apenas modificações da ordem econômica internacional poderiam diminuir a distância entre ricos e pobres. O suporte diplomático para essa proposição nasce do fato de, na década de 1960, a diferença entre os estágios de desenvolvimento dos países pobres ser relativamente pequena — já que, em sua grande maioria, se inserem na economia internacional como supridores de produtores primários —, o que facilitará a criação de plataformas comuns de reivindicações. Essa condição partilhada atenua-se ao longo do tempo e, em fins da década de 1970, esses mesmos países já apresentam fortes diferenças entre si, anunciadas pela crise do petróleo, de 1973, que separa produtores e importadores, e ampliadas com a emergência dos Tigres Asiáticos.

Assim, na década de 1960, articula-se a segunda dimensão da identidade internacional do Brasil, a de um "país em desenvolvimento". Como se desdobrará diplomaticamente? A identidade econômica guarda, ao longo do período, uma ambigüidade intrínseca. De um lado, "reivindicamos" como pobres e, nesse sentido, participamos ativamente das reuniões da Unctad, procurando nos beneficiar da perspectiva de que a "pobreza" era um trunfo, no sentido de que representava a base de sustentação para ganhos não recíprocos nas negociações internacionais. De outro, éramos um país com a vocação da riqueza, absorvedor de investimentos estrangeiros, a oitava economia no mundo ocidental. Pobres, hoje; ricos, amanhã. As expressões concretas dessa identidade bifacetada são várias. Basicamente, procurávamos combinar a idéia de que tínhamos de construir um "caminho próprio" para o desenvolvimento com a perspectiva de integração "controlada" na economia internacional. Existiam tradições de política econômica a sustentar cada uma dessas atitudes. No primeiro caso, a tradição teria nascido com a criação de uma siderurgia nacional, com Volta Redonda, em contraposição à idéia da vocação agrícola do país; ganharia força com a nacionalização do petróleo e, mais tarde, no período que examinamos, com o protecionismo sob várias formas, a reserva de mercado para a informática, a implantação de planos globais de substituição de importações, a defesa de um caminho próprio para o desenvolvimento nuclear, etc. O cerne dessa vertente da identidade é a ação do Estado e, no plano internacional, a noção de que são negociações políticas — que abarcam desde os acordos de produtos de base à transferência de tecnologia — que criam as condições para alterar a ordem internacional.

A segunda é mais antiga, mas se reforça com a política de atração de investimentos estrangeiros de Juscelino, a qual não se interrompe (salvo, por circunstâncias muito peculiares, durante o período Goulart) e, mais adiante, aprofundar-se-á com a política de diversificação de parceiros comerciais, de estreitamento das relações com a Europa Ocidental, de abertura para o Leste Europeu, com a "descoberta" das parcerias no Terceiro Mundo etc. Aqui, traduz-se a confiança no mercado, na ação das empresas privadas. No plano internacional, é a aceitação da competição.

A resultante é uma identidade complexa, embora, como característica dominante, sobretudo para os "leitores" ocidentais desenvolvidos, a marca fosse de um "liberalismo qualificado" aceitável e legítimo, no âmbito de um capitalismo que favorecia modelos de planejamento e a intervenção política, fundado na perspectiva do *welfare state*. Em diapasão similar, foi aceitável a nossa interpretação própria do que é, no marco político, o Ocidente, já que a própria disputa global levava a contradições intra-ocidentais e, conseqüentemente, à abertura da possibilidade das adesões qualificadas à matriz ocidental. Assim, a eventual divergência entre a defesa da democracia e o anticomunismo leva a que as potências ocidentais aceitem a situação autoritária em 1964, que se justifica como manobra preventiva de um suposto avanço do socialismo. Em seguida, já no final da década de 1980, com o surgimento de temas como direitos humanos, a condição autoritária perde legitimidade diante dos sócios ocidentais. O anticomunismo não justificaria mais o afastamento da "boa doutrina" democrática. Da mesma forma, no plano econômico, começa a contestação ao "patrocínio" do Estado ao desenvolvimento, com a crítica dos países hegemônicos à política de subsídios, à proteção setorial, às reservas de mercado, às leis de propriedade intelectual etc., que refletiam igualmente mudanças nas doutrinas econômicas do mundo desenvolvido. A identidade modela-se historicamente. Há momentos em que coincidem as transformações internacionais e as internas como ocorreu claramente com a democratização. O sistema ocidental fecha o espaço para o autoritarismo e, internamente, as forças sociais contestam o regime. Há outros em que há divergência entre o que o sistema oferece e as forças internas; por exemplo, resistimos, com uns poucos países, a aderir ao TNP.

De certa forma, ao definirmos a "identidade", demos indicações sobre os padrões e tendências do "relacionamento". Pensando em termos das estratégias básicas da política externa brasileira no sistema internacional, da visão da ordem mundial que adotávamos, o relacionamento terá contornos tanto mais reformistas quanto mais distantes estivermos do ocidentalismo ortodoxo, especialmente em suas dimensões de segurança, ou quanto mais qualificada for a nossa visão das vantagens do mercado. Daí, abre-se a perspectiva para processos de aproximação-confrontação com as lideranças dos blocos, especialmente com os EUA. É justamente a condição hegemônica dos EUA e o fato de sermos um país latino-americano com razoável espaço próprio de manobra que situarão, no espaço diplomático de nossas relações bilaterais e multilaterais com os norte-americanos, o cerne das conseqüências relacionais do processo de auto-identidade.

Umas poucas observações gerais resumem o processo. A medida de autonomia era identificada pelo grau de afastamento em relação a posições norte-americanas. Nesse sentido, teremos desde a atitude de alinhamento automático com posições norte-americanas na ONU, como ocorre durante o governo Dutra, até o contraponto permanente e abrangente que ocorre durante os governos Quadros-Goulart e Geisel. Nesses dois últimos casos, os motivos da distância variam. Será Cuba, quando o chanceler Santiago Dantas defende a permanência daquele país na OEA; será Angola, quando apoiamos o governo do MPLA em 1975. O mesmo contraponto valerá, na década de 1970, para questões mais conceituais, quando defendemos o desarmamento geral ou o mar territorial de 200 milhas, quando assinamos o acordo nuclear com a Alemanha, quando criticamos a intervenção internacional em conflitos regionais, quando defendemos posições soberanas em direitos humanos etc. É sintomático, aliás, que, ainda na década 1970, os diplomatas americanos apresentassem estatísticas que mostravam que as posições brasileiras nas Nações Unidas em poucos casos coincidiam com as dos EUA.

Outra observação que indica o estilo da diplomacia brasileira é o fato de a autonomia raramente levar ao que podemos chamar de "escolhas dramáticas", no sentido de conflito aberto, que fugiria à trama negociadora. Nesse sentido, um momento ilustrativo é o rompimento, em 1977, por questões de direitos humanos, do acordo militar que mantínhamos com os Estados Unidos. De outro lado, nossa própria opção de uma presença internacional marcada pela preferência pela diplomacia e, sobretudo a partir da década de 1970, pelo estímulo ao comércio, leva a que não transformemos o espaço de autonomia em uma plataforma para proselitismo, para liderança antiamericana, salvo, talvez, nos foros multilaterais econômicos, onde o impacto do conflito é normalmente atenuado (os foros multilaterais existem para isso, para atenuar conflitos). Essa atitude — qualificável de "não-missionária" — se explica, em parte por determinada tradição diplomática, pelo fato de as instituições diplomáticas manterem prestígio alto durante todo o período e, sobretudo, porque existe, mesmo nos momentos de contestação, uma medida de realismo e moderação que impede que as crises escapem à linguagem das variantes do ocidentalismo.

## I. d. O Diálogo com a Academia

Vimos, na primeira parte deste ensaio, de que maneira a academia e o discurso oficial analisavam o processo diplomático brasileiro. Para seguir com o tema, seria interessante fazer um breve contraponto entre o argumento intelectual e o institucional. Para tanto, seria útil ampliar o quadro de referências do pensamento acadêmico, partindo do pressuposto de que o procedimento de criar uma "identidade brasileira" não estava limitado aos estudos que diziam respeito ao processo diplomático. Assim, para situar mais adequadamente o diálogo com as Ciências Sociais, haveria que considerar dois campos de encontro. De um lado, teríamos a inter-relação com as questões predominantes nas Ciências Sociais (que, como vimos, só tardiamente chegam às considerações sobre o "propriamente internacional");

de outro, o diálogo com os autores que tratam diretamente das questões internacionais.

Por que esse procedimento? O tema da identidade nacional é clássico nas Ciências Sociais brasileiras. Porém, quando estas se constituem, em sua fase moderna, será ele um tanto desprezado, sobretudo em suas versões psicologistas, na linha do caráter nacional. De qualquer forma, os "modernos" têm visões, apoiadas em instrumentos científicos mais afiados, do que é o Brasil.

Há várias aproximações possíveis. Poderíamos tomar, p. ex., as análises de Roberto da Matta ou de Contardo Calligaris, que, usando instrumentos da Antropologia ou da Psicanálise, tentam caracterizar modos de comportamento que seriam típicos do brasileiro. As análises de economistas e sociólogos mostram o Brasil como um País atrasado em várias dimensões, e uma dimensão do atraso está refletida na identidade internacional, já que somos analisados como uma "nação dominada". Entender quais as razões do subdesenvolvimento passa a ser a tarefa central dos que examinam a nossa realidade ao longo dos anos do pós-guerra, e as explicações variam do levantamento de problemas de modelo econômico até as inter-relações entre progresso e caráter, que levantaria, p. ex., as conseqüências para a performance econômica de uma sociedade em que o *ethos* privado se imiscui pela coisa pública.

É evidente que essa é uma amplíssima generalização. Mas, como vimos, a matriz marxista e a nacionalista leva a que, de um lado, se situem, nas modalidades da inserção econômica, as razões fundamentais do atraso e, de outro, na "autonomia" o caminho do desenvolvimento. Assinale-se, porém, que, se o atraso econômico é uma referência necessária, reconhece-se também que é um fenômeno complexo. Terá uma dimensão sociológica, refletida na fragilidade da classe média ou no comportamento clientelístico da burguesia industrial; terá uma dimensão política, quando se constatam a herança corporativista, a tendência ao autoritarismo e às soluções impostas; terá uma dimensão cultural, quando se diz que as nossas idéias estavam fora de lugar (ou, na formulação filosófica de Roland Corbisier, "de que exportávamos o não-ser e importávamos o ser").

De certa maneira, o tema implícito é ainda o dos "contrastes", não mais trabalhados na linha bastidiana, como algo estático, mas como um tecido social único, em que o atrasado e o moderno fazem parte, dialeticamente, do que é o Brasil.

Um outro aspecto a sublinhar é o de que, quando se privilegiam as análises estruturais, as relações de Estado a Estado ficam em segundo plano, são sobredeterminadas. Isso não impede, porém, a existência de curiosas afinidades, ora explícitas, ora implícitas, entre o núcleo hegemônico das Ciências Sociais e a política externa.

Fazendo um parêntese, sabemos que politicamente a melhor opção diplomática é a que encontra afinidades claras e profundas com a melhor perspectiva da "identidade nacional", até para cumprir a sua "promessa ideológica" de representar os interesses da nação como um todo. Nesse sentido, o discurso oficial aproxima-se da melhor compreensão de Brasil quando aceita os contrastes e os projeta, o que, em certa medida, explica as "qualificações" do Ocidente que verificamos no pensamento governamental. Vale uma observação geral, a de que quanto mais representado um "lado do contraste", mais baixa será a legitimidade da política externa. Assim, ao tempo da Guerra Fria, quanto mais ocidental ou quanto mais terceiro-mundista, mais contestada será.

Ainda que o maior ganho na história das Ciências Sociais nesse período seja justamente o da "objetividade", no sentido de se afirmar, com base metodológica mais sustentada, a análise do atraso — seja em que campo for — conduz necessariamente a propostas de solução. Não é possível a indiferença diante do atraso, sobretudo porque, abandonadas as visões psicologistas, raciais etc., passa-se a identificar o atraso como resultante de circunstâncias modificáveis. "Como remediar o atraso"? é uma pergunta necessária — implícita, muitas vezes — em qualquer formulação. Um exemplo: um estudo sobre a estrutura industrial, ao verificar a permanência de formas "arcaicas" de emprego na indústria, estará implicitamente apontando para a necessidade de modernizá-las.

Na realidade, há vários diagnósticos e várias terapêuticas para superar o atraso. De uma forma simplista, poder-se-ia dizer que haveria, essencialmente, dois paradigmas (que, a rigor, não se excluem). No primeiro, parte-se, como na diplomacia, do conflito Leste-Oeste, visto agora da perspectiva de modelos de organização social, e o transportamos para o interior do país. Estaremos tanto mais longe do atraso quanto mais próximos de um modelo ideal de desenvolvimento (seja socialista, seja capitalista). As análises sobre a fragilidade da estrutura de classes no Brasil — ora porque falta a burguesia, ora porque o proletariado está ainda em processo de formação — passam a ser centrais; se nossas classes se comportarem de acordo com o modelo dos países avançados, o atraso desaparece. Vivemos, internamente, uma situação de "nação incompleta". Nesse caso, o contraponto com a política externa é claro. No caso da política externa, o conflito Leste-Oeste é presente, há que fazer opções diplomáticas diante do que coloca o sistema internacional. A avaliação do processo internacional, porém, se faz com base nas vantagens em matéria de autonomia que uma ou outra opção traria e, no caso interno, o conceito central será o de aproximação. Assim, os críticos de esquerda verão, na aproximação com as posições liberais americanas, um sinal de perda de autonomia, da mesma maneira que os críticos de direita analisam o terceiro-mundismo como perda de uma perspectiva própria. É a própria manutenção das visões de esquerda que identificará a nação como dominada e, dependendo da variante, exigirá, para a autonomia plena, desde o simples fortalecimento do Estado até a revolução socialista. De uma certa forma, é esse o paradigma científico — insista-se, sempre com grandes variantes — que estaria por trás da história das análises críticas que apontamos anteriormente, e que talvez tenha atingido o ponto mais depurado nos artigos da *Política Externa Independente,* quando, no plano oficial, nos aproximamos de posições, interna e externamente, dominadas por uma coerência liberal.

Já a crítica ao terceiro-mundismo, surgida na década de 1970, é mais difícil porque deve partir da negação de que os contrastes e contradições internos não devem ter uma contrapartida, de feitio quase utópico, é verdade, no plano internacional. De qualquer maneira, para esses críticos, o moderno capitalismo brasileiro, implantado em 1964, mas consolidado na década de 1970, é "viciado" por um excessivo estatismo que alimenta visões terceiro-mundistas (a expressão internacional de uma visão forte do Estado). Haveria, p. ex., uma correspondência ideológica entre as idéias de planejamento estatal e a defesa da modificação do sistema econômico internacional por meio de processos políticos negociadores (da mesma forma que o planejamento "politizaria", no plano interno, o processo de alocação de recursos e rendas), e isso enfraquece o que seria o núcleo ocidental da identidade internacional do país, sem ganhos diplomáticos significativos.

No segundo paradigma, a referência deixaria de ser um modelo externo (que deveria ser adaptado para alcançarmos o desenvolvimento) e passaria a ser a exploração das peculiaridades nacionais como ponte para a solução do atraso. O que é o peculiar no Brasil? Teríamos, então, do processo civilizatório (que combina três raças e processo de ampla absorção de emigrantes) até a formação social, a traços corporativos, que levam a que o Estado tenha uma posição central nos processos sociais e econômicos (somos capitalistas, mas diferentes, porque o Estado desempenha um papel maior do que no capitalismo avançado). Nessa perspectiva, o desenvolvimento deve significar algum processo de "reorganização e fortalecimento" do Estado para tornar-se eficiente. Os contrapontos com a política externa são interessantes. A idéia de fortalecimento do Estado é facilmente compatível com a idéia de uma política externa própria, independente. Além disso, as nossas "peculiaridades" serão exploradas de forma positiva pela política externa, sobretudo à medida que servem de ponte para o relacionamento com outros povos (a multirracialidade, p. ex., como ponte para aproximação com a África). A crítica que se faz a essa visão da identidade é a de que as peculiaridades nacionais são pobres como base da ação externa.

Se passarmos agora em revista os autores que se ocupam diretamente do internacional, imediatamente verificamos que existem os mesmos padrões de análise. Haveria uma perspectiva globalizante, que tomaria como referencial os níveis de poder, e a política externa brasileira seria vista a partir de modelos que aproximariam o nosso comportamento internacional do das potências. Ou seja: o Brasil tenderia a ganhar poder (e, portanto, tenderia ao exercício hegemônico) ou a perder poder (e, portanto, reforçar a sua condição subordinada). Na primeira hipótese, estaria constituída a base para um exercício de hegemonia regional e, no marco global, o "mais poder" poderia significar possibilidades de abertura de confronto com os EUA. Em contrapartida, o "menos poder" significaria aceitar, plenamente, a hegemonia americana na região, alinhamento com as posições do Ocidente etc.

É curioso como, pela via das análises "diplomáticas", chegamos a resultados simétricos ao que obtemos a partir da visão da situação interna. O mesmo valeria, portanto, quando pensamos na outra vertente, que procuraria definir a inserção internacional do Brasil a partir de suas peculiaridades. Há várias linhas para definir o peculiar, uma ainda voltada para as análises de poder, que teria, como parâmetro, a noção de potências médias, as quais, justamente por serem médias, teriam comportamento diferente das grandes e pequenas. Adotariam comportamentos diferenciados — da hegemonia à subordinação — em função do tema e do parceiro[15]. Uma segunda possibilidade de encontrar peculiaridades nasce da própria variedade de formas de presença internacional do Brasil. Já vimos que mesmo a inserção ocidental, ao tempo do autoritarismo, merecia qualificações. Outra dimensão da peculiaridade nascia das formas únicas da formação da "civilização" brasileira, que servia a criar bases múltiplas para contato internacional; aí teríamos desde a presença da imigração japonesa (como suporte para intensificação de relações econômicas), passando pela tolerância racial (como base para servirmos de "ponte" entre o Ocidente e o Terceiro Mundo), à participação em vários subsistemas regionais na América Latina (o platino, o amazônico, o sul-americano) etc.

## Conclusões: Os Desafios do Mundo Contemporâneo

Para traçar um panorama dos desafios atuais para o pensamento brasileiro em relações internacionais, vamos tentar reapresentar, agora com os olhos voltados para os temas atuais, as etapas analíticas com que examinamos os problemas da identidade durante a Guerra Fria.

Devemos partir do fato de que se observa um aumento claro do interesse pelo debate internacional, tanto na academia quanto no Parlamento. Sintoma claro dessa tendência se dá no plano institucional. De fato, com a formação de alguns núcleos acadêmicos permanentes, o lançamento de novas publicações, um aumento significativo do número de seminários e debates, as bases de interpretação da ação externa do país se ampliam significativamente.

Por que isso ocorre? Podemos apontar inicialmente algo que diz respeito à própria natureza do campo de estudos. No plano mais geral, a causa última seria a globalização, que amplia a agenda internacional, além de vincular fortemente os problemas internos aos externos, de tal forma que o próprio campo diplomático ganha novos contornos. O Estado deve lidar com novos atores, como as ONGs, e os temas de segurança não dominam a agenda como no período da Guerra Fria. A natureza do processo econômico, que permitia a visão conflitiva Norte-Sul, também se altera à medida que concorre — agora com muito mais contundência — com a dinâmica nacional dos fluxos globais de finanças e produção.

Mas vale tentar explicar esse aumento do interesse em termos mais específicos.

Comecemos pelas razões econômicas. No pós-Guerra Fria, a agenda internacional imediata, para um país como o Brasil, é dominada pelo econômico e pelo que chamaríamos parcialmente de "econômico conceitual", ou seja, pela confecção de regras para processos de transação internacional, tanto no plano regional quanto global. O papel do Estado volta-se, assim, para criar, na medida do possível, uma superestrutura jurídica para "reagir" ao fenômeno da globalização, por meio da integração regional, ou para "contê-lo" em mecanismos institucionais multilaterais, como no caso do comércio. Como já apontei, nesse processo, as duas referências básicas são o Mercosul, que gera intensa e constante atividade de reflexão e, em outro diapasão, com menos repercussão na vida acadêmica, as negociações da Rodada Uruguai. Nos dois casos, o elemento novo é a própria complexidade técnica da confecção das regras que, combinada ao fato de afetar diretamente interesses, leva a que os especialistas em Relações Internacionais — os que se dedicam aos estudos econômicos — comecem a ser solicitados para serviços de consultoria, passando a freqüentar a intimidade do processo de formulação. Na academia e na imprensa, acompanhamos a discussão sobre, p. ex., a melhor forma de aproximação entre o Mercosul e o Nafta; o debate sobre propriedade intelectual, de que participam ativamente setores industriais e a Igreja (no caso de patenteamento de seres vivos), coloca claramente o tema da necessidade ou não de "adaptação" da lei brasileira a uma nova realidade normativa multilateral e, indiretamente, a própria natureza do modelo de inserção internacional que a sociedade deseja.

As razões de valores constituiriam um segundo conjunto de fenômenos relacionados à abertura da agenda internacional para temas que dizem respeito ao cotidiano dos cidadãos, movimentando, internamente, vários atores. Ao tempo da Guerra Fria, a relação interno-externo era movida pela dinâmica dos modelos macro de organização social e, por isso, o tema era resguardado pelos limites da soberania, de tornar-se explícita e claramente internacional (ou seja, a quebra dos limites territoriais, com base em motivação ideológica, era imediatamente condenável como violação da soberania e isso vale tanto para as intervenções unilaterais das superpotências como para o financiamento de "aliados internos" na sociedade civil). Agora, as questões de direitos humanos, meio ambiente, narcotráfico, mulher e outras modificam a natureza da relação interno-externo. A intervenção, como elemento condenável e negativo, fundada em interesses particulares, cede algum lugar para intervenções humanitárias, movidas — ao menos no plano ideológico — por interesses globais da humanidade. Desloca-se, conseqüentemente, o local de encontro entre o externo e o interno e, em alguns temas, as fronteiras ganham fluidez, penetrabilidade nova. De fato, em matéria de valores encontramos atores sociais, no plano interno, em constante interação com atores de outros países, sobretudo pela ligação entre ONGs. Quais as conseqüências desse processo? Isso significará, de um lado, que, além da universidade, outros atores produzem conhecimento que interessa ao processo diplomático e, mais do que isso, os novos atores — cujo prestígio e legitimidade se constroem ao tempo do combate ao autoritarismo — ganham o direito de participar dos processos de formulação diplomática, especialmente nas grandes conferências temáticas das Nações Unidas.

Em resumo: a primeira conclusão é a de que existe mais conhecimento sobre a realidade diplomática brasileira, e um conhecimento que se produz a partir de fatores de claro interesse social, seja derivado do mundo da economia, seja derivado do mundo de valores. A pauta diplomática brasileira contemporânea ainda não está plenamente amparada por conhecimentos independentes, mas é nítido o progresso em relação à década de 1970.

Quando analisamos o período da Guerra Fria, um dos pontos tocados foi o da construção da "identidade nacional". Do ângulo do pensamento institucional, os argumentos sobre a presença internacional do Brasil tinham, como ponto de partida necessário, o sistema internacional, que determinava escolhas claras, à medida que estava estruturado com base em um conflito global: ou adotávamos a posição de um dos lados ou alguma forma de neutralidade. Com o fim da Guerra Fria, passamos a viver em um mundo de "polaridades indefinidas", na expressão de Celso Lafer, o que exige um processo analiticamente mais complexo para avaliar a "referência sistêmica". Nos dias de hoje, como se dariam as escolhas diplomáticas, no marco do novo sistema internacional, e de que maneira influenciam a "identidade nacional nesse sistema"?

Sabemos que os conflitos de ordem global, como tal, atenuaram-se ou, mesmo quando se sugere que podem voltar, sob a forma de um *clash of civilizations*, para utilizar a expressão de Huntington, não constituiriam, no horizonte previsível, referencial para o Brasil. Nossa identidade não se prende a uma escolha — contra ou a favor — de um dos lados do *clash*, já que a primeira marca de identidade, a ocidental, que adotamos no marco da Guerra Fria, por razões de geografia e história, permanece e mesmo se fortalece.

A pergunta que se coloca seria, então, se a identidade ocidental admite, hoje, as variantes que ocorreram na Guerra Fria. Partindo da distinção proposta por Lafer, dos três campos do sistema internacional — o da segurança, o dos valores e o da economia — , diríamos que, no primeiro caso, certamente o ser ocidental não implica compromissos estratégicos, sobretudo porque, no marco do continente americano, os "inimigos" deixam de ser alianças de caráter ideológico. O grande tema estratégico global, promovido pelas potências ocidentais, é o da não-proliferação, em relação ao qual não teríamos, em tese, posições qualificadas ou contraditórias, especialmente depois da revisão de Tlatelolco, da adesão ao MTCR e ao TNP.

No plano dos valores, existe uma aproximação nítida, conseqüência da democratização brasileira. Basicamente, adotamos posições conceitualmente próximas dos ocidentais em matéria de direitos humanos, direitos da mulher etc. É sintomático que, nas grandes conferências temáticas da ONU, não somos nós que usamos o argumento da "exceção cultural". Ao contrário, a tendência é à convergência com os países ocidentais e um afastamento dos que fundam as suas posições em bases culturais ou religiosas. Nosso caráter de democracia leiga, pluralista, com ampla liberdade para a organização da sociedade civil leva a que nos aproximemos, em termos de modelo de organização do espaço político, das democracias ocidentais, o que implica, necessariamente, convergências diplomáticas.

No campo econômico, a defesa da economia de mercado, sempre identificada como um dos traços do Ocidente, ganha força hegemônica no plano global, a partir da dissolução da alternativa socialista. A vantagem da hegemonia ideológica não resolve, porém, em casos concretos, de sociedades nacionais, o problema da medida de controle pelo mercado da economia. Não é por acaso que um dos temas centrais do debate público gira em torno do neoliberalismo, das medidas de adaptação da economia a determinados padrões "ideais" de mercado. Nesse sentido, é necessário partir da premissa de que o liberalismo, visto do ângulo das relações internacionais, é uma proposta que sofre qualificações pelas próprias potências hegemônicas do capitalismo, as quais têm disputas específicas, reflexos de modalidades diferentes de modos capitalistas de produção, como no caso dos EUA e do Japão. Ou seja, os problemas econômicos são, em tese, sempre "negociáveis". Pensando no Brasil, ainda aqui a auto-identidade se dá de forma similar, ou seja, as afinidades Brasil-Ocidente existem e o problema é qualificar, em função de interesses específicos, em pontos concretos — não-ideológicos — a agenda econômica hegemônica (isto ocorreu na Rodada Uruguai, com a resistência à inclusão de serviços, ou na preferência por um ritmo lento na integração hemisférica etc.). Não existe mais uma qualificação geral à agenda do Ocidente (dada pela proposta de uma Nova Ordem Econômica), e sim o reconhecimento de que, pela nossa própria condição de país em desenvolvimento, haverá interesses diferentes e, ao mesmo tempo, convergência (veja-se o caso da proposta de prevenção dos males derivados da volatilidade de capitais).

Passemos agora a um outro tema abordado ao longo do ensaio, o do diálogo com as Ciências Sociais. O que é hoje o Brasil? Como a sociedade se vê, pelos olhos do cientista social? Para mim, um não-especialista, que tem uma visão necessariamente superficial da produção científica, duas observações surgem imediatamente. A primeira é a de que o processo de abandonar visões gerais de Brasil, já bem marcado na década de 1960, se acentua nos dias de hoje, talvez porque, mais do que antes, nos reconhecemos claramente como uma sociedade plural. Talvez em decorrência do próprio processo democrático, a sociedade se desdobre em formas variadas de organização, ora com base em valores, ora em etnias, e a pluralidade passe a ser a sua naturalidade. Ou seja: o Brasil é a sua pluralidade. Sua unidade e sua identidade nascem, em parte, do fato de que é múltiplo. Sua unidade é um processo real e ao mesmo tempo incompleto, em construção. Como vimos, essa situação nos aproxima do que seria a normalidade ocidental, sem transformar o Ocidente em modelo rígido[16].

Um segundo ponto é o de que a pluralidade não elimina os contrastes, as distâncias e disparidades sociais. Mas que modelo adotar para superar as injustiças? Se o socialismo não inspira mais projetos globais, o Ocidente, visto na perspectiva democracia + economia de mercado, não é em si mesmo também inspirador de modelos de transformação. O Ocidente real tem variados modelos de solução de seus problemas e, no limite, admite-se que, com democracia estável e economia em crescimento, uns tantos problemas sociais são solucionáveis. De uma certa forma, o externo deixaria de ser modelo e, paradoxalmente, passaria a ser, em tempos de globalização, muito mais "influenciador" do que ocorre internamente em dimensões determinadas. Isso vale tanto para as ações de direitos humanos quanto para os fluxos financeiros.

Um outro aspecto da identidade, resultante em parte da fragmentação, deriva da exacerbação dos modelos críticos. De fato, fragmentação significa a multiplicação de demandas específicas, em geral reveladoras de insuficiências ou deficiências da ordem social ou política. Assim, a segunda dimensão da identidade, além da pluralidade, é a de "nação imperfeita". O fato de as demandas serem exacerbadas pela "mídia" nacional, e se transferirem automaticamente para constituir a imagem internacional do país, leva a que se tornem difíceis os movimentos de "exaltação" da nacionalidade. O Brasil, projetado no exterior, é menos o da *Aquarela do Brasil* e mais o do *Brasil* de Cazuza.

De novo, temos um contraponto interessante com o processo diplomático. Tanto no plano da reflexão sobre o Brasil quanto no da ação diplomática, faltam modelos globais, a tendência é aceitar o debate nos planos fragmentados em que se encontra, enquanto, ao mesmo tempo, a própria persistência dos contrastes requer que se pense com uma dose mínima de utopia. Ao tempo da Guerra Fria, vimos que a solução teórica para o progresso estaria, em parte, na aproximação com os modelos vitoriosos de organização social, o que leva a eleger uma classe ou mesmo o Estado como portadores da mudança. Em universo social fragmentado, a solução para alcançar o desenvolvimento também se dispersa. Na ausência de referenciais globais, o progresso passa a ser medido por pontos de aproximação específica e atribui-se à própria dinâmica democrática o encaminhamento das soluções. O avanço fica marcado pelo que se consegue, p. ex., em matéria de direitos humanos. A identidade do país será marcada por critérios de solução ética, no caso dos direitos humanos, ou da qualidade do cumprimento de controle ambiental ou de progresso social etc. A nação completa-se à medida que se aproximaria de um ideal internacional de atingimento de certos valores. Diferentemente do tempo da Guerra Fria, em cada tema existe um espectro que vai do negativo ao positivo, medido por realizações concretas, quase mensuráveis, a partir do qual o país constrói a sua identidade no sistema do pós-Guerra Fria. E, nesse caso, pode dar-se um encontro fecundo entre o que deseja a sociedade nacional e o que é o ideal internacional. A passagem de uma identidade negativa (como foi a que tivemos enquanto aparecíamos como violadores de direitos humanos, devastadores do meio ambiente etc.) para uma positiva, em que, embora os contrastes e dificuldades persistam, exista dose suficiente de credibilidade para imaginar que serão superados, marca, então, no âmbito dos valores do sistema, o momento atual. Insista-se que, aqui, não há um ator único, embora, tanto no caso de direitos humanos quanto de justiça social ou controle ambiental, o Estado continua a ser o ator-chave do processo, já que ainda é, em última instância, o responsável pelo que se conseguirá ou não, responsável pela qualidade dos atendimento ao que se reivindica democraticamente.

O problema mais complexo é, evidentemente, o da identidade econômica que, como vimos, não se limita à aproximação de um ideal de comportamento ocidental, dadas as divergências de política no quadro dos países desenvolvidos. Ainda aqui, haverá formas de "avaliação técnica", dada por números macroeconômicos, como os que medem a passagem da inflação crônica para a estabilidade.

Em suma, no marco do sistema internacional, seríamos um país ocidental em transição, com potencial de realizar certos ideais. A melhor sustentação de uma transição positiva é a democracia que, em tese, forçaria a sociedade e o governo para as soluções positivas. O segredo do processo de afirmação de uma identidade forte, em termos diplomáticos, passa, assim, a ser dado à medida que se corrijam as distorções que marcam as imperfeições da conjuntura presente. Mais do que antes, e paradoxalmente no momento de aprofundamento dos processos de globalização, a projeção internacional do Brasil estará em nossas próprias mãos, depende menos de apostas corretas do que acertos das *policies* que levariam a uma transformação da realidade nacional.

## Notas

1. Versão escrita de conferência, realizada em julho de 1995, no Instituto de Estudos Brasileiros, da USP. Em versão preliminar, o texto

aparece em H. C. Dryer e L. Mangasasrian, *The Study of International Relations, The State of the Art,* com o título "Studies on International Relations in Brazil: Recenty Times", pp. 189-200. O autor agradece os comentários de Vilmar Farias, — pensador de coisas brasileiras e a quem dedico este ensaio — José Estanislau Amaral de Sousa, Luís Fernando Panelli Cesar e Gisela Padovan.

2. Maria Regina Soares de Lima, na introdução à sua tese de doutorado, *The Political Economy of Brazilian Foreign Policy,* Vanderbilt University, 1986, apresenta uma reflexão sistemática sobre o problema. De âmbito mais restrito, v. também, Fonseca, Jr., "Estudos sobre política externa do Brasil", *in* Fonseca e Carneiro Leão, *Temas de Política Externa Brasileira,* IPRI, 1989.

3. O campo ampliado de reflexões sobre o internacional no Brasil sempre foi objeto de análise. É suficiente lembrar, mesmo nos manuais mais simples de História, as explicações sobre a evolução econômica por ciclos definidos pelo comércio internacional, ou as interpretações das transformações culturais por processos de imitação e adaptação da cultura ocidental hegemônica.

4. A lista seria significativamente ampliada se nos lembrássemos das biografias de alguns estadistas do Império, publicadas no âmbito da Coleção Brasiliana, dos artigos sobre relações internacionais da *História Geral da Civilização Brasileira,* dos livros publicados, especialmente na década de 1950, pelo Instituto Rio Branco etc.

5. A disposição prescritiva fica clara quando Corbisier diz que: "O que somos, ou melhor, *o que estamos sendo,* como nação, não é, apenas, uma resultante do que fomos, mas do que pretendemos e queremos ser". Cit. por C. Guilherme Mota, *Ideologia da Cultura Brasileira,* São Paulo, Ática, 1977, p. 168.

6. Jaguaribe. *O Nacionalismo na atualidade brasileira,* Rio de Janeiro, ISEB, 1958. Para uma análise de vários temas internacionais, inclusive com discussões teóricas interessantes, v. o seu *Novo cenário internacional,* Rio de Janeiro, Editora Guanabara, 1986.

7. V. Cardoso e Faletto, em *Dependency and Development in Latin America,* University of California Press, 1979, especialmente pp. 180-99.

8. Quem estaria mais próxima a uma tentativa de teoria geral é Maria Regina Soares de Lima, em sua tese de doutorado, onde tenta examinar as possibilidades teóricas de ação diplomática brasileira, com base na perspectiva da escolha racional.

9. A tradição memorialista de nossos chanceleres
Talvez a única memória do período tenha sido a
que foi ministro das Relações Exteriores de Jânio.

10. Ver os livros publicados pelo Fórum, especialmente *Na*
*sul, A Nova Ordem Mundial em Questão.*

11. Houve, recentemente, várias medidas que visavam promover "abertura" do Arquivo Histórico. A primeira foi a constituição, por por ria de 12 de outubro de 1988, de uma comissão, composta por diplomatas e professores universitários, com vistas a estudar os pedidos de consulta, feitos por pesquisadores. A comissão ganhou novo contorno quando, ao final de sua gestão, o Ministro Celso Lafer editou, em 30 de setembro de 1992, nova portaria, mais abrangente, que sistematizava o acesso ao Arquivo.

12. Um texto especialmente significativo é o de Carlos Estevam Martins sobre as variações da política externa do período autoritário, já que, pelo ângulo das configurações internas de poder, o autor escapa das limitações metodológicas da teoria do imperialismo. *A evolução da política externa brasileira — 1964-1974,* Estudos CEBRAP 12.

13. Ver Seixas Corrêa, *A Palavra do Brasil nas Nações Unidas,* FUNAG, 1995, para uma visão da evolução das posições brasileiras, recapitulada a partir dos discursos na ONU.

14. Citado em Carlos Guilherme Mota, *Ideologia da cultura brasileira.* São Paulo, Ática, 1977, p. 170.

15. A análise de Maria Regina Soares de Lima, em sua tese de doutorado, é a melhor expressão desta tendência.

16. Um bom exemplo dessa nova maneira de ver o Brasil é apresentada pelo livro *O Brasil na virada do século,* organizado por Glaucia Villas Boas e Marco Antônio Gonçalves, Rio de Janeiro, Relume Dumará, 1995.

# Mundos Diversos, Argumentos Afins: Aspectos Doutrinários da Política Externa Independente e do Pragmatismo Responsável[1]

Em agosto de 1962, em acirrado debate na Câmara, quando se discutia moção de censura às posições brasileiras na VIII Reunião de Consulta da OEA, um deputado acusa o governo de ser condescendente com Cuba e diz que a convivência é o prelúdio da capitulação. San Tiago Dantas, então chanceler, rebate com calma a acusação e afirma que a política de convivência pacífica, tendo como seu instrumento primordial a negociação, não é inovação do governo João Goulart. Cita, a seguir, um longo argumento no qual defende a tese de que "em face da inadmissibilidade de soluções bélicas, o mundo se acha confrontado com a necessidade de ajustar, por negociações, as diferenças que superam a nações" (San Tiago, 1983, p. 353). Ao concluir, San Tiago revela o autor da citação: Horácio Lafer, Ministro das Relações Exteriores de Juscelino.

As palavras: "A política externa do Brasil, coerente com as tradições do país e animada pelo espírito que preside as realizações, no plano interno, dos governos da Revolução, guia-se pelos magnos objetivos nacionais do Desenvolvimento e da Segurança" dão início à parte referente às relações internacionais na primeira mensagem que o Presidente Geisel envia ao Congresso.

Há dois momentos recentes da história da política externa brasileira em que se reconhece ter havido uma ruptura; em que há, nitidamente, uma inovação, uma mudança de curso. Na década de 1960, com Jânio e a política externa independente (PEI), a proposta era evidente, clara, e, no discurso mesmo, ainda ao tempo da campanha eleitoral, anunciava a perspectiva de afastamento em relação ao passado. No conhecido artigo para a revista *Foreign Affairs* (1962, p. 150), Jânio dirá: "Abandonamos a diplomacia inócua e subsidiária de uma nação ungida de interesses dignos mas estrangeiros..." (Quadros, 1962, p. 150). Se lembrarmos, porém, o argumento utilizado por San Tiago, percebemos que, ao longo da trajetória da PEI, existe simultaneamente alguma preocupação de não tornar radical o corte. Em 1974, quando ascende Geisel, as atitudes novas são evidentes. Com a noção de pragmatismo responsável (PR), desenha-se um afastamento em relação à proposta doutrinária vigente e faz-se a crítica implícita do "ideologismo", que teria orientado os momentos imediatamente anteriores à formulação diplomática. Isto não impede uma atitude e uma retórica similares às ocorridas na década 1960 e que, em textos oficiais, como na citada mensagem, sugeriam a continuidade da diplomacia da Revolução. Afinal, o sistema militar prosseguia; as mudanças políticas eram, assim, necessariamente discretas e limitadas e não estimulavam a revelação de rupturas explícitas.

Na realidade, o cuidado em apresentar discretamente as práticas inovadoras é, em si mesmo, um primeiro traço de inovação, revelando que ocorrem no marco de um estilo diplomático, identificado, no pós-guerra e até a década de 1960, por uma atitude ocidentalista e por um elogio às vantagens da continuidade. É verdade, porém, que já na década de 1950, a defesa da tradição não contava com o apoio unânime e, partindo dos meios intelectuais, como nas formulações isebianas, a crítica ao ocidentalismo já se delineava claramente. Vale sublinhar que a concepção de alternativa política para o ocidentalismo está inscrita na história das idéias desde, pelo menos, o livro de Jaguaribe, *O nacionalismo e a realidade brasileira* (editado pelo ISEB em 1958) que, naquele momento, correspondia, sem dúvida, ao mais completo e sofisticado exercício de proposição diplomática elaborado por um intelectual brasileiro. O tema das alternativas políticas está sistematizado por Storrs (1973: pp. 170 e segs.), na sua abrangente análise da política externa independente.

Um segundo traço das práticas inovadoras é o de que, vistas num primeiro exame, as opções da política externa, em

1960 e 1974, convergem, ao procurar fazer com que o comportamento diplomático do país amplie seus horizontes. Por isso, passou a ser comum afirmar-se que o pragmatismo continua e resgata a política externa independente (Seixas Corrêa, 1981, pp. 55 e segs.). Na década de 1960, por uma série de razões, o país não estava suficientemente maduro para a inovação que o projeto internacional, iniciado por Jânio, recomendava. Haveria um hiato entre a teoria e a prática, que só seria fechado anos depois. Era um outro Brasil, mais industrializado, com ligações internacionais mais diversificadas, o que poderia praticar independência em política externa.

Existe, efetivamente, uma continuidade entre os dois momentos? Se existe, em que plano se daria? Certamente a continuidade não é absoluta. Então: quais seriam os pontos de diferenciação? Esta análise tenta responder essas perguntas. Será, necessariamente, esboço de resposta, de feitio preliminar, mas que poderá contribuir para a compreensão de alguns traços da história recente da diplomacia brasileira, especialmente em seus aspectos doutrinários, em suas formulações conceituais. Por isso, neste ensaio não se descrevem nem se analisam especificamente as *policies* e as ações que marcaram a política externa independente e o pragmatismo responsável.

## Problemas de método

Comparar a política externa de dois países diferentes no mesmo tempo histórico e a política de um mesmo país em tempos diferentes são exercícios, cada qual, com sua lógica própria. Talvez o primeiro seja mais fácil porque existe, neste caso, um referencial comum, constante, que são as condições externas, o ambiente em que a diplomacia se faz. No segundo caso, o ambiente internacional varia e o mesmo país pode ser muito diferente em dois momentos históricos próximos (em nossa análise, separados por meros 15 anos). Para que a comparação possa operar, em um e outro casos, uma das premissas é definir a natureza dos problemas diplomáticos em cada um dos países ou pelo mesmo país em diferentes conjunturas.

Poderíamos identificar problemas diplomáticos a partir da agenda de política externa de um país; aquilo sobre o que deve agir e reagir, seja em decorrência da macro-estrutura internacional, seja decorrente de suas circunstâncias geográficas, ou de suas necessidades internas.

A chave do processo de comparação está, assim, em definir as condições que indiquem quer as semelhanças/dissemelhanças (entre dois países), quer as continuidades/descontinuidades (entre dois momentos) a partir das quais o trabalho de política externa poderia ser tratado analiticamente. Sabemos que esse trabalho se manifesta, em primeiro lugar, pelo discurso, e a hipótese, aqui esboçada, é a de que se confirma a existência de continuidades marcantes e também diferenças significativas — nas formulações doutrinárias da política externa independente e do pragmatismo. Existe, em suma, uma continuidade matizada.

De qualquer maneira, para entendermos as razões da aproximação é preciso indagar em que o Brasil e o mundo da década de 1960 são diferentes do Brasil e do mundo da década de 1970 e em que eles se aproximam.

## Problemas diplomáticos

Vamos trabalhar no plano das propostas conceituais das concepção macro da política externa. Para tanto, a fim de enquadrar o argumento, vale lembrar, inicialmente, duas interpretações globais de nossa ação externa: uma apresentada em fins da década de 1960, por Bradford Burns, e outra, de princípios da década de 1970, por Celso Lafer. Ambas, portanto, durante o percurso entre a PEI e o PR. Com variações expressivas, esses analistas sugerem que a política externa brasileira possui, basicamente, duas alternativas doutrinárias. Na análise de Lafer, uma mais "universalista" e outra mais "regionalista"; no entendimento de Burns, uma "nacionalista", que corresponde à política externa independente, e outra "tradicionalista", que preconiza a vinculação ocidentalista.

Para Lafer (1973, p. 116), a tendência histórica da política externa seria a atuação regional. Explica:

> ... a probabilidade de o Brasil abandonar a coligação ocidental era pequena, mas as conseqüências, caso essa pequena probabilidade se materializasse —, eram graves do ponto de vista americano, o que permitiu margem suficiente de manobra para a política externa independente.

E prossegue (1973, p. 102):

> O país deliberou utilizar-se das vantagens da bipolaridade para aumentar o seu poder de barganha e, desta maneira, reter a possibilidade de autodeterminar-se.

Portanto, a bipolaridade, um marco estrutural do sistema, fornece os limites para a ação internacional do Brasil e, até mais do que isso, segundo a perspectiva de Lafer, para sua "autodeterminação". Nesse plano, outros elementos aparecem e, assim, se define mais concretamente a margem de manobra brasileira: o impasse nuclear (e, portanto, uma medida de restrição ao exercício hegemônico), o fato de a economia brasileira estar, em larga medida, sob controle nacional (o que também diminui, em tese, a possibilidade de pressões externas), e o aumento da disposição de vários setores sociais de participar politicamente — decorrência da própria modernização do país e do grau maior de complexidade social — são fatores que abrem a possibilidade de uma ação diferenciada no sistema internacional, embora com limites.

Para Lafer, uma expressão de ação internacionalista e autônoma seria ampliar a articulação dos subdesenvolvidos, movimento que deveria ter alcance mundial, superando, assim, os constrangimentos do ambiente regional.

Mas, ainda aqui, os limites aparecem: (Lafer, 1973: p. 119)

> ...a falta de autonomia do Brasil e da América Latina, numa fase em que ocorreu a maximização da segurança militar americana... tornou impossível uma frente comum dos subdesenvolvidos em relação aos desenvolvidos. Conseqüentemente, os Estados Unidos e a União Soviética tiveram elementos para, com base no "divide e impera", manter o conflito Norte-Sul subordinado ao conflito Leste-Oeste e, desta maneira, obstruir um remanejamento básico do sistema internacional.

Antes e depois da política externa independente, o campo natural de atuação do país seria o subsistema regional, onde a tentativa de agir autonomamente seria "impraticável tendo em vista a presença hegemônica dos Estados Unidos". Assim, apesar da opção universalista, a diplomacia de princípios da década de 1960, vista por olhos do início da década de 1970, parece ser um momento excepcional. De qualquer forma, é a primeira articulação política de atitude caracterizada pelo objetivo de ganhar liberdade pela via da universalização.

Em 1967, quando, em decorrência da presença brasileira na República Dominicana, está aberta a polêmica sobre os caminhos da política externa, Burns reconhece também que, com a PEI, ocorre uma inovação significativa na história diplomática brasileira, derivada justamente do fato e a partir de então, pela primeira vez, "duas políticas externas diferentes estarem sendo advogadas" (1967: p. 210). A marca da PEI é o "desengajamento da Guerra Fria" e, assim, a fuga ao alinhamento com os EUA e a conseqüente aproximação com os países da África e da Ásia. Completa: (Burns, 1967: p. 204)

> *Many of the countries of those two continents likewise felt that development should take precedence over alliances which caused bipolarization of the world into two war camps, Brazil shared much in common with those countries.*[2]

Vale ressaltar que, tanto para Lafer, mais explicitamente, quanto para Burns, o obstáculo ao universalismo é explicitamente sistêmico. A inclinação que a política externa independente revela é natural, porém as características do sistema internacional, especialmente as de hegemonia americana, tornam difícil concretizar o caminho do universalismo. Em outras palavras: no sistema internacional bipolar, o Brasil vive no campo de hegemonia de uma das superpotências, e essa circunstância define, estruturalmente, os limites de suas opções diplomáticas. Uma das maneiras de conceber os caminhos para ampliar a autonomia, objetivo natural de qualquer política externa, seria, portanto, afastar-se do campo hegemônico, por meio da universalização da política externa.

O objetivo pode ser apresentado do modo simples: a universalização significa multiplicação de contatos internacionais e, portanto, diminuição das possibilidades de pressão hegemônica. Trabalha-se com a hipótese de que, no esquema da Guerra Fria, a fidelidade ocidental implica limitações à movimentação diplomática dos países alinhados. Lembremos que uma das características do pós-guerra na região é justamente o fato de os latino-americanos tenderem a concentrar com a potência hegemônica seus laços econômicos, comerciais, políticos e militares. Nesse quadro, para sustentar conceitualmente a universalização, seria necessário, também, articular uma doutrina de contraste, isto é, um conjunto de posições doutrinárias diferenciadoras da ideologia hegemônica.

Sublinhamos, porém, que as soluções diplomáticas para a opção universalista, tais como a ampliação das relações com os socialistas, a aliança com os subdesenvolvidos, a projeção para a África e a Ásia, encontram limites claros, que nascem de uma combinação de uma atitude bloqueadora do ator hegemônico e da falta de meios reais de projeção de poder.

De outro lado, não podemos esquecer que, na tradição americanista, na linha golberiana da geopolítica, a resposta ao argumento do limite estrutural é justamente a de que o melhor caminho para ganhar poder no sistema internacional é mediante o fortalecimento dos laços com o Ocidente. A universalização é obtida pelo papel que cabe ao Brasil no Ocidente. A identificação com o Ocidente se transforma em base doutrinária de política externa.

A grande diferença entre o momento em que, no final da década de 1950, Jaguaribe defende o neutralismo e as análises de Lafer e Burns, deriva da tentativa de implantação de uma alternativa universalista já ter ocorrido, com resultados relativamente limitados mas despertando polêmica importante sobre a ação externa do país. A alternativa é interrompida pelo movimento de 1964, e a política externa independente é abandonada, como uma das expressões de um passado que os militares, ao assumir o poder, consideravam necessário repudiar. Daí em diante, especialmente até 1967, a autonomia se exprime em doutrina de identidade.

Como os ensaios indicavam, porém, no começo da década de 1970, a perspectiva universalista continuava — ainda que se reconhecessem dificuldades à sua realização — conceitualmente viva. Continuava socialmente viva se nos lembrarmos de que a crítica à política externa da Revolução de 1964 se faz justamente a partir da perspectiva da PEI, e os artigos contundentes da revista *Política Externa Independente* são a melhor prova disto. E continuava diplomaticamente viva à medida que os outros países em desenvolvimento adotavam linhas de atuação certamente próximas às tentadas por Jânio e Goulart.

Não obstante, a perspectiva de uma retomada de conceitos próximos aos da política externa independente, no marco do estado autoritário, parecia descartada ou, pelo menos, remota. Afinal, a PEI se identificava com um momento populista da democracia, que, para os militares, incorporava inclinações esquerdistas. Entretanto, passados poucos anos, a história da política externa brasileira mostrará, com o pragmatismo responsável, que não existem simetrias perfeitas entre o que ocorre no âmbito interno e no internacional. A dissintonia teria nascido da própria lógica da evolução diplomática. A lealdade ao Ocidente não exclui problemas com os países ocidentais, especialmente com os EUA, que obrigam a revisão das condutas de alinhamento que marcaram, sobretudo, o período de 1964–1967. Assim, ao final da década de 1960, abre-se espaço para opções inesperadas da política externa com Geisel, para a retomada de uma perspectiva autonomista.

## Variações e ciclos diplomáticos

Para examinar continuidades, importa, também, compreender a dinâmica das variações. É comum afirmar-se, e com boa medida de razão, que o tempo diplomático se mede em ritmos lentos, obedientes aos processos de afirmação de interesses mais permanentes e duradouros do que os que movem o jogo político interno. Assim, como lidar com as modificações do projeto diplomático de um país? Para evitar longo desvio teórico, dir-se-ia, esquematicamente, que tais modificações podem ser tratadas do ângulo das forças internas que as alimentam e do sentido que têm no quadro das relações internacionais de um determinado Estado no plano global. A propósito, é interessante a sugestão de Schlesinger (1986: p. 43) sobre os ciclos da política externa americana. Nos Estados Unidos, a alternância entre a prevalência do ideológico e a prevalência do realismo, entre o sentido de missão e o do interesse, estaria ligado a processos cíclicos internos, cifrados na oposição entre a hegemonia do *public purpose* ou do *private interest*. O jogo das alternativas teria lógica própria definida a partir da dinâmica nacional.

Essa referência a Schlesinger tem o propósito de delimitar o tipo de variação que existe no "caso brasileiro". Aqui, não encontramos variações cíclicas (o esgotamento de uma tendência ensejaria o nascimento de outra), mas opções que se abrem diante de uma conjuntura histórica internacional específica. Da mesma forma que na década de 1930, com a disputa interimperial, a política externa ganha espaço adicional de manobra, uma dose de "autonomia na dependência" nas décadas de 1960 e 1970. A conjuntura internacional permitiu opções diplomáticas, fundadas em processo similar ao que Gerson Moura chamou, para a década de 1930, de "eqüidistância pragmática" (não só do Brasil, lembremos, mas de muitos países do chamado Terceiro Mundo, que adotam linhas doutrinárias próximas à do Brasil) (Moura, pp. 177 e segs.)[3].

Vale ir adiante e apresentar o tema de forma sistemática. Como na análise de qualquer política externa, ao examinarmos a PEI e o PR, um dos problemas é definir o peso dos determinantes internos e externos, para entender suas origens e sua dinâmica, bem como as ações específicas. Para países considerados periféricos, a tendência é atribuir aos determinantes externos as causas de última instâncias das opções diplomáticas. A tendência é sublinhada por Lafer e Burns. É como se as modificações estruturais empurrassem inovações e, ao mesmo tempo, ditassem suas limitações. Assim, o universalismo que o sistema permite na década de 1970 difere do que permitia na década de 1960, e isso explica, em parte, a origem e, certamente, as condições de fracasso e êxito das diplomacias e Jânio/Jango e Geisel. Por outro lado, sabemos que, usando o conceito de Jaguaribe, a 'permissibilidade" não impõe a inovação (1987:

pp. 40 e segs.). É claro que, em última instância, dentro dos limites estruturalmente dados, as opções serão feitas de acordo com conjunturas internas, que dirão por que inovações possíveis em meados da década de 1950 ou em princípios da de 1970 ocorrem precisamente em 1961 e 1974.

Nesse diapasão, talvez seja fácil interpretar as origens da PEI, adotando as análises ortodoxas, que lembram que foi determinada, no caso de Jânio, pelas inclinações pessoais do presidente, admirador de Tito, Nehru, Nasser, curioso das soluções da Revolução Cubana, e que, por força de sua legitimidade, pode impor suas preferências diplomáticas. Afinal, como bem aponta Miriam Limoeiro Cardoso (Limoeiro, 340), o núcleo da proposta doutrinária de Jânio é uma "profunda identidade do novo governo com o povo" que terá, como contraparte externa, a defesa de autodeterminação, em que "a salvaguarda da soberania e o atendimento do interesse nacional vêm antes e acima de qualquer outra consideração". Por outro lado, para um presidente que quer inovar, a política externa oferece campo ideal de manobra. Como lembra Storrs (1973: p. 450): "*The executive, usually at the forefront of the reform movement, is likely to have a great deal of maneuverability in this area that he does not have in the domestic area*".[4]

No caso de Goulart, impunha-se a sintonia com o ideário das reformas de base, e a política externa — embora não fosse, como no governo Jânio, um tema dominante — não poderia ser menos "avançada".

O caso do pragmatismo é mais completo. Há algo de inesperado. Por que a linha autonomista de Geisel? Sem arriscar qualquer interpretação definitiva, a inovação estaria, basicamente, determinada por imposições de lógica diplomática. Se a política externa independente nasce de um projeto político, de uma concepção intelectual, o pragmatismo será tentativa de superar uma história que começa em 1964 e que resulta, de um lado, em algum isolamento diplomático (especialmente no campo multilateral) e, de outro, em uma teia de contradições reais com a potência hegemônica (em áreas variadas, com direito do mar, energia nuclear, comércio etc.). isso não impede que a política externa venha a ter efeitos ou impulsos domésticos, (p. ex. a necessidade de ampliar o espaço econômico do país, com o incremento de exportações: afinidade com o esquema de abertura de Geisel) mas não é a dinâmica interna a base privilegiada para explicá-la. Em suma, em vista de novas circunstâncias da presença internacional do país, mudam os próprios parâmetros brasileiros de interpretar o mundo.

Voltando ao marco estrutural, tanto no que se refere à política externa independente quanto ao pragmatismo, o objetivo diplomático que sustenta as alternativas de inovação é a da ampliação da autonomia, explorando a margem de manobra adquirida ao longo das décadas de 1960 e 1970 pelos países do Terceiro Mundo, em especial, pelas potências médias. A experiência firma-se com maior solidez no caso do pragmatismo, não somente porque, ao longo dos anos, se alteram as próprias condições de liberdade das potências médias no sistema internacional, como também, de certa maneira, o Brasil passará a ser, mais caracteristicamente, uma potência média. Contaria, segundo os formuladores da política externa, com a vontade e as condições para o exercício de suas potencialidades. A autonomia possui uma dimensão doutrinária e outra concreta: uma coisa é, por exemplo, a vontade de ampliar o intercâmbio com os países em desenvolvimento, outra é dispor de meios concretos que permitam que tal aconteça.

É, portanto, no desejo de autonomia e em algumas de suas expressões doutrinárias que nasceria talvez a afinidades de argumentos da política externa independente e do pragmatismo, que ocorrem em mundos diversos, tanto nacional quando internacionalmente.

Como interpretar o sentido e o alcance da autonomia? Qual o modelo diplomático de autonomia? Que ações usar para explorá-la? O exame das formulações doutrinárias, em uma e outra ocasião, pode sugerir respostas.

## Condicionantes estruturais

Não cabe aqui discutir teoricamente o que sejam condicionantes estruturais da política externa de um país. Já mostramos que os condicionantes são de duas ordens: os internacionais e os nacionais. No primeiro caso, insistimos nos aspectos sistêmicos. Nas décadas de 1960 e 1970, a estrutura do sistema internacional era bipolar, e a Guerra Fria dominava a agenda. Por outro lado, as questões Norte-Sul energiam e definiam o segundo capítulo da agenda. Quanto aos aspectos nacionais, nos detivemos, nas observações anteriores, aos dados conjunturais. As orientações diplomáticas da Presidência, o grau de apoio que determinado governo possui etc., comporiam os condicionantes domésticos mais expressivos. É claro que se poderia ir adiante e examinar elementos propriamente estruturais, como o bloco de poder, as articulações das classes sociais etc. O tema será brevemente mencionado mais adiante.

É evidente que o primeiro fator condicionante, para qualquer política externa, são as circunstâncias geográficas do país. A geografia é um marco permanente cujo peso, sabemos, varia historicamente. Um exemplo claro é a questão cubana. Embora próxima geograficamente, Cuba não existia como problema diplomático para o Brasil antes de 1959; posteriormente, com a Revolução, passa ter importância crucial à medida que as posições que adotamos nas diversas etapas da longa crise cubana tornaram-se um dos elementos importantes na definição do perfil externo do país. Da mesma forma, se analisamos as relações com os vizinhos sul-americanos, especialmente com a Argentina, os movimentos de aproximação/afastamento vão depender de conjunturas históricas. O acordo Jânio-Frondizi ou a disputa entre a Argentina e o Brasil por causa de Itaipu na década de 1970 são prova disso.

Mas, apesar de alguns momentos de tensão e crise, não são os temas latino-americanos que organizam o discurso diplomático. O discurso não pode deixar de escolher, como núcleos fortes, os grandes movimentos da macroestrutura: as disputas Leste-Oeste e a Norte-Sul[5]. Aí se define o perfil da política externa moderna e, conseqüentemente, aí se definem o plano e o alcance das semelhanças entre a PEI e o PR. Embora com variações significativas, esses seriam os problemas diplomáticos básicos que permanecem ao longo de dois momentos que examinamos e, idealmente, dariam a chave para a compreensão das opções diplomáticas específicas.

Uma das premissas da política externa brasileira, tanto na PEI quanto na PR, é a de que o Brasil deveria buscar desempenhar um papel global. A dimensão do país pedia naturalmente participação nos grandes temas internacionais. A opção universalista, para usar o conceito de Lafer, seria natural. Não podíamos ficar adstritos à nossa circunstância geográfica. No célebre artigo para a *Foreign Affairs*, Jânio (1962, p. 50) afirma:

> Quando me refiro a uma "nova força", não estou aludindo a uma força militar, mas ao fato de que uma nação, até aqui quase desconhecida, está pronta a fazer valer, no jogo das pressões mundiais, o potencial econômico e humano que representa e o conhecimento nascido da experiência, que temos o direito de acreditar ser valiosa.

Na mesma linha, dirá o chanceler Afonso Arinos em seu discurso nas Nações Unidas em 1961:

> O que ocorre é que países como o nosso podem ser fortes instrumentos da paz, embora desarmados para a guerra. A consciência da nossa maioridade política impõe-lhes tomar em mãos o próprio destino (ONU – 1961)[6] (Seixas Corrêa, 1995: p. 142).

O conflito Leste-Oeste é, então, o primeiro ponto de referências das formulações diplomáticas. E parece, para quem as formula, sob três expressões:

a) estruturador do próprio sistema internacional;

b) gerador de problemas específicos, tais como a proliferação de armamentos, a distorção das funções das Nações Unidas etc.;

c) definidor das variações de conjuntura, que derivariam, ao longo do mesmo período, dos níveis de rivalidade entre os blocos. Para ilustrar este último aspecto, basta lembrar que, ao tempo de Jânio/Jango, tem lugar, em outubro de 1962, a crise dos mísseis, que aponta para a proximidade da guerra nuclear e, ao longo de 1963, os primeiros ensaios de distensão entre os EUA e a URSS, com a instalação do telefone vermelho e, mais significativamente, a negociação dos acordos para a proscrição de testes nucleares na atmosfera. Da mesma forma, o pragmatismo responsável coincide também com sinais variados. O SALT I estava em vigor mas, em 1973, assiste-se à Guerra do Yom

Kippur, que leva os EUA a determinarem um alerta máximo das forças armadas; em 1975, EUA e URSS assinam a Declaração de Helsinque, uma espécie de código de conduta entre as superpotências mas, em 1975, inicia-se a confrontação em Angola.

Na formulação da política externa, a primeira tarefa doutrinária era estabelecer, em relação aos diversos temas da disputa Leste-Oeste, uma compreensão própria e, ao mesmo tempo, tomar posições naqueles aspectos do conflito que nos afetavam mais diretamente. Isto acontecia de muitas formas. De um lado, pelo caminho das áreas de confrontação regional. Para dar um só exemplo: a evolução do processo de consolidação da independência de Angola, com as disputas entre o MPLA e a Unita, estava fortemente condicionada pelo conflito Leste-Oeste, com reflexos, portanto, para o Brasil, que tinha interesse muito direto em expandir relações com aquele país africano. De outro lado, como as disputas globais encontravam, no campo interno, disputas simétricas (uma das características do período era a de que as superpotências tinham mensagens ideológicas universais, que diziam respeito a opções sobre sistema de governo, gestão econômica etc.), o conflito Leste-Oeste entrava, no país, pela porta das disputas partidárias, ou doutrinárias, se preferirmos. A identificação da esquerda com a defesa da autonomia de Cuba é um exemplo claro disso. É bem verdade que, ao tempo do pragmatismo, em vista do autoritarismo, as identificações eram, às vezes, menos diretas. Um exemplo: havia uma direita ideológica que criticava a aproximação com Angola e grupos empresariais que dela se beneficiavam.

Outro marco estrutural é o Norte-Sul. É bem marcada, no período, a evolução interna das disputas entre ricos e pobres, bastando lembrar que, em 1961, se reúne a primeira conferência do Movimento Não-Alinhado e, em 1964, a primeira Unctad (Conferência das Nações Unidas para Comércio e Desenvolvimento). A perspectiva de uma plataforma de um Sul unido, de uma reforma global da ordem econômica internacional, é clara, sobretudo se contrastamos com a década de 1970, quando depois da crise do petróleo, o processo de diferenciação dos países do Sul começa a se desenhar. De qualquer maneira, tanto na década de 1960 quanto a de 1970, a caracterização do perfil externo do país nascia, em boa medida, da atitude em relação às disputas Norte-Sul. Comparado às posições na Guerra Fria, o drama político dos problemas da nova ordem é menor, menos mobilizador. Mas, diplomaticamente, para usar a linguagem de Sartre, em nosso "ser para os outros", na maneira pela qual os outros países nos vêem, as questões Norte-Sul são determinantes, sobretudo porque, do ângulo da formulação, guardam uma diferença fundamental em relação aos problemas Leste-Oeste: para a política externa independente e para o pragmatismo, nos apresentamos como países do Terceiro Mundo, com plena capacidade de formulação nesses temas, onde temos portanto, a possibilidade de liderança, de invenção diplomática (enquanto, no Leste-Oeste, o trabalho básico é reagir a uma crise que não criamos).

Outro marco estrutural é o das diferenciações internas do Brasil. Em 1960 e 1970, encontramos dois países relativamente distintos porque teria havido, no período, um "salto de poder". Entre os dois momentos, há acelerado crescimento econômico e são notáveis as diferenças entre as situações políticas internas. Vejamos, em primeiro lugar, as comparações estatísticas. Entre 1960 e 1975, a população do país cresce de 70 para quase 110 milhões de habitantes. O PIB *per capita* passa de 320 para 1000 dólares. A participação brasileira no PIB mundial cresce de 1,5% para 2,5%. Na composição do PIB, a agricultura que contribuía com 18% em 1960, contribuirá, em 1975, com 10%; a participação da indústria cresce de 32 para 40%, e a dos serviços fica em torno de 50%. Os dados de comércio exterior impressionam: em 1960, a soma das exportações e das importações brasileiras era de 2,6 bilhões de dólares; em 1975, 21 bilhões. O comércio exterior quase decuplica em 15 anos. Em termos de participação no comércio mundial, passamos de 1,25 para 1,72%. Em 1960, o comércio com os EUA correspondia a 1/3 do intercâmbio; em 1975, o comércio com os EUA ainda é importante (cerca de 5 bilhões de dólares), equivalente a cerca de 1/4 do comércio total, e os parceiros já são bastante diversificados (sobretudo no mundo desenvolvido)[7].

As próprias dimensões da economia exigem ações correspondentes em política externa. As condições econômicas do país ampliam o instrumento diplomático. Os fatores importantes, como, em 1960, os problemas de pagamento da dívida externa e, em 1975, a crise do petróleo, obrigam a que se desencadeiam movimentos diplomáticos específicos. Em 1960, a diplomacia econômica com os EUA parecia centrar-se na questão dos níveis de ajuda; em 1975, as relações com os desenvolvidos são extremamente diferenciadas e o contencioso é amplo (subsídios, direitos compensatórios, importação de material sensível etc.). Ainda que não se devam reduzir as inovações conceituais às motivações econômicas, o fato é que as aberturas universalistas devem atender aos processos de solução desses problemas.

Além disso, há que considerar os fatores políticos: a natureza do poder presidencial (que é decisivo para inovar em política externa), a natureza dos limites à inovação (que dependem, em boa medida, da liberdade política do presidente) e, finalmente, o jogo dos interesses sociais e políticos nos temas internacionais.

O tema é, aqui, pano de fundo para o que vamos examinar e não caberia uma análise específica. Valeria, porém, sublinhar que as situações de Jânio/Jango e Geisel são, do ângulo político, radicalmente diferentes. Em contraste com a fragilidade dos esquemas de sustentação política do Executivo nos primeiros anos da década de 1960, a situação de Geisel é privilegiada. Isso leva a política externa a ter funções internas diferenciadas. Em 1960, especialmente com Jânio, essa política é mobilizadora e abre amplo espaço polêmico, inclusive porque é simétrica à disputa ideológica de âmbito interno. Com Jango, está acompanhada por determinadas ações, como processos de nacionalização, que acentuavam o que os críticos diziam ser o seu feito "radical". Numa situação interna polarizada, a política externa naturalmente se tornava também polêmica. Cada gesto encontra imediatamente a sua crítica, o seu limite (Storrs, 1973: pp. 441 e segs.). Ainda que não caiba análise mais detida da relação interna/externa, vale lembrar, com Brito, que, para Jânio, a PEI significou um *asset*, à medida que, em tese, significaria ampliação das bases políticas e, para Goulart, uma *liability*:

> O governo Jango já nasce sob o signo da suspensão ideológica, e até meados de 1963 a preocupação dos sucessivos gabinetes e do próprio presidente é a de apaziguar os setores mais conservadores, cuja repulsa tornara-se patente na tentativa de golpe em agosto de 1961. É dessa forma

que a PEI converte-se, rapidamente, de *asset* em *liability*. (Brito, 1989:71)

A hipótese encontra uma qualificação significativa nas palavras do próprio San Tiago Dantas, em uma reunião de trabalho, com diplomatas do Itamaraty, preparatória das posições brasileiras em relação à VIII Reunião de Consulta da OEA:

> No seio do povo, a política externa é bem aceita. Não é muito popular porque a do governo Quadros era mais. Hoje falta à política externa um intérprete que tenha reputação muito afirmativa no país. O presidente João Goulart não responde pela política externa. O Tancredo Neves tem sido muito omisso na política externa. Em relação a mim, porque a posição de ministro do Exterior é muito limitada e também porque não sou muito esse tipo de homem público, sou mais visto como homem de habilidade de posições que de extremar posições (Arquivo San Tiago Dantas. Reunião da Comissão de Planejamento sobre Assuntos Ligados à VIII Reunião de Consulta 27.12.61).

Em 1975, os constrangimentos seriam de outra ordem. Em uma caracterização simples da conjuntura política que cerca o governo Geisel, dir-se-á que esta é marcada pelos processos "lentos, graduais e seguros" de abertura política. Quem comanda os mecanismos políticos é o Executivo, liderado por uma figura forte, embora já surgissem focos sociais de contestação (Skidmore, 1988: pp. 354 e segs.). É curiosa a relação entre a política externa e a abertura, que pode ser vista, pelo menos, por dois ângulos: a) o exercício de crítica, na imprensa, às ações diplomáticas é limitado (vejam-se os casos da política africana e de Itaipu); b) a convivência com países socialistas na África demonstrava uma disposição para diálogo com os "outros mundos políticos", o que tenderia, necessariamente, a revelar a inconsistência da manutenção de práticas autoritárias internas, como a proibição dos partidos comunistas etc. Examinando aspectos da ação diplomática, uma hipótese é a de que, se existe liberdade de formular (os movimentos políticos, como as críticas da "direita" à política africana não foram bloqueadoras como, ao tempo de Jango, o caso da aproximação com as províncias ultramarinas de Portugal; as críticas do "sistema militar", expressas pelo general Frota, Ministro do Exército, ao reatamento com a China, não impediram a aproximação com a RPC), existem também limites. Estes são mais sutis e operam dentro do próprio sistema de poder. Mais de forma implícita do que explícita. Mais como uma barreira conceitual do que como veto específico. Não seria excessivo dizer que, dentro de seus parâmetros ideológicos, o governo fez o que quis fazer. Caberia então perguntar: neste marco, teria sido possível fazer mais ou atuar de forma diferente? Deixou-se de fazer algo que, sem fugir aos seus objetivos estratégicos, significasse ganhos diplomáticos? O tema do reatamento com Cuba seria um exemplo de obediência a esses limites[8], neste caso, determinado talvez pela conveniência das relações com os EUA e para não acirrar a linha dura.

Qual seria o equivalente interno do bipolarismo ou da diferença Norte-Sul. Nesses dois casos, estamos diante de fenômenos estruturais (i.e., abrangentes, duradouros etc.) que têm peso evidente na articulação do discurso diplomático, pois lhe oferecem os temas centrais e as variações básicas. Existe algo que desempenhe a mesma função no plano doméstico? Quais são as raízes estruturais da política externa? Uma resposta preliminar dirá que, no caso brasileiro, é a natureza do regime que desempenha o papel de constante estruturadora. As variações democráticas e autoritárias teriam efeitos específicos sobre o discurso (e, assim, estaríamos no mesmo diapasão da tese liberal sobre a relação entre autoritarismo e agressividade externa, e democracia e atitudes cooperativas) (Waltz, 1959). Não cabe aqui ir muito adiante nessa linha de indagações. O que se pode dizer, mais como hipótese, é que, de fato, a combinação democracia/bipolarismo pode conduzir, como ocorre em 1960, a atitudes universalistas. Da mesma forma, a combinação autoritarismo/bipolarismo tem efeito direto nas opções de política externa nos anos 1964–1967, embora não explique, mais adiante, o sentido universalista do pragmatismo. Existe uma dimensão temporal interessante: sem dúvida, a afirmação ocidentalista em 1964 prende-se ao fato de estarmos em um momento inicial do processo de afirmação autoritária, que exige, por isso mesmo, valorizar o "mundo como contradição"; o autoritarismo, em sua fase de reversão com Geisel, já vislumbra, no mesmo cenário bipolar, as possibilidades de um mundo mais conciliado.

A conclusão a que se pode chegar é a de que as combinações entre estruturas (interna e internacional) são um primeiro passo para o processo de análise de discurso, mas suas inflexões e nuances serão dadas necessariamente por fatores conjunturais.

## A linguagem e os conceitos básicos

> O Brasil é um país intermédio na presente estratificação mundial. Como seus congêneres, possui não apenas o passivo de vulnerabilidade mas também o ativo de alguns recursos de poder no campo diplomático. Por isso mesmo tem condições de no presente momento internacional, em conjunto com outros protagonistas do Terceiro Mundo com os quais tem posições e interesses coincidentes, desempenhar um certo tipo de papel perante a ordem mundial, que mescle a *voluntas* da transformação com a *ratio* da moderação. Este papel é o de a) buscar evitar o conflito no sistema interestatal, contribuindo para a paz; b) ajudar a preencher o vazio, diminuindo a lacuna entre ricos e pobres; e c) promover a cooperação internacional, servindo de ponte entre culturas e civilizações. (Celso Lafer, 1984, p. 127)

O discurso político serve para revelar e ocultar a realidade, esclarecer e confundir, mobilizar e desmobilizar. A retórica ora serve, ora desserve à objetividade. É por esses procedimentos ambíguos que cumpre a sua função no jogo de poder. Conforme o tomemos, diferentes modos de analisá-lo se desenham. Vamos utilizar o mais simples. Esquecendo o sentido ideológico, e de ocultamento, vamos tratar as formulações doutrinárias como um projeto de ação, como uma maneira de articular e orientar as práticas da política externa.

Como no plano nacional, sabemos que, em boa medida, os discursos são a primeira parte da operação de política externa. O discurso anuncia perfis de atuação e serve diretamente para definir o ideal de posição do país no mundo. Para dar um exemplo: a autodefinição como país ocidental ou de Terceiro Mundo anuncia, imediatamente, certas linhas possíveis de ação, certas condutas "obrigatórias". Cria expectativas nos parceiros e, portanto, gera cobranças. De outro lado, as próprias dificuldades de articular posições claras, ou um excesso de prudência, passam a ter, em si mesmo, sentido político. Valem como opções, sobretudo se pensamos no universo de contrastes claros como o da Guerra Fria.

O sentido geral dos pronunciamentos de chanceleres brasileiros — a prática de presidentes abrirem o debate geral se inicia com o presidente Figueiredo — nas Nações Unidas é tradicionalmente a melhor apresentação do perfil diplomático do país e, assim, comparar os textos que anunciavam a política externa independente com o pragmatismo pode ser a base de um exercício útil. Os discursos da ONU têm as vantagens da abrangência, da similaridade de temas e da regularidade[9].

Vamos nos fixar nos dois temas que descrevemos como os problemas diplomáticos centrais do sistema de relações contemporâneas e que a Chancelaria não teria escolha senão a de enfrentá-los:

a) como se situar em relação ao conflito Leste-Oeste;
b) como se inserir no universo das relações Norte-Sul[10].

## A política externa independente e a Guerra Fria

Em um mundo bipolar, o primeiro tema é decisivo para que se entenda o perfil diplomático de qualquer país. Da escolha da medida de alinhamento em relação aos blocos derivam as opções de *policies*, linhas específicas de ação etc.

Em um curto mais importante ensaio, Brito mostra que é possível periodizar a política externa independente, que evolui de uma atitude neutralista, preferida de Jânio, para a ênfase no desenvolvimento (Brito, 1989: p. 75). Mas, neste texto, vamos esquecer os matrizes da periodização e lidar com a PEI como se fosse um bloco homogêneo. Assim, as dimensões política e econômica se conjugam para reconstruirmos a PEI como um modelo possível da diplomacia brasileira naquele momento histórico.

Nesse diapasão, é possível afirmar que, em relação à Guerra Fria, desenham-se duas atitudes paradigmáticas nos discursos da PEI:

A primeira é a crítica à situação da Guerra Fria de situação em si mesma condenável, especialmente porque se exprime pela corrida armamentista, com efeitos globais sobre a própria natureza do sistema internacional:

> ... a Guerra Fria compromete o destino dos homens, não só pelas despesas da corrida armamentista, como pela insegurança universal, que liquida a confiança no presente e a esperança no futuro... (ONU – 1961) (Seixas Corrêa, 1995, p. 141).

Ademais, como Araújo Castro dirá em 1963, a Guerra Fria é uma relação "castradora":

> O mundo em que vivemos é rico de idéias, teorias, concepções e sistemas de pensamento, e as Nações Unidas não foram criadas para afirmar a eterna validade ou prescrição de nenhuma delas... A verdade absoluta não pode ser proclamada sobre as cinzas da desolação nuclear (ONU – 1963) (Seixas Corrêa, 1995; p. 161)

A crítica visa ainda a algumas conseqüências da Guerra Fria e basicamente, dois efeitos são considerados:

> a) o desvio de recursos que poderiam ter um só uso mais racional não fosse a Guerra Fria: "a presente corrida armamentista, que prossegue em um ritmo insensato, é a principal responsável pela carência de recursos para as grandes tarefas de desenvolvimento econômico. Como se pode falar seriamente no progresso cultural de uma humanidade que não faz senão elaborar e aperfeiçoar os elementos de sua própria destruição? Só é respeitável a técnica que conduz à vida e à liberdade." (ONU – 1963) (Seixas Corrêa, 1995, p. 165)
>
> b) a segunda linha de conseqüências deriva do fato de que a Guerra Fria organiza o sistema internacional em torno das disputas de poder e, assim, impede que os propósitos da Carta da ONU ("A implementação efetiva da Car-

ta esbarra no diretório efetivo exercido pelos Grandes", ONU – 1963) ou os objetivos específicos, como as propostas de desarmamento do então chamado Comitê dos 18, alcancem resultados positivos (v. ONU – 1962). A transferência do conflito global para as crises regionais, exacerbando-as é também condenada no caso do Congo. A melhor expressão dessa perspectiva está na teoria do "veto invisível", proposta pelo chanceler Araújo Castro (1970: p. 148) em 1963, que se resumiria na idéia de que o alcance dos bons propósitos das Nações Unidas, em qualquer campo seria sistematicamente bloqueado, por uma "veto invisível" das potências.

Esse diagnóstico é o traço típico da atitude brasileira diante do conflito e tem vários desdobramentos, a começar pela insistência em que não se reduzam as relações internacionais ao conflito Leste-Oeste. A idéia de que "o mundo tem outros pontos cardeais", já anunciada por Horácio Lafer, chanceler de Juscelino, é plenamente retomada[11]. Paralelamente, o conflito impõe determinadas opções, e é necessário, para que a política externa tenha sentido nacional, que o Brasil se situe "acima" do conflito, e o interprete à sua maneira. Na mensagem ao Congresso de 1961, o tema é esboçado:

> O conflito Leste-Oeste tende a restringir-se, cada vez mais, ao campo das atitudes ideológicas. Temos confiança nas nossas, não desejamos mal aos povos que as têm diferentes. Não existem, ao nosso ver, quaisquer que sejam as expectativas subjetivas de cada facção, conflitos ou antagonismo de índole doutrinária, ou social, que sejam incompatíveis com a política de convivência sincera, de coexistência leal. (Mensagem, p. 92)

Na segunda atitude paradigmática, trata-se de desviar a atenção do mundo para as questões que nos interessavam. Politicamente, é problema complexo: aceitando-se o mundo como estruturado em termos de poder, e admitindo-se que ao Brasil faltem instrumentos de poder, como propor plausivelmente uma plataforma de transformação da agenda internacional? Pensando apenas na articulação conceitual, há duas saídas correlatas. A primeira, institucional, típica dos países em desenvolvimento, é a de valorizar os instrumentos multilaterais. É uma das marcas permanentes do discurso "terceiro-mundista" a exaltação da ONU como veículo natural e necessário para a solução dos problemas internacionais. Está no discurso de 1961 que:

> O Brasil confia em que as Nações Unidas, apesar de todas as debilidades, são o único organismo capaz de assegurar o equilíbrio entre forças opostas e garantir a paz. (ONU – 1961) (Seixas Corrêa, 1995, p. 146).

A sustentação diplomática dessa atitude está na possibilidade de alternativas de articulação política, que passem à margem das situações estabelecidas de poder. A ponte entre a "institucionalização" da vida internacional e as realidades de poder é, então, tentada, com a referência a um novo tipo de articulação diplomática:

> O que estamos presenciando é a emergência de uma articulação parlamentar de pequenas e médias potências que se unem, fora ou à margem das ideologias e das polarizações militares, uma luta continuada em torno de três temas fundamentais: Desarmamento, Desenvolvimento Econômico e Descolonização. (ONU – 1963) (Seixas Corrêa, 1995, p. 163).

A segunda saída é, então, propositiva: os países médios e pequenos ou a) induzem à modificação da agenda internacional (como se pede no trecho citado, e os três Ds passariam na frente das disputas ideológicas; ou b) procuram mediar as disputas entre as potências (é sintomática a atitude dos "não-alinhados" nas negociações do desarmamento)[12] ou, numa outra dimensão, aproximar o Ocidente do Terceiro Mundo (dirá Arinos: "O Brasil se encontra em situação especialmente favorável para servir de elo ou traço de união entre o mundo afro- asiático e as grandes potências ocidentais" (Arinos, A., no discurso de posse no Itamaraty, transcrito em Planalto, p. 883) ou c) fazem propostas de "irresistível racionalidade", como em 1963, quando o Brasil lança, no Comitê de Desarmamento, a idéia de celebração de um tratado multilateral de não-agressão. Em suma: os países médios ou pequenos criam poder pela via de articulação diplomática nova, pelos serviços que podem prestar ao sistema internacional, oferecendo, como matéria-prima, a racionalidade dos processos de mediação ou das idéias que contribuem claramente para a paz. Assim, criariam condições de participação no sistema internacional. Participação que nasceria da "boa intenção", do fato de encarnarem, melhor do que as potências, os ditames da racionalidade.

## A política externa independente e as questões Norte-Sul

Passamos agora às questões Norte-Sul nos discursos da política externa independente, especialmente como aparecem na ONU.

Antes de lidar com o tema diplomático, é necessário indicar que, nas formulações de Jânio, há duas premissas fundamentais. Primeiro, a diferença entre "ricos e pobres", que ele expressa de forma dramática:

> Que solidariedade pode existir entre uma nação próspera e um povo desgraçado? Que ideais comuns podem, no curso do tempo, suportar as comparações entre as áreas ricas, cultivadas, dos Estados Unidos e as zonas assoladas do Nordeste no Brasil? (Quadros, 1962: p. 153)

Em segundo lugar, diante dessa situação, impõem-se a solidariedade entre os subdesenvolvidos. A situação econômica "coincide com o dever de formar uma frente única na batalha contra o subdesenvolvimento e todas as formas de opressão"(Quadros, 1962, 152). Como resume Limoeiro, é "a compreensão do Terceiro Mundo como a realidade histórica e a sugestão de formação, a partir dela, de uma frente comum...", que fundam a relação entre os países do Sul no janismo e, de uma certa forma, na PEI e, com matizes, no PR (Limoeiro, p. 357).

Vendo agora o desdobramento dessa atitude no plano diplomático, umas poucas observações gerais se impõem. A primeira é de que os temas econômicos figuram modestamente nos discursos de 1961 e 1962, da fase neutralista, mais voltados para as questões de desarmamento, descolonização e dos próprios mecanismos da ONU. A segunda é a de que, em 1961 e 1962, as proposições ainda estão muito presas as soluções assistencialistas. É bem verdade que o tratamento do tema fica mais elaborado em 1962, mas é somente com o discurso dos 3Ds, feito por Araújo Castro em 1963, que o argumento brasileiro ganha contornos mais claros.

Que contornos são esse? Há dois elementos essenciais: a questão Norte-Sul é universal, afeta a todos, e, por isso, tem sentido de "segurança". Numa formulação precisa:

> ... o alto estágio de desenvolvimento atingido por um pequeno número de países do mundo não deve implicar necessariamente a persistência do subdesenvolvimento dos outros países. É obvio, ao contrário, que a segurança econômica e social atingida por alguns está em risco, se essa segurança econômica e social não for atingida por todos. (ONU – 1963) (Seixas Corrêa, 1995, p. 173)

Ou em outro trecho:

> Vivemos um sistema de causas e efeitos recíprocos. Assim como a paz é indivisível — pois a paz implica um nexo de interdependência cuja consolidação requer a cooperação de soberanias — assim também é indivissível o desenvolvimento econômico e social. (ONU – 1963) (Seixas Corrêa, 1995, p.173)

Uma outra constatação é a de que o "desequilíbrio vem crescendo e, caso não sejam prontamente corrigidas as tendências hoje prevalecentes, continuará a crescer indefinidamente" (ONU – 1963) (Seixas Corrêa, 1995, p.173).

Que propostas, então, derivam dessas atitudes, que, em seu ponto ideal, realizariam a chamada "segurança econômica coletiva"? O discurso faz três indicações: a) critica-se a especialização dos PEDs[13] em matérias-primas, já que a indústria representa o setor mais dinâmico de sua economia; de maneira implícita, advoga-se que a estrutura econômica dos PEDs deveria tornar-se similar à dos desenvolvidos; no quadro da ONU, pedese a criação de uma agência especializada em desenvolvimento industrial (de fato, o Brasil será um dos atores centrais na criação da UNIDO)[14]; b) propõe-se um aumento dos fluxos financeiros na direção dos PEDs, fluxos que não deveriam ter quaisquer condicionantes de natureza política e, da mesma maneira no capítulo da indústria, fala-se na necessidade de criação de um Fundo de Capital das Nações Unidas, "equipado para conceder empréstimos suaves e doações diretas, e que fosse administrado de forma a atribuir a todos os países membros igual poder decisório, independentemente de sua capacidade de contribuição"; o fundo poderia ser alimentado com recursos desviados das despesas com armas pois, afinal, "... pareceria hoje ousado pedir o sacrifício, ou a salvação, de um por cento dessa loucura humana para uma obra de redenção social e de desenvolvimento de toda a humanidade?" (ONU – 1963) (Seixas Corrêa, 1995, 179); c) critica-se a estrutura do comércio internacional que, por causa da deterioração dos termos de intercâmbio, tem atuado na realidade como fator de empobrecimento relativo dos PEDs; de outro lado, com a perspectiva da Unctad[15] (que se reuniria em princípios de 1964), vislumbra-se a possibilidade de que a impregnação da "ética universalista", que rege o comportamento da ONU, induza à profunda transformação desse processo. Estávamos diante da perspectiva de decisão política que levaria à reformulação de princípios obsoletos, ao estabelecimentos de novas regras de comportamento e à criação de condições de uma nova divisão internacional do trabalho.

## Síntese do discurso da política externa independente

Antes de iniciar a análise do discurso do pragmatismo responsável, cumpre tentar uma síntese do discurso da PEI. Para tanto, vale recorrer ao texto de Holbraad (1984, p. 126), quando aponta que, para os *unaligned middle powers*, existem, numa situação bipolar, pelo menos quatro opções: se consideram que o nível de conflito entre os dois pólos é inalterável, podem se situar "acima" do conflito, tratando de levar adiante os seus interesses paroquiais, ou jogar um lado contra o outro, com vista a obter vantagens específicas; se, ao contrário, consideram que o nível de conflito e de tensão é manipulável,

> *...they may try to heighten in by sharpening some of the issues between the camps, or they may try to lower it by offering their good offices or their services as mediators between the parties*[16]. (Holbraad, 1984: p. 126)

Podemos aceitar que a posição brasileira seja classificada como "não-alinhada no marco ocidental", isto é, com a restrição à liberdade que a condição ocidental, democrática, imporia. De qualquer forma, essa "condição ocidental" não significa "preferência ideológica", e a neutralidade diante dos dois campos fica bem expressa na condenação da Guerra Fria em si, que é desenvolvida em todos os textos.

Vale lembrar alguns trechos do artigo de Jânio para a *Foreing Affairs*, que exprimem com clareza essas idéias. Primeiro, a finalidade do Ocidente:

> Em conseqüência da formação histórica, cultural e cristã, tanto quanto a situação geográfica, nossa Nação é predominante ocidental. Nosso esforço nacional é dirigido para obtenção de sistema de vida democrático, tanto política quanto socialmente... No entanto, na situação atual, não podemos aceitar uma posição nacional pré-determinada, exclusivamente nas bases da premissas acima. (Quadros, 1962, p. 151)

Depois a liberdade:

> Não sendo membro de bloco algum, nem mesmo do bloco neutralista, preservamos nossa liberdade absoluta de tomar as nossas próprias decisões em casos específicos e à luz de sugestões pacíficas em consonância com a nossa natureza e História. (Quadros, 1962, p. 155)

O segundo elemento essencial do discurso é a pregação da racionalidade, e aqui, mais uma vez, o discurso não foge ao típico do *uncommitted middle power* que, como aponta Holbraad (1984, p. 128), procura o papel de *would-be ameliorator*. O argumento básico é: o presente é ruim porque as potências se comportam de uma forma irracional — ou porque acumulam armas nucleares ou porque reforçam a divisão entre ricos e pobres — e o futuro pode ser melhor desde que as decisões internacionais sejam tomadas de forma democrática. A razão é a mesma que vale para a política nacional: a forma democrática é veículo necessário para a boa decisão política (ainda que não a garanta). Os procedimentos democráticos exprimiriam de forma efetiva a igualdade dos Estados (e, portanto, a autodeterminação) e tenderiam a impor a justiça, a eliminação das desigualdades, o encaminhamento pacífico dos conflitos.

Essa preferência pelo processo tem várias motivações. No caso do conflito Leste-Oeste, evita que se entre no debate sobre as razões mais profundas do processo arnamentista (afinal, qual é o sistema responsável pelo expansionismo permanente, o socialista ou o capitalista?). Em segundo lugar, permite que o discurso permaneça, no plano da exortação abstrata e da defesa de teses positivas (mundo sem tensão é melhor que a Guerra Fria, maior distribuição de riquezas é melhor do que disparidade crescente etc.).

Finalmente, a combinação dos dois elementos — a preferência pelos procedimentos democráticos e pela razão de justiça — completa-se com a valorização dos mecanismos multilaterais como instrumento necessário para a realização dos objetivos de segurança e de desenvolvimento. Em suma, o discurso brasileiro não se afastará, salvo as cautelas para fugir do radicalismo, do padrão "terceiro-mundista", no qual a grandeza dos objetivos, beirando o utópico, se contrapõe à fragilidade dos meios de realizá-los.

A propósito, vale lembrar o contra-argumento das potências: as teses são boas mas ingênuas, e o problema é justamente o de definir os meios adequados para alcançar os resultados: pela vitória de uma ideologia sobre outra ou pela aceitação de processos negociadores extremamente complexos, em que mais vale o poder de barganha do que a boa razão. Dirão que o poder traz responsabilidade (são os arsenais nucleares que garantem, em última instância, a segurança para realizar-se ou a liberdade das democracias ou a afirmação do socialismo) e, afinal, são os ricos que conhecem o segredo da riqueza. Basta seguir seu comportamento que o desenvolvimento naturalmente chegará, por difusão, aos pobres.

# O pragmatismo responsável e a Guerra Fria

> ...num mundo em constante mutação, não há coincidências permanentes nem divergências perenes. Nessas condições, não pode haver alinhamentos automáticos, porque o objeto da ação diplomática não são países, mas situações. O que devemos buscar em cada momento é explorar as faixas de coincidência que temos em cada um dos países, procurando ao mesmo tempo reduzir as áreas de divergência ou de confrontação. Essa atitude pragmática é a essência mesma da atividade diplomática. (Palavras do chanceler Silveira na ESG, em 1974)[17]

De que maneira as posições da PEI são retomadas em 1974? Antes de entrar no tema, é preciso sublinhar que entre 1960 e 1974, não existe um vácuo criativo. A evolução da política externa é rica e não houve, salvo entre 1964 e 1967, um abandono completo das posições construídas pela PEI[18]. Para ficar em dois exemplos: a temática do "congelamento do poder mundial", desenvolvida pelo embaixador Araújo Castro na ONU, no início da década de 1970, é uma expressão "realista" da atitude crítica da PEI em relação à situação da Guerra Fria[19]; o exame dos defeitos da ordem econômica internacional continua e até se aprofunda, como no caso do conhecido discurso do chanceler Gibson Barboza na Unctad de 1972. Assim, só se justifica a passagem de 1960 e 1974, ignorando propositadamente o que acontece entre os dois momentos, porque o objetivo é discutir a tese de que, com o pragmatismo, teria havido a retomada de que, para alguns, foi a solução diplomática mais adequada para o Brasil.

Apesar de não negar, no discurso, a continuidade em relação aos governos militares anteriores, a escolha do rótulo pragmatismo responsável era forma sutil de justamente mostrar diferença. A etapa anterior teria sido "ideológica", e levou a alinhamentos, posições desconfortáveis em questões regionais, que acarretaram um preço político (isolamento relativo em foros internacionais). Como a mudança não poderia ser explicada somente por razões "pragmáticas", o adjetivo "responsável" foi acrescentado, como uma espécie de qualificação ética. Com Jânio, a independência vale em relação ao mundo; com Geisel, tem de valer, em primeiro lugar, em relação ao passado. A Doutrina de Segurança Nacional começa a ser abandonada em suas conseqüências práticas, em suas derivações em forma de *policies.* O cuidado em fazê-lo explica a responsabilidade de rótulo da política externa e, ao mesmo tempo, como bem lembra Souto Maior (1991, p. 6), o sentido didático que às vezes assume o discurso diplomático.

Voltemos aos problemas Leste-Oeste. Como ponto preliminar, é importante ressaltar que, ao tempo do "pragmatismo responsável", a *détente,* cujos primeiros movimentos foram ensaiados em 1963, se tornara uma realidade sedimentada. As reuniões de cúpula deixaram de se constituir em surpresa, o realismo kissingeriano já contribuíra para uma diminuição do feitio ideológico do conflito, e os arranjos entre as superpotências, tais como o expresso no Tratado de Não-Proliferação (TNP), eram uma realidade corrente. Os países europeus, especialmente a Alemanha, com as vantagens diplomáticas que nascem da nova riqueza, assumem posições própria na vida internacional. Se não chega a existir uma modificação estrutural no sistema internacional, que continua bipolar (agora, mais "frouxo", para usar a terminologia de Kaplan), dominado pela rivalidade e pela incessante busca de vantagens estratégicas, modifica-se, contudo, e de forma sensível, a dinâmica do conflito Leste-Oeste. Fica claro que esta pode variar e, no limite, transformar a realidade em condomínio. Tem movimento "interno", evolui.

Como nas lições sistêmicas, tal alteração implicaria movimento nas posições dos atores subordinados ao sistema central (Kaplan, 1969, p. 292). E, naturalmente, é de se esperar que essa modificação se traduza, de alguma forma, no discurso e nas atitudes da diplomacia brasileira. Tem-se de lidar com o fato de o conflito Leste-Oeste perdurar, mas admitir transformações de relativas envergaduras. Do ângulo das potências médias, mudam as condições de influir no processo internacional, os limites da "permissibilidade".

O discurso se diferencia, então, do de 1963, embora não altere algumas de suas características básicas. Vejamos as diferenças. É mais difícil condenar o próprio conflito Leste–Oeste — sobretudo em igual diapasão retórico — já que ele perde boa parcela de rigidez e passa a incorporar modalidades de aproximação entre as superpotências. A perspectiva de uma *entente* é admitida com uma evolução natural no seu processo de relacionamento, e o problema é fazer com que os países em desenvolvimento se aproveitem das tendências. Vala citar um trecho bem característico da nova atitude, em discurso de Azeredo da Silveira:

> Haveria razões, talvez, para celebrar ter o mundo evoluído, nestes últimos anos, de um clima de Guerra Fria para o clima de *détente*. Mais razões teríamos, ainda, de celebração se pudéssemos ver confirmada, no futuro, o que parece ser, no momento, a evolução desse clima para uma virtual *entente*. Depende, em parte, de nós mesmos, os países que buscamos o desenvolvimento, que essa *entente* se concretize em nossa vantagem ou para nosso prejuízo. É até certo ponto natural que as grandes potências procurem essa *entente* e, sobretudo, a preservação do *status quo*, que, no entanto, só a curto prazo lhes beneficia. Mas, à sua sombra, e este é o único benefício que obtemos, os que somos menos fortes, é realizar uma política de cooperação mais estreita e descontraída no plano internacional. Devemos nos servir dessa abertura para lograrmos uma melhor coordenação dos países menos desenvolvidos na defesa de seus interesses de progresso econômico e social. (ONU – 1974) (Seixas Corrêa, 1995; p. 305)

Essa longa citação serve para registrar a inovação, que é basicamente a de aceitar o lado positivo da *détente* (cria oportunidade para a ação dos países em desenvolvimento) e, ao mesmo tempo, fixar uma reserva ao elogio: a *détente* não é incompatível com a tendência à preservação do *status quo*, pode ser "estagnacionista". Assim se mantém, sem explicitá-lo, o tema do congelamento de poder e, em alguma medida, a responsabilidade das superpotências pelos "males do mundo" é diminuída à medida que se afirma que, em última instância, são os próprio países em desenvolvimento os responsáveis, em ação conjunta, pelas soluções para seu progresso.

É bem verdade que, em outros textos não divulgados à época, as críticas ao mecanismo da *détente* são mais contundentes. Na Escola Superior de Guerra (ESG), em 1978, Silveira dirá que

> ...a *détente* tornou-se, apenas, um método extremamente precário e inadequado pelo qual as superpotências procuram encaminhar a questão magna da guerra e da paz. Inadequado, porque supõe a concentração permanente de poder decisório nas mãos das próprias superpotências quando o que está em jogo... é o destino de toda a humanidade...Precário, porque a *détente* é revogável a qualquer tempo... É evidente a correlação negativa entre a paz e o crescente armamentismo nuclear. (ESG – 1978)

Diante dessa situação desconfortável, em que temos pequena influência sobre os conflitos e crises que nos afetam, resta, como solução, a perspectiva de que, conforme o país cresça e se afirme mais no cenário internacional, "nossas propostas serão mais ouvidas, à medida que sejam autenticamente brasileiras e que nosso perfil externo continue a ser globalmente informado pelo sistema valorativo que nos tem orientado" (ESG – 1978). São expressões que ecoam, nitidamente, conceitos do artigo de Jânio para a revista *Foreign Affairs.*

Essa mudança conceitual se prende, como vimos, aos movimentos internos da rivalidade Leste-Oeste. A distensão exige, naturalmente, adaptações no discurso. Porém, não se altera o fato básico de o sistema internacional ser regido pela dinâmica bipolar. Essa circunstância faz com que se retome a crítica ao bipolarismo, com algumas diferenças. A primeira é a de que se corta, em boa medida, o conteúdo utópico do discurso, que, embora crítico, perde a carga de preposições. Isso se explicaria pela própria natureza da atitude pragmática, que levaria a uma autopercepção mais realista do que éramos. Na ESG, em 1979, Silveira, após afirmar que "Não há dúvida de que o Brasil é hoje, e já o é há algum tempo, uma potência regional de primeira grandeza", admite que:

> Uma avaliação realista da nossa posição no concerto das nações não poderia deixar de reconhecer o nosso papel secundário, quando não marginal, nos temas mais importantes, naqueles de que realmente defende o futuro das nações e da humanidade como um todo. (ESG – 1979)

O projeto de influir não é, no entanto, abandonado. Ao contrário, Silveira indica que as perspectivas de que venhamos a ter um papel internacional relevante existem, e um dos sinais é justamente o grau de atrito que a "emergência" brasileira provoca. Voltamos às suas palavras:

> O que nem sempre se diz é que esta tão celebrada "emergência" não é algo que suceda tranqüilamente, como fruto de um processo natural. Não só ela requer o esforço por desembaraçar-se das peias do subdesenvolvimento, como também encontra, no próprio país e de parte de outros países, resistências conscientes ou inconscientes, cuja transposição exije não só tenacidade e firmeza, mas também serenidade e imaginação. (ESG – 1979)

Essa análise constitui expressão de uma das diferenças básicas entre a política externa independente e o pragmatismo: este reflete e vive uma história de contradições reais, de negociações e pressões com os Estados Unidos, que obriga a um cuidadoso realismo. São conflitos localizados de interesse, com um país que já não é mais moldável, em suas inclinações essenciais, por pressões externas. Na década de 1960, as contradições eram de outra índole, mais ideológicas, em torno do próprio modelo de organização social. A carga utópica era a chave da atitude do Brasil, que não deixava de incorporar o mundo de esperanças que o apogeu do processo de descolonização anunciava.

Por outro lado, na esteira do que se diz em 1960, persiste o vigor crítico na análise das conseqüências nefastas do confronto. Assim, além da afirmação de que a *détente* pode corresponder à estagnação, dir-se-á que é insuficiente porque não resolve tensões regionais (ONU – 1976), (Seixas Corrêa, 1995, p. 325) não permite avanços reais em matéria de desarmamento, leva a sua marginalização do papel das Nações Unidas etc.

As afirmações mais enfáticas referem-se à temática do desarmamento, que tem uma objetividade que permite a crítica mais contundente ao comportamento das superpotências. Dirá, na ONU, na abertura da Assembléia de 1978, o chanceler Silveira:

> O que nos ameaça, a cada um de nós nessa sala, e a cada um dos cento e cinqüenta países que representamos, não é só o perigo de que essas armas venham um dia ser

> usadas, mas também a própria existência desses arsenais. (ONU – 1978) (Seixas Corrêa, 1995, p. 348)

Em 1979, com Saraiva Guerreiro, a preocupação é revelar os limites do SALT:

> Saudados em alguns círculos como um grande avanço no campo do desarmamento nuclear e descritos como não mais do que um passo limitado em direção ao que se poderia chamar de uma gerência racional da corrida armamentista, os acordos SALT-II são resultados de tais negociações diretas entre as duas principais potências militares. Aos demais Estados, presumivelmente, será pedido que elogiem os acordos durante a presente sessão da Assembléia. Não nos oporemos a tal pedido. (ONU – 1979) (Seixas Corrêa, 1995, p. 360)

E o texto continua com a exortação a que negociações —, defeituosas porque limitadas a dois atores e modestas nos objetivos — se integrem nos esforços multilaterais de desarmamento "geral e completo, sob efetivo controle internacional", expressões que definia os objetivos do Terceiro Mundo (se ainda é possível usar o conceito) nessa área.

## Comparações

Vimos algumas das diferenças entre as perspectivas sobre o conflito Leste–Oeste nos dois momentos históricos estudados. Trata-se, agora, de sublinhar aproximações. Selecionaremos duas, que parecem cruciais.

A primeira mostra que, nos dois momentos, um dos pontos centrais da política externa é o de não tomar partido no debate ideológico. Nas formulações, afirma-se, em diapasão diverso, a lealdade ao Ocidente, que será, contudo, qualificada com o argumento da contribuição brasileira própria, o cerne da autonomia. Em suma, o que os discursos revelam, com clareza, é a possibilidade de apresentar a política externa sem escolher lados na confrontação ideológica. A autonomia identifica-se com o não-alinhamento com os blocos. San Tiago Dantas, com a habitual precisão, resume a atitude:

> A independência é, acima de tudo, aquela posição que não se curva aos interesses de um bloco nem de outro, que não deseja ver a sua conduta internacional predeterminada por uma aliança ou já decidida por determinadas afinidades políticas consideradas, de modo sistemático, como irremediáveis. Na verdade, a independência é para nós uma posição, em que só nos ligamos, só nos vinculamos, só nos predeterminamos pela convicção democrática, fundamental ao nosso povo, pela concepção de paz e ordem social, que nos dispomos a defender em todos os terrenos e, para tanto, podemos um dia estar com um bloco, como estar com o outro; tanto fiscalizaremos os abusos e injustiças de um como os abusos e injustiça de outro e, também, nos neutros, muitas vezes, veremos uma posição isenta, capaz de interpretar os interesses de grande número, como às vezes verificaremos algo que se limita a estratégia política (San Tiago Dantas, 1983, p. 332), (outro texto que revela essa atitude é a apresentação que San Tiago Dantas faz na Câmara quando é escolhido representante do Brasil na ONU) (v. idem, p. 328).

O que significa a autonomia ganha pela distância dos blocos? Entramos, aqui, no segundo ponto de aproximação, talvez não tão claro quanto o primeiro, mas que certamente é uma das premissas das construções conceituais nos dois momentos históricos. A premissa comum é a seguinte: quem se considera autônomo se proclama simultaneamente responsável. É isto que dá a chave conceitual para fundar a crítica ao poder, que o Brasil e, em geral, os países do Terceiro Mundo, realizam. Tanto ao tempo da política externa independente quanto do pragmatismo, a insistência em apontar a irracionalidade da corrida armamentista, os seus efeitos nefastos sobre as crises regionais, o desvio de recursos para as necessidades nobres do atendimento às populações pobres, está, portanto, vinculada à noção de que o exercício de poder pelas superpotências é essencialmente irresponsável. Não se encontra, em nenhum dos textos, qualquer elogio ao comportamento das superpotências, mesmo quando, como vimos, aproximam-se pela distensão. É a irresponsabilidade do poder que o deslegitima e, conseqüentemente, a *contrario sensu*, estabelece a legitimidade das propostas evidentemente racionais do Brasil (e dos países do Terceiro Mundo).

O argumento se tece, assim, com clareza: existe uma disputa entre as superpotências, que é irracional; se nos afastamos da disputa e adotamos uma atitude não-alinhada, ganhamos condições de agir com racionalidade; portanto, nossas propostas são legítimas e positivas para a ordem internacional. Já vimos também que o elo faltante nesta cadeia é o das fontes reais da transformação da vida internacional. Se o sistema é organizado em termos de poder, será que só as vantagens da legitimidade são suficientes para alterá-lo, e de forma tão substancial como pedem os países em desenvolvimento?

## O pragmatismo e a questão Norte–Sul

As posições sobre o processo econômico internacional estão fortemente condicionadas, à época, pelos problemas gerados pela crise do petróleo. A temática Norte–Sul não é, contudo, abandonada. O momento em que aparece de forma mais expressiva ocorre, em 1975, na ONU, quando o chanceler Silveira propõe um esquema para negociações amplas entre países desenvolvidos e em desenvolvimento. Em outros pronunciamentos, especialmente na ESG, a dimensão da diferenciação entre países do Sul, evidenciada dramaticamente no caso dos importadores e exportadores de petróleo, é um elemento inevitável no diagnósticos das questões econômicas internacionais.

A propósito, vale a pena retomar trechos de uma análise desenvolvida por Silveira, em 1979:

> Ao antigo conflito Leste–Oeste se veio somar, assim, o conflito Norte–Sul. De certo modo, esta nova visão de realidade internacional é mais rica do que a anterior, já que admite diferenças de interesses e, consequentemente, de atuação, onde antes se viam apenas blocos homogêneos. Conquanto mais complexa, tal visão não se liberta por complexo dos vícios da concepção bipolar. Se, por um lado, se reconhece que um país pode ter mais de um papel nas relações internacionais, segundo se acentue o

> "eixo" Leste–Oeste ou o "eixo" Norte–Sul, por outro, continua-se a ter uma concepção essencialmente estática do quadro internacional e a ver a posição relativa de cada país nos dois conflitos como um lado invariável.
>
> Na verdade, essas categorizações não resistem ao exame do processo histórico nas relações internacionais. No que toca ao conflito Leste–Oeste; várias nações mudaram sua posição relativa ao longo das últimas décadas, quer em virtude das revoluções ou outras mudanças de regime, quer em função dos jogos de interesses entre as próprias superpotências. A mesma inadequação se revela no que toca à classificação dos países desenvolvidos e subdesenvolvidos, que está subjacente à divisão Norte–Sul do mundo. Há, em primeiro lugar, a questão dos critérios que definiriam o desenvolvimento. Quais os elementos da vasta problemática do desenvolvimento que mereceriam maior ênfase? Devemos, ao classificar um país como desenvolvido ou subdesenvolvido, privilegiar critérios puramente econômicos (ou econômico–social) ou devemos sublinhar mais os aspectos políticos de desenvolvimento, ou seja, a capacidade de cada país de tomar decisões vitais de forma autônoma e soberana, reduzindo ao mínimo a interferência de fatores externos? Dependendo da resposta que se dá a essa pergunta, os mesmos países poderão ser classificados como desenvolvidos ou subdesenvolvidos. Por outro lado, as rápidas mudanças estruturais por que passam alguns países considerados subdesenvolvidos tornam, no mínimo, arriscado tentar enquadrá-los sem qualificações dentro do "bloco subdesenvolvido". Tais mudanças, aliás, não estão limitadas à parte "Sul" desse relacionamento. Também nos países do "Norte desenvolvido" se assiste a importantes mudanças na posição e no poder relativo dos seus integrantes. O crescimento da dependência tecnológica e, portanto, também da economia e da política, de alguns deles em relação a uma ou outra superpotência introduz um elemento de certa ambigüidade na classificação de tais países como desenvolvidos. (ESG – 1979)

Essa longa citação se justifica porque exprime, com clareza, as linhas de inflexão da diplomacia brasileira ao aceitar a diversalidade do mundo. A análise é feita para um auditório fechado, mas serve, sem dúvida, como pano de fundo necessário para algumas qualificações importantes que serão introduzidas nas posições tradicionais sobre Norte–Sul (e Leste–Oeste, como vimos). A realidade mudara, e tornava-se crescentemente difícil aceitar, como blocos fechados com direções claras, o Norte, o Sul, o Leste e o Oeste. Porém, no discurso público, especialmente nos foros internacionais, é impossível evitar a adesão à ortodoxia, pois esta é a que "dá votos".

Em outro discurso, ainda em 1975, numa cerimônia de formatura em uma universidade particular, em Brasília, Silveira assinala a diferenciação da posição brasileira no Terceiro Mundo:

> Se entendemos que a exasperação de muitos países do Terceiro Mundo contra as táticas dilatórias de países desenvolvidos os leva a atitudes demagógicas de confrontação, não partilhamos dessas táticas que reputamos, sobretudo, ineficientes. Como em todos os demais foros, achamos que o diálogo, a negociação constituem veículos mais eficazes do que a deblateração. (Apud *Estado de São Paulo*, 26/08/1975)

Sintomaticamente, esse trecho é objeto de referências positivas em um editorial do jornal *O Estado de São Paulo*, que o interpreta como uma crítica ao terceiro-mundismo e a volta aos ideais de política externa do que chamavam o Movimento de Março (ESP, "Nossa perene tradição diplomática", 26 de agosto de 1975)

Assim, podemos voltar a seqüência de observações que ratificam a ortodoxia e constituem o núcleo das posições diplomáticas. Começa-se com um diagnóstico, que é de crises e de dificuldades. Dirá Silveira, na VII Sessão Especial da Assembléia Geral da ONU, em 1975, que:

> O que é incontestável é que a crise atual evidenciou, com terrível clareza, o potencial desestabilizador da divisão internacional do trabalho vigente, e os riscos, para a economia mundial como um todo, da atual estrutura das relações econômicas Norte-Sul.

Na ESG, em 1977, o diagnóstico é repetido e localiza sérios obstáculos para o esforço nacional de desenvolvimento, justamente em virtude do modo iníquo pelo qual vinha operando a economia internacional. As características perversas são, então, dissecadas:

> Continua a economia internacional a caracterizar-se pela má distribuição do produto econômico, pela concentração dos recursos de capital e tecnologia, pela discriminação nas oportunidades de acesso aos mercados e pela exclusão da quase totalidade dos países do processo decisório internacional. Essa situação de assimetria global favorece a monopolização da riqueza mundial por um pequeno número de países. (ESG, 1977)

O chanceler aponta, ainda, outros problemas, nascidos das circunstâncias da crise, que agravaram a posição dos países do Sul, tais como as perspectiva de recessão mundial, o aumento do protecionismo dos desenvolvidos (que se combinava com pressões para que os PEDs desmantelassem as barreiras que asseguravam a defesa de duas indústrias nascentes), o feitio seletivo e excludente do processo decisório sobre a economia internacional (e aí se referia ao peso das decisões da reunião de Bonn, em julho de 1977, que continuava a trajetória das cúpulas do G–7), os esforços para "dividir" o Grupo dos países em desenvolvimento, com a criação da categoria dos ADCs (Advanced Developing Countries), grupo de países que perderia certas vantagens obtidas no contexto das Unctads etc.

Outro lado dramático, e premonitoriamente apontado pelo chanceler na ONU em 1976, é a perspectiva de que:

> ... a transferência líquida de capitais das áreas desenvolvidas para as menos desenvolvidas, vai-se tornando um mito. Em termos líquidos, esse reflexo logo poderá ocorrer do Sul para o Norte. (ONU – 1976) (Seixas Corrêa, 1995, p. 325)

Estamos, portanto, diante de dois elementos: um processo de crescente integração da economia internacional (que os efeitos globais da crise de petróleo demonstravam com clareza) e, de outro lado, a agravamento dos desequilíbrios entre o Norte e o Sul. O núcleo da tarefa econômica da diplomacia seria imaginar formas de "atenuar" as disparidades entre ricos e pobres. Voltemos ao discurso da Assembléia Especial de 1975, texto onde o tema é desenvolvido de forma mais completa.

A proposta brasileira se constrói em várias etapas. Em primeiro lugar, apontada no discurso de 1977, e verdadeira base jurídico–filosófica para as soluções diplomáticas já desenvolvidas em 1976, está a idéia de que o desenvolvimento se constitui em um direito: "Neste final de século, o desenvolvimento sócio–econômico é um direito dos povos e um direito de que não estão dispostos a abrir mão" (ONU – 1976) (Seixas Corrêa, 1995, 321). Em segundo lugar, define-se uma base econômica, fundamentada na idéia de que o crescimento dos PEDs serve positivamente aos países do Norte ("as transferências financeiras, se orientadas para setores produtivos, não se fazem em detrimento da possibilidades de crescimento dos próprios países desenvolvidos". (ONU – 1976) (Seixas Corrêa, 1995, 327)

A terceira etapa lida, propriamente, com a construção do argumento, e tem início mediante uma análise de própria natureza da gestão econômica do mundo contemporâneo. O que se vê nos países desenvolvidos de economia de mercado é um "abrandamento dos ideais absolutos do liberalismo clássico", que significou um "aumento da capacidade dos governos de evitar ou de pelo menos atenuar tanto as flutuações mais drásticas da atividade econômica interna quanto os casos mais extremados ou as conseqüências mais dramáticas das desigualdade na distribuição nacional da renda" (ONU – 1975 Assembléia Geral Extraordinária). O controle da economia serve, portanto, a bons propósitos e a questão, agora, é usar a experiência para a vida internacional onde, continua o diagnóstico, nada foi feito, nos últimos 20 anos, para evitar as conseqüências das crises econômicas ou para reduzir o hiato econômico.

Há, na verdade, situações diferenciadas no plano internacional: entre os industrializados ocorre uma "estrutura normativa relativamente eficaz, capaz de disciplinar a evolução global com vista àquele desenvolvimento harmônico que a maioria desses países já vem, graças à ação desses governos, alcançando internamente", porém, nas relações Norte–Sul, predomina um virtual *laissez-faire*, que impede o alcance dos objetivos de harmonia. Diante disso, é imperativo estabelecer um conjunto de normas que regulem especificamente, aceitando as diferenciações econômicas, as relações entre industrializados e PEDs. Não é possível adaptar as normas vigentes entre os industrializados Norte–Sul, e as propostas que estão sendo debatidas, seja no GATT (Rodada Tóquio), seja no FMI, revelam-se insuficientes para atingir os objetivos necessário à boa ordem internacional. Daí a proposta no sentido de que se busque "negociar um Acordo Geral sobre Comércio entre países desenvolvidos e países em desenvolvimentos, com vista a fixar novas regras do jogo para o comércio Norte–Sul".

Valeria ainda assinalar que o Acordo seria efetivamente um "acordo" negociado, com base em concessões recíprocas, mediante o qual os dois lados poderiam receber benefícios mútuos, embora não vantagens comparáveis, tendo em vista a diferença de níveis de desenvolvimento. Enfim, o Acordo abriria a possibilidade de superar a perspectiva das relações Norte–Sul, como num jogo em que os ganhos de um seriam as desvantagens do outro lado.

E, a conclusão, reintroduzindo a idéia de reforma da ordem internacional, se sustenta na perspectiva de que:

> O chamado diálogo Norte–Sul só pode chegar a bom termo...se conduzido mediante um encontro de vontades políticas, empenhadas na reforma do sistema de intercâmbio entre as nações" (ESG – 1978).

Ao propor o Acordo Norte–Sul, o chanceler Silveira toca num ponto central do projeto sulista, que é o de mudar a ordem internacional pela negociação política. A ordem "natural" do liberalismo, fundada na igualdade e na reciprocidade, era produtora de relações injustas, como, desde a década de 1950, provava a Cepal, com a hipótese da deterioração dos termos de intercâmbio. Assim, o estabelecimento de relações não recíprocas entre desiguais, que corrigisse as disparidades mais gritantes entre ricos e pobres, só seria alcançada com trabalho político. Essa atitude se realiza, assim, em diversos locais de negociações, como a Conferência de Direito do Mar, a Conferência de Ciência e Tecnologia, a negociação de sistemas de preferências na Unctad.

Um último aspecto a ser mencionado com relação a este tema é o de que, para a história do pragmatismo, tão importante quanto a natureza da relação Norte–Sul, são as ligações Sul–Sul. Uma das marcas do PR é justamente uma profunda mudança nas relações do Brasil com o mundo em desenvolvimento. As inovações diferenciadoras são a aproximação com os africanos, num diapasão novo, aberto pelo reconhecimento do governo angolano, o reatamento com a República Popular da China, a intensificação das relações com os árabes. Esses gestos são, aliás, o núcleo da crítica ao tom "terceiro–mundista" da ação externa.

## Comparações entre os dois momentos: Norte–Sul

Há, na temática Norte–Sul, pontos claros de aproximação entre a política externa independente e o pragmatismo: a) a consciência de que o mundo da economia é integrado e interdependente, patente nos dois discursos e que constitui uma base de fato a partir da qual as reivindicações "sulinas" podem ser articuladas; b) o desconforto com a divisão internacional do trabalho, que opera de forma iníqua (a especialização não é neutra e, na linha cepalina, existem umas melhores do que as outras, o que leva alguns países a assegurar acumulação permanente de vantagens; nesse contexto, o objetivo é fazer com que os PEDs ascendam às "boas vantagens"); c) a existência de um fundamento ético ou jurídico (direito ao desenvolvimento), que sustenta as reivindicações do Sul, e ocorre paralelo ao argumento do auto-interesse (se os industrializados atendessem ao que pede o Sul, seriam também beneficiados); d) o delineamento, em ambos os discursos, da hipótese segundo a qual o "futuro será pior do que o presente", a crise que se agrava; e) a proposta de criação de mecanismos multilaterais que encaminhariam o processo de atenuação das diferenças.

As principais diferenças ocorrem, em primeiro lugar, no plano da relação entre o econômico e o político, que são mais explícitas na década de 1960, quando a temática da segurança econômica coletiva funciona como uma espécie de "pano de fundo" para a apresentação dos temas Norte–Sul. No caso do pragmatismo, a trave de sustentação é, como vimos, o sucesso do "controle econômico" no âmbito nacional. As injustiças que os sistemas econômicos criam são vencidas pela intervenção, pela ação deliberada dos governos, como prova o que ocorre no mundo desenvolvido, dentro dos países e entre os países. Existe uma espécie de transferência do keynesianismo para o plano internacional.

Um segundo elemento de diferenciação diz respeito aos mecanismos diplomáticos de superação das diferenças. Em 1960, ainda no processo de preparação das UNCTADs, sem que se tivesse vivido nada semelhante às dificuldades provocadas pela crise do petróleo, as propostas sugerem mecanismos mais concessivos e a idéia da ajuda está presente. No pragmatismo, os temas são necessariamente outros e, apesar de diferenciadas, aceitam-se concessões mútuas. O jogo da reciprocidade é admitido explicitamente. O lançamento do Acordo em 1976 talvez fosse um tanto utópico, mais plataforma política do que propriamente instrumento de negociação. Seus fundamentos filosóficos, porém, são os da reciprocidade e da barganha.

## Observações analíticas sobre o discurso do pragmatismo

Para concluir esses comentários, e manter uma simetria com a análise sobre a PEI, caberia uma discussão que seguisse a inspiração de Holbraad. A análise teria, como núcleo, a mesma idéia de potência média, que induz, como vimos, a um comportamento "autônomo". Essa é a chave ideológica para que um país médio, no campo da hegemonia de uma superpotência, adote as ações que marcariam a sua participação diferenciada no sistema internacional. Antes de ser "ponte", de "mediar", a política externa tem de se diferenciar. Ser "autônoma"[20].

Aliás, para situar o problema, vamos voltar à política externa independente e lembrar as observações de um dos formuladores diplomáticos do período. Afonso Arinos (1979, p. 847):

> No quadro atual o Brasil não pode ocupar um posto de grande potência embora tenda para isso, se os seus governantes, até o fim do século, souberem conduzi-lo. Nos-

sa posição, com a prática de uma política externa conveniente, seria de primeiro plano entre as potências de segunda ordem, como, sem olharmos os campos ideológicos, Itália, Espanha, Austrália, México e República Árabe Unida.

Mais adiante, depois de afirmar que a autonomia "é a única forma pela qual as personalidades nacionais podem se manifestar", completa, com uma dose de otimismo:

> ...a autonomia nacional nas deliberações internacionais é... a contribuição mais útil que os Estados de segunda ordem podem dar aos de primeira, em cuja área de influência se encontrem, para o bom êxito das soluções de interesse comum e a ação autônoma das potências secundárias visa sempre às soluções pacíficas (Arinos, 1979, p. 849).

A perspectiva de autonomia tem duas dimensões conceituais básicas: a não-opção entre blocos na Guerra Fria e a opção pela forma da ordem internacional no plano Norte–Sul. Já vimos que essas opções nunca foram "radicais" pois, afinal, como no tempo da PEI, continuávamos ocidentais e capitalistas e, portanto, vinculados, de forma especial, aos EUA (inclusive por um "memorando de entendimento" Kissinger–Silveira, que abria um canal privilegiado de diálogo com os EUA). O processo de conciliar os dois movimentos, a neutralidade com o pertencimento ao Ocidente e o capitalismo com a reforma da ordem econômica, transforma-se em um dos problemas centrais da formulação diplomática (e, em certa medida, da prática diplomática, sobretudo se olharmos para as reclamações de incoerência que despontavam em episódios como o do estabelecimento de relações com Angola, ato que, em última instância, estaria endossando, na visão dos críticos, ganhos soviéticos ou para a ação da OPEP em 1972 que revela a fragilidade do agrupamento terceiro-mundista).

Vale retomar algumas das formulações do ministro Silveira a respeito desses temas. Na realidade, o tema Leste–Oeste tem dois desdobramentos: o da dimensão americana (medida que os EUA lideram o bloco, e o ocidentalismo é, em boa parte, medido pelo grau de nossa adesão às doutrinas e ações norte-americanas), e o da dimensão ocidental (sobretudo porque as medidas de autonomia e, portanto, de distância em relação aos EUA, dão-se no marco de algo maior que as relações bilaterais com os Estados Unidos; dão-se no marco maior da presença ocidental do Brasil). O relacionamento com os EUA, ao tempo de Geisel, é difícil e, especialmente depois que assume Carter, envolve situações de evidente atrito (os casos mais conhecidos são o do rompimento do Acordo Militar e o das disputas em torno do Acordo Nuclear com a Alemanha). Como "rompimentos" com os EUA são impossíveis, seria necessário encontrar uma chave conceitual que permitisse, ao mesmo tempo, amizade (e aceitação de liderança) e diferenças. Como lembram os que trabalhavam com Silveira nos primeiros momentos da formulação da política externa, a preocupação era fazer com que o Brasil retomasse o direito da formular sua posição de acordo com posições próprias, sem se preocupar em satisfazer as pressões e reclamos dos americanos (Lampreia). Esse é o núcleo da idéia de "não-alinhamento automático", que encontra, no mesmo texto da ESG em 1978, uma formulação elegante:

> Nas relações com Washington, pode o governo brasileiro realizar as indispensáveis correções de curso, como demonstra, entre outros, o episódio da denúncia dos antiquados acordos que regulavam a nossa cooperação militar. Ficou, também, claro que o governo brasileiro reconhece que os EUA continuam a desempenhar as funções do líder do Mundo Ocidental, mas, em seu relacionamento, distingue as oportunidades em que Washington atua internacionalmente em decorrência dessa função de liderança, das ocasiões em que simplesmente responde a interesses nacionais norte-americanos, que dizem respeito exclusivamente aos EUA e não comprometem o Ocidente como um todo (ESG – 1978).

É uma atitude conceitualmente audaciosa, a de o liderado atribuir a si o juízo sobre aquelas ações do líder que em tese deveria seguir e acatar. Mas é, também, sintomática da necessidade de afirmação da liberdade da diplomacia num momento em que divergíamos dos EUA em todos os temas expressivos da agenda internacional (quer globais, como desarmamento, direitos humanos etc., quer regionais, como Angola, questão palestina etc.).

Outro sintoma da mesma necessidade é buscar caracterizar, como sinal que "diferencia o Ocidente", a existência de uma comunidade de nações livres e soberanas, que aceita plenamente as diversidade nacionais. E, completava-se: "No Ocidente, há espaços políticos para a afirmação de soberania e para a promoção de mudança da atual divisão internacional do trabalho" (ESG – 1978). Ocidente quer dizer diversidade, pluralismo.

É assim que a concepção do Ocidente ganha, menos que uma perspectiva política, sentido diplomático, centrado na idéia de soberania, de diversidade, de reforma, de participação na formação dos grandes consensos ocidentais etc. As próprias condições do país, ainda em fase de construção da abertura, impediam uma adesão aos valores que, tradicionalmente, são identificados com o Ocidente, como o da democracia, dos direitos humanos, do liberalismo etc.

Para marcar a comparação com a PEI, lembremos uma referência de Arinos, em seu discurso de pose no Itamaraty, em que falava da

> ...nossa contribuição ao mundo cristão democrático, ao qual indiscutivelmente pertencemos, só será efetiva à medida que representarmos, dentro dele, a parcela de autoridade que nos cabe, e à medida que assumirmos uma responsabilidade de exprimir as aspirações e reivindicações que estamos no dever e em condições de manifestar. O reconhecimento da autonomia e autenticidade de nações como as da América Latina, ou as novas do mundo afro-asiático, é um enriquecimento para o mundo livre, ao passo que a tentativa de enquadramento desses povos... em um sistema que lhes é artificial, de normas e responsabilidades, é um meio certo de criar, dentro deles, naturais reservas e resistências.(Arinos, 1979, p. 883)

As expressões "mundo cristão-democrático" e "mundo livre", que precedem e justificam a "autonomia", nos davam, claramente, a marca ocidental, uma medida de alinhamento no campo dos valores, que vai se atenuar no pragmatismo. E a solução do pertencimento ao Ocidente fica mais limitada, resultado talvez da própria diferença na compreensão da "autonomia".

Um outro ponto a assinalar é o de que existe, em conferências do chanceler Silveira, um curioso contraste entre a definição clara do que é Ocidente e as hesitações na conceituação do Terceiro Mundo. É bem verdade que, neste segundo caso, estamos falando de textos, ou melhor, de um texto, o da ESG – 1977, que não chegou a ser divulgado ao público. Mas, ao reconhecer as diferenças entre PEDs, diferenças que poderiam derivar dos critérios usados (nível econômico, nível social, autonomia de decisão etc.) ou mesmo dos ritmos de transformação ("as rápidas mudanças estruturais por que passam alguns dos países subdesenvolvidos tornam, no mínimo, arriscado tentar enquadrá-los sem qualificações dentro do "bloco subdesenvolvidos"), as hesitações conceituais desembocam na própria situação brasileira, vista também como "peculiar". E continuava:

> ...país com enormes potencialidades que começam apenas a ser exploradas, com uma população jovem e motivada para o progresso, o Brasil, a despeito dos grandes problemas que ainda tem de enfrentar nos campos social e econômico, no pode mais ser incluído na mesma categoria genérica em que figuram nações que mal iniciaram a organizar as suas economias, em muitos casos ainda totalmente submetidas ao modelo colonial... Esta constatação realista, nós a fazemos com a consciência plena de que o novo estágio alcançado não traz apenas vantagens, mais implica maiores responsabilidades, internas e internacionais, cujo peso é desconhecido por outras nações em fase ainda mais atrasada de desenvolvimento.(ESG – 1977)

De novo, em outros termos, é verdade, revela-se a contradição entre a vontade de liberdade e os limites impostos pelo pertencimento a um agrupamento, seja a Ocidental, seja o Terceiro Mundo. A solução, neste segundo caso, é também admitir a variedade e, conseqüentemente, a diversidade de caminhos de atuação. É essa a solução natural para uma "diplomacia orgulhosa", de um país que se quer afirmar no cenário internacional, mas encontra os limites das próprias condições estruturais. O discurso sobre a diversidade terceiro-mundista, por isso mesmo, não aparece publicamente. Afinal, o caminho de nossa afirmação, de nossas peculiaridades, se exprimia, em boa parte, por posições diferenciadas justamente em alguns dos grandes temas terceiro-mundista, como a condenação do *apartheid*, a defesa da autonomia palestina etc.

## Observações conclusivas

### Aproximações: a autonomia pelo contraste

Não é difícil comprovar a hipótese de que as formulações conceituais da política interna independente e do pragmatismo são muito próximas. Embora diversos, os mundos para os quais se elaboram a política externa brasileira, em 1960 e 1974, guardam características estruturais próximas: as variações da disputa Leste–Oeste dominam o sistema e, de outro lado, as diferenças entre Norte e Sul organizam, de várias maneiras, a vida dos organismos multilaterais. Há que se considerar, ainda, que, malgrado os avanços econômicos significativos, o Brasil da década de 1970 ainda é um país em desenvolvimento e seu *status* internacional não se altera significativamente: não era um participante central do jogo estratégico, nem suficientemente rico para adotar uma atitude conservadora em economia.

Assim, é natural que, do ângulo da formação doutrinária, nos dois momentos, a lógica da autonomia se construa por contraste com o que preconizam os hegemônicos. Isso significa, basicamente, distância em relação à disputa ideológica ao mesmo tempo que se adotam propostas reformistas da ordem mundial. Ao longo deste ensaio, vimos as diversas expressões do contraste: soluções do problemas internacionais por critérios diferentes dos de poder, mediação entre as superpotências, reforma da ordem econômica internacional e adoção da tese de que a divisão entre ricos e pobres deve ser compensada por mecanismos não-recíprocos etc[21].

A outra dimensão da autonomia era a universalização de contatos que começaria justamente pela retomada daqueles relacionamentos que tinham sido bloqueados por hipotecas ideológicas. Um evidente sinal "físico" é o de que tanto a política externa independente quanto o pragmatismo coincidem com episódios de abertura de missões diplomáticas. É importante considerar que a universalização deveria estar lastreada em laços concretos e, assim, as possibilidades de levá-la adiante dependiam fundamentalmente da capacidade de ação governamental e das próprias possibilidades concretas de projeção da economia brasileira, bem mais significativas em meados da década de 1970, ao tempo do pragmatismo.

As diferenças não ficam, contudo, somente nas faixas das possibilidades concretas. São mais amplas e vale resumi-las, procurando explicar porque acontecem:

a) pela natureza do regime: um exemplo é a própria concepção do Ocidente que, sobretudo nas primeiras formulações da política externa independente, é mais ortodoxa do que na década de 1970, quando vivíamos ainda sob um regime autoritário (em transição para a democracia, mas que tenta controlar o processo de sua autotransformação), e quando se define o Ocidente pela diversidade e pluralidade de concepções (aceitar o sentido democrático do Ocidente corresponderia, de uma certa maneira, a aceitar as críticas na área de direitos humanos que surgiam, de vários setores, contra o governo brasileiro);

b) pelas exigências da conjuntura política interna: no período Jânio, a política externa servia como contraparte de um "conservadorismo" em matéria de política econômica[22]; no período Goulart, como expressão de disposição reformista interna, o que dá um tom mais ufanista ao discurso, em contrapartida, com o feitio não mobilizador, e até didático, da retórica do pragmatismo;

c) pela natureza do momento diplomático brasileiro: num primeiro exame, são muito próximos os desafios dos dois momentos que estamos analisando: afirmar autonomia em relação à disputa ideológica, estabelecer formas de aproximação com os socialistas (em 1960, URSS; em 1975, China), definir novas linhas de atividade diplomática na África, na Ásia, estreitar laços com os países do Sul nos foros multilaterais etc. Existe, porém, uma diferença de natureza diplomática entre os dois momentos. Em 1960, o rito é de iniciação e tratava-se de propor, quase como projeto intelectual, novas modalidades de ação diplomática, para um mundo que também se renovava, com a descolonização. Em 1974, o contraponto é com uma história que revela, claramente, medida significativa de relativo isolamento diplomático do país, sobretudo em foros multilaterais, onde as afinidades com as teses terceiro-mundistas eram essenciais para obter ganhos políticos. As desvantagens diplomáticas de determinadas opções, como as relações com Formosa, a eqüidistância no Oriente Médio, a aproximação com Portugal, estavam claras. Se compararmos as referências que Afonso Arinos faz em suas memórias dos momentos iniciais da diplomacia de Jânio, preocupada com afirmações doutrinárias de autonomia e com uns poucos problemas específicos (Cuba, Portugal etc.) com depoimentos sobre as primeiras articulações de Silveira, a conclusão se evidencia. No pragmatismo, a construção diplomática se faz sobre os problemas e sobre problemas que definem o próprio perfil internacional do país. Ao lado da questão de Itaipu – que também terá desdobramentos internacionais, embora de dimensão específica —, havia que atualizar a atitude em relação aos EUA (com a doutrina do não alinhamento automático), corrigir a posição no Oriente Médio (e, para isto, se faz, ainda no dia da posse, uma circular – telegráfica, com o repúdio brasileiro à ocupação de territórios árabes pelo uso da força), eliminar a distância em relação à África (o que teria evidentes implicações internas, servindo como "primeiro capítulo da abertura política que Geisel desejava promover no Brasil"), e, finalmente, reatar relações com a China. Há outras dimensões da política externa, sobretudo uma vertente européia, que, na linha da universalização, serve de contraponto, no âmbito ocidental, ao peso natural das relações com os EUA. Mas, o que se disse é suficiente para demonstrar a peculiaridade do ponto de partida do pragmatismo, que se revelará, p. ex., na preocupação maior com as crises regionais, uma vez que, naquele momento, passávamos a ter interesses concretos no Oriente Médio, na África etc. Era simplesmente impossível, para um país como o Brasil, ir adiante em processos de aproximação com os árabes ou africanos se não houvesse uma mudança importante nas posições sobre a Palestina e sobre o relacionamento com a África do Sul , o que explica a "ousadia" do voto sionista e do estabelecimento de relações com Angola, ambos os movimentos em clara contradição com posições norte-americanas[23].

d) pelas diferenças da conjuntura internacional: a *détente* da década de 1970 obriga a uma interpretação matizada dos macroprocessos internacionais, em que, embora discreta e qualificada, uma palavra de "louvor" ao comportamento das potências era introduzida; da mesma forma, a evolução do processo Norte–Sul traz modificação na perspectiva brasileira sobre a economia internacional.

Talvez a soma desses pontos sirva para esboçar uma pré-teoria para a compreensão do discurso diplomático brasileiro.

## Avaliação do discurso

O propósito deste ensaio não é avaliar o êxito da política externa independente ou do pragmatismo, mas simplesmente de chamar a atenção para um dos elementos, o discurso, que deve compor a análise do processo diplomático. Porém, são inevitáveis, ainda que simplesmente como um sumário de perguntas, algumas indagações sobre como avaliar as formulações conceituais da política externa brasileira nos demais momentos estudados.

### I. A coerência interna:

No mundo político moderno, em que as idéias têm de se apresentar como articulação da melhor razão, a plausibilidade torna-se componente indispensável à composição da função legitimadora do discurso. O argumento deve estar de tal forma tecido que pareça razoável, que pareça lógico. Deve ser capaz de dissolver as contradições que, necessariamente, a prática revela. Os elementos conceituais, anteriormente resumidos, tinham a virtude do feitio sistemático (as diversas peças do argumento se encaixavam: era relativamente fácil demonstrar que autonomia e universalização eram sinônimos), da congruência entre o comportamento ético e político (as propostas de reforma eram ostensiva e plausivelmente decididas pela razão, e não exclusivamente pelo interesse) e os componentes políticos e econômicos relevam harmonia. Por tudo isto, não seria incorreto dizer que a primeira virtude dos discursos da PEI e do PR seria a coerência, de onde viria, talvez, a força inspiradora que tiveram durante tanto tempo.

## II. Teoria e prática

O segundo elemento a considerar é o que trata o discurso como elemento de avaliação da realidade. O discurso político lança, inevitavelmente, critérios que passam a valer como fontes críticas daquilo que faz quem o propõem. É o tema da coerência. Não se trata, agora, de fazer um exame, ponto por ponto, do que fizeram a PEI e o PR e avaliá-los de acordo com os projetos de Jânio–Goulart e de Geisel. Mas, simplesmente, de dar exemplos de coerência ou não.

Ao tempo da política externa independente, o melhor exemplo, e mais persistente, de realização da autonomia por contraste foi a política em relação a Cuba. Os seus lances mais importantes estão descritos na memória de Afonso Arinos e nos depoimentos de San Tiago Dantas. O que interessa reter é que o governo brasileiro propõe uma interpretação de fenômeno cubano que é radicalmente diversa da norte-americana. O diagnóstico sobre o grau da ameaça representado por Cuba é próprio e, consequentemente, o esforço diplomático permanente é de proporcionar o diálogo e evitar as práticas intervencionista. O Brasil apresenta-se como um país maduro, que não pode recusar ao risco de conviver (San Tiago Dantas, 1983, p. 385). Assim, diante da disputa dos blocos, preconiza-se a convivência como a atitude razoável, caminho privilegiado para diminuir as tensões internacionais. Evita-se a atitude ideológica, e as tensões são uma combinação do jurídico (preservar a autodeterminação) e do político (as desvantagens do isolamento cubano para a convivência continental).

Do lado da incoerência, o exemplo mais claro é o do cuidado nas relações com Portugal e suas províncias ultramarinas. Normalmente, a solidariedade com os povos oprimidos determinaria uma política mais clara de apoio a autodeterminação que, no entanto, foi bloqueada pela força dos setores conservadores.

O pragmatismo terá numerosos exemplos de coerência. Para sublinhar apenas dois, mencionemos a liberdade com que se agiu no caso do rompimento do Acordo Militar com os EUA, quando se interpreta que a atitude do governo norte-americano atenta contra interesses nacionais e tem feição intervencionista. O outro seria o Acordo Nuclear com a Alemanha, que também pode ser interpretado no diapasão da autonomia e da universalização. A história das pressões americanas para coibir e restringir o acordo são bem conhecidas e estão apresentadas, de forma impecável, por Maria Regina Soares de Lima (1986, p. 357).

Quanto à incoerência, os que criticam o pragmatismo apontam, em primeiro lugar, um problema no plano da formulação, com as ambigüidades do conceito escolhido para definir o "pertencimento ao Ocidente". Na verdade, ao tempo da PEI, a nossa fidelidade ao "ocidentalismo ortodoxo" combina-se com uma retórica autonomista e crítica contundente; no pragmatismo, o "ocidentalismo heterodoxo" corresponde a uma linguagem mais cuidada, reflexo da situação de "transição controlada" em que se encontra o Brasil. Mais do que fidelidade a valores, o "ocidentalismo" exprimir-se-á em plataforma de autonomia, necessária para "criar distância" e encaminhar uma série de conflitos específicos de interesses com os EUA. Assim, enquanto, na PEI, a primeira medida de quem avalia incoerência é a de buscar a distância entre o projeto e a prática, no pragmatismo, a formulação incorpora em si mesmo as ambigüidades da própria situação do país[24]. Uma segunda linha de crítica vai apontar contradições e fragilidade em temas mais específicos: teria havido incongruência entre o reformismo do discurso e uma realidade de bilateralismo que buscava vantagens concretas (como se alguma ação de política externa pudesse ser absolutamente desinteressada), entre o sentido pragmático de determinadas ações e fragilidade de resultados concretos (como na aproximação com os africanos, que teria parcos resultados econômicos), entre a vontade de autonomia e o dobrar-se a interesses localizados (como no voto sionista).

## III. A função de ocultamento:

A relação entre o discurso e a realidade tem, pelo menos, dois planos. O primeiro é o da coerência de um projeto e suas realizações, que vimos anteriormente. O segundo plano é ideológico. O que oculta o discurso da autonomia? Nas análises sobre os grandes núcleos dos aparelhos ideológicos de Estado, as idéias homogêneas ocultam o seu oposto. No mundo burguês, dirá a análise marxista clássica, a liberdade oculta um determinado sistema de dominação, que cria a ilusão de liberdade para todos, quando só a concede realmente aos proprietários dos meios de produção. Como transferir essa análise para o plano do discurso diplomático? O discurso da autonomia por contraste oculta uma estrutura de dependência? A técnica do contraste acentua ou reduz as dependências reais?

No plano interno, a revelação do ocultamente seria realizada por um sujeito histórico alternativo ao hegemônico, por um sujeito que fosse portador de projeto de liberdade diferente, própria, mais humana do que a burguesa. Ora, nos casos das relações internacionais, se aceitamos o Estado como ator privilegiado, a autonomia que se busca é sempre a de ampliar a sua margem de manobra. Nesse sentido, a escolha de caminhos universalistas parece representar, sem dúvida, um caminho adequado para a conquista de trunfos diplomáticos. As soluções alternativas, naqueles momentos históricos, poderiam trazer outro tipo de vantagem e corresponderiam a uma visão mais "simples" do aumento da margem de manobra.

A concepção de autonomia, em 1960 e 1975, deverá, também, ser analisado do ângulo de quem ganha politicamente com sua adoção? O Estado se fortalece e, com ele, que grupos? Quem é o sujeito — além do Estado — que ganha com o aumento da margem de manobra diplomática. Essa pergunta já faz parte de um universo que a análise exclusivamente diplomática não resolve. A indagação abre o tema do tipo de sistema de dominação, nos dois períodos que examinamos, de suas diferenças e semelhanças. E, o passo seguinte, mais sociológico do que diplomático, é o de investigar como se traduzem socialmente os ganhos derivados das diversas opções de política externa.

## IV. Análise das vantagens políticas:

Na identificação de autonomia e universalização, o ganho político é evidente e o discurso desempenha o seu papel. É um recurso de poder, uma baliza positiva, que traz ganhos internos, à medida que, sobretudo no pragmatismo, ajuda ao consenso e realiza, no internacional, uma prática democrática que a abertura de Geisel anunciava internamente e, também, ganhos diplomáticos, à medida que a atitude reformista — e, em certas circunstâncias, claramente diferenciada da atitude das superpotências — cria pontes com áreas novas para a política externa (especialmente, a África e o Oriente Médio).

Vale lembrar que a relação interna-externa é mais complexa no período Geisel do que no Jânio-Jango. Neste, como vimos, a polarização interna reforça a polêmica sobre o processo internacional. Com Geisel, o movimento é mais sutil. O "terceiro-mundismo" não fecha as portas para as potências ocidentais e o momento é rico na aproximação com a Alemanha e o Japão.

## V. Limites:

Os limites reais do discurso autonomista só se revelam plenamente quando muda a situação histórica. A teoria da autonomia, tanto em 1960 quanto em 1974, depende de um mundo irrazoável para afirmar-se razoável. A razão brasileira, e dos países em desenvolvimento, define-se por contraste com a irracionalidade dos poderosos, que tinha expressões claras na corrida armamentista, na exacerbação de crises regionais, na resistência a mudar uma ordem econômica claramente injusta. Com o esgotamento da Guerra Fria e a consagração liberal, o desafio, para os países sem reserva de poder, é justamente o de redesenhar argumentos de razão, refazer o discurso.

## Notas

1. Publicado anteriormente em J. A. Guilhon de Albuquerque (organizador), *Crescimento, Modernização e Política Externa*, São Paulo, Cultura Editores Associados, 1996, pp. 229-336.

2. Vários países desses dois continentes achavam também que o desenvolvimento deveria ter precedência sobre as alianças que causaram a bipolarização do mundo em dois campos de guerra. O Brasil concordava com esses países em muitas questões.

3. Para uma comparação interessante, vejam-se os vols. VII e VIII, da coleção *México en el Mundo*, escritos, respectivamente, por Blanca Torres e Carlos Rico.

4. "O Executivo, que normalmente liderava o movimento da reforma, provavelmente tem uma capacidade de manobra bem maior nesse campo do que teria no campo doméstico."

5. Isto não quer dizer que as questões latino-americanas "concretas" não sejam importantes nem tão pouco que a atitude brasileira no continente não seja decisiva para definir o perfil diplomático do país. Basta lembrar que a boa convivência com os dez vizinhos é um dos esteios da confiabilidade diplomática do Brasil. Exatamente por isto, pelas boas relações com os vizinhos, que se torna verdadeiramente base de um doutrina diplomática mais que secular, no plano do discurso, as relações com a América Latina não mostram variações significativas. Como dirá Silveria, na ESG, em 1974, para uma atuação internacional mais ampla do Brasil, "é imprescindível um relacionamento positivo com as nações vizinhas ... É necessário que não floresçam antagonismos regionais que conduzam ao desperdício de recursos em querelas localizadas." (ESG – 1974)

6. Na versão original deste ensaio, foram usados, para citação, os textos de discursos disponíveis na Divisão das Nações Unidas, do Itamaraty. São cópias para leitura. Para o período do pragmatismo, a Resenha de Política Externa traz a íntegra dos textos. Em 1995, L.F. Seixas Corrêa, publicou o livro *A Palavra do Brasil na Nações Unidas*, Brasília, Funag, 1995, que traz a coleção completa dos discursos brasileiros nas Nações Unidas até 1995. Acrescentamos às citações de trechos dos discursos, a referência ao livro de Seixas Corrêa.

7. Dados compilados pela Divisão de Pesquisa, do Departamento Econômico do Ministério das Relações Exteriores.

8. No caso da política africana, posso fazer uma referência pessoal. Em 1976, em palestras em escolas militares, uma das questões recorrentes era o reconhecimento de Angola, que se alegava ser incompatível com a "luta contra o comunismo", que deveria permanecer à ação externa do Brasil. Este tipo de atitude estava ainda mais arraigado no caso de Cuba, que, para setores militares e de informação, representava uma ameaça concreta à segurança. Essa atitude permanece até meados da década de 1980 e ainda é, contra ela, que se tecem os argumentos do Itamaraty para defender o reatamento das relações diplomáticas em Cuba.

9. A inspiração e o modelo para esse estudo veio da tese que o embaixador Seixas Corrêa apresentou, em 1981, ao Curso de Altos Estudos, do Instituto Rio Branco.

10. Uma vantagem adicional é o fato de, por serem universais, esses temas facilitarem a comparação com o discurso de outros países. Abrem, ademais, caminho para as classificações e tipificações de posições internacionais. A desvantagem, como veremos, advém do fato de serem temas globais, articulados, às vezes, de forma abstrata. É necessário, portanto, entender que, ao analisá-los, estamos dando somente um primeiro e modesto passo com vista a compreender a lógica e a prática política da PEI e do PR.

11. Aliás, outros aspectos inovadores já se encontram na diplomacia do Juscelino, a começar por uma preocupação de renovar, por intermédio da OPA, o relacionamento América Latina–EUA.

12. A atitude não-alinhada não significou, porém, adesão ao Movimento Não-alinhado que, ao nascer, tinha contornos afro-asiáticos. Arinos explica a não-participação brasileira pelos constrangimentos à liberdade de atuação que traria, e essa justificativa passou a ser, desde então, a adotada pelo Itamaraty (Araújo, 1970, p. 152). Éramos tão "não-alinhados" que nem ao Movimento aderíamos.

13. PEDS = países em desenvolvimento.

14. Unido = United Nations Industrial Development Organization.

15. Unctad = United Nations Conference on Trade and Development.

16. ...podem tentar intensificá-lo, agravando alguns dos problemas entre os campos, ou minimizá-lo, oferecendo seus bons serviços e gabinetes como mediadores entre as partes.

17. Esta atitude está na base de uma pertinente observação oral do embaixador Paulo Nogueira Batista, de que, no pragmatismo, não havia, como na PEI, um "projeto de autonomia" e sim esforço permanente de abrir espaços diplomáticos em situações específicas. De qualquer forma, a inspiração é "autonomista" e a resultante, também será.

18. Um bom estudo das variações é o de Carlos Estevam Martins, "A Evolução da Política Externa Brasileira na Década 64/74". Estudos Cebrap nº 12,1975.

19. A noção de congelamento também permite um distanciamento em relação às duas superpotências que, agora, neste marco conceitual, são, ambas, criticadas porque exercem um condomínio de poder que imobiliza o sistema internacional, não permite a "ascensão" dos países médios.

20. O tema de potência média tem sido objeto dos estudos de Celso Lafer. (1982, p. 134 e segs; 1984, p. 142 e segs)

21. Para um bom resumo das propostas a que corresponderia esses conceitos, ver Pinheiro Guimarães, S. "A Nova ordem Internacional, o Terceiro Mundo e o Brasil", trabalho apresentado na 43ª Reunião da SBPC, Rio de Janeiro, julho de 1991, especialmente p. 22.

22. A tese pode ser qualificada. Vejam-se, as hipóteses de Storss sobre a eventual possibilidade de uma guinada "desenvolvimentista" de Jânio (Storrs, 1973, p. 446). De outra parte, se aceitamos a tese da vocação autoritária de Jânio — e, conseqüentemente, a renúncia, como primeiro passo de um golpe —, a política externa independente poderia ser vista como movimento antecipatório de um novo regime no Brasil.

23. Devo boa parte dessas observações a um texto informal, mas extremamente revelador, preparado pelo embaixador Luiz Felipe Lampreia sobre o "momento de gestão" da política externa que Silveira comandou.

24. Uma das mais sofisticadas e completas análises das variedades de "situações brasileiras" foi elaborada por Maria Regina Soares Lima, em sua tese de doutoramento. "A mesma política externa tem de lidar, dependendo do tema, com situações que vão da dependência à hegemonia.

# Bibliografia

## Documentação

Os textos de discursos na Nações Unidas encontram-se publicados, em inglês, nos *Anais da Assembléia Geral.* No Brasil, os da gestão Silveira estão disponíveis na *Resenha de Política Externa*, publicação regular do Ministério das Relações Exteriores. Ver também, como assinala a nota 6, o livro de Seixas Corrêa.

Foram consultadas as Mensagens enviadas pelos presidentes da República ao Congresso, os documentos sobre relações internacionais do Arquivo San Tiago Dantas, depositado no Arquivo Nacional, e os textos de conferências na ESG, pronunciados pelo ministro Silveira.

## Livros e artigos

ARAÚJO, B.J. "A política externa no governo Jânio Quadros", trabalho apresentado ao II Seminário Nacional, USP, Política Internacional & Comparada, 1991.

_______, "Politique Extérieure et Contradictions du Capitalisme Dépendant: Le Gouvernement Jânio Quadros au Brésil", Tese de Doutoramento do 3º Ciclo, apresentada ao Centro Universitário de Vincennes, 1970.

ARINOS.A. *A alma do Tempo*, Rio de Janeiro, José Olympio, 1979.

BRITO CRUZ, J.H. Aspectos da Evolução da Diplomacia Brasileira no Período da "Política Externa Independente", *in Ensaios de História Diplomática do Brasil (1930–1986)* org. Sérgio Danesc, Cadernos do IPRI, nº 2, Brasília, 1989.

BURNS, B. "Tradition and Variation in Brazilian Foreign Policy" *in Journal of Inter–American Studies*, vol. IX, nº 2, 1967, pp. 195-212.

CARDOSO,M.L. "Ideologia do Desenvolvimento, Brasil: JK – JQ". Tese de doutoramento apresentada à USP, São Paulo, 1972.

DANTAS,S. *Perfis parlamentares*, seleção e introdução de Marcílio Marques Moreira, Brasília, Câmara dos Deputados, 1983.

HOLBRAAD,C. *Middle powers in internacional politics*, Nova York, St. Martin's Press, 1984.

JAGUARIBE, H. *Novo cenário internacional*, Rio de Janeiro, Editora Guanabara, 1986.

_______, O nacionalismo na realidade brasileira, Rio, ISEB, 1958.

KAPLAN, M. Variants on six models of the international system, *In* Rosenau, J. (ed). *International Politics and Foreing Relations*, Nova York, The Free Press, 1969, pp. 291-304.

LAFER, C. O. *Brasil e a crise do sistema mundial*, São Paulo, Perspectiva, 1984.

_______, *Paradoxos e possibilidades*, Rio de Janeiro, Nova Fronteira, 1982.

_______, "Uma interpretação do sistema de relações internacionais do Brasil" *In* Lafer e Penã, *Argentina e Brasil no Sistema das Relações Internacionais*, São Paulo, Duas Cidades, 1973.

LAMPREIA, L.F. Nota manuscrita s/d feita a pedido do autor sobre o início da gestão Silveira.

MARTINS, C. E. "A evolução da política externa brasileira na década 64-74", Novos Estudos Cebrap, nº 12, 1975.

MOURA, G. *A autonomia da dependência*, Rio de Janeiro, Nova Fronteira, 1980.

QUADROS,J. "A nova política externa do Brasil", *Revista Brasileira de Política Internacional*, vol. 4 nº 1, 1962, pp. 150-6 (o artigo foi originalmente publicado na *Foreign Affairs*, na edição de outubro de 1961).

RICO, C. *Hacia la Globalización, in Mexico y el Mundo*, vol. VIII, México, Senado de la República, 1991.

SCHLESINGER, A. *The cycles of American History*, Boston, Houghton Mifflin Co. 1986.

SEIXAS CORRÊA, "Da confrontação à confrontação: as relações EUA–URSS, o Brasil e as superpotências". Tese apresentada ao IV Curso de Altos Estudos, do Instituto Rio Branco, Brasília, 1981. Ver também, do mesmo autor, *A palavra do Brasil nas Nações Unidas*, Brasil, Funag, 1995.

SKIDMORE, T. *Brasil: De Castelo a Tancredo*, Rio de Janeiro, Paz da Terra, 1988.

SOARES DE LIMA, M.R. "The political economy of Brazilian foreign policy: nuclear energy, Trade and Iatipu", tese de doutoramento apresentada à Universidade de Vanderbilt, agosto de 1986.

SOUTO MAIOR, L. "O pragmatismo responsável", 1991, (mimeo).

STORRS, K. L. "Brazil's Independent Foreign policy, 1961-1964: Background, Tenets, Linkage to Domestic Politics, and Aftermath". Tese de Doutorado, apresentada à Faculdade de Cornell, janeiro de 1973. Publicada pelo Latin American Studies Program Dissertation Series.

TORRES, B. *De la Guerra al Mundo Bipolar, in Mexico y el Mundo*, vol. VII, México, Senado de la Republica, 1991.

WALTZ, K. *Man, the State and War*, Nova York, Columbia University Press, 1959.

# ALGUNS ASPECTOS DA POLÍTICA EXTERNA BRASILEIRA CONTEMPORÂNEA

Já se disse que o Brasil é um "país de contrastes". De fato, e em muitas áreas. Não são, porém, contrastes estáticos, paralisantes. Podem ser dolorosos e exigir superação, como o atraso na correção das desigualdades sociais; podem expressar diversidade e, nesse caso, requererem estímulo, como a variedade cultural. O fato é que os contrastes estão em movimento, alteram-se continuamente, e captar o extraordinário dinamismo que caracteriza o país é o primeiro dever de quem pretende analisá-lo.

De qualquer ângulo que olhemos o Brasil, a marca inevitável será a da transformação. Se pensarmos na estrutura socioeconômica, observamos, nos últimos anos, que a população cresceu de 52 milhões de habitantes em 1950 para mais de 150 milhões nos dias de hoje (crescemos praticamente duas vezes a Itália em 40 anos). Houve, paralelamente, um processo amplíssimo de urbanização. Em 1940, a população urbana representava 31% da total e hoje, 76%. As conseqüências de mudanças de tal magnitude são profundas e de difícil manejo. Se olharmos para a economia, vemos que a industrialização avança em ritmo extremamente rápido. Há 50 anos, éramos uma economia agrária e as nossas exportações praticamente se restringiam a produtos agrícolas (o café representava quase dois terços da pauta). Hoje, temos talvez a mais pujante economia industrial do mundo em desenvolvimento e, em algumas áreas, como a computação bancária, estamos na vanguarda. De outro lado, o crescimento não foi suficiente para gerar transformações de igual escala na área social e permitir a superação de iniqüidades e desequilíbrios.

Politicamente, o país viveu, também nos últimos 50 anos, momentos de instabilidade. À experiência da democracia de 1945 a 1964, seguiu-se um período de autoritarismo e, hoje, temos, de novo, a democracia. Conhecemos a tragédia do suicídio do presidente Getúlio Vargas, em 1954; lançamos, em 1961, a tentativa institucional de "salvar" a democracia pela implantação de um parlamentarismo frágil e artificial; em 1964, iniciando um período autoritário que se alastra por todo o cenário latino-americano, instala-se um governo dirigido por militares; e, finalmente, depois de um longo processo de transição, enlutado pela morte do primeiro presidente civil, Tancredo Neves, volta, em 1985, a democracia, que tem, como primeiro grande momento, o que talvez tenha sido o mais "participativo" processo constituinte dos tempos modernos. Em 1991, o Parlamento decreta o *impeachment* do primeiro presidente eleito diretamente nas últimas três décadas. Todos esses episódios ocorrem no marco da ampliação da cidadania, e, hoje, participa do processo político uma imensa massa de eleitores — quase cem milhões. A vitória da democracia revela a multiplicidade dos interesses sociais e a complexidade dos arranjos políticos em um regime federativo moderno. A coesão exige combinações horizontais e verticais entre setores econômicos e políticos, de um espectro extremamente variado. Não obstante, o processo político não sofre nenhuma ameaça de dificuldades institucionais.

A referência a esses fatos, conhecidos de todos que se interessam pela realidade brasileira, sugere, antes de mais nada, a complexidade do país. Fórmulas simples, que se baseiam em episódios — às vezes trágicos — da realidade brasileira, serão sempre insuficientes para uma compreensão adequada do que somos, do que queremos, do que podemos como nação. Aliás, para a própria diplomacia brasileira, um dos primeiros deveres, quase preliminar, é o de mostrar a complexidade do país. E, aqui, começo as minhas indagações mais específicas: que elementos forjam as bases da política externa do país? Como a política externa "captura" a complexidade? Como ela serve aos interesses do país? Qual é o peso internacional de um país que tem o quinto maior território e a décima economia do mundo?

É minha intenção dar algumas indicações que podem ajudar a responder a essas perguntas. Farei, inicialmente, uma breve menção a certas características permanentes do comportamento diplomático brasileiro; em seguida, passarei em revista, sempre de forma sumária, o modelo de política externa que prevaleceu no período do bipolarismo e das rivalidades ideológicas; e, finalmente, tocarei em alguns dos aspectos da política externa de nossos dias, indicando como se adaptou ao mundo pós-Guerra Fria.

Mostrarei que, na atualidade, o Brasil enfrenta dois desafios derivados de processos de transformação simultâneos e profundos. O primeiro tem a ver com o fim da Guerra Fria, as novas tendências da economia mundial regidas pela globalização e o mosaico dos chamados novos temas da agenda internacional, como meio ambiente, direitos humanos, as transformações do multilateralismo etc., que compõem a agenda internacional contemporânea.

O segundo desafio nasce internamente. A democracia está consolidada no Brasil e, com isso, estabelece-se uma nova moldura para o processo de formulação da política externa. Como esses dois processos sincrônicos afetam a maneira como vemos o mundo, a maneira como a política externa é formulada?

## I. Traços do comportamento diplomático brasileiro

De início, gostaria de alinhar uma série de características da ação externa do país, sem pretender que esgotem o tema ou que correspondam a uma descrição completa e abrangente do que estamos fazendo hoje em política externa. Insisto: ficarei em alguns elementos que poderíamos chamar comportamentais do processo diplomático.

Minha primeira observação diz respeito ao próprio interesse que os processos diplomáticos despertam na cidadania. Em regra, o país é introvertido. São de tal ordem os problemas internos — sejam os contrastes sociais, seja a necessidade de desenvolvimento, seja a disputa política — que "tradicionalmente" a diplomacia não tem sido objeto de um debate "organizado" na imprensa, no Parlamento, nos meios de comunicação de massa. A situação tende, contudo, a se alterar. Amplia-se a consciência de que qualquer projeto nacional é afetado pelas condições internacionais, pelas opções políticas que fazemos. O fenômeno qualifica não só aqueles temas que movimentam interesses concretos, como as negociações do Mercosul e de propriedade intelectual, mas também outros, mais precipuamente políticos (por exemplo, a cogitação sobre a presença brasileira no Conselho de Segurança da ONU em um formato novo).

Uma segunda observação tem a ver com o estilo da diplomacia brasileira. Um dos seus traços mais salientes é a capacidade de desdramatizar a agenda da política externa, ou seja, de reduzir os conflitos, crises e dificuldades ao leito diplomático, evitando que sejam explorados ou magnificados por interesses conjunturais. Isso é uma virtude, especialmente se levarmos em conta o fato de que o Brasil mantém relações pacíficas e cooperativas há 120 anos com dez vizinhos, tendo sido todo o desenho de nossas fronteiras, aliás, negociado diplomaticamente. Essa boa convivência na região — feito diplomático ao qual, em regra, não se dá o devido crédito — pode ser atribuída, em parte, às vantagens de um estilo que se define pela preferência pela negociação. Nossa contribuição para tornar a América do Sul uma região praticamente imune aos conflitos internacionais, onde as soluções diplomáticas prevalecem, ganha uma nova perspectiva com o fim da Guerra Fria, que desencadeia uma série de crises, algumas inesperadas, praticamente em todas as regiões do globo. Uma condição necessária para a modernização, em qualquer de suas dimensões, é um ambiente internacional pacificado e, no caso da América do Sul, essa condição foi conquistada, em boa parte, por trabalho diplomático constante e bem-orientado, de tradição secular. Embora o peso do Brasil sobressaia no continente, não nos lançamos a políticas de hegemonia, de atrito, e, assim, nas relações entre Estados, o que prevaleceu sempre foi a solução diplomática. Hoje, a política externa brasileira na América do Sul ganha novos contornos; as raízes da confiança entre os parceiros são constantemente renovadas e, no continente, temos a obrigação maior de criatividade diplomática. Dela são exemplos recentes: o Tratado de Cooperação Amazônica, assinado em 1978, com traços inovadores em matéria ambiental, e o Mercosul, esquema bem-sucedido de integração, que data de 1991. Basicamente, são esforços de aproximação, regidos pela tecla do equilíbrio e da cooperação.

Um outro traço da diplomacia brasileira é a sua capacidade de expandir e diversificar os laços que nos unem ao mundo. Considerando-se as dimensões do país (somos a décima economia do mundo), a necessidade de uma presença universal se mostra natural e indispensável. Na verdade, somos um dos poucos países em desenvolvimento com laços realmente globais, muitos deles construídos diplomaticamente, induzidos, portanto, por escolhas políticas. Além das relações tradicionais com os vizinhos latino-americanos, com os EUA e com os países europeus, fomos capazes, nos últimos 50 anos, de estabelecer vínculos significativos, nos planos bilateral e multilateral, com os países africanos, asiáticos e árabes. Noto que temos uma vocação para a tolerância e para a integração étnica que, nesse momento da história mundial, é exemplar e se torna possivelmente um trunfo diplomático.

Sublinho, ainda, que as raízes de alguns desses movimentos diplomáticos são seculares. A aproximação moderna com a África — que se aprofunda nas décadas de 1970-80 sustentou-se na contribuição africana para a definição da nacionalidade brasileira. O enraizamento de uma ampla colônia japonesa no Brasil — em 1995, comemorou-se o centenário do Tratado da Amizade, Comércio e Navegação entre o Brasil e o Japão, e, poucos anos depois, ocorre a chegada das primeiras levas de emigrantes japoneses — está na base do denso relacionamento econômico. Em outros casos, como no da China, país com o qual mantemos um sofisticado programa de cooperação espacial, a iniciativa diplomática é estimulada pela busca de relações "modernas" com parceiros em desenvolvimento.

Outro tema é o dos graus de idealismo e pragmatismo da diplomacia brasileira. É curioso que alguns analistas — e lembro-me de Kissinger — quando examinam a política dos EUA apresentam, como alternativas excludentes, uma ação externa modelada por valores morais e as opções realistas fundadas no poder. Em outro diapasão, o mesmo tipo de crítica foi formulado à diplomacia brasileira, especialmente na década de 1970, quando se aplicava o rótulo de "terceiro-mundismo" ao que fazíamos nos foros multilaterais, pelo tipo de liderança que exercíamos na defesa de uma "nova ordem mundial". Criticava-se, sobretudo, o escasso resultado "concreto" do multilateralismo. Ora, talvez, pela sua própria realidade interna, o Brasil tenha sido um dos poucos países a compreender, simultaneamente, as vantagens da eficiência — lembremos que, com os anos do terceiro-mundismo, coincidem uma renovação do parque industrial, a diversificação da pauta de exportações etc. — e a necessidade de impregnar a atuação diplomática de valores, de sentido futuro. Conhecíamos os limites do mundo tal como se organizava, especialmente os obstáculos que criava para a difusão de formas harmoniosas de desenvolvimento e a necessidade de transformar comportamentos e instituições com base em critérios de justiça. Ao mesmo tempo, tínhamos clara noção da necessidade de afirmação dos interesses nacionais em um sistema cada vez mais competitivo.

Hoje, quando se dissipam as utopias das possibilidades de "nova ordem", talvez a resultante mais positiva do aprendizado de estar em dois mundos tenha sido o aprendizado de uma capacidade de "articulação de consensos", na expressão do ex-secretário-geral do Itamaraty, embaixador Roberto Abdenur, da atuação da diplomacia brasileira em foros internacionais. O "consenso" não é um valor em si mesmo e deve ser formado a partir da compreensão da diversidade de interesses, das distâncias entre ricos e pobres, entre os militarmente poderosos e os frágeis. É, no entanto, um passo necessário para dar fundamentos mais sólidos a um mundo de estabilidade e paz. O consenso não pode simplesmente consagrar "correlações de força", e sim apontar rumos novos. Foi essa a orientação que adotamos, para ficar em três exemplos recentes, na Conferência das Nações Unidas para o Meio Ambiente e Desenvolvimento (Rio 92), na Rodada Uruguai e na Conferência de Viena sobre Direitos Humanos. Soubemos aproximar posições e ajudar a garantir avanços importantes na ordem mundial.

A preocupação com a legitimidade é outro elemento central da ação externa do Brasil. Para um país com poucos elementos de poder — sem excedentes de poder, como dizia o ex-chanceler Ramiro Saraiva Guerreiro —, um dos trunfos essenciais são suas idéias ou, mais precisamente, as bases conceituais de suas ações internacionais. A compreensão correta dos movimentos do sistema internacional — crucial para definir as possibilidades reais de presença diplomática — a legitimidade de seus pleitos e a coerência de suas ações são instrumentos necessários para uma "boa" política externa. Uma superpotência pode cometer erros de interpretação de suas possibilidades porque, em última instância, sua posição dependerá de diferenciais de força, de sua capacidade de coerção. Para a diplomacia brasileira, a capacidade de persuasão é o principal recurso de projeção internacional, e a persuasão depende, essencialmente, de conhecimento da situação, de sensibilidade em relação ao parceiro, de convicção quanto aos argumentos e de habilidade para apresentá-los. Aprofundando o tema, dir-se-ia que a legitimidade, para o Brasil, teria duas dimensões: a legitimidade que sustenta as ações específicas e se exprime no universo das ações bilaterais e a legitimidade que se projeta no próprio sistema internacional e se confunde com a legalidade internacional. No primeiro caso, a resultante é um expressivo acervo de relações bilaterais, de sentido universal e fundada em credibilidade: a confiança do parceiro, a certeza de que os compromissos assumidos serão respeitados, é a chave do processo. Quanto ao segundo aspecto, diria que a diplomacia brasileira tem uma tradição principista, ou seja, de buscar agir sempre de acordo com normas internacionais, seja no plano da segurança (com a defesa dos princípios da não-intervenção, da solução pacífica), seja no plano da economia (exatamente porque somos um país com ramificações comerciais diversificadas — e não temos instrumentos econômicos coercitivos — defendemos invariavelmente que o ambiente econômico internacional seja composto por regras estáveis, multilateralmente definidas, que garantam previsibilidade e eliminem as formas unilaterais, impositivas de vantagens específicas).

## II. A diplomacia brasileira na Guerra Fria (autonomia pela distância)

Assentadas as características "comportamentais" da diplomacia brasileira, a segunda parte da palestra procurará responder à pergunta: de que maneira a política externa brasileira está enfrentando os desafios da nova situação internacional?

Primeiro, seria interessante lembrar a orientação da política externa brasileira da década de 1970 e contrastar as opções que fizemos ao longo da Guerra Fria e no tempo do regime autoritário com as que se desenham hoje. O recuo histórico pode nos dar uma perspectiva útil para mostrar as formas de inserção internacional do Brasil no presente. Insisto em que evitarei uma descrição minuciosa de ações específicas de política externa, tratando antes do que se poderiam chamar opções fundamentais.

Não vou entrar em pormenores sobre o fim da Guerra Fria e suas conseqüências, mas apenas analisar quais foram, historicamente, os efeitos da disputa global entre as superpotências para os países em desenvolvimento e, em particular, para o Brasil. Sabemos que a própria dinâmica da disputa exigia, ora por pressões, ora por estímulos, a lealdade dos "aliados" (e uso a expressão de forma geral, sem as conotações precisas que têm em relações internacionais). Havia duas maneiras paradigmáticas de lidar com o problema. Na primeira, aceitava-se a demanda de alinhamento ao mesmo tempo que se procurava torná-lo moeda de troca para vantagens concretas, especialmente econômicas. Na história recente, essa teria sido, com significativas qualificações, a inclinação brasileira ao final da década de 1940 e na década de 1960 (as qualificações são várias, a começar pela recusa de enviar tropas à Coréia, o rompimento com o FMI em 1958 etc.).

De qualquer forma, os resultados concretos dessa atitude foram limitados. O caminho alternativo era o de manter, como melhor opção diplomática, uma distância "qualificada" no debate e na negociação dos principais temas do período da Guerra Fria (nossa posição, contudo, nunca se identificou completamente com aquelas advogadas pelo Movimento Não-Alinhado e costumávamos dizer que éramos tão radicalmente não-alinhados que não éramos alinhados sequer com o MNA). Embora haja antecedentes episódicos, essa atitude ocorre "sistematicamente" com a Política Externa Independente do presidente Jânio Quadros, no princípio da década de 1960. Em 1964, com o movimento militar, há um corte abrupto e a volta a formas de alinhamento explícito com os EUA (se recusamos tropas para a Coréia, participamos, ativamente, da intervenção da República Dominicana em 1965, cortamos relações com Cuba em 1964 etc.). Em meados da década de 1970, com o Governo Geisel, desenha-se uma opção política autodenominada de "pragmatismo responsável" que, de uma certa maneira, era baseada em premissas similares à da Política Externa Independente. Em 1960 e 1975, os mundos eram diversos, mas os argumentos eram afins.

Na verdade, as nossas posições evitavam reduções simplistas. Nunca escolhemos rigidamente um lado de uma dicotomia como a cena internacional parecia impor. Tentamos equilibrar o nosso não-alinhamento específico, que nos aproximava de posições gerais do Terceiro Mundo, com uma medida de lealdade aos valores ocidentais (mesmo no período autoritário, algumas instituições da democracia são formalmente mantidas). E, se abrimos novas frentes de intercâmbio econômico (vendemos serviços a países árabes e iniciamos uma agressiva política de promoção de exportação para a África), consolidamos e modernizamos as relações com o mundo desenvolvido.

A conclusão a que se chega é a de que as características da inserção do país no mundo eram únicas e tinham de ser traduzidas em uma diplomacia de feitio próprio. Não tínhamos um modelo claro como as demais potências médias, como a Índia ou a China o tinham. A ação externa desses dois países apresentava componentes de rivalidade e conflito que as peculiarizavam. Havia a noção clara de que éramos "diferentes", de que tínhamos muitas faces para o mundo, o que nos obrigava a buscar soluções diplomáticas também diferentes (no final da década de 1980, um colega dizia que éramos o único país que tinha uma disputa de informática com os EUA e a ameaça de uma epidemia de dengue).

A expressão diplomática da diferença é a autonomia. De certa forma, a busca por autonomia é um objetivo para qualquer diplomacia. Nenhum país se declarará não-autônomo. Mas as expressões do que é autonomia variam histórica e espacialmente, variam segundo interesses e posições de poder. Ao longo do século XIX, por exemplo, uma das posições inflexíveis do Brasil era a de evitar tratados de comércio com os países europeus, depois de uma experiência constrangedora com os acordos com a Inglaterra, subseqüentes à Independência, que criavam direitos de extraterritorialidade. Como se expressa a autonomia ao tempo da Guerra Fria?

A primeira expressão da "autonomia" seria a de manter uma distância em relação às ações do Bloco Ocidental, sobretudo quando significavam engajamentos militares. Admitíamos um alinhamento quanto aos valores fundamentais, mas não o transformávamos em engajamento estratégico automático (um momento exemplar da tendência foi o rompimento do Acordo Militar com os EUA em 1977). Em seguida, significaria manter uma atitude crítica em relação às superpotências. A corrida armamentista nuclear e a transferência das disputas globais para as crises regionais, muitas vezes exacerbando-as artificialmente, permitia que associássemos o poder à irresponsabilidade. O argumento era claro e contundente. Como país em desenvolvimento, não tínhamos instrumento de poder, mas oferecíamos propostas sobre quais seriam os melhores caminhos para um mundo mais pacífico e estável: o desarmamento geral e completo, a solução de controvérsias pelos meios pacíficos, o respeito ao direito internacional, a aceitação dos organismos multilaterais como foros de criação de legitimidade, a condenação de soluções de força etc. Porque a força não estava no repertório das formas da presença brasileira no mundo, ganhávamos o poder da legitimidade (apoiávamos as maiorias multilaterais em temas como a autonomia palestina, a condenação do *apartheid*, a independência da Namíbia etc.). A soma dessas atitudes definia o perfil internacional do país. Vale acrescentar que, em muitos casos, essas posições tinham implicações concretas, ao criarem, por exemplo, pontes para países do Terceiro Mundo que, como vimos, surgem como novos mercados de bens e serviços para a economia brasileira. Um adendo é importante: as relações com os EUA — não só pela distância em termos de "posições globais", mas também por uma série de questões bilaterais (na área comercial, na área militar) — passam a ser difíceis e tensas.

Essa expressão política da autonomia tem um paralelo no universo das relações econômicas: o apoio às idéias de uma nova ordem econômica internacional. Seria ocioso recordar as numerosas resoluções da Unctad sobre o tema. É suficiente lembrar que a sua principal proposta doutrinária se sustenta justamente na idéia de não-reciprocidade (os ricos tinham obrigações em relação aos pobres) e de que as forças do mercado deveriam ser "domesticadas" por instrumentos negociados, fossem acordos de produtos de base ou mecanismos de assistência financeira ou transferência de tecnologia, construindo-se, assim, os pilares para um mundo mais justo e equilibrado.

Alguns poucos elementos poderiam ser agregados a esse cenário:

a) Embora o regime fosse autoritário e fortemente contestado, a política externa obtinha um razoável consenso interno, e as críticas — tanto da direita (que não admitiu que fôssemos os primeiros a reconhecer a independência de Angola) quanto da esquerda (que reclamava da discrepância entre os pleitos por justiça na cena internacional e o agravamento das desigualdades econômicas no plano interno) — eram circunscritas e limitadas. Não havia, como em 1961 ou 1964, plataformas alternativas abrangentes para a ação externa.

b) O período é de abertura universalista da política externa e de coleção de um acervo de relações bilaterais de amplo alcance. Como indiquei, são estabelecidos ou renovados vínculos com os países africanos, amplia-se a presença no Oriente Médio, e, mais importante, os laços com a América Latina ganham nova densidade (entre os marcos bilaterais, a construção de Itaipu; no plano regional, o Tratado de Cooperação Amazônica).

c) Finalmente, há que se notar que essas ações universalistas da política externa são apoiadas por um Estado que tem alto controle sobre instrumentos de promoção econômica externa, tais como créditos à exportação de bens e serviços, grandes companhias estatais de *trading*, subsídios etc.

## III. O Brasil e o mundo pós-Guerra Fria (autonomia pela participação)

É natural que parte significativa desses elementos deva ser "repensada" diante das transformações que estão ocorrendo no Brasil e no mundo. Problemas de formulação de política externa emergem e, voltando às características comportamentais da diplomacia brasileira, uma primeira observação a fazer é a de que da soma dessas características deriva uma medida de flexibilidade que facilita a adoção de políticas de sentido adaptativo e, ao mesmo tempo, abre espaço para a criação diplomática, como indicava o ex-chanceler Celso Lafer. Reforça a condição de flexibilidade o fato de que não temos, na agenda diplomática, focos únicos, excludentes, que exijam concentração de capital diplomático e, portanto, engajamentos totais por motivos limitados. Nossa agenda é dispersa e ampla, tanto temática quanto geograficamente.

Comecemos, porém, pelo que mudou no mundo.

O período imediatamente posterior ao fim da Guerra Fria ensejou uma série de diagnósticos, uns mais simplistas do que outros, mas todos apontando na perspectiva de que uma "nova ordem" emergia. Alguns indicavam a tendência ao unipolarismo em que os EUA seriam o foco hegemônico único (como superpotência vitoriosa, mantinha instrumentos de poder de ampla gama); outros, mais próximos aos que realçavam o declínio americano, preferiam cenários multipolares, em que os temas da agenda internacional seriam conduzidos por coalizões diferenciadas, cada qual movida por interesses circunstanciais. Outros, ainda, apontavam para a perspectiva de uma democratização "relativa" das relações internacionais em virtude do peso necessariamente maior que teriam os organismos internacionais em um mundo globalizado. Todas essas opiniões e diagnósticos continham um grão de verdade e refletiam, no fundo, a própria natureza do processo de transição em que entramos.

Independentemente do cenário que venha a prevalecer, interessa particularmente a um país como o Brasil o fato de o mundo em transição corresponder a um momento de criação de regras e instituições que recolham as "novidades" e também o fato de os processos criativos exigirem necessariamente novas formulações sobre o que é legítimo. Isso vale tanto para a área de segurança (quando, como e por que a comunidade internacional deve agir diante de crises e conflitos) quanto para a economia (como lidar com a globalização), quanto para os chamados novos temas (ecologia, direitos humanos, tecnologia dual etc.).

Mudaram os mecanismos de criação de legitimidade? Como vimos, ao tempo da Guerra Fria havia, da perspectiva do mundo em desenvolvimento, uma dissociação entre poder e ordem, entre força e responsabilidade. No imediato pós-Guerra Fria, a primeira impressão que se recolheu foi a de que esse *gap* teria sido diminuído. As potências tenderiam a controlar os mecanismos multilaterais que geram legitimidade, e suas ações ganhariam o estatuto da responsabilidade porque estariam se desarmando, tentando resolver crises regionais, patrocinando intervenções humanitárias, atuando com base em resoluções multilaterais etc. De uma certa forma, em um segundo momento do pós-Guerra Fria, dramatizado pela dificuldade em encaminhar a crise iugoslava, o otimismo do primeiro momento se arrefece. A identidade poder-responsabilidade-eficácia fica em questão, sobretudo porque o último dado da equação não alcança sucessos inevitáveis diante da complexidade dos desafios que surgem.

É essa situação que abre uma nova brecha para a ação dos países em desenvolvimento, especialmente do Brasil. De novo, a nossa condição de pertencer a realidades diferenciadas nos dá a perspectiva de que mesmo as boas "teses" não conduzem necessária e rapidamente às melhores soluções — e, assim, desenha-se o perigo de que deixem de ser "boas teses" (no caso do risco do desprestígio do Conselho de Segurança que, para alguns analistas, sobreestendeu suas funções, o problema é claro). Como contribuir para aperfeiçoar as "teses" e introduzir-lhes o elemento de eficácia (que, quando falha, poderia até minar a legitimidade) passa a ser o desafio da diplomacia brasileira e, em regra, dos países que pretendem ter uma atuação universalista.

Sabemos que as soluções da Guerra Fria, a dicotomia alinhamento/não-alinhamento, já estão superadas. No mundo de hoje, as *issues* tendem a se fragmentar, o que induz a diferentes padrões de coalizões, motivados por circunstâncias específicas e tangíveis. Modelos diferenciados de construção de legitimidade. As coalizões diplomáticas que servem para os problemas de segurança são diferentes das que se articulam em matéria de meio ambiente ou narcotráfico. Os limites da ação da comunidade internacional são variados e não obedecem a regras únicas.

O fato é que os novos tempos exigem um novo discurso sobre a ordem, procurando oferecer propostas e projetos viáveis e legítimos como primeiro passo para participar do debate sobre o mundo novo, e aí reside o primeiro desafio da diplomacia brasileira.

Passando para o campo da economia, percebemos, de outro lado, que a hegemonia dos valores de mercado — especialmente para um país das dimensões do Brasil — dilui, no plano multilateral e bilateral, as possibilidades de negociar na base da não-reciprocidade. Aliás, as condições que enfrentamos são, na verdade, opostas às tradições do assistencialismo. Temos negociado com os EUA em pé de igualdade em muitas áreas e, apesar de estarmos do lado do direito internacional, em muitos casos, fomos objeto de retaliações comerciais em virtude de nossa política de propriedade intelectual ou alegados subsídios em produtos siderúrgicos. Constatamos, porém, que a distância entre a pregação liberal e a realidade das políticas das maiores potências econômicas se guia, freqüentemente, por ações protecionistas, com prejuízo flagrante para a produção brasileira de produtos agrícolas, por exemplo. De qualquer forma, os processos de negociação econômica ganharam complexidade e especificidade, e o enfraquecimento da Unctad e a importância do GATT e de seu órgão sucessor, a Organização Mundial do Comércio (OMC), são duas faces da mesma moeda. Aliás, como notava o chanceler Celso Amorim, a inversão de atitude é de tal ordem que, hoje, são os países em desenvolvimento os mais sinceros defensores do livre comércio, com regras estáveis, em contraste com as potências econômicas, preocupadas em garantir exceções legais para o exercício do protecionismo (a análise de certas propostas na área de ecologia e do chamado "*dumping* social" disfarçaram formas de protecionismo). Como lidar com a nova realidade do ambiente econômico internacional é outro desafio para a política externa.

Em nossa política interna, a democratização estimulou a ampliação do debate sobre temas diplomáticos, especialmente os que têm substância econômica. A agenda da opinião pública nem sempre coincide com as prioridades governamentais, mas exige uma atenção e cuidado permanentes. Paralelamente, uma profunda crise fiscal enfraquece as possibilidades de o Estado usar instrumentos econômicos para promover os interesses internacionais do país.

Quais são as soluções diplomáticas para esse complexo de desafios? Estamos, como, aliás, todas as Chancelarias do mundo, empenhados no processo de interpretação dos rumos da "nova ordem" (ou "desordem", como queiram outros). Sabemos que uma compreensão adequada — as "idéias certas" — dos rumos do sistema internacional indicará os riscos e oportunidades para a diplomacia brasileira nesse momento. Sabemos, também, que é fundamental que a diplomacia sirva ao interesse público e auxilie a superar as dificuldades com que nos defrontamos. Como fazê-lo?

Pretendo apresentar em seguida um sumário de algumas tendências e opções da diplomacia brasileira:

## III. a. A renovação de credenciais

Se estamos diante de novos padrões de legitimidade e se os "velhos" padrões de alinhamento estão superados, uma primeira tarefa é a de renovar as credenciais para participarmos, de forma significativa, das decisões globais. Não estamos, aqui, lidando com objetivos utópicos, de participar por participar, por razões de prestígio ou de poder, de ter idéias por ter idéias. A diplomacia brasileira soube manter, ao longo de sua história recente, um cuidadoso respeito ao princípio da realidade. Na verdade, a participação nasce do próprio fato de, pelas dimensões do país, existirem poucos temas que não nos afetam. As regras sobre comércio, sobre meio ambiente, sobre direitos humanos, sobre manejo de crises e conflitos, em medida variada, tocam em interesses brasileiros. Por isso, a reflexão sobre a ordem — em seu sentido mais amplo e os instrumentos que nos permitam participar de sua construção — é um tema necessário na agenda diplomática brasileira.

Não tocarei em pontos específicos da agenda e me restrinjo a sublinhar o tema da legitimidade, que, como indiquei, é central para definir modos de atuação diplomática do Brasil.

Existe um longo e complexo debate sobre o modelo de ordem que está substituindo o mundo bipolar, as rivalidades abrangentes da Guerra Fria. Mas, algumas tendências são claras: uma ênfase crescente no tema da não-proliferação, na defesa dos direitos humanos e da democracia, com a revitalização dos mecanismos de segurança coletiva e dos organismos multilaterais. Na ordem da Guerra Fria, para os blocos, a legitimidade derivava da defesa de um sistema de organização social no marco de uma rivalidade estrutural. Hoje, quando a rivalidade está ausente, o processo de afirmar legitimidade dos pleitos e atitudes de uma política externa se tornou bem mais complexo. Uma das suas dimensões nasce da maneira como cada país lida com os temas indicados, o que se torna, assim, um dos fatores que servem para definir as possibilidades e o nível de participação legítima que pode alcançar no sistema internacional. (Deixo, entre parênteses, a menção do seguinte problema: a definição do que é legítimo — por estar sempre ligado ao mundo dos interesses e das circunstâncias políticas, hoje extremamente diferenciados — está longe de alcançar consensos claros em qualquer ponto, sobretudo quando nos aproximamos de situações concretas.)

As opções corretas são um passo preliminar e necessário para estabelecer credenciais de participação nos negócios do mundo. Muitos temas estão em aberto — da composição do Conselho de Segurança aos mecanismos de implementação da Rio-92 e da Rodada Uruguai — "novas regras" estão sendo negociadas e, mesmo que saibamos que o componente "correlação de forças" é decisivo, na formulação dos regimes internacionais o poder sempre presta uma homenagem aos valores. Em nenhum tema da agenda aberta, o Brasil se limita a uma posição defensiva ou retraída. O acervo de uma participação positiva, sempre apoiada em critérios de legitimidade, nos abre a porta para uma série de atitudes que tem dado nova feição ao trabalho diplomático brasileiro. A autonomia, hoje, não significa mais "distância" dos temas polêmicos para resguardar o país de alinhamentos indesejáveis. Ao contrário, a autonomia se traduz por "participação", por um desejo de influenciar a agenda aberta com valores que exprimem tradição diplomática e capacidade de ver os rumos da ordem internacional com olhos próprios, com perspectivas originais. Perspectivas que correspondem à nossa complexidade nacional. Creio que, para encerrar as observações, valeria a pena citar uma coleção de atitudes e ações da diplomacia brasileira, exemplificadoras da disposição de participar. Assim, depois de uma longa ausência, voltamos ao Conselho de Segurança nos biênios 1988-89 e 1993-94 e estamos presentes em várias operações de paz da ONU[1]. O diálogo com a Europa se intensifica (como se vê pelo significativo intercâmbio de visitas de nível presidencial nos últimos três anos).

Em termos de criação de um ambiente de paz, de superação de rivalidades e mesmo de inovação nas regras sobre não-proliferação, um exemplo significativo da atitude brasileira é o nível de confiança que alcançamos nas relações com a Argentina, com base no qual empreendemos um importante programa de cooperação nuclear e promovemos algumas emendas no Tratado de Tlatelolco de modo a permitir que tenha plena vigência na América Latina. Atuamos decisivamente para a conciliação entre o Peru e o Equador.

No marco do modelo da década de 1970, um problema natural era o de conciliar os temas da globalização com a visão da autonomia. É claro que a globalização se acelera extraordinariamente nos últimos 20 anos em termos de comércio, fluxos financeiros e, sobretudo, em termos de valores (direitos humanos, meio ambiente etc.). A definição de "atitudes positivas" nos novos temas passa a ser uma das preocupações centrais da diplomacia brasileira. Tomemos o exemplo dos temas ambientais. A compreensão de autonomia que cultivávamos na década de 1970 levava a uma atitude de extrema cautela em relação às iniciativas internacionais tomadas nessa área. Receávamos que pudessem induzir a regimes internacionais que dificultassem nossas próprias soluções de desenvolvimento, congelassem situações de poder e, finalmente, abrissem espaço para criações supranacionais. A atitude que adotamos na Rio-92 é exemplificativa do que chamei de autonomia pela via da participação. Na reunião, contribuímos, desde os primeiros momentos, para ampliar o próprio escopo da conferência, ligando à temática ambientalista a do desenvolvimento e endossando o conceito de desenvolvimento sustentável. O equilíbrio das resoluções e dos acordos adotados deve muito ao empenho brasileiro para que se garantisse consenso, que impasses fossem superados. A mesma atitude positiva pode ser observada em matéria de direitos humanos, quando a participação brasileira da Conferência de Viena foi decisiva para que a reunião terminasse em sucesso.

## III. b. As condições de competitividade

Ao lado das credenciais requeridas para a "participação política", a diplomacia deve contribuir para construir a capacidade brasileira em um sistema econômico em fluxo constante e no qual as recompensas são limitadas e cada vez mais difíceis de serem obtidas. Historicamente, a diplomacia desempenhou um papel importante na modernização da economia brasileira. A busca por um número crescente de parceiros, o apoio à diversificação das exportações e a negociação de regras de intercâmbio mais favoráveis aos países em desenvolvimento sempre foram pontos altos na agenda diplomática brasileira e, evidentemente, favoreceram os processos de modernização.

Sabemos, hoje, que a competitividade é um conceito sistêmico e depende de numerosas variáveis constituídas por fatores que, muitas vezes, vão além do mundo da economia, como a educação, a pesquisa científica etc. De outro lado, sabemos também que os agentes econômicos transnacionais, seja no campo da produção, seja no campo financeiro, ganham autonomia crescente e definem globalmente opções produtivas. Nesse universo, o que pode a diplomacia fazer para garantir que está servindo ao desenvolvimento?

Um primeiro fato a assinalar é o de que a economia brasileira, a despeito de dificuldades históricas, como a inflação, sempre deu sinais de vitalidade (um dos mais claros é a capacidade de gerar superávits comerciais, o terceiro maior do mundo depois do Japão e da Alemanha e, no ano de 1993, o crescimento do PNB chegou a 5%).[2]

Porém, nesse mundo de alta competição, de vantagens comparativas dinâmicas, ficar parado significa o risco de declínio. Assim, a primeira tarefa da diplomacia é de natureza didática e, em certa medida, voltada para dentro. O objetivo é chamar a atenção para os processos globais, acentuando que as regras, como as da Rodada Uruguai, criam novos custos e novas oportunidades para os agentes econômicos. Aliás, durante a Rodada, o esforço dos negociadores brasileiros foi sempre a busca de soluções equilibradas que garantissem estabilidade nas trocas e evitassem inovações que pudessem consagrar ou exceções perniciosas ou posições estabelecidas que limitassem as perspectivas de presença mais importante do comércio brasileiro na economia internacional. De qualquer maneira, compreendemos que as regras constituem uma "superestrutura" no âmbito da qual se dá a competição. E, hoje, os agentes econômicos brasileiros têm a clara noção de que, para obter ganhos na economia internacional, o passo inicial e necessário é aceitar a premissa da competição e o constrangimento das leis do mercado. As soluções utópicas estão banidas dos processos econômicos, e os planos de reformas generosas da ordem internacional estão ultrapassados (é a negociação política que ordena o mercado, mas certamente não mais inspirada por princípios éticos). Não abandonamos, porém, a tese de que o desenvolvimento em si mesmo é um tema inescapável da agenda internacional e, daí, o apoio que ofereço à iniciativa de combinar, nas Nações Unidas, a "agenda para a paz" com uma "agenda para o desenvolvimento". Uma não existe sem a outra.

Um segundo ponto: a diplomacia deve estar alerta para as possibilidades concretas de projeção de interesses econômicos. Reconhecemos que, diferentemente da década de 1970, o instrumental de que dispõe o Estado é mais modesto e, ainda assim, as possibilidades de subsídios e outros artifícios estão limitadas por regras internacionais (ou por pressões bilaterais). A solução é, portanto, criar espaços que facilitem a formação das "condições de competir" para as empresas nacionais. É nesse contexto que se enquadra o esforço brasileiro de consolidar o Mercosul que significa, essencialmente, uma plataforma para uma posição mais competitiva para os nossos produtos no mercado internacional. Um segundo movimento, recentemente iniciado, é o de procurar ampliar o processo de liberalização comercial para toda a América do Sul com o lançamento de negociação do Mercosul com o Chile e a Bolívia e, agora, com o Grupo Andino. Um terceiro movimento, iniciado em Miami, e proposto pelos EUA, em dezembro de 1994, seria de maior duração e de natureza mais ampla, estendendo o processo de integração para todo o hemisfério. É a resposta brasileira aos processos de globalização e regionalização que, em boa medida, darão o tom da economia internacional nos próximos anos. É evidente também que, como somos um *global trader* — as nossas exportações se distribuem desde alguns anos, equilibradamente pela União Européia; Aladi; EUA; Ásia; e, em menor proporção, pelo Oriente Médio e África — devemos estar atentos aos movimentos integracionistas nos outros espaços econômicos, procurando evitar que se fechem em blocos. Aliás, para o Brasil, os espaços econômicos integrados devem buscar mecanismos próprios de aproximação de tal forma que prevaleçam, a longo prazo, as vantagens de um multilateralismo universal. Estamos aperfeiçoando os mecanismos de aproximação com a UE e não afastamos a possibilidade, quando o momento for oportuno, de negociações com o Nafta.[3]

A diplomacia terá ainda um importante papel "defensivo". Já mencionei as preocupações brasileiras com a manutenção de exceções ao livre comércio na Rodada Uruguai e com a possibilidade de que potências econômicas continuem a utilizar mecanismos unilaterais para, contrariando a sua pregação liberal, obter politicamente vantagens econômicas. Nesse particular, um tema sensível para a diplomacia brasileira é o da ciência e tecnologia. Uma economia sofisticada como a brasileira precisa de acesso às inovações científicas para que possa manter o seu nível de competitividade. Ora, sabemos que, em decorrência do chamado "uso dual" de certas tecnologias, confunde-se, muitas vezes, o acesso legítimo à inovação com a perspectiva de proliferação armamentista. Nosso objetivo, nesse campo, é criar elementos de confiança que sirvam para a obtenção, a curto prazo, de benefícios específicos (a política nuclear brasileira a aproximação com o MTCR seriam exemplos da atitude). E, a longo prazo, propomos que se estabeleçam mecanismos universais e legítimos que permitam o controle da proliferação sem que haja efeitos discriminatórios sobre o progresso econômico dos países em desenvolvimento.

Finalmente, sabemos que, em medida decisiva, as condições de competição dependem da "arrumação da casa", da adaptação da economia nacional às novas condições internacionais. Políticas como a da liberalização comercial (em que avançamos significativamente — a queda da tarifa média brasileira é expressiva: de uma tarifa média de 51% em 1987, chegamos a 14% em 1993), privatização, a regularização de contatos com a comunidade financeira e a preservação de estabilidade são requisitos necessários para criar condições de "saúde econômica" com repercussões sobre o desempenho internacional da economia.

A soma dessas diversas frentes de atuação revela uma diplomacia atenta e realista, mas, sobretudo, sintonizada com as mudanças no mundo e no Brasil e preparada para ajudar a economia nacional a continuar a necessária projeção internacional.

## III. c. A situação doméstica: um trunfo?

Para um país em desenvolvimento em uma região estratégica periférica, as condições políticas internas podem ter peso decisivo na realização de objetivos externos. Mencionei como as dificuldades econômicas, especialmente a crise fiscal, afetaram certas linhas de projeção internacional. Da mesma forma, como indiquei, as dificuldades sociais obrigam a diplomacia a somar ao seu repertório de ações o problema da imagem, de revelar o País em toda a sua complexidade. Para os leitores de jornal na Europa, a conclusão apressada é a de que o país se resume a altas taxas inflacionárias e a tragédias sociais.

Mas o Brasil, por suas condições internas, coleciona uma série de elementos de "atração" altamente significativos para a atenção e o investimento internacional. Lembro alguns: um parque industrial diversificado e amplo, a presença tradicional do investimento estrangeiro, uma mentalidade empresarial moderna em muitos setores, um mercado dinâmico e expressivo e, do ângulo político, a ausência de conflitos étnicos e um sistema político que demonstrou estabilidade e criatividade diante de crises complexas. A transformação desses aspectos em "trunfos" não é automática. Eles se combinam com questões como a da desigualdade social e compõem um pano de fundo complexo para a ação diplomática.

Não obstante, valeria sublinhar que o aprendizado democrático tem servido, de maneira positiva, ao processo de formulação diplomática. A Chancelaria está mais aberta e explora modos e maneiras de uma interação freqüente e abrangente com as forças políticas e sociais. Como indiquei, o debate sobre temas de política externa se amplia e toca o cotidiano, e as medidas do melhor interesse nacional são objeto de cuidadosa negociação. Exemplos recentes na área de propriedade intelectual e do Mercosul atestam as vantagens da formulação de posições em um ambiente democrático já que as resultantes são mais consistentes e encontram raízes sociais mais profundas. Outra impressão que precisa ficar clara é a de que o país está lutando, em sólida moldura democrática, para resolver seus problemas sociais. As dificuldades são conhecidas, mas o fato é que os *opinion-makers* começam a aceitar que o país pagou um preço alto pela modernização, mas hoje sabe que a modernização verdadeira é sinônimo de emprego, de saúde, de garantias sociais mínimas, e esse é o desafio maior do sistema político contemporâneo.

Em suma: em um momento de transformações radicais no sistema internacional, os desafios são imensos. Não temos uma visão ingênua dos novos tempos. Não temos ilusões sobre a possibilidade da criação "espontânea" de uma nova ordem, guiada por princípios de justiça e democracia. As relações internacionais são ainda o reino do poder. O fim da Guerra Fria não significou o fim das guerras, das disputas, das crises e dos conflitos. O momento está, porém, aberto a novas oportunidades de atuação. Para um país que nunca usou instrumentos militares em sua política externa moderna, as possibilidades de influenciar os rumos da nova ordem são, hoje, maiores do que ao tempo da Guerra Fria. Sabemos que a influência tem de ser buscada e depende de uma série de fatores, muitos dos quais vinculados a uma atitude positiva em matéria de direitos humanos, de justiça social, de democracia, de vocação para a paz, de não-proliferação etc. Acredito que, para a realização desses valores, a democracia é uma condição necessária. E os valores democráticos começam a emergir como a força dinâmica da vida social e política do Brasil.

## Notas

1. Fomos eleitos também para o período 1998-1999.

2. Hoje, com a estabilidade, a marca da competitividade é revelada, p. ex., na capacidade de atrair investimentos estrangeiros.

3. O processo se acelerou, a partir de 1995, com, a proposta de integração hemisférica (ALCA).

Impressão e Acabamento
Bartira
Gráfica
(011) 4123-0255